河出文庫

完全版
自由論
現在性の系譜学

酒井隆史

河出書房新社

目次

凡例

＊本文中の太字は筆者による強調、傍点は引用文献における強調である。

＊本文中の文献引用は、（著者名、公刊年＝翻訳書公刊年、原典頁数／翻訳書頁数）の順で挙示した。再出する場合は(ibid.)、あるいは頁のみを記した。M・フーコーの著作に限り、著者名を省いて記した。なお、翻訳書があるが参照できなかったもの、原典を参照できなかったものもある。

＊翻訳を引用した際、その訳文には変更を加えた場合がある。

＊参考文献表の邦訳情報は本書オリジナルが公刊された二〇〇一年時のものである。

＊フーコーの著作について、とくに『監獄の誕生』はPS、『〈社会は防衛しなければならない〉』はDS、『知への意志［性の歴史　第一巻］』はVSと略号を使用している。

完全版

自由論　現在性の系譜学

はじめに

本書におさめられた文章は大きくいうと、いまなにが起きているのか、という問いをめぐって、権力論のアプローチから考えてみようとする試みである。本書はほんの端緒にたどりついただけにすぎないけれども。いまのわたしたちを構成し、諸々の経験を自明なものとして定着させている力とはいかなるものだろうか？　あるいはもっと絞るとこうなる。わたしたちはどうしてつい最近まで自明ではなかったかくかくのことを自明のものとしてしまったのだろうか？　この問いをめぐる考察は、本書では（これも大ざっぱにまとめれば）「ネオリベラリズム」「ニューライト」、あるいは「ポストフォーディズム」といったテーマをめぐるものとなった。ミシェル・フーコーの言葉を借りれば、現在の「資本の蓄積」と「人間の蓄積」の各々の仕組み、そしてそれらのあいだの関連のあり方を考えようとしたのである。

本書のもとになった諸々の文章は、一九九六年から書きはじめられている。ちょうどその前年、九五年のいくつかの「大事件」を契機にして日本の社会における変化が——混沌の様相すら呈しながら——加速してすすんでいくように感じられた時期だ。だがこの時期に経験した変化は、一九八〇年代に「頭」で理解していた謎めいたいくつかの変化にいわば身体的な感覚、あるいは実質を与えるものであった。その変化が「ネオリベラリズム」「ニューライト」という名で呼ばれる動きと密接にむすびついているということをわたしたちは一九八〇年代から知っていた。またそうした動きと程度の差はあれ連関しているとみえたいくつかの重要な課題――ME合理化、臨教審、情報ネットワーク化による監視強化、規制緩和・民営化、労働組合の再編、日米安保の強化、新しいナショナリズムなど――は、もっとも抵抗的な労働組合つぶしを狙った国鉄の解体、JRへの再編という出来事に象徴的にあらわれたとめどもないニューライトの攻勢と、少なくとも決してそうした流れに抗わない、あるいは抵抗する勢力を攻撃することで加担する（が保守とも右とも自己規定もしない、という意味でますます打撃力のあった）一部の「先端的知」のプレッシャーとともに、困惑と危機感をどこまでも高めるものであった。

だがいったいそんな動きの背後では、どのような事態が進行しているのか、なにが同じでなにが変わっているのか、それについてはわたしにとっては謎めいたままだったのである。この謎めいた感覚は、一般的に「主流」の知の領域で変貌したといわれている場所には変貌はなく、変貌はないといわれる場所には変貌がある、そんなちぐはぐさがつきまとっているような印象によって強化された。たとえばひとつ例をあげれば、八〇年代にはもう警察という仕組みは権力の戦略にとっても、権力の作動様式としても本質的なものではないといわれていたが、一方で、八〇年代にはどうしても警備・公安警察がかつてなく野放図にふるまっているようにみえたし、七〇年代からの延長でどこまでも警察権力は膨張しているようにおもえた。また視野を日本以外に広げるならば、新しく台頭してきた若い層の表現――音楽であれ映画であれ――は、七〇年代終わりから八〇年代にかけてのニューライトのヘゲモニーの掌握がもたらす諸々の現象――階級の分極化や都市暴動、移民排除、超過搾取など――や、それにともなう「警察の蛮行（police brutality）」を描きしきりに告発していたのである。どうしてもそれが「古い権力の行使形態」として「豊かな社会」になれば一掃される争点とは考えにくかったし、七〇年代「新左翼」の諸々の争点がもはや古びているとはおもえなかった。最終章でふれるようにフーコーが『監獄の誕生』でいわゆる権力のミクロ物理学を提示した背景には、じつは「危機」への応答としての七〇年代の取り締まり《ポリシング》における〈法と秩序〉アプローチの台頭があった。八〇年代から九〇年代はこのアプローチが危機対応的なものから日常的なものへ定着した時代である。七〇年代と八〇年代はこの点では連続線を描いている。七〇年代とはいわば「危機の時代」であり、たとえ危機というコンセプトを拒絶しようが受け入れようがこの危機感自体は、八〇年代から九〇年代にまたがって「ネオリベラリズム」「ニューライト」と対峙する海外の表現や理論に強く刻印されていた。本書が七〇年代からはじまるのはそのためだ。舞台はイタリアであるが、それは日本で、あるいは東京で生きられた経験とも質的に大きく隔たっているとはおもえない。わたしたちの八〇年代の経験も、ひとつの変異体である「〈運動〉以降」だったはずだ。

わたしたちがみずからの経験を構築する際に用いるイディオムや語彙は、ここ十年あたりをとってみても大きく変わってしまった。その多くは「ネオリベラリズム」「ニューライト」と呼ばれている知の問題設定に属するものである。しかもそれはサッチャーやレーガン「革命」のように多かれ少なかれドグマティクな教義による「一撃」として経験されるより は、「なし崩し」の連続を重ねながらじわじわとヘゲモニーを掌握してきたようにみえる。そのヘゲモニーの移行と、そのイディオム、語彙の怒濤のような攻勢に、いつのまにかなし崩しに「無効」とされてしまった理念や理論は数多い。第五章でみるように、支配的な諸々のイデオロギーはもはやほとんど論証なしであらかじめ勝ち誇っているかのようなのである。ギィ・ドゥボールはこうした事態を称して「統合されたスペクタクルの段階」にいたった社会と呼んだ。資本のコマンドが剝き出しに人びとの生活を左右し、なけなしの社会保障を容赦なく削減し、低賃金での不安定雇用を常態化させ、露骨に〈排除〉の暴力を行使しているいま、にもかかわらずそうした作用を解明するための理論や理念はことごとく有効性を喪失したもの、あるいはしばしば「洗練を欠いた」ものとして退けられている。たとえばマルクス主義である。そしてそれが、支配的イデオロギーのあらかじめの「勝ち誇り」をますます可能にしている。こうした「なし崩し」の積み重ねは、きっとわたしたちの無力あるいは無力感を高めるよう機能しているにちがいない。

本書では、そのような無力感を少しでも解きほぐしたかった。端緒の発想は単純なものである。外から押しつけられた力にわけもわからず転がされ右往左往する、といった事態はやっぱりいやだ、というものだ（転がされるにしても少しは転がされる意味がわかっていたほうがいい）。いまわたしたちの身体をどのような力が貫いているのだろうか、わたしたちの身体はどのように変容を遂げようとしているのか？　きっと巨大で複雑な力の編成の変容が、現代のわたしたちの高まりつつある不安や恐怖を貫いているだろう。スピノザの言葉を借りれば、わたしたちの身体はひたすら「悲しみの受動的感情」にとりつかれてしまっているのだ。もしかしたら現在の権力が、こうした不安や恐怖を例外的な状況のもとでの非常手段として活用しているのではなく、みずからの作動に必須の不断の動力として必要としているとしたらどうだろうか（たとえば「明日をも知れぬ失業者」といった不安や恐怖がもはや不況期に特有のものではなく、現代の労働の不断の動力になっていることはもはやたいがいの人は身体的に理解できるだろう）。もちろん近代の権力はもともと悲しみの受動的感情を通して次のような支配のジレンマを回避してきた。つまり個々人や集団の「諸能力」を増進させながら、それを他者への従属（権力）とむすびつけねばならない、というジレンマである。個々人や集団の諸能力の増進は、この悲しみの受動的感情——そこでは個々の人びとはこう考えるのだ。わたしにはこれ（とあれ）ぐらいしかない、この「日常」を受け入れるしかない、しょせんやれるのはここまでだ——を介して、むしろ他者への従属の強化をもたらすのである。だが現代において、序章でみるように、かつてなく個人や集団は諸能力の増進を求められているし、またそれによって高められた能力は権力のコマンドを超えて他者への従属を断ち切る潜在性を高めている。その一方で、そんな高められた能力はかつてないほど他者への従属へと流し込まれているのである。おそらく不安と恐怖が巨大な力となってわたしたちの日常を支配するのは、その権力の働きのきわどさのあらわれでもあるだろう。

ミシェル・フーコーは、晩年に（「啓蒙とはなにか」（1984a））、「歴史的であり批判的」であるような啓蒙の態度を自分自身の態度と重ねながら、その性格をこうしたサーキットを断ち切るものであると規定した。諸能力の増進を他者の行使する力への従属へ、ではなく自律的な集団的実践の構築へと、自由の領分の膨張へとむすびつけねばならない、と。もちろん、わたしにも本書にもそんな作業がやれるなどという大それたことは考えていない。だが、力の変容にもてあそばれることを拒絶したい――シニカルに「戯れ」たりするのではなく――ほんの少しでも、という動機が本書の文章の背後にあることはたしかなのである。

最後に、この作業においてつねに念頭においていたのは次の一九九〇年のジル・ドゥルーズによる言葉である。

自分たちはなにに奉仕させられているのか、それを発見するのは若者たち自身だ。彼らの先輩たちが苦労して規律の目的性をあばいたのと同じように。ヘビの環節はモグラの巣穴よりはるかに複雑にできているのである。

このドゥルーズの忠告に、ここでわずかでも応えられたら、とねがっている。

序章　新しい権力地図が生まれるとき――〈運動〉以降

しかし、どうしても歴史を参照するというのであれば、なぜ、堅固このうえなく定着しているかにみえた人間、制度、思想が一掃された画期的な時期を参照の対象としてえらばないのか……。（Felix Guattari）

そして敵は、依然として勝ち続けている。（Walter Benjamin）

1 〈運動〉以降

イタリアの一九七六年はフリーフェスティバルの年として記憶されている。イタリア諸都市のなかでもとりわけミラノでは、雑誌レ・ヌードの支援のもとで数多くのポップ・フェスティバルが開催されていた。都市部の若者に多大な影響力を行使していたこの雑誌は、「若きプロレタリア」という言葉を流行語に仕立てあげ、六八年世代の新左翼とも一線を画する新たな集団性やそれにもとづく新しいポリティクス（七七年の〈運動〉の高揚の大きな源泉であった新たな政治的主体性としての「若者」）の形成に一役買っていた。「われわれの生をわれわれの手に」――その動きは、旧来の体制の崩壊に、左派と中道がともにタッグを組んで上からの混乱回収をはかる「危機のイデオロギー」と、それに足場を置きながら遂行される「緊縮政策」にたいする抵抗という色合いを帯びている。フェスティバルは、週労働時間の短縮、そして労働を対価としない欲求の充足などという主張を掲げながら、緊縮政策が強いた祝日の削減をとくに焦点化していた。高学歴、消費者、半失業者といった特徴をあわせもった若者たちが大量にあふれだしたころである。彼、彼女らは、かつての戦闘的労働者による「労働の拒否」戦略が取り上げたテーマを、解放闘争の高揚の渦中にあった女性たちのあとにつづきながら、工場の外で取り上げはじめたのである。六八年からはじまった階級組成の組み替えをはっきりと表現していた動き。「オペライスモの伝統に接ぎ木されたカウンター・カルチャー主義者の同盟」。つまりマルクスとウッドストックの同盟。ダンスは延々と続き、やがて警官、機動隊との対決にいたる。これはレイシズムという要因を加えイギリスで八〇年代に繰り返される場面となる（フリーフェスティバル自体についてはイギリスの影響とされる）。

さらに七六年にスクウォッティングは、住宅問題への対応というだけでなく政治的、文化的センターとしての意味を帯び、不法占拠は増え続ける。七七年にはミラノの「若者調整グループ」は次のような声明をあげた。「われわれは家族とは異なる生を営みたい。われわれはおもうがまま生きたい」、と。スクウォッティングは、このようにコミュニティへの指向性をもっていたのであり、そのために、そこでは従来は政治運動の周縁的存在であり、またそれ以前にポジティヴなアイデンティティを剝奪されていた女性やゲイたちのオルタナティヴな共同性構築のための自律的空間、実験場となったのだった。六八年に端を発するこのような主要には文化的アイデンティティや表現のレベルでの動きが、イタリアの六八年以来の長期にわたる議会外の既存の左翼組織も包摂する自律を志向した運動の諸潮流〈運動〉という固有名詞で呼ばれた）において――主体も立場もさまざまなグループからなる横断的動きとしての〈アウトノミア〉[1]――目立ってあらわれたのは七六年とされている。長続きしない多様な小集団、マニフェストの数々、自発的値引き、山猫スト、そして機動隊との衝突、テロリズム。文化的創造性を志向する勢力、より政治的指向性を有する勢力、あるいは直接軍事行動を指向する勢力などが混在して、またひとつの勢力のなかでもこうした相容れない諸要素が混在して、その熱気が最高潮に達したのは七七年のことである。[2]

政治と暴力、テロルと国家奪取の夢、新たな主体性、欲求、コミュニティ――古いこわばった地層と、しなやかにそれをすりぬける生成に属する動きとが絡まり合って、やがてひとつの「破局」へと流れ込むことになった。このことは次のように説明される場合もある。新しい集団的要求を、既成の政党や集団が媒介者となり、政治システムに回路をつくることでその出口を与えること、これが「イタリアの制度的特質」[3]ゆえに、既成左翼勢力（共産党と「新左翼」）に演じ切れなかった、と。「過小代表（underrepresentation）」ゆえに、「過剰政治化（hyperpoliticization）」がそのバランスをとろうとする。具体的には、国家の側と〈運動〉の側の双方の暴力がスパイラルに上昇していき、やがてモロ誘拐殺人にいたって破裂する。それをきっかけにした議会外左翼ひとくくりの大弾圧によって六〇年代終わり以来の〈運動〉の脈流はひとまず窒息させられたのだ。

〈運動〉においで徐々に中心をしめるようになりフェリックス・ガタリ、ジル・ドゥルーズたちを注目させた側面は、次のようにまとめることができるかもしれない。他者に変化を要求すること──敵とぶつかること──を第一目標としない、という「今日まで歴史を揺るがせた革命とはまったく異なる」（ガタリ）異例の運動のかたち。たとえ〈運動〉が他者と正面から衝突するとしても、それは副次的な問題にすぎない。〈運動〉はなによりもまず「自足」的だった。「自足的」とはいっても、必ずしも排他的、閉鎖的であるということと等しいのではない。〈運動〉自体が目的、すなわち「生の形式」（の実験）となるという意味で「自足的」なのである。〈運動〉は一種の実験の場となった。われわれの生がどのようなものでありうるのか、われわれの身体がなにをなしうるのか、その可能性の自由な展開が試されるような場。その意味で〈運動〉は本質的に肯定的なものである。敵があるとしたら、それは生の形式の実験を拒んだり、あの手この手で骨抜きにしたり、ときには荒っぽく抑圧してくる力や人間ということになるだろう。だがそれは〈運動〉の意義からしたら二次的なものにすぎない。少なくとも〈運動〉の主要な傾向は、なにかイシューがないと、敵がいないと──逆にいえば被抑圧者がいないと、「不幸」がどこかにないと──闘えない、こうした否定的／反動的な論理とは無縁であろうとした。ジョルジョ・アガンベンのいうように（Agamben, 1996=2000／一一─一二）、剝き出しの生と生の形式とを分割することが、ひとつの権力技術であり、またそれが近代における代表（representation）の論理を機軸にした政治の形態ともつながっているとしたら、そしてそれが私生活と活動生活、快楽と運動を分裂させる重苦しい倫理主義へとつながっていたとしたら、むしろ〈運動〉は明快に別種の生き方とそれを可能にする別種の時間・空間（「第二の社会」と当時呼ばれていた）を構成することでその分裂を克服しようとしたのだった。[4]

ここでわたしたちは、過去を掘り起こし、それを懐古したいわけではない。それとはまったく反対に、「現在」に照準を合わせたいのだ。〈運動〉の証人でもある理論家パオロ・ヴィルノが指摘するように、〈運動〉以降に運動の動きを抑圧しながらあらわれた保守反動は、運動が解き放った革命的ポテンシャルを抑圧し、せき止めるというわかりやすい「反動的」モーションを起こしたわけではなかった。たとえばヴィルノはこの「反革命」を「**反転された革命**（revolution in reverse）」と位置づけている。[5] つまり八〇年代においてその相貌をあきらかにした新しい保守、ネオリベラリズムあるいはニューライトは、運動が解き放ったさまざまな欲求や、それにもとづく試み、主体性の形成にたいして受動的にリアクションしたわけではない。それは〈七七年の運動〉――さかのぼれば六八年――のもたらした時代のうねりに、サーファーのように積極的に身を委ね、たくみにそのベクトルを向け変えたのである。だから、現代の新たな保守・右翼の動きを、あいもかわらず「反動」「伝統維持」といった視点から捉えてはならない。それでは現在をまったく取り逃がしてしまう。もちろん現実には「後進的」ベクトルをはらんだ主張や勢力が力をもつこともあるだろう。だがそれは、ニューライトの運動という大きな動きのなかでの特定の布置に位置づくものとして把握されなければならない。現在の「反動」は、逆説的にも、「イノヴェーション」、「変革」、「新たな主体性や集団性の積極的構成」などというような「運動」の相で捉え返す必要がある。現代は、敵が運動の担い手であるという意味でも〈運動〉以降なのだ。

もう一つ、対象は過去ではないということは、それと同時に、決してイタリアの特異性に目を向けるだけですませたいわけではないことにもつながる。イタリアでは極端なかたちであらわれたにしても、六八年という年が象徴的に示す時代の切断を不回帰点としてふまえ、そのうえで六八年がはらみもったポテンシャルにたいする搾取や規制ぶくみの促進＝搾取《エクスプロイテーション》をはかるニューライト主導の攻勢を甘受しているという点では、ネオリベラリズムの洗礼というべき切断をみずからに刻まざるをえないグローバリゼーション下の世界全体の経験でもあるはずだ。重要なことは、このポテンシャルの搾取や規制ぶくみの発展の経済を追尾しながら、現状を正確に把握することだろう。コベナ・マーサーはコンテクストは異なるものの、一九六八年について論じるなかで次のようにいっている。左翼がぬぐいがたく自分自身に与えてしまっている変革の独占的担い手としての、あるいは未来の占有者としてのナルシシスティクなイメージは、ニューライトあるいはネオリベラルが変革の力をつかみうまく利用している状況の把握を妨げ、そのためレフトのリニューアルを困難にしている、と（Mercer, 1994=1997）。左翼が旧来のヴィジョンのもとに過去に固着しているあいだに、あるいはポストモダンの分散的・脱中心化状況をうまくみずからのものになしえないまま無力化している一方で、生来的にオポチュニストである右派は着々とリニューアルを果たしつつあるのだ。「すべての光はここ、闇のなかにある」とパオロ・ヴィルノは述べている。もはや冷たい冬が長すぎて、「冬の時代」という認識すら薄れてしまったのが「わたしたち」――だがこれが一体なにを指すのだろうか？　そこから問われねばならない――の状況かもしれない。いまわたしたちはその闇に目を慣れさせねばならない。たしかにそうすることで、まったく闇とおもえた暗がりのなかから、鈍い光が浮きだしてくるだろう。だがその作業の進展には、シニシズムこそが最大の敵となる。とはいっても後述する理由でそれは、ぬぐいさることがむずかしいわけだが。イタリアにもまして無惨な日本の八〇年代、九〇年代は、シニシズムの根底からの支配を通して、さまざまな政治的イデオロギーがあらわれた時代でもあった。消費主義、新しいナショナリズム、カルト宗教、ネオリベラリズム。それらの底流にはシニシズムという支配的感情がある。そしてその、悪意ある作用はいまだにわたしたちに強くとり憑いて、なにかを「はじめる」わたしたちの活動や欲求をあらかじめ封殺して回っている。このように感じてしまうのは、イタリアの〈運動〉の経験を「背後の未来」（ハンナ・アーレント）に背負いながらつづけられている理論家たちの、シニシズムから遠く離れた場所で継続されている努力にふれることによってである。わたしたちに一体なにが欠如しているのか。彼らの努力からみえてくるものは計りしれない。「八〇年代の展望と経験を変革し投げ捨てるために」（ヴィルノ）――以下の文は、そのための準備作業である。

2　労働の拒否と一般的知性

【1】一般的知性

イタリアにおいて、五〇年代の北部大工場での南部出身の移民労働者たちの闘争に端を発する、これまで労働者の代表権を独占していた労働組合や党（とりわけイタリア共産党［ＰＣＩ］）の実践やイデオロギーに抗しつつ編みだされた独特の戦術や集団行動の形態（自発的値引き、生産サボタージュなど）、つまり「オペライスモ（労働者主義）」の伝統は、「労働の拒否」や「より少ない労働と、より多くの賃金を」といったスローガンに結実し、実践的には六九年のいわゆる「熱い秋」において爆発した。こうした高揚する闘争を背景としつつマリオ・トロンティをはじめとする、オペライスモの流れのなかにあるイタリア・マルクス主義者たちは、マルクスの『経済学批判要綱』（以下『要綱』）における有名な分析（「機械についての断章」）に着目したのである。「文句なしにマルクス主義的であるとはいいがたいテーゼ」（Virno, 1991, 23）、とパオロ・ヴィルノが形容しているこの分析。このマルクスの一節は、マルクス体系の全体的整合性などおかまいなしに、差し迫った状況にショートさせられた。しかも状況次第で、その解釈は変幻自在に変貌をとげるのだ。「リヴォルヴァーが火を噴き、不正への闘いが燃え上がる、危険に満ちた時代に、文献学的な細やかさは場違いなものだ」（Virno, 1996b, 265）(6)。「機械についての断章」においてマルクスは、労働のうちに価値を普遍的に還元するという（ふつうマルクスのものとされている）労働中心主義イデオロギーをみずから覆していたとされるのだが、そのマルクスの議論はおおよそ以下のように要約できるだろう。

のちにテーラー主義の原理である「構想と実行の分離」へといたることになる相対的剰余

価値追求のための生産過程の機械装置による合理化の過程は、労働を生産過程の中心の座から追放し周縁化する。つまり、機械あるいは固定資本と一体化した抽象的知が、労働を周縁化しつつ（「労働者は生産過程の主作用因であることをやめ生産過程と並んで現れる」）主要な生産力となる。この過程においては労働は「生産過程のなかに内包されたものとして現れるというよりは、むしろ人間が生産過程それ自体にたいして監視者ならびに規制者として関わるようになる」。そのため、労働は価値源泉としては副次的なものとなり、それゆえ資本主義自身によって価値法則が否定されるのである（「直接的形態における労働が富の偉大な源泉であることをやめてしまえば、労働時間は富の尺度であることを……やめる」(7)）。富の生産という観点からするなら、労働はもはや無視できるエレメントである。それにかわって主要な生産力になるのは、生産（機械やのちには組織――いわゆる「プロセス・イノヴェーション」）に応用された科学抽象的知、固定資本に客体化された「**一般的知性**（intelleto generale/general intellect）」である(8)。生産過程の主要な役割を担うのは、いまや機械という具体に入り込んだ知という抽象なのである。この「一般的知性」という比喩は抽象的な知がモノのうちに「染み込む」という事態をいいあらわしているという意味でも、奇妙なテーゼである（それゆえヘーゲル的として嫌われもしたのだが）。

だがここにみいだされる決定的矛盾に『要綱』のマルクスやそれにつづいてオペライストは注目した。**もはや労働は主要な価値源泉ではない、だがそれにもかかわらず依然として価値法則は用いられている**、という矛盾。富の尺度単位には、事実上依然として労働（時間）

が用いられているという矛盾。もしそれが矛盾であるとしたら、この矛盾をより押し進め激化させることで「交換価値」にもとづく生産の崩壊（「交換価値は使用価値の［尺度］であることを、やめるし、またやめざるをえない」）、ひいてはコミュニズムへと導くことが可能なのではないだろうか？　価値法則の不貫徹や利潤率の低下に危機の源泉を求めるのではない『要綱』での異例のマルクスと同様、オペライストたちは、この生産における労働の周縁化を逆手にとって（労働の、ではなく）労働からの解放にみずからを賭けたのであった。より豊かに、だが仕事はできるだけ避けたい、というのである。しかもそれは「客観的」過程のはらむポテンシャルの暴露にすぎない。そこで労働者たちが主張したのは、「客観的傾向のコンフリクトぶくみヴァージョン」なのである（Virno, 1991; 1996b）。「労働の拒否」という有名な言葉も、じつは単なるスローガンにとどまらず、プロレタリアのさまざまな抵抗のかたちを包括的に考察するための分析的カテゴリーでもある（Hardt, 1993=1996／二五三―二五四）[9]。たとえそれが明示的に「労働の拒否」を掲げていようといまいと、この概念はマルクスの剰余価値概念と同じようにさまざまなかたちの抵抗の分析格子となる。サボタージュ、集団移住、組織的ストライキ、個人的なアブセンティズムなどなど。また過剰な賃上げ要求ですらこれにあてはまるだろう。それは、必要労働時間と剰余労働時間の配分を恣意的なものとして、つまり経済法則ではなくポリティクスの領分に属するものとしてあらわにしているのだから。「労働の拒否」は、諸々の闘争の主体の意図はどうあれ、それらを――「妥協」の一環としてあらわれようと――「反動的」な対立、あるいは単なる修正への圧力としてではなく、資本による垂直なコマンドとしての価値法則からの積極的・肯定的な「分離（séparatio）」（cf. Tronti, 1997, 289-310; 321-325）――これをネグリは政治哲学の領域では、構成された「権力（potere）」に敵対する、構成的な「力能・潜在力（potenza）」の解放の問題として捉え返している――のポリティクスを潜在的に内包していると解釈するための装置なのだ。つまりそれはつねに肯定的な――それゆえ存在論的に先にくる――（労働者の）力とそれに否定的に垂直に働く権力のあいだの力の経済学としてマルクスを解読する試みである。このニーチェ主義によってマリオ・トロンティはドゥルーズによってのちにフーコー（抵抗がまず先にあると考えた）の作業のひとつの源流とされるわけだが、その基本的発想は単純で強い。すなわち、わたしたちは資本主義の発展を第一に、そしてその次に労働者について考えがちだ。だがそれは誤りだとトロンティはいう。[10] 問題を足で立たせることが必要なのだ。まず最初にあるのは労働者階級の闘争であって、「社会的に発達した資本主義のレベルでは、資本主義の発展は闘争のあとをやっとついてくる」。

【2】「分離」のポリティクス

六〇年代の広範な労働者の闘争はテーラー主義的労働編成の限界を内側からさらけだし、テーラー主義、フォードシステム、ケインズ主義的福祉国家の三位一体からなるフォーディズム体制を危機に叩き込む大きな動力となった。生産性上昇率の鈍化、インフレ、財政赤字の増大、失業率の増加といった状況が三位一体への見直しを資本の側にもせまる。だがそれと同時に、労働者の「労働の拒否」戦略は七〇年代のはじめには危機に瀕してしまう。資本は労働者が行使した「分離」のポリティクスを受け入れ、さらにみずからの抽象度を上昇させることでコンフリクトの源泉である労働の場面からの撤退をはじめたのである。次の引用はトロンティによるものである。

> 資本の政治史は、［この社会では］通常である〝分離（séparation）〟の契機としての階級関係から、資本が撤退する試みの連続というかたちをとっていた。これからはさらに高次のレベルで、労働階級にたいする資本の政治的支配のさまざまな形式を介して、労働者から資本家階級がみずから解放する一連の試みの歴史として立ちあらわれる（Tronti, 1977, 294）。

「拒否の戦略」はこの資本の傾向を資本から労働、あるいはより正確には資本のもとでの労働からの解放として逆転させようとしたのだった。

じつは、テーラーの生産哲学はそもそも労働者の「抵抗」をみずからの前提としている（Revelli, 1996a=1996／一九）。それは二元論哲学なのであり、その「科学的外観」のうちに闘争の痕跡を残している。どういうことだろうか？　テーラーの出発点は、工場内に「第二の世界」があることの承認である。そこは資本家あるいは経営者のはかりしれない「特別法」の支配する世界、インフォーマルな「名誉の掟」、書かれざるルールなどによって、労働者のあいだに独自の共同性が張り巡らされつつ運営されている「第二世界」なのである。テーラーにとって、労働者は放っておけば時間・空間的な隙間を発見したり発明したりする能力に非常に長けた存在である。つまり彼、彼女たちは、隙あらばサボり、作業速度を落とし、そしてみずからの本当の能力を上役に隠す。要するに――逆説的のようにみえるが――テーラー主義の第一前提は労働者の自律性なのである。テーラー工場の「残酷、専制的、攻撃的」な特質はここにある。この抵抗と自律性の温床を打破し、それを「構想と実行」という機能単位へと置き換えるテーラー哲学は、そもそも合理化という表層に闘争の思想を含んでいたのだ。この構造的分裂と抵抗の承認と否認がテーラーの二元論哲学の核心にある。テーラー主義の行き詰まりは、合理性上昇とともに、ある不合理な要素に出会ってしまうこと、この二元論に由来する抵抗の痕跡、「他者としての労働者」――最終的には労働者の身体――を消去できなかったことに大きく原因をおいていた。ただしテーラーを導いていた資本の衝動はこうした「不完全な包摂」を乗り越えようとするのだけれども。この衝動は、フィアットの無人工場として完成をみる。

テーラー主義が生産過程と労働過程のあいだにひとまず区別をつけ、前者のもとへ後者を従属させるというかたちで労働者階級からの撤退の試みの第一歩をふみだしたとしたら、資本はさらに歩みを進め、生産の場からそもそも労働を〈排除(exclusion)〉してしまうというかたちで資本のリストラクチュアリングを遂行していった。ある意味で、「労働からの解放」は「豊かさ」の実現という展望からふりほどかれて実現をみたのである。資本による攻勢は次のようなかたちであらわれた。アブセンティズムのような個別的な労働の拒否にたいしては、工場にオートメーションを導入する、労働の協働的関係を切断する集団的な拒絶への応答としては、生産的社会関係のコンピュータ化を推進する。[11]さらにグローバリゼーションの進展によって、テーラー主義は第三世界、周辺部へと移転する（「流血テーラー主義」など）、また情報化によって資本と労働は空間、時間的に遠く離れて存在する傾向にある。従来の労働者の集団性は解体され、その力を相対的に失っていく。その場所で〈運動〉は主体の重心を労働者から若者、女性などへと拡げていった。

3　市民社会の衰退と新しい権力のテクノロジー

【1】歴史的妥協

以上のような生産の場からの労働の排除は、同時に社会的なものおよび政治的なものの次元からの労働の排除と並行している。六八年以来、闘争のポテンシャルは、かつての政治における弁証法的、媒介的プロセスを機能不全に追いやった。[12]そしてそのポテンシャルは政治的脱出口を求めてさまようことになるのだが、七〇年代後半からの動きを方向づけたのは政治的にはイタリア共産党（ＰＣＩ）のイニシアチヴによる「歴史的妥協」であった。[13]これは直接にはチリのアジェンデ政権にたいする反革命クーデターと政権の崩壊を背景として、七三年にＰＣＩ書記長のベルリングェルが提起した政策である。この政策の背後には、ある仮説が存在した。ＰＣＩとキリスト教民主党（ＤＣ）の政治的協調の制度化以外にイタリアは統治不能だ、という仮説である。

歴史的妥協、「国民的連帯」政府（一九七六―七九）は、一方で、ヴィルノがいうように、フォーディズム・イデオロギーといえる「労働中心主義」（市民とはすなわち生産者である、という等式を基礎とする）を擁護しながらも、他方で統治技法のマトリクスとしてはすでに八〇年代以降のネオリベラリズムを主要なイデオロギーにした体制が本格的に展開することになるダイアグラムを活用しはじめていた。主要な労働組合（OGIL［イタリア労働総同盟］など）は、PCIが政府に接近することでネオ・コーポラティズム型の代表制形成が実現することを期待していた。それは六八年以来の闘争の制度への定着、出口の模索のひとつの試みであったわけである。しかしそれは逆説的にも、支配階級の側からの「労働の拒否」を積極的にあと押しすることになり、のちのネオリベラリズム「反革命」の母体を形成することになる。

ひとまず整理してみるならば、統治の戦略にコード化され逆転されることになる「労働の拒否」、すなわちいまや労働の排除として現象する傾向は、よりマクロな次元で、媒介の排除、すなわち後にネグリらが定式化した「市民社会の衰退」へとむすびついたのである。

七六年あたりからの〈運動〉の創造的側面の爆発は制度、とりわけPCIとの決定的亀裂となってあらわれた。ちょうど当時、七六年の総選挙で得票率三〇パーセントの壁を破り、閣外協力というかたちではあるが、DCと連立政権を組んだPCIはここにおいて「歴史的妥協」の展望を実現に近づけた。だがこの動きは、六八年以来高まりをみせる新しい要求、主体性への回路づくりを放棄し、新たな政治的動きを政治的枠組みの外へ追放してしまうことにもなった。その結果、既成勢力の「過小代表」は、〈運動〉の側に内在していたレーニン主義的蜂起路線、「過剰政治化」をも促進させ暴力的な衝突を頻発させることになる。
　セルジオ・ボローニャは歴史的妥協の戦略を、国家の市民社会の省略へむけての一歩とみなしている。つまり、国家はもはや市民社会におけるコンフリクトを媒介あるいは代表することを目標としない。それどころか、「市民社会における運動に抗して、新たな階級の配置構成の政治的プログラムに抗して対置させられる〝政党システム〟の組織化へと向かった」。(Bologna, 1980)

【2】テロリズムと市民社会のシミュレーション

　そしてこうした衝突は、やがて「赤い旅団」をはじめとする軍事武装勢力を強化させ――〈運動〉の弱体化に比例して――モロ誘拐殺人と、その後の自在にフレームアップを駆使した猛烈な暴力的弾圧へと導いたのである。(14) この間の緊急事態にメディアが深く関与していたことには注意せねばならない。

　権力構造がアウトノミアに抗して乗り出したキャンペーンはすべてが誤っている。詳細において誤りがあるというのではない。すべてだ。証拠、証言、状況のすべてが嘘なのだ。権力構造はそれを知っているし、そう白状したりもする。しかし権力構造にとって誤りがあるかどうかは問題ではないのだ。これが政府の動きの背後にあるホンネだ。政府活動のための軍事力は、莫大な量の暴力的キャンペーンを氾濫させることにある。〝シミュレーション〟にもとづくキャンペーン。攻撃の真の担い手は、裁判ではない。それはテレビ、新聞、そしてパフォーマンスである。それゆえ攻撃は政治を超えている。**最終的に真理から、そして現実との照応から解放されたのだ。**戦争のシナリオを際限なくシミュレーションせよ、そしてそれを大衆の想像力のスクリーンへと投射せよ――これが戦略である。まさにこの想像力こそ、現実の戦争が闘われる場所なのである……（Bifo, 1980, 55）。

この緊張状態、例外状態のポリティクスにおいては、コンフリクトは正当な回路を与えられることなく、それ自体排除されてしまう。しかしその排除された場所は、決して真空のままにとどめられるのではない。コンフリクトが排除された場所には「シミュレーション」が生産される。つまり、権力の正当化は、交渉やバーゲニングではなく、メディアなど情報装置が生産するシミュレーションの場によって調達されるのである。そこは同意調達の場という意味では「市民社会」といえるだろうが、ヘーゲルやグラムシのいう労働や労働組合、教育制度の織りなす装置としての市民社会ではない。つまりシステムにとって「外的」なエレメントを一面では規律・訓練、他面では交渉・代表によってシステムへと包摂する媒介的場としての市民社会ではない。危機管理、緊急事態のポリティクスは、こうしたコンフリクトをはらんだ場としての市民社会を宙づりにするのであり、そしてその空白にシミュラークルとしてのより高次の「市民社会」を生産するわけである。「市民社会が市民社会の不在それ自体に奉仕するよう構成される」(Negri and Hardt, 1994, 269)。アントニオ・グラムシは市民社会におけるヘゲモニー獲得による市民社会への国家の吸収として「国家の死滅」を捉え返したが、その展望はひっくり返ってしまった。つまり国家による包摂によっていまや死滅したのは市民社会の方なのである。

こうしたシミュラークルとしての「市民社会」を、みずからの同意調達空間として登場したのがベルルスコーニにほかならない。メディアの受動的受け手であると同時に諸手をあげての支持を与える選挙民――ネグリらのいうネオリベラル的(あるいはニューライト的)「権威主義的民主主義」的手法の行使の場にまったく合致しているのがこの「市民社会」であるといえるだろう。

【3】新しい権力のダイアグラム?

ミシェル・フーコーは、一九七〇年代の中盤以降、『監獄の誕生』で提示した規律というテクニックに視点を絞った権力のミクロ物理学を、質的な面での重大な変化をともないながら、さらに展開させることになる(第一章、第二章参照)。つまりそこには、展開と同時に転回も内包されていたといえる。「統治性(gouvernementalité)」というコンセプトに集約されるだろう「中期」フーコーの権力の探求の過程における転回を促したひとつの背景となっていると考えられるのは、当時かまびすしく論じられ、流行語のような観も呈した民主主義の「統治不能」論である。ちょうど日米欧三極委員会の『民主主義の統治能力』[15]報告は七五年に提出されているが、そこには、フーコーのいう規律権力の装置の配備の場となる「市民社会」の危機が明確に刻印されていた[16]。

それから一九七〇年代の後半にはフーコーは規律社会の終焉を展望している。フーコーはそこでは、リジッドなアイデンティティを主要な照準点として行使される権力形態としての規律はもはや過去に属する権力テクノロジーであると断言しているのである。たとえば、「ここ数年で社会も個人も変化してきており、ますます多様化し自律的になっています。規律によって強制されたのではない人びとのカテゴリーがますます増大しているのです。それゆえ規律なき社会の発展を想像するよう要請されています。支配階級はいまだ古いテクノロジーに取り憑かれているようですが」(1978c, 533)。

だが、フーコーがこのような観測を示していたのと同じ時期、支配階級はみずからの危機の所在を「本能的」に把握し、規律に対抗する多様化・自律化の欲求や制度化の試みを戦略的にコード化しはじめたようにもみえる。規律とは特定の政治的合理性(第二章、第四章参照)のうちに配備されるならば、設定されたノルムへ向けて諸々の力を調整する努力とむすびつき、それゆえ媒介的な性質を帯びる[17]。とすれば、いまや「支配階級」ないし国家は、「古いテクノロジー」を脱ぎ捨てて、この努力を省略しはじめた、あるいは異なる方向へと向け直しはじめたのである。社会的・政治的場面における労働(=コンフリクト)の排除はこうしてすすんでいく。

この傾向はフォーディズム的政体＝構成の調整様式としてのケインズ主義的福祉国家の解体――「〈社会的なもの〉の危機」と規定された事態である――としてあらわれる。たとえばそれについては法のあり方を考えてみればより明確になるだろう。「交渉（negotiation）」、「調停（settlement）」といった概念は、二〇世紀型福祉国家の法的骨格をなしている、いわゆる「社会法」の中心概念を占めていた。社会法はひとつの視点からすれば、社会を和解不可能な諸勢力のコンフリクトの場として把握したうえで、コンフリクトのその都度の収斂の場を設定するためのルールとして機能しているといえる[18]。社会法は〈経済的なもの〉と〈社会的なもの〉を相互制約的な関係に導き、さらにポジティヴな循環形成（経済的局面での労働者の妥協が社会面での「豊かさ」を保証するという）をもたらす――フォーディズム体制の――ための結節点として機能していた。それはコンフリクトを不可避の条件として認めるという意味でポスト・マルクス主義のいう「社会は不可能である」という命題を引き受けその上で否認していたのである。だからそれは、精神分析的にいえば、「抑圧」の機制を機軸にした構成＝政体であったといえるだろう。

ところが危機管理・緊急状態のポリティクスのメカニズムの機軸にあるのは「抑圧」ではなく〈排除〉である。それは「正常状態」の達成と維持を、媒介を省略して性急に、そして暴力的に実現しようと試みる。〈排除〉の機制のもとでは、コンフリクトはシステムの言語に翻訳されないのであり、コンフリクトは正当性の場に登録されないのである。敵対的な社会実践は端的に病理でありテロルとしてたちあらわれる。ただし問題は、こうした危機・緊急状態のポリティクスがネオリベラリズムにおいては「正常な」統治のメカニズムを構成する傾向にあるという点である。

ネグリとマイケル・ハートは「ポストモダン国家」におけるこうした傾向を、近年の法理論の傾向、とりわけロールズの権利論とそれをめぐる論争、そのポストモダン的解釈（リチャード・ローティ）とコミュニタリアニズム的解釈とのうちにみいだしている。ネグリたちによれば、ロールズの正義論は福祉国家の哲学的基礎づけと一般的にみなされているが、**じつはポスト福祉国家の理論**である。ロールズの正義論は配分と循環の局面に焦点をしぼり、労働、生産の局面を削除することによって、かつての福祉国家体制が不可避にみずからに組み込んでいた労働あるいは生産という要素を排除している。だからそれは、ネグリたちがマルクスに依拠しながらいう「資本による実質的包摂」の段階にきわめて適合しているのである。それから派生してくることだが、ロールズの抽象的な社会契約論からは、自然状態のような仮定において差異や摩擦を予想していた契約論の伝統とも異なり、間主体的バーゲニングや交渉の役割が消える。社会法が文字どおり諸々の社会的差異の媒介や、社会的勢力への積極的加担によって特徴づけられていたとすれば、ロールズにおいては法的秩序は社会的勢力からの抽象化によって確立される。しかも「望ましさ（desirability）」から「実行可能性（feasibility）」へと力点が移動し、政治的目標として「重なり合う合意（overlapping consensus）」を導入してからはますますそうなのである。正の善への優位という義務論的原則を厳密化し、目的に開かれた「寛容の原理」を定式化するという目標のなかで提示された重なり合う合意。

それを調達する戦略は「回避」と呼ばれる。ロールズにとって民主体制の安定した維持は、司法システムを現実のコンフリクトから解放すること、あるいはコンフリクトを排除することで達成されるといわれるようになるのだ。さらにリチャード・ローティによるロールズのポストモダン的解釈は、その傾向をおしすすめ、「殺菌された機械的・自己充足的な均衡の政治システム」のみを許容できるものとして提示することになる。こうした殺菌されたシステムは、「回避」という具体的な社会的諸力とそのあいだのコンフリクトからの抽象・切り離しによって確保されるが、それは〈排除〉の操作と微妙にきびすを接している。「希薄な国家」そしてローティによって延長された「希薄な政治」、それは「小さな国家」が他方で警察力の強化を傾向として有していることと無縁ではない。一見、寛容なふるまいは、実際の政治の場面においてはきわめつきの抑圧的な〈排除〉となってあらわれるのだ[19]。

この点で湾岸戦争は「ポストモダン国家」のポリティクスの範型となりうるだろう。そこではメディアにたいして厳しい統制が敷かれたと同時に、メディアの構成するシミュラークル上で「現実」が構成され、そのヴァーチュアルな平面上で圧倒的同意が調達されていた。まさに市民社会が排除され、その場所に同時に「市民社会」が投射されるという論理がそこでは試されたのだった。しかし問題は外の敵だけではない。いまや社会はその内側からつねに敵の攻撃にさらされている。ネオリベラリズムやニューライトの福祉国家批判がそうであるように、従来のマイノリティは経済危機、政治危機とむすびつけられ、にわかに社会の「敵」といった様相を帯びる。それゆえつねに社会は「内なる敵」から防衛されねばならず、その意味ではポストモダンの社会は恒常的に緊急事態なのだ。移民、人種的マイノリティ、「エイズもち」のゲイ（ひいてはゲイそのもの）、マフィア、テロリスト、活動家など。ネグリたちはとりわけ米国におけるこの一〇年に外敵、内敵へ向けられた戦争における最大の犠牲者のひとりとして「権利章典」をあげている（Negri and Hardt, 1994, 243）。第四章で述べるように、米国において重要な出来事は、ドラッグやギャングへ向けての国内の戦争であった。それは「準戒厳令の永続状態をつくりあげている」[20]。第一共和制の崩壊の直接のきっかけをつくった九〇年代のはじめから現在にかけてのイタリアにおける政治腐敗、マフィア摘発に向けての検察、判事の活躍――かつての〈運動〉への弾圧の主役でもあった――も、こうした背景において捉える必要があるかもしれない。

ふたたび湾岸戦争を例にとるならば、そこにネオリベラリズムのポリティクスの背後に存在する新しい権力のダイアグラムの存在をかいまみることができるだろう。戦争においてはもはや陣地戦は無効である。規律社会としての市民社会を革命的ヘゲモニーの形成の場と考えたグラムシの陣地戦（war-of-position）は決定的に無効になるのである。陣地戦は時間・空間的にローカルに限定されたポジション、「場所（place）」に依存した闘いである。ところがアメリカ軍率いる多国籍軍は、モニタリング装置のディスプレー上で陰影をはらんでいるはずの「場所」をすべてフラットな平面上に把握し、塹壕をスムーズにならしイラク軍を生き埋めにしてしまった。このディスプレー上のシミュラークルのスムーズな平面が、力の行使の主要な現実的平面となりつつある。そこではもはや陣地戦は不可能であり、固定的な要塞は圧倒的に不利である。つまりアイデンティティに依存する闘いは、スムーズな平面、あるいはマニュエル・カステルが「場所（place）」と対比させる「フローの空間」のうちで完全に権力によって掌握されてしまう（Castells, 1996, 376–423）。「無限にプログラム可能なコードと情報のフローで構成されたサイバースペースのスムーズ平面」、これが、規律社会以後の、すなわち「管理《コントロール》社会」（ドゥルーズ）の隠喩的空間なのである。資本主義のグローバル化の文脈でいえば、情報化によって資本は、世界のどこであれ、投資と生産のための最適な環境を瞬時に把握し貨幣を動員する。それは国民国家のような「場所」に依存した単位を超えて、リアルタイムに世界単位で作動するのである。

4　非物質的労働と大衆知性

【1】テーラーの工場から統合工場へ

ふたたび生産の場に立ち戻ってみよう。知のプロセスから労働者を排除するというテーラー主義の原理を支えていた資本の衝動のさらなる展開をはかる一方で（ネオ・テーラー主義）、資本主義は、奇妙なかたちで工場の核心に「生きた労働」をふたたび組み込んでいる。資本による労働の分析＝分解はさらに深化し、その組織は脱中心化されるのである。テーラー主義的労働過程からの脱却をめざす、そのようなポスト・テーラー主義的工場をマルコ・レヴェッリは「統合工場」と呼ぶ。「統合工場」の哲学は、テーラーのものとは異なり「一元論的」である。つまり「統合工場」においては、労働者は構想という知のプロセスから切り離され、肉体に還元されることはない。資本はむしろ積極的に、労働者の身体へと知を送り返えさなければならないのである。

これについては工場と社会、あるいは工場と市場との関係を考えねばならない。フォーディズムにおいては工場から社会へと（ほとんど）一方向的な関係が成立していた。フォーディズム体制においていわゆる「規模の経済」が成立したのも、こうした関係を背景にしてである（モノをつくればだいたい売れるということ）。ところが現代において、「成熟した」市場は「有限」であり（エコロジー的観点からすると世界自体が「有限」である）、その商品吸収能力は硬直的で飽和的である（Marazzi, 1994, 13-14; Revelli, 1996a=1996）。したがって、市場吸収力を超えるものはすべて排除される必要があり、それが首尾よくなされるかどうかは資本にとっての死活問題となる。そうなると企業は必然的に「ミニマリスト」たることを余儀なくされる。生産は過剰に量を増大させず、かつ同時に生産性を上昇させるというかたちで構造化されなければならないのである。フォーディズム期とは異なり、生産をあらかじめプログラムすることはもはや不可能である。そのため、工場は市場に直結してみずからを共振させ、変容することのできるオート・ポイエーシス的システムとならねばならない。

そこで生産過程には直接にコミュニケーションが組み込まれはじめる。ポストフォーディズムは日本起源といわれるのはそのためだ（Marazzi, 1994, 13）。生産と消費、需要と供給とのあいだの関係を「逆転」させ、「在庫ゼロ」を実現するために必要なのは、「かんぱん」、すなわち情報でありコミュニケーションである。ここで労働者は、かつて、フォーディズム期において工場労働では否定されていた構想の要素を備えることを要求される。労働者はいわば「インターフェイス」（ネットワーク組織論のいう「媒介的企業者」）とならねばならず、さまざまな機能、情報のフロー、ワーク・チーム、ヒエラルキーのあいだを臨機応変《フレキシブル》に横断し、選択、連結、切り捨てをおこなわねばならない。労働者は知的スキル、肉体的スキル、（みずから協働関係を組織、管理運営するという意味で）アントレプレナー的スキルを自身のうちでむすびつけねばならない。その意味では、以上の特徴が現代において主流の情報、サービス、文化産業という物的生産に主眼を置くのではない「非物質的労働（lavolo immateriale/immaterial labor）」のきわだった特徴であるとしても、その特質は「物的労働」をふくむすべての労働形態が共有するものとなるといえる。(21)

また生産の意味そのものも変容する。「インターフェイス」としての労働は工場から溢れだし、ネットワーク、フローというかたちで貯水槽として社会総体のうちに分散している。そのなかからアドホックに特定のプロジェクトのために小規模の「生産単位」が取り出され組織される。拡大する派遣業、あるいはコンピュータ関連ビジネスで増大する小規模のオフィスをみよ。そしてプロジェクトが終わると、生産能力と豊富化を求めるべくネットワークやフローへと解消される（Lazzarato, 1996; Reich, 1991=1991／一一八―一三二）。価値生産はこのような価値生産とは直接にはむすびつかないより幅広いネットワークを前提としている。こうして工場に限定されない社会総体と外延を等しくしながら拡がる水平的平面が、資本優位のフレキシビリティ、つまり資本主導による雇用の弾力化の条件である。好調といわれるアメリカ合州国のいまの「完全雇用」はアルバイト的サービス業へのサラリーマンの転業、一時雇用が支えている。(22) わたしたちは常態としてパート労働者なのであり潜在的にはつねに「失業者」なのである。

ここには労働者の主体性の転換がともなっているが、それについて考えるためにもう一度イタリア、モロ誘拐事件後のイタリアに帰ってみよう。

一九七九年一月、国民的連帯政府は崩壊するが、その後、イタリアの経営者団体（工業家連盟）は経営者権限回復のための攻勢にでる。「熱い秋」以来、労働の側に傾いた労資の力関係の再編を一気にはかろうとしたのである。フィアットはこの流れのなかで、テロリズムへの関与を名目として六一人の労働者を解雇するという政治的なふくみの強い攻撃をおこなう。この攻防をヴィルノは、〈運動〉の延長線上にある若年労働力のコンフリクトの自発性、そして共産党、さらに変化しつつある企業とのあいだの獰猛な「弁証法」を実演した出来事と特徴づけている（Virno, 1996a, 246）。労働契約をめぐるストライキに端を発したこの闘争のもっとも活発な部分を、新人である若い労働者が担った。フィアットの攻勢にたいして共産党や組合は、形式的な批判はおこなったが、フレームアップで「テロリスト」に仕立て上げられたといわれる解雇指名を受けた労働者や「過激な」闘争をも同時に批判することで実質的にフィアットを支援している。最終的に解雇提案は撤回され、組合の要求に近いラインで合意が形成されたものの、防衛戦に終始するフィアット労働組合はその凋落をはっきりと示したのだった。それに乗じて、フィアットは経営悪化を理由にして約三万人のリストラ（長期のレイオフ）を発表。「三五日ストライキ」と呼ばれる激しい闘争を引き起こすが、その闘いは背後から不意をつかれて経営側の勝利で収拾をみることになる。つまり争議の過程で、技術者や事務職員層などが、労働者のスト・工場占拠に対抗して大集会・デモをトリノで組織し、四万人の動員によって大成功を収めたのだった（「職長たちの大行進」）（鈴木、一九九八：真柄、一九九〇）。

マスワーカーの闘争の最後の輝きがフィアットでついえた一年後に口火を切った過激なリストラは、その後の資本側の攻勢に拍車をかけ、リストラクチュアリングはさらに進行していくことになる。(23) PCIの凋落とDCのスキャンダル(24)による沈没は、イタリア社会党（PSI）のプレゼンスを強化した。すでに八〇年までには党内左派を一掃し社共連合路線を廃棄することに成功していた書記長クラクシは、DCにたいしてPSIのバーゲニング・パワーが増大したことをみきわめ、連合政権に参加しイタリア初の「社会主義者」の首相となる（一九八三年）。しかしクラクシの路線は（一年目のミッテラン政権よりは）サッチャー、レーガンにはるかに近いネオリベラリズム政策の徹底的追求であった。PSIは、当時なにが生じていたか、なにが変わろうとしているのかをもっともよく認識していたとされるが、PCIとDCによって構成された第一共和制、あるいはフォーディズムの政体を突き崩しつつあった新しい諸々の流れをふまえ、PCI・DC体制を内側から揺さぶりながらみずからその新しい流れの代表者たらんとしたのであった。クラクシはDC型政策決定スタイルとも異なるサッチャーばりの「決断主義」でもって、労働組合の勢力削減をねらう「スカラ・モビレ」（物価スライド式賃金決定方式であるが、当時は労働組合の強さの象徴でもあった）改正、医療福祉カット、規制緩和、国営企業の民主化などを推進していく（真柄、三〇―三二）。まさにそれは変貌しつつある社会の流れに乗りながらその流れを右へとシフトさせる戦略であった。それと並行して八四年から八九年にかけてイタリア経済はつかのまの黄金時代を謳歌し、「第二の奇蹟」と呼ばれるほどの経済成長を達成する。[25] 好況を主導する部門は「エレクトロニクス、コミュニケーション産業（この時期にはベルルスコーニのフィニンヴェスト社が大きく成長している）、精錬化学産業、ベネトンのような〝ポストモダン〟繊維産業、そしてサービスやインフラ的要素を獲得した企業」などである。自動車産業ですら、ひとたびダウンサイジング、リストラをはかったのちに、数年のあいだに異例なほどの利潤をあげたとされる。

その一方で、この時期に重要なことは、労働市場の劇的な転換である。社会的必要労働時間の急激な縮減を、労働市場を通じて資本主義的にマネージメントする戦略の展開。労働市場は硬直性をさらにゆるめ、準雇用や断続的あるいは短期労働という「グレイ・ゾーン」が大幅な拡大をみせた。ヴィルノによれば、これは〈運動〉のなかでオルタナティヴな意義をはらんでいた要素を、資本が活用（put to work）したということでもある。「運動のノマディズム、安定した職への嫌悪、アントレプレナー的尊大、そして個人の自律、実験への嗜好すら。これらすべてが資本主義的生産組織へ向けて集約された」(Virno, 1996a, 249)。ヴィルノたちは左右を超えてときに称賛される、八〇年代の「奇蹟」を支えたイタリアの新しいネットワーク型中小企業群をより冷静に眺めている。なるほど、それらの「自律的労働」は、七七年にはじまった工場体制からの逃走の継続であることはたしかだ。しかしそれはイタリアの大企業に厳密に従属していて、生産コストカットの安全弁になってしまっている。それは諸々のイタリア産業界のトップを走る諸グループの、生産コスト負担の一部を免れるためのひとつのやり方なのであり、自律的労働が、きわめて高次の自発的搾取と重なっている、というのだ(26)。

くり返しになるが、いまや労働者の活動はつねに利潤の生産のための機能からはみだしている。またそのことは、労働者の能力が養成される場の変容をもともなっている。かつては労働者の能力が培われる場は、職場のなかであった。だがいまやそれは直接生産過程の外部、「生活世界」で確保されなければならない。「一般的社交性、人間関係形成の能力、情報を駆使し言語学的メッセージを解読する才能、予期しえぬ不断の刷新への適応力」(249)、それこそが現在の「社会化されたワーカー」に必要な能力なのだ。だから「非物質的労働に携わる労働者はつねに資本がその都度求めるよりも、過剰なネットワーク、知、コミュニケーションのプロセスのなかにあり、それを駆使し、なおかつその能力を向上させねばならない」(ibid.)。ヴィルノが述べているように、これは〈運動〉においては、継続教育への権利のような、雇用の不安定性のなかからの積極的な下からの要求として提起されていたものだ。だが現代ではその要求は、権威主義的に転倒され、資本の要求、コマンドとして経済新聞、週刊誌だけでなくテレビのCMにいたるまで日々がなりたてられているものだ。要するに知をもち、コネをつくり、より自律せよ、というわけである。『要綱』のマルクスは価値法則からの脱出を交換価値からの脱出とむすびつけ、それによってユートピアの展望を示していたわけだが、事態はまったく逆のかたちとなってあらわれた。**価値法則からの脱出は、わたしたちの社会総体**（使用価値）**を交換価値へと変貌させてしまう**という事態にいたってしまったのだ。工場は社会に分散し、「社会 - 工場」となる。ここでマルクスのいう「資本による労働過程の実質的包摂」のみならず「資本による社会の実質的包摂」「社会の国家への実質的包摂」が完成するのである。

【2】価値法則と大衆知性

いまや資本主義は、『要綱』がコミュニズムへの通路としていた価値法則とその矛盾を、自分自身のための安定した原理として大っぴらに利用している。必要労働時間と剰余労働時間はいまではもう、判然と区別することはできない。ほとんどだれもが程度の差はあれども体験していることかもしれないが、知的労働あるいは非物質的労働は、労働時間と非労働時間とを明確に区別しない。たとえば商品の企画、アイデアをひねりだすという作業。それは、職場から帰ったあとも、飲みに行こうが風呂にはいろうが、寝つくまえのベッドだろうが（もしかしたら睡眠中でも）わたしたちの生活に取り憑くだろう。この労働は、それが支出する場所も時間も特定することはないのだ。そんな時間のはらむ曖昧さが示す平面が――生活と労働、生産と再生産、私的なものと公的なものとが截然と分かつことのむずかしい――いわばわたしたちの存在の「零度」である。その平面は、一方では、新しい権力テクノロジーとむすびつき社会総体を利潤生産の場として形成することで「資本による実質的包摂」の完成をしるしづけているし、また逆に他面では資本のコマンド全般から逃れる可能性をもしるしづけている。この平面を利潤形成へと向けて収斂させて解釈するのか、つまり生活への資本の全般的支配として解釈するのか、それともそこから全面的に逃れるための高度の可能性として解釈するのか、それが問われている。

高度の可能性として解釈するというが、それはいったいどういうことだろうか？　その解釈の可能性は、先にふれた、ネットワーク、フローが価値形成過程にとっては過剰となるという現象にはっきりとあらわれる。現在の生産様式において労働過程は、もはやテーラー主義のように、実行から構想を分離して、労働過程における協働のかたちを資本が準備、構想し細部にわたって指定するのではない。『要綱』のマルクスは、一般的知性を、固定資本に体化されるものであり、それゆえ「死んだ労働」として「生きた労働」に対立するものとしてとらえていた。だがいまでは一般的知性は「生きた労働」と一体化する。非物質的／知的労働においては、社会的協働、そしてその協働の組織化、運営は一般的知性を備えた労働者のヘゲモニーのもとに回帰する傾向があるのだ。ネグリたちがいうには、いまやテーラー主義のように資本（構想）のあとに社会的協働のかたち（実行）が組織されるのではなく、構想と実行の機能をともにわがものとした社会的協働が資本のコマンドの前提となる。資本が肉体労働から脱出し、知的労働へと、あるいは知的なものへと焦点を移動させるにいたって、資本のコマンドは価値形成過程に外的なものとならざるをえない。ネットワークは資本に先立って、利潤形成の前提として組織されねばならないのだから。それゆえマウリツィオ・ラッツァラートのいうように、雇用者はあるジレンマに悩まされる。すなわちいまや生産における協働の唯一の可能な形態は労働者の自律と自由であるが、同時にそれがそれとして認められることは致命的である、というジレンマ。協働が含意する力——自律性——を労働者側に「再分配」させてはならないという悩ましい要請。

　この資本にとって外的な知のネットワーク、知の社会化を表現する言葉が、「**大衆《マス・》知《インテレクチュア》性《リティ》**(intellectualità di massa/ mass intelectuality)」である。ラッツァラートは大衆知性を、〈運動〉のもたらした「**自己価値化**(autovalorizzazione/self-valorization)」の要求と資本主義的生産の要求とのむすびつき」と定義している。大衆知性とは、「水平的に社会を横断して広がる集団的インテリジェンス、蓄積された知的力」であり、特定の集団にのみ——知的労働者など——限定されるものではない。非物質的労働のヘゲモニーが物質的労働の性質まで変えているように、それは多かれ少なかれ現代社会の人間総体を規定している。こうした概念によって示されているのは、ポストフォーディズムの資本主義における解放的ポテンシャルを明確に指示するためである。つまり、それが「自己価値化」の運動を丸ごと組み入れているというアンビヴァレントなイメージを与えるためである。かつてアウトノミア運動は「自己価値化」をひとつのスローガンにした。それは資本による労働過程における剰余価値形成プロセスを指示するために用いられる「価値化（valorization）［価値形成／価値増殖］」との対比でマルクスが『要綱』において用いたものである。価値がもはや価値法則の命令に服属しないこと、剰余価値生産ではなく生産コミュニティの集団的必要や欲求にもとづいた価値のオルタナティヴな社会構造を指示するために用いられた。これは〈運動〉のなかで、「資本主義的生産関係や国家の管理とは相対的に自律的な社会組織や福祉の、地域、コミュニティに基盤を置いた形式の実践」を指して用いられたものである。資本は現在こうした実践をみずからの価値形成の源泉としてそのまま組み込んでいる。資本は労働者の協働にとって外部からコマンドを下し、そしてその生産物をわがものとする、その意味で、資本はますます「寄生的」性格を剝き出しにしているのだ（「吸血鬼やゾンビの隠喩が資本の支配にこれほど適している時代はない」（Negri and Hardt, 1994, 21））。

5 multitudes（群集＝多数性）のエクソダス

【1】運動するニューライト――フレキシビリティのなかのルーツとルール

こうした条件のもと、わたしたちの、すなわちポストフォーディズムの社会では、フレキシビリティがしばしば残忍な相貌すら帯びる支配的法則となる。資本と同様に労働者も、臨機応変に環境の変容に対応し、みずからを順応させ、たえず好機をつかみとるように目配りを強いられるし、また異質なグループ、価値とのコミュニケーションをたえずおこない、ネットワークを維持拡大せねばならない。こんな状況においては、確固たるアイデンティティなどむしろ障害でしかない。それゆえイタリアの社会学者アルベルト・メルッチは次のようにいうのである。

アイデンティティはもはやいかなるルーツももたない。アイデンティティの交換、維持、開拓に必要な社会的コンテナはもはや十分安定的でも堅固でもないために、それは永遠といったかたちでその保障者としてふるまうことはできない（Melucci, 1996, 281）。

このアイデンティティのルーツレス化、フレキシブル化は、ニューライトが媒介したい資本の要請である。だがこのアイデンティティのフレキシブル化はルールと強制との関連で、重大な帰結をもたらす。システムがフレキシビリティを増大させる必要にせまられ、その作動が複雑になればなるほど、ルールは決定的に重要になる。システムのフレキシブル化は無数のルールが柔軟に変更されたり入れ替えられたりすることによって可能になっている。そのようなルールのもとでゲームをおこなうわたしたちが直面する状況をヴィルノは「**揺るぎない不安定性**（instabilité stable）」と特徴づけている。なによりもまずわたしたちは絶えず変動する不安定性と、それを規制・促進するルールを学ばねばならないが（たとえば特定の技術環境によって定められた、オフィスのハイテク機器の操作方法とか）、それはまさに**その恣意性と無根拠さを学ぶこと**である。わたしたちは「揺るぎない確信をもって参加する、あらかじめ規定されたひとつの〝ゲーム〟に投げ込まれているのではない」ことを発見する。そのかわりに「あらゆる自明性や深刻さを欠いた多様な〝ゲーム〟に直接の自己肯定の場をかいまみるだけなのだ」(Virno, 1991, 17)。だから主体がこのフラットな諸ルールに適応するためには、必然的に労働のエートスとしてシニカルな性向《ディスポジション》を身につけざるをえない。だがその一方で、フレキシビリティがルールの強制力をも無化してしまってはこのゲームに大きな打撃を与えてしまう。「不安定性」は「揺るぎない」ものでなければならない、つまり、フレキシビリテ**ィは専制的に君臨せねばならないのだ。**そういうわけで、**フレキシビリティを強化しながら、同時にルールの強制力を確保する**、という逆説的な戦略のなかでニューライトは機能せねばならないわけだ。

このことはポストモダニズムとニューライトの共犯関係を理解する上でも重要だ。イタリアのポストモダニズムは八〇年代、いまやポストフォーディズム社会を生きる人間の存在条件を構成しているフレキシビリティへの要請に、思想的基礎を与え、それを現状への無条件の肯定へと向けなおした[27]。**ポストモダニズムの多くは、資本にたいしてではなく、すでに敗北していた勢力（モダンな批判勢力）にたいしてもっとも好戦的であり**、その上で、主体の解体、脱中心化、分散化を無批判に称賛することによって資本のポストフォーディズム的再編成にたいする抵抗を解除しながら、その「本源的蓄積」を支援した。それゆえ、そのシニシズムは現存のルールへの無批判な支持となってあらわれる。ところがそうでありながら、**ポストモダニズムのこのルールへの無批判性は、同時にそのルールへの軽蔑をもはらんでいる。**

というのもそこでは、ルールは決して尊重されるわけではなく、むしろ戯れの対象なのだから。フレキシビリティの賛美、そしてルールの尊重と軽視は、民主主義、あるいは「基本的人権」への嫌悪、軽蔑、あるいはあらゆる「建前」的なものへの侮蔑となってあらわれ、ニューライトの台頭を準備する強力なメンタリティとなっている。メルッチはそれにたいして強い危惧を表明している（潜在的なファシズムの核さえそこにみいだされている）。「制度的ゲームと戯れ、同時にそれを否定することは、ニューライトの根深い反民主主義的特徴である」（ibid.）。

このことは、ネオリベラリズムのポリティクスが、どこまでも可塑的な主体を構成することをめざしている（第一章）ことによって、ポストフォーディズム的蓄積体制と適応しあっているということとも関連している。ここでこの章の冒頭にも述べた、運動としてのニューライトという点についてもう少し考えてみよう。ポール・ヴィリリオはイタリアの運動の高揚への応答としてこの時期小冊子を公刊している。[28] それは『民衆的防衛とエコロジー的闘争』と題されていて、ヴィリリオはイタリアの運動の最良の部分を「民衆的防衛」としてとらえていた。防衛というと保守的響きを帯びているが、ここでは少し立ち止まってここにはらまれたねじれをみきわめる必要がある。

マルコ・レヴェッリは六〇年代から八〇年代のフィアット工場での労働運動の記録をながめながら、少し感傷的な想いも込めながら「直感に反するある逆説的なねじれ」をそこにみいだしている。先述した七九年のフィアット工場の闘争に参加し、その後も抵抗をつづけた二二人の労働者のインタビューの記録である。その個人史はたがいに異なっているものの、ある一点で収斂している。「みずからの集合的アイデンティティを（コンフリクトを介して）基礎づけ、発展させるための特権的空間としての工場の絶対的中心性」（Revelli, 1996b, 116）を前提としているという点である。五〇年代の終わりから七〇年代の中盤あたりまでにフィアットに就職した労働者階級は、みずからの主要な武器として、現状維持、安定などなどを活用した。「要するにこうだ。〝運動〟の本質は不動性（immobility）にあって、保守主義の本質は運動にあるかのようなのだ」（115）。それが逆説だ。フィアット労働者たちによる職の移動の拒絶、「不動性」への要求は、ただただ現状を損ねない要求というわけではない。むしろ「現状」とは、市場の収縮に対応したい、社会的必要労働時間の縮減をなんとしても（暴力に訴えかけても）管理したい資本による労働力の激しい移動・運動の要求のことなのだ。その場合、一見「現状を維持する」という身ぶりは、「現状」を拒否する闘争となる。先述したように、七九年のフィアットの闘争には、当時新人だった一万人の若者も活発に参加していた。それは壁の外の「創造的」実践の延長上にも位置していたのである。「彼ら［フィアットの新人労働者］はすべての側面で（メンタリティー、学歴、都市的習慣）七七年に街路を埋め尽くした学生や雇用の不安定な労働者たちに似た、〝風変わりな〟労働者であった」（Virno, 1996a, 247）。

【2】ポストフォーディズムの multitudes

レヴェッリはいう。「[フィアット労働者の根こそぎ化《アップルーティング》への抵抗」は、不可避的に「根を持っていること（rootedness）」、独自の倫理的コード、不文の法、正義の基準をかねそなえた、「ともにあること」を発展させられる「場所」を確立することをともなっている。運動が意味ある変化をもたらす（問題をずらしておしまいではない現実の変革の）ためには、つねに固定された地平、地理的・技術的座標のもとに規定される領土を前提としている」（Revelli, 1996b, 119）。レヴェッリはまさにこのプロジェクトが、資本の根本的変貌によって敗北したのだ、としている。

しかし、レヴェッリ自身も認めているように、資本による激しい「根こそぎ化」は、同時にさらに工場の外まで、つまりこれまで労働運動の陰に隠れていた数々の支配的関係、性別役割分業などもふくむ生活全般にわたって、そこを「大衆的少数派《マス・マイノリティ》」（レヴェッリの言葉）の領土の構成の場にする可能性を開いている。そもそもルーツの不在――ヴィルノはわたしたちの存在の零度としての「純粋な帰属（pure appartenance）」（Virno, 1991, 37）と述べている――それ自体はラディカルな解放の指向性にとってもポジティヴな条件となりうるし、もともと〈運動〉に先立つ六八年の運動もそのうちに、リジッドなアイデンティティを叩き込む規律の権力への拒絶の衝動をふくんでいた。レヴェッリの主張からわたしたちが受け取るべきは、規律の権力の作動とそれがもたらす現実のすがたが主体の抵抗力を巻き込んだ形成であることなしには考えられない、あるいは主体化と抵抗、従属が錯綜した絡み合いをふくんでいるということである。たとえば、規律の権力が「根こそぎ化」によって作動する場合もあるということだ。具体的にいえば、逆に「根をもつ」ということが規律の権力に抵抗する足場となるということもある、ということである。それゆえ課題は、ネグリが定式化しているように、もはや資本の実質的包摂によって根本的に根を失い、あて先なくさまよう純粋な「帰属」――帰属そのものが消失したのではない――に、それにふさわしいどのような「領土」を与えるか、そのポテンシャルを右派が領有している現在において、どのような政治的形式を与え返すかとなる。

ネグリたちは、オペライズモの末裔のひとりでもあるレギュラシオン派を絶えず意識しながらオルタナティヴを提起しているようにみえる。ネグリたちによるレギュラシオン派への批判は、おそらくレギュラシオン派が同じ問題を同じ方向で提起しながら――つまりアフター・フォーディズム状況それ自体はポジティヴに受けとめながら、ポストフォーディズムの社会編制を左へと向けるという――、その問題提起を最初から「妥協」（より一般的には「媒介」）というタームで編成していることにたいして向けられているようにおもわれる。ネグリの観点からいうなら、レギュラシオン派は政体＝構成の存在をアプリオリに前提としているということになるだろう。つまり、レギュラシオン派の誤りは、マクロな社会編制の再構成の問題を、アプリオリに命令者と服従者のあいだの契約のむすび直しとして把握している点にある。ネグリたちはそんなレギュラシオン派の態度を単純にラディカルではない、として退けるのではない。それはなによりもまず、不可能であるがゆえに批判されなければならないのである。つまり、リングが明確に定まっていて（国民国家）、構想と実行という機能分担によって二人のプレーヤーとして対峙しているという構図が描きうる状況[29]とは異なり、もはや資本と労働は活動する平面が根本的に異なるし（マニュエル・カステルであれば「フロー」と「場所」の相違とまとめるだろう）、それゆえに妥協、媒介の試みは根本的にすれちがわざるをえない――このすれちがいは代表制民主主義やネオ・コーポラティズムのような従来の交渉の［ための］諸制度を危機においやっている資本の高度の抽象的運動の有利をもたらしている（レギュラシオン派のオルタナティヴ「勤労者民主主義」の実践上の苦戦）、ということである。この二つの平面は、ネグリらがマルクスに即しては「価値化」と「自己価値化」の敵対として、スピノザに即しては「権力」と「力能」の敵対としてまとめていたものだろう。事実上、「自己価値化」の平面があからさまに形成され、資本は寄生の度合いを増している以上、どうしてみずから妥協を求める必要があるのだろうか？　というわけである。

ヴィルノは先ほど経済的分析のなかから「大衆知性」と呼ばれていた新たな主体性を、政治哲学の観点から「multitudes（群集＝多数性）」と位置づけ直す（Virno, 1994, 123-150）。政治哲学においては、multitudesとは構成された秩序にとっての破壊や壊乱の要因としてつねに恐怖の的であり、そのために、私的なもの／公的なものの二項対立を介して私的な（剥奪された）存在へと還元され懐柔されていたものである。あの革新的な「人民主権論」ですらそうなのである。「王の大衆性（popularité du roi）」とヴィルノはいう。ホッブズにおいてそうであったように、「人民（peuple）」とは、リヴァイアサン、国家と緊密にむすびついていた。それは一つの意志、一つの活動を帰属しうる一者なのだ。だからフーコーがかつて述べたように、王の座位に人民を据えても決して「王の首を切った」とはいえない。王の首をすげかえるのではなく、王の首切りがもたらすと喧伝され恐怖される「アナーキー」のなかに生産的で自発的でミクロな秩序形成の趨勢をみいださねばならない、そしてそれはフーコーにおいても同じように、なにもずばぬけてユートピア的である必要はなく、よき観察者であればいいのである。あるいは通常のユートピア的態度とはまったくちがって、「現在を軽蔑する権利はない」というボードレールの格言を胸に、現在を膨張させる「現在性のユートピア主義者」といったほうがふさわしいのかもしれない（最終章）。multidudes は、伝統的に「アナーキー」の恐怖のもとで、民主主義・社会主義においては集団的（生産者＝国家）なものと個人的なものの二分法のもとで、（ばらばらの）個人へと還元されて、そのポテンシャルを封じ込められていた。ところが、それらの二項対立を無用なものにしたポストフォーディズム的協働においては、multitudes は一挙に舞台の中央へおどりでる。市民なのか生産者なのか、あるいは消費者なのか、作者なのか受け手なのか、この不分明な「いまだ」統一を欠いている「渦巻き」、本来的に代表＝表象不可能な、それゆえに国家とは根本的に異質な「単位（une Unité）」、すなわち公共的〈知性〉を出発点に政治は再考されるべき、というのである。

もう少しこの点にふみこんでみよう。アンドレ・ゴルツたちの二重社会論のペシミズムにたいしてヴィルノもクリスチャン・マラッツィも批判的である。二重社会論、二重速度社会論は、たしかにポストフォーディズム的生産様式が、社会的必要労働時間の縮減の管理として雇用の不安定化を推しすすめる結果、「カースト的労働市場」への移行、周辺労働者の増大、搾取の強化、貧富の格差の増大、「隷属的労働」の復活という傾向が存在することを明るみにだしている。しかしゴルツは相変わらず生産的労働・不生産的労働という区分を前提にして、コア労働者の生産的労働と、それに奉仕するのみの低賃金の周縁的な「召使い労働」を描き出す。「今後雇用の創出は、主として、経済活動にではなく、反経済的な活動にかかることになる。……雇用の創出は、もはや、社会的規模で労働時間を節約するのではなく、消費できる金を持った者の最大の楽しみのために、労働時間を浪費することにかかっているのである」（Gorz, 1991=1993／六〇）。二重社会論のメリットはここから派生する帰結によって相殺されてしまう、つまりゴルツは再生産領域をこれ以上市場化しないというかたちで二重化を食い止めるという戦略を提起しつつ、再生産領域の支配・権力関係を不問に付す傾向にあるし、ポストフォーディズムの労働編成がもたらすもっと積極的な平面を見逃してしまうのである。マラッツィはこのポストフォーディズムの労働における「隷従的要素」が、じつは「経済過程全般に神経分布した言語学的でコミュニカティフな媒介から生まれてくる」（Marazzi, 1994, 55）という。この開かれた〈知性（intellect）〉の協働性、公共性は、すぐさま労働の協働に還元され、さらにヒエラルキー的に分割されて、二重社会を現象させてしまうのだが、それにしても決して抹消してしまうことはできないのである。あらゆる生産の具体的局面で「依存の関係」「隷属的労働」とみえてしまうのは、それが「他者の現前」のなかでおこなわれる交流の活動でもあるからだ[30]。つまりそれは技芸的な特徴ゆえのことなのだ。

このことと関連して、次のようなハンナ・アーレントの指摘は興味深い。アーレントは公共領域を特徴づける〈活動（Action）〉について、アリストテレスのエネルゲイアの観念に依拠しながら「目的を追わず、作品を残すことなく、ただ演技そのもののうちに完全な意味があるすべての活動力」と特徴づけている。〈活動〉にとって最終生産物はなく、あるとしたらそれは演技であり、エネルゲイア、すなわち純粋な現存性である。技術としての政治ということで、医術、航海術のような活動力と並べられる場合、それはさまざまな術のひとつであって、舞踊家や俳優の演技のように、生産物は演技そのものである。アーレントはこのような発想に、古代ギリシア人の〈活動〉の経験のかすかな反映を読みとっている。だが近代には〈活動〉は凋落する。アダム・スミスは、「聖職者、法律家、医者、オペラ歌手」のように「本質的に演技に依存するようなすべての職業」を「召使いの仕事」と分類し、もっとも不生産的で最低の労働と位置づけた（Arendt, 1958=1994／二三一―二三二）。まさにポストフォーディズムの労働が、「隷属労働」「召使い労働」という性質を帯びるのは、一方でこのような最終生産物なき〈活動〉の性質をそなえているからでもある。オペラ歌手のような音楽家のようでもあるが、だが彼らは指揮者がいなくてもすでにスコア（一般的知性）を分かち持っているがゆえに、演奏に指揮者を必要とすることはない。だから彼らはボスをじつは必要としていないはずだし、政治的レベルでは「一般意志」へと収斂しない。それゆえ権利を主権に委譲する必要を持ち合わせていない、というわけだ(31)。

こうした状況に見合ったラディカルな政治戦略として提起された概念が「エクソダス

(esodo/exodus)」である。それはかつて学生や若き労働者が実践のなかで提起していたものにほかならず、ヴィルノはそれによって「拒否の戦略」の社会全体への延長、ポストフォーディズム版を提起しようとしているのだ。それは国家や資本との直接的対決、より一般的には媒介にもとづく戦略――レギュラシオン学派的「妥協」をもふくめて――を避け、むしろシステムから「逃走」をはかる。だが「逃げる」という身ぶりが、ポストフォーディズムの消費主義などとうまくかみ合ってシニシズムやオポチュニズムへと堕さないためには、どうすればよいのだろうか？ ヴィルノはアーレントを参照にしつつそのエクソダスの戦略を明確に組み立てるよう試みている。ひとまずアーレントにならいながら、人間の活動領域が〈労働〉(Travail)（ヴィルノはWorkとLaborを区別していない）〈活動〉〈知性〉の三つに区分される。アーレントは知性を秘私的な活動とみなし、公共領域にかかわる〈活動〉や〈労働〉とは切り離したのであるが、マルクスの一般的知性論が示していたように〈知性〉と〈労働〉は密接にむすびつき、また〈知性〉は協働にとっての共有された公共の資源になる。その点を前提にヴィルノは、〈活動〉の位相を捉え返す。先述したように、非物質的労働においては〈労働〉は生産物という最終生産物をみることのない技芸、action-de-concert、〈活動〉の性質を帯びる。それにしても、こうした技芸的性格は政治的活動の特色ではないだろうか？ そこで、〈知性〉を〈労働〉から引き離し、そのはらむ〈活動〉的特質を政治の方にむけ返さなければならない。エクソダスとは、〈知性〉が〈労働〉から引き離され、〈活動〉の方にむかうべく鍛えられるプロセスなのである。

これまでこうしたプロセスを開く集団性のありかたは、ホッブズがmultitudesをpeopleのただなかに引き込んでしまう「非正規の団体」として嫌悪してきたものである。「非正規な団体は、本質的には、同盟にすぎないし、あるいはときには、人びとのたんなる集まりにすぎず、なにか特定の企図のために結合しているものではなく、一方の他方への義務づけがなく、ただ、意志と性向を同じくすることからのみ生じたものである」(Hobbes, 1651=1966／一五七)。ヴィルノはこうしたホッブズの議論を参照しながら、まさにこのような団体こそ、multitudesの共和制を構成するものである、という。ホッブズのいう団体、あるいはソヴィエト、評議会——伝統的な非代表制民主主義の機関。〈エクソダス〉は、そうした機関を構築することで、「徳のある協働」を賃労働から解放するのである。それは代表制民主主義のエリート主義的な擁護者が戯画化し退けるような、単純な政治形態ではない。国家の行政装置の外で、それに抗したり、ときにむすびついたりしながら、「積極的引きさがり(soustraction entreprenante)」の過程で形成された相互保障の関係性や「友情による作品」を守っていく(sauvegarde)というプロセスであり、あらかじめの形態や組織をもたない複雑な構成をもたねばならないというのである(Virno, ibid., 142)。

註

（1）〈アウトノミア〉にしてもその語の意味はかんたんには定義できないし、また運動の組織構成やそれがはらむ意味もきわめて複雑である。イタリアの六〇年代以降の〈運動〉、アウトノミアのその流れや内容についてはここでは詳述しない。その一端はこれまで日本でも粉川哲夫、小倉利丸、麻生令彦氏らによって紹介されている。また、Negri（1989=2000）に付されたムーリエ－ブータンの解説は、これまであまり日本では知られていなかったイタリアの非主流マルクス主義の流れのなかにネグリや〈運動〉の潮流を位置づけるものであり、非常に参考になる（Negri, 1989=2000／一九七―二四五）。また Wieviorka, 1993, *The Making of Terrorism*, The University of Chicago Press の第二部（83-144）は〈運動〉と暴力、テロリズムの複雑な関連を説明している。

（2）ここまでの事実経過については Robert Lumley, 1990, *States of Emergency*, Verso を参照している。

（3）アルベルト・メルッチの定義による（Melucci, 1996, 266-267）。メルッチはこのように定義しているが、必ずしもイタリアのみの制度的特質とはいえないだろう。とくに日本においてはそうである。また注意をしなければならないが、メルッチのこのような見解にたいして、「新しい集団的要求」は媒介を超えるものであるがゆえに、つねに既存の代表制や代理＝表象の論理一般を超えていく、というのがネグリたちの立場である。

（4）Castellano et al.（1996）をみよ。

（5）「ぼくらはそれを単に暴力的抑圧とのみ理解してはならないし（とはいえそれはつねに反革命の一部であるのだが）、旧体制の単純な復活、つまり紛争や変革によって切り裂かれていた社会秩序の再建と理解してもならないだろう。反革命とは字義通り反転された革命（revolution in reverse）なのである。」（Virno, 1996a, 241）

（6）Virno（1996b）は、イタリアの闘争の文脈でいかに「機械についての断章」が読み替えられたかについての簡潔であるもすばらしい小史である。重要な箇所であるので長くなるが引用しておきたい。

（7）「……ところが、大工業が発展するのにつれて、現実的富の創造は、労働時間と充用された労働の量とに依存することがますます少なくなり、むしろ労働時間のあいだに運動させられる諸作用因の力［Macht］に依存するようになる。そして、これらの作用因――それらの強力な効果［powerful effectiveness］――それ自体がこれまた、それらの生産に要する直接的労働時間には比例せず、むしろ科学の一般的状態と技術学の進歩とに、あるいはこの科学の生産への応用に依存している。（この科学の、とりわけ自然科学の発展、またそれとともに他のあらゆる科学の発展は、それ自身がこれはまたこれで、物質的生産の発展に比例する。）たとえば農業は、社会体（Gesellschaftskörper）全体にとって最も有利に制御されるべき物質的素材変換にかんする科学のたんなる応用となる。現実の富の姿は、むしろ、充用される労働時間とこれらの生産物のあいだの途方もない不比例のなかに、また同じく、［いっさいの具体性を奪われて］まったくの抽象にまで還元された労働とこの労働が監視している生産過程の猛威［Gewalt］とのあいだの質的な不比例のなかに、はっきり現れる――そしてこのことを暴露するのが大工業である――。もはや、労働が生産過程のなかに内包されたものとして現れるというよりは、むしろ人間が生産過程それ自体にたいして監視者ならびに規制者として関わるようになる。（機械装置について妥当することは、同様に、人間の活動の結合と人間の交通［Verkehr］の発展とについても妥当する。）もはや労働者は、生産過程の主作用因であることをやめ、生産過程と並んで現れる。この変換のなかで、生産と富との大黒柱として現れるのは、人間自身が行う直接的労働でも、彼が労働する時間でもなくて、彼自身の一般的生産力の取得、自然にたいする彼の理解、そして社会体としての彼の定在を通じての自然の支配、一言でいえば社会的個人の発展である。現在の富が立脚する、他人の労働時間の盗みは、新たに発展した、大工業それ自身によって創造されたこの基礎に比べれば、みすぼらしい基礎にみえる。直接的形態における労働が富の偉大な源泉であることをやめてしまえば、労働時間は富の尺度であることを、だからまた交換価値は使用価値の［尺度］

であることを、やめるし、またやめざるをえない。大衆の剰余労働はすでに一般的富の発展のための条件であることをやめてしまったし、同様にまた、少数者の非労働は人間の頭脳の一般的諸力の発展のための条件であることをやめてしまった。それとともに交換価値を土台とする生産は崩壊し、直接的な物質的生産過程それ自体から、窮迫性と対抗性という形態がはぎとられる。諸個人の自由な発展、だからまた、剰余労働を生み出すために必要労働時間を縮減することではなくて、そもそも社会の必要労働の最小限への縮減。その場合、この縮減にはすべての個人のために自由になった時間と創造された手段とによる、諸個人の芸術的、科学的、等々の発達開花が対応する。資本は、それ自身が、過程を進行しつつある矛盾である。すなわちそれは、労働時間を最小限に縮減しようと努めながら、他方では労働時間を富の唯一の尺度かつ源泉として措定する、という矛盾である。だからこそ資本は、労働時間を過剰労働時間の形態で増加させるために、それを必要労働時間の形態で減少させるのであり、だからこそ資本は、過剰労働時間を、ますます大規模に必要労働時間のための条件――死活問題――として措定するのである。だから、一面からみれば資本は、富の創造をそれに充用された労働時間から独立した（相対的に）ものにするために、科学と自然との、また社会的結合と社会的交通との、いっさいの力を呼び起こす。他面からみれば資本は、すでに創造された価値を価値として維持するために、そのようにして創造されたこれらの巨大な社会力を労働時間で計って、これらの力を、必要とされる限界のうちに封じ込めようとする。生産諸力と社会的諸連関とは……この局限された基礎を爆破するための物質的諸条件なのである」（Marx, 1981=1993／四八九―四九一）。

（8）「一般的知性」という概念は次のような文脈で提示されている。「自然は機械をつくらないし、機関車、鉄道、電信、ミュール自動精紡機、等々をつくらない。それらは人間の勤労［Industrie］の産物であり、天然の材料が、自然を支配する人間の意志の器官に、あるいは自然における人間の意志の実証の器官に転化されたものである。それらは、人間の手で創造された、人間の頭脳の器官であり、対象化された知力である。固定資本の発展はどの程度まで一般的社会的知能、知識が、直接的な生産力になっているか、だからまた、どの程度まで社会的生活過程の諸条件それ自体が、一般的知性の制御のもとにはいり、この知性にもとづいて改造されているかを示している。［それは］どの程度まで社会的生産力が、知識という形態においてのみではなく、社会的実践の、実在的生活過程の直接的器官として生産されているか［を示している］」（Marx, 1981=1993／四九二）。

（9）ここは誤解が生じやすいところだとおもうが、「労働の拒否」とは決して生産性や生産活動自体の拒絶ではない。決して「なにもしない」ということの肯定ではないのである。「なにもしない」という現象としてたまたまあらわれるにしても、本来の目標はそこにはない。「労働の拒否」とはフォーディズムのもとにおける賃労働、資本主義的生産関係の拒否であって、それゆえに「プロレタリア階級」の生産性、創造性への展望がたくされている。「そこでは〝労働の拒否〟はたんなる労働の科学的組織化に抗するネガティヴな表現であるだけではなく、また生産や再生産の社会的メカニズムを再領有する欲求のポジティヴな表現でもある。これは主体や闘争の多元性をむすびつける社会的絆であった」（Vercellone, 1996, 84）。

（10）Deleuze（1990=1992／一八五）をみよ。そこでドゥルーズは新しい闘争形態の登場を新しい主体性の産出とともに考察する長い〈出来事〉の継起にともなう思想の伝統が、一九六八年の〈出来事〉を経てたどり着いた場としてフーコーの作業を捉えている。そこではルカーチ、フランクフルト学派、アンドレ・ゴルツ、シチュアシオニスト、サルトル、ガタリらとともに、マリオ・トロンティにもふれられている。

（11）ここで〈排除〉という語にはよりはば広い含意を持たせているが、イタリアの労資関係の文脈では一般的に次のようなかたちで用いられた。イタリアでは第二次オイルショックあたりを転機にして経営者たちが労働者の攻勢を前にした「組み込み」戦略から「排除」戦略に転換した――実際には「復帰した」というべきなのだが――と位置づけられる。重工業発展を牽引した南部からの「国内移民」による安価な労働力の調達、二重労働市場、労組の分裂による相対的弱さ、政党システムなど、イタリアと日本の政治・経済的条件は非常に似ているが、七〇年代になって決定的な差異が刻まれ、その後の帰趨を分かつことになる。それは主要労働組合の戦略と経営者の応答の差異である。井戸（一九九八）の整理によると、第一次オイルショックにおいてとくに先鋭的に知覚された「危機」への対応において、日本の経営者は積極的に「分割統治」戦略をとる。つまり、労働者の一部（民間大企業常用労働者）のみを組み込み、他方、周辺労働力を排除するというものである。日本の労働組合はそれにたいして社民的「包括型戦略」を放棄し、「セクター志向型」的戦略へと転換した。それにたいし、イタリア労働組合は「包括型戦略」をとり、イタリア経営者は、マクロ協調をめざす「組み込み」戦略で応じたが、やがてそれは、各産別組合の総連合の指導にしたがわない争議の高揚もあって内側から分裂し、ネオ・コーポラティズム的労使間妥協を支えていた「歴史的妥協」路線とともに破綻した。ちなみに井戸（一九九八、一二七―一二八）は、日本の戦後の組合運動が「企業別組合」として組織されたことの理由を、総動員体制などに求める通常の経済学的アプローチを退け、戦後の経営者戦略の帰結として捉えている。たしかに動員体制の問題が重要なことは疑いえないが、それに加えて戦後の労働者の戦略、力、そしてそれに対応する支配の力の行使形態を把握することがいま、必要だろう。とりわけトヨティズムがポストフォーディズムのひとつの大きな源流であるからこそそうである。後述するがポストフォーディズムの浸透は、一九五〇年代のトヨタがそうであるように、労働者の決定的敗北なしにはありえない。戦中・戦後を連続性で捉えることが、こうした力関係を決定的に無視することに帰着するなら危ういだろう。Revelli（1996a=1996／一五〇）を参照せよ。

(12) ここ三〇年ぐらいの日本社会をふりかえって考察する際にも参考になるとおもわれるので、次の点について記しておきたい。イタリアの一九六八年に特徴的なことは、それまで輸出志向と南部からの安価な労働力に基盤をおいた発展パターンからの脱却、すなわち広汎なモダナイゼーションと、脱工業化、あるいは脱近代社会に特有の社会的闘争の形態の二つのプロセスがそこでむすびついたという点である。それによって、ポスト工業社会へとイタリアを変容させる圧力と、「アルカイックな」社会構造や政治の構造が衝突して、新たな闘争や主体性と伝統的な利益のあいだで調停不能、手詰まりになったともみることができる（cf. Melucci, 1996, 260）。

(13) 一九七二年三月の党大会で書記長に就任したエンリコ・ベルリングェルは、七三年の秋に論文「チリ事態後のイタリアについての考察」を発表。そこでDCを「かなり広範なカトリック志向をもつ、勤労者、人民大衆を結集している」党として捉え、チリで生じたような反革命軍事クーデターを回避するために、カトリック勢力との共同による広範な「同盟」の必要性を説いた。これが「歴史的妥協」路線である。「この主張は、即座にイタリア政局に現実的影響を与えるものではなかったが、七五年の州選挙、七六年の総選挙とPCIが三〇％の壁を破り、DCに肉迫するに及んで、にわかに実践的可能性を帯びることになった」（鈴木、一九八九、一八七）。イタリア共産党は、この選挙における勝利を「歴史的妥協」路線への有権者の支持と解釈したのである。上掲「チリ事態後の……」論文をふくむベルリングェル自身の歴史的妥協についての見解については、エンリコ・ベルリングェル『先進国革命と歴史的妥協』合同出版、一九七七年、大津真作訳を参照せよ。なおこれは付言しておきたいが、PCIの「緊縮」政策は、現代大量消費社会、第三世界からの異議申立てへの当時のイタリア共産党なりの知的道徳的対応という位置づけも与えられていた。

(14) 赤い旅団と〈運動〉の関係は入り組んでいる。国家の弾圧にたいし街路で直接対立しつつ応答をくり返し疲弊していた〈運動〉の行き詰まりとともに、赤い旅団は失望した運動家を糾合し膨れ上がることになった。ネグリやヴィルノたちは八三年に獄中から出された総括文書で苦々しく回顧している。「この拘束とローマやそれ以外のいくつかの地域でのアウトノミストたちの手痛い失敗が赤い旅団を膨れ上がらせた。赤い旅団は〈運動〉に外在的で批判的であったが、逆説的にもそれゆえに、これらの闘争の果実をいただき、自分自身の組織を強化したのである」(Castellano et al., 236)。

(15) 日本では、ロッキード事件を機に火のついた三木派・反三木派の自民党内抗争のなかで、「だれそれにはガヴァナビリティがない」というような用法でさかんに用いられたという (Crozier, M. et al., 1975=1976／一)。

(16) 『統治能力』報告は、ネオマルクス主義であれば、軍事化、あるいは社会的支出の拡大による危機、すなわちケインズ主義的福祉国家の危機と対象化した「危機」状況を見据えながらマルクス主義潮流が「資本主義の危機」と位置づけた事象にたいして「民主政治の危機」という問題設定を与え返した（Crozier, M. et al. 1975=1976／二六）。「政治参加の拡大と一九六〇年代の民主主義や平等主義のもつ諸規範への過度の信奉」（二七）が問題だ、というのである。

(17)「ノルム」は通常、規格とか規範とか翻訳されるが、この概念はフーコーの権力論、そしてそれを多様な分野において引き継いだフランソワ・エヴァルドたちにおいては限定的な含意で用いられることがあり、これがフーコーたちの法の理解に大きく影響している。これについては第二章、第三章で詳述したい。

(18) 社会法の実定性についての詳細な分析は Ewald (1986) 第四部全体を参照せよ。

(19) ロールズやそれをめぐる論争についての詳細な批判的解読としては、Negri and Hardt (1994) の第三部第四章を参照せよ。また相対主義的な多元主義と強い排除の傾向とが「後期近代」において重なっていると分析するジョック・ヤングの視点も、このネグリたちの論点を補強してくれるのではないだろうか。これについては第四章を参照せよ。

(20) これについても第四章を参照せよ。また Davis (1992=2001) もみよ。

(21) こうした動向にさいして、日本のトヨティズムが果たした役割は大きい。Coriat (1991=1992) はポストフォーディズムを考えるために不可欠の重要文献である。また渋谷、酒井（二〇〇〇）もその点にふれている。

(22) アメリカ合州国の好況の背後にある中産階級の解体、貧困化をドキュメントしたものとして、『ニューヨークタイムズ』編『ダウンサイジング・アメリカ』日本経済新聞社、一九九六年がある。

(23)「熱い秋」で失った労働と生産過程にたいする支配権を復活させた経営陣であるが、ストによる喪失時間は八〇年の一三五〇万時間から八一年には一〇〇万時間へと激減、アブセンティズムもストをはさんで一四～一八％から三～五％へと低下。人員整理、新技術導入、そしてロボット化によってフィアットの八一年の生産上昇率は二〇％を記録した。このフィアットの経験はその後、他の主要な企業によって踏襲されて八〇年代の好況の下地を形成したとされる（鈴木、一九八九、一九九一）。

(24) いわゆるP2スキャンダルである。これについては第五章もみよ。

(25) とりわけ七〇年代につちかわれたイタリアの「悪評」を打破し、九〇年にはロンドン・エコノミスト誌ではイタリア人は「ヨーロッパの日本人」と形容されるまでにいたる（当時日本経済はいまだ好調であった）。

(26) この分析については、たとえば Piore and Sabel（1984=1993）における「サード・イタリア」の楽観的分析ときわだった対照をなしているようにおもわれる。ピオリとセーブルはその著名な著作で、大量生産型蓄積体制にたいしてフレキシブルな専門化の体制を対置させ、後者を地域産業コミュニティの活性化というヴィジョンにむすびつけた。彼らはイタリアの中小企業群が形成するフレキシブルなネットワークを、大企業によってヒエラルキー化された日本的なそれとは異なる水平的ネットワークとして捉えるのである。だが、この二つの見解の吟味については、筆者の現時点での準備不足のゆえに、ここでは避けたい。

(27) ヴィルノはイタリアの八〇年代のポストモダニズムについて次のように指摘している。「ライフスタイルや文化スタイルの多様化への無節操の熱狂が矮小な形而上学的プレタポルテを構成しており、それはネットワーク企業、電子テクノロジー、労働関係の不安定性の常態化に完全に奉仕していたのである。メディアにしばしば登場し活躍するポストモダンのイデオローグたちは、ポストフォーディズムの労働力に直接の倫理的‐政治的方向づけを与えるといった役割を果たしている」（Virno, 1996a, 251）。この指摘はだれもが気づくようにイタリアのみに該当するものではない。

(28) 詳細は第五章をみよ。

(29) たとえば次のようなまとめをみよ。「二〇世紀的国家モデルは、公的政治の見地からすれば社会的であり、経済面ではケインズ主義的であり、地政学の面では、一国民的であるのだが、フォード的生産モデルとの強い相乗効果にもとづいていた」（Revelli, 1996b=1996／一五）。

(30) マラッツィはトヨティズム型フレキシビリティの危機という文脈で、あるアメリカ企業（United Parcel Service）がいかにコミュニケーション行為を労働に取り入れねばならなかったかを紹介している（Marazzi,

57-58)。

(31) Marazzi (161-164) は、ポストフォーディズムの労働の特性と代表制民主主義の危機を相関づけて有益な分析をおこなっている。

I

フーコーと自由の現在

第一章　リベラリズムの差異と反復——統治論

1 権力のマクロ物理学

【1】国家をめぐるプーランツァスとフーコー

一九七八年、その生を断つ直前の著作でマルクス主義政治学者ニコス・プーランツァスは次のように述べていた。国家とはなにか？ 国家とは「戦略的場であり、交叉する権力ネットワークの過程である……それは国家のうちに諸戦術が書き込まれているかぎりの水準においては、しばしば高度に明確な諸戦術によって貫かれている。それらの戦術は互いに交錯しあい争いあい、いくつかの装置内に自己の目標をみいだしつつ、または他のものによって短絡化されつつ、最後には国家内の敵対関係を貫くような一般的力線、国家の〝政策／政治〟を描き出す」(Poulantzas, 1978=1984, 155-6)〔訳語は一部変更〕。サルトルの影響の下から出発し、アルチュセールに決定的な理論的触発を被り、構造主義政治学者の第一人者とすでにみなされていたプーランツァスは、階級支配のような「マクロな必然性」によって厳格に拘束された諸構造というヴィジョンを放棄し、偶発的な構造間の接合を最終的に統御する審級として経済的なものを位置づけることにより、伝統的マルクス主義が想定していたマクロな必然性の強い拘束力を緩和した。それによってプーランツァスは政治的なものに固有の位相、つまり、経済的なものに還元されない国家に固有の位相の分析の途を切り開いたのだった。

だがプーランツァスはさらに、アルチュセールの影響を徐々に拭いさり、それに反比例してフーコーの権力分析による影響を色濃く被りながら、ローカルな諸関係、戦略の偶然の遭遇の場として国家を位置づけようとした。右の引用でプーランツァスは、マクロな「戦略」はさまざまな戦術の結合をとおして事後的にあらわれる、としている。つまり、「一般的力線」は、さまざまな社会運動や階級あるいは諸集団の種別的諸戦術が衝突しあい、競合するとき産み出される諸力の均衡の複雑な結果にほかならないというのである。要するに、おおまかにみれば階級支配のようにあらわれる構造も、細部までみてみれば、そこにはアクターも思惑もさまざまのローカルな諸関係がみいだされるわけである。そこでは、フーコーが、「無頓着かつご都合主義的に」系譜学の具体的記述のうちに放り出していたようにみえる、ミクロな諸戦術がマクロな戦略にコード化されるその動態を、決定論についてはフーコーとともに排除しながら、もう一度、階級の側に、さらには国家の側に引き戻すことが目指されていたのだった。つまりこうだ。プーランツァスによれば、フーコーが説明できないのは、偶発的《コンティンジェント》であるはずのミクロな諸戦術や目標、政策が、階級支配というマクロな必然性に折り返されるその因果性である[1]。

他方、ネオマルクス主義の国家論をめぐる議論が活発化していた同じ時期、フーコーは、権力論をくり広げる過程で、権力のミクロ物理学に限界を感じ、「マクロ物理学」へと視点を広げていったことは、近年、フーコーの、とりわけ「統治性」をめぐる議論のなかで焦点化されている (Pasquino, 1986; 米谷、一九九六)。このフーコーの視点の転換が、当時の「ネオマルクス主義」と括られる理論潮流が活性化させていた国家論やそこでおこなわれたフーコーへの批判を多かれ少なかれ意識してなされたことは強調しておく必要があろう。

フーコーの回答は一言で要約できる。「国家の統治性化（gouvernementalisation）」である。国家の統治性化というパースペクティヴは、国家という制度に対し、権力のテクノロジカルな側面に分析的優越性を与えることで、後述する法律的－主権的権力表象がどうしても含意してしまう、特定の優越者に所有され、それから行使される権力といったニュアンスを払拭することをもくろんでいる。またそれによって、上部構造／下部構造、または国家と市民社会の区分を前提としない分析枠組みを形成することがもくろまれている。いずれにせよ、国家の統治性化という概念構成をもって、フーコーは、国家への二通りの過大評価への批判を意図しているのである。まず第一に、直接的、感情的、悲劇的なもの。そして第二に、「国家をたとえば、生産力の発展や生産関係の再生産のような特定の数の機能へと還元する分析形式」（1978f, 655／二七〇）である。後者が〝国家の〟イデオロギー装置を生産関係の再生産の機能に帰属させたアルチュセールをふくめた、マルクス主義の理論枠においては、マルクス主義の問題設定を指示しているのはあきらかである。このマルクス主義の理論枠においては、一見国家は経済的なものの規定に服するという意味で従属的な場を占めているようにおもわれるわけだが、いずれにせよ「例外なく攻撃されるべき的〔国家〕を特権的場所として絶対に本質的なものとみなすことになる」。それにたいし、フーコーによれば、国家とは「混成のリアリティであり、神秘化された抽象物以外のものではない。そしてその重要性は考えられているよりもずっと限定されている」。「わたしたちの現在にとって真に重要なのは、社会の国家化」(656／二七〇）のみならず国家の統治性化である。おそらく当時の主流のマルクス主義が想定する類の、国家独占資本主義段階における国家による社会への介入の増大といった、市民社会を管理のもとに呑み込んでいく国家というイメージよりも、統治という権力テクノロジーの形成・膨張、あるいはそれがもつ（国家装置や機能のうちに還元できない）固有の厚みのもとに国家を位置づけようという逆転の動きをここにみてとることができるだろう。

【2】リベラリズム――多形的かつ再帰的

ところで、このパースペクティヴがいま重要なのは、じつはこの「国家の統治性化」というフーコーの意図としては「現在」まで射程に入れた診断が当を得ているからではない。後述するように、フーコーのこの定式を用いて現在を診断するなら、現在の傾向はむしろ、「国家の脱統治性化」あるいは「統治性の脱国家化」と規定できるのではないか、と筆者は考えている。フーコーの時期区分でいえば、わたしたちは一六世紀から続く、一つの政治的合理性の長期持続の終焉・変容のうちにあるかもしれないのだ。一方で、このフーコーの「国家の統治性化」の分析のうちには、フーコーの議論に特徴的な、過去の堆積物と未来というか生成にかかわる現在性《アクチュアリテ》の衝突をみいだせるかもしれない。フーコーは国家という制度、あるいは場を統治性という権力テクノロジーのうちに相対化していたために、「国家の退場」（S・ストレンジ）ととりあえず名指されるような現代の社会的変容を捉える枠組みを提供してくれているのではないだろうか。

フーコーの「統治性」論については、日本ですでにすぐれた紹介もなされている（米谷、一九九六）ので、正確にフーコーに即した説明はそちらにゆだねたい。ここでは、フーコーがリベラリズムを「多形的で再帰的」と形容する点に焦点をしぼりながら整理してみよう。まず「統治性」といわれるときの三つの位相を区分しておこう。

［1］一定の時期、場所に固有の権力行使様式、装置の総体としての統治性（いわば——重商主義の時期区分をなぞって——「固有の統治性」）。

［2］西洋における長期的トレンドとしての統治性。

［3］より一般的な定義。つまり個別のあるいは集団的に捉えられた諸個人の行為に働きかけるための「多かれ少なかれ方法論的で合理的に反省された」やり方、あるいはそれによって彼らが行為する／みずからを指導する方法を形作り、導き、修正することを目指す技術。さらにそれは、自己の技術と支配あるいは権力の技術とが「相互作用する接触点」であり、権力が自由というエレメントに働きかけることを明確化している。

フーコー自身は「統治性」講義では次の三つの意味をあげている。

（1）きわめて複雑かつ種別的な形態の権力を行使可能にする、諸々の制度、手続き、分析、そして反省、戦術、計算によって形成された集合体《アンサンブル》。それはその目標として人口をもち、その主要な知の形態として政治経済学をもつ。そしてその本質的な技術的手段としてセキュリティの装置をもつ。

（2）長期のあいだ西洋を通しての傾向は確固として統治と呼びうるだろうこうした権力のタイプの他のすべての形態（主権、規律など）への優越へと向かってきた。その結果、一方で、種別的統治装置の総体的系列の形成が帰結し、他方で、知（savoir）の複合総体の発展を帰結した。

（3）中世の司法国家が、一六、一七世紀に行政国家となり、徐々に「統治性化」されていく諸過程、あるいはその帰結。

（2）の意味での統治性については、まず基本的に、近代西洋国家の長期的トレンドについて述べられていると考えてよいだろう。だがよく知られているようにフーコーは、それをさらに初期キリスト教の司牧権力にまで由来の線分をたどることができるとしている（「セキュリティ、領土、人口」）。「政治的〝統治性〟の形成、すなわち個人の集合のふるまいがますますきわだって主権的権力の行使に包摂されるようになる様式」（1978j, 720）、つまり、司牧権力が宗教的コードから自律し、政治的・主権的権力にコード化されつつ国家という審級に収斂するのがまず、統治権力の第一段階のテイク・オフと考えるべきだろうか。そのコード化の場となったのが、統治の反省の知としての「国家理性」である。「この重要な変容は一六世紀の終わりと一七世紀の前半に書かれたさまざまな〝統治術〟において表現されている。疑いなくそれは〝国家理性〟の登場にむすびついている」。だがフーコーはそれが、みずからとの原理と相反する従来の権力テクノロジー、主権に包摂されてしまっており、その十全な機能を果たしえないという。それゆえさらに第二段階のテイク・オフによって、いわば「固有の統治性」が成立するわけだが、その変化の過程については講義「統治性」では「権力形態のエコノミー」との関連で次のように中世以来の国家の型とむすびつけられて規定されている。（1）司法国家（封建制タイプのレジーム）。（2）行政国家（絶対王政タイプのレジーム）。（3）統治国家（近代国家タイプのレジーム）。

これについては、主権的‐法律的な権力行使というメルクマールで時期区分・分類することが可能である。フーコーにおいては、つねにこの主権的‐法律的な権力がみずからの権力論を練り上げる際の否定的基準となっているが、それが、国家の過大視への批判にむすびついていることは容易に想像できるだろう。だが、フーコーはそれによって国家が権力の行使において無意味だといっているわけではない。国家にせよ法律的‐主権的権力行使の様態にせよ、それらはたんなるイデオロギーではなく、現在でも依然行使されている権力の行使形態である。だが他方で、それは支配や権力という問題を、すべてみずからの問題設定のうちに収斂させてしまう、というミスティフィケーションの役割も果たす。つまりそれは、とりわけ近代社会の現実の分析にはそぐわない視軸なのである。現実に行使される権力形態である主権的‐法律的なものが、近代社会においては支配的ではない、ということ。そしてさらには、それにもかかわらず、権力行使をイメージしたり分析する際に主要に用いられ権力行使の現実を隠蔽する役割を果たしていること、それを批判することが問題であった。

ここでは主権的なもの‐法律的なものが同時に「法律的‐言説的」ともしばしば呼ばれることに注意しよう。それは超越的ポイントから言説を介して投げかけられる「王の発話」、いわば「主権的パフォーマティヴ」(J・バトラー)である。フーコーによれば、「西洋社会において、中世以来法律をめぐる思考が練り上げられたのは、本質的に王の権力の周囲で、である。王の権力の要求に応えるべく、王の利益にかなうべく、かつその道具あるいは正当化として奉仕すべく、われわれの社会の法律は練り上げられたのです」(Foucault, 1997, 23)。主権的‐法律的権力とは、この法の背後にある主権者(王)が、言説、すなわち法、布告、条令(=禁止・抑圧)を介して、所有する権力を行使し、それによって客体を突き動かしうるという「パフォーマティヴ」にほかならない(cf. Butler, 1997)。

フーコーは国家の統治性化を可能にした三つの要素として、1、司牧権力、2、外交‐軍事技術、3、ポリスをあげている。「ポリスの知、すなわちPolizeiwissenschaftは国家理性の原理が支配する統治テクノロジーがとる形態」(1979c, 819)である。国家理性と同様、ポリスの知も君主と領土の関係が主として問題化された従来の主権的枠組みから脱出し、国家に固有の統治活動を反省、確定し、国家の目標、「幸福」を、その個別の主体、全体と個別の「幸福」や安寧／福祉(well-being)とむすびつける。国家の強さはみずからの臣民の生活やその秩序、服従、産業にもとづいているとされ、国家は主要には法や規律という権力テクノロジーを介してあらゆる領野への介入をはかる。

だがポリス／ポリツァイが司牧権力と主権とをむすびつけ、国家の統治性化を可能にしたとしても、それは逆説的にも、統治性化の進展に対して逆機能的に作用する。まず三〇年戦争、大規模な暴動の頻発、財政危機などなどの一七世紀を襲った危機という外在的理由によって（1978f, 648／二六二―二六三）。もうひとつ、より重要な制度的構造による理由。重商主義は統治実践としての合理化の最初の試みであったが、（国家というよりは）主権者の力を眼目とし、道具としては法律、法令、規則という旧態依然たる主権者のテクノロジーしか有していなかった。それを打破したのが、一八世紀の人口拡大、貨幣の過剰、農業生産の増加という循環である。つまり勃興期の資本制のもたらしたさらなる諸力の解放が、主権という「巨大で硬直的な枠組み」を内側から破産に導き、〈人口〉動態に即し個別の生に照準を設定した、より繊細な統制技術を要請した。こうまとめておこう。脱土地化、脱コード化した諸力の流れを、内在的に管理・統制するテクノロジーは、アルカイックな超越的なコード化に従属することによって十分な発展を阻止されていた。だが内在的テクノロジーをより柔軟に駆使せねば立ちゆかない事態が訪れ、超越の次元は内在の次元に埋め込まれる。ひとは内在、すなわち〈社会〉からはじめるようになるのであって、したがってその特徴を「内在的超越」（Lazzarato, 2000, 49）ということができよう。だから、国家の統治性化の長期持続における第二のテイク・オフは、ポリスの知や実践と袂を分かつ必要があった。そこでは超越的次元は内在的次元に従属して奉仕する、あるいは少なくともより複雑な関係を切りむすぶことになる。

　国家理性はいわば統治的合理性を主権の枠組み内部で捉え返したのであり、そこでは、主権と統治は無理なく共存するものと考えられていた。国家理性は次のように想定する。国家は統治されるべきものについて適切かつ詳細な知、そして自分自身についての知を有することができ、その基礎上で国家は、自身の利害に沿ってこの現実を、法や規律によって方向づけ、かたちづくるように働きかけることができる、と。このような統治の対象にたいする仔細きわまりないパラノイアックな支配への「妄想」がポリス国家の実践を規定していた。国家理性やポリツァイ学においては知と統治は直接に統合していたわけである。だが、国家理性とむすびついている「ポリツァイ国家」の統治実践への批判を含意していた政治経済学、初期リベラリズムにおいては、この統合は分裂する。だが分裂は知が単に政治から身を引き離す身ぶりのことなのではない。

　リベラリズムとはたんなる理論でもないし、社会がみずからの不正を偽りながら自己を映し出す鏡、イデオロギーでもない。「むしろ、実践として、つまり持続的な反省によって、諸目標に向かい、みずからを規制する〝ことをなす方法(manière de faire)〟である」(1979c, 819)。知はたえず統治の過剰に批判的に介入しながら、同時に統治の輪郭を描いていくという二重の働きをおこなう。政治経済学、あるいは初期リベラリズムは、いわば「側面からの知」なのである。そこでみいだされたのが統治の介入を待つまでもなく独自の実在を有する〈人口〉である。リベラリズムは国家の下における直接統治から、自律的な〈人口〉のまわりに「私的装置」がめぐらされることを通した「遠隔統治」(governance at a distance)へと、統治の軸をシフトさせ、統治合理性を主権の枠組みから自律させる。

リベラリズムの問題が起こってくるのはここにおいてです。わたしには、まさにこの地点において、もし統治が過剰なものであるならまったく統治していないことになる、つまりそこでの結果は望まれたものの対立物となってはねかえる、ということがあきらかになったのだとおもわれるのです。そこでみいだされたもの——そしてこれは一八世紀末の政治思想の最大の発見の一つであったわけですが——、それは社会の概念なのです。つまり統治［政府］は、領土、地域あるいはその臣民を扱わなければならないだけでなく、それ自体の反応のメカニズムと法則とをそなえた、つまり、その規則性と攪乱の可能性をともにそなえた複合的かつ独立的な現実をも扱わなければならないというわけです。この新しい現実が社会なのであり、社会を操作しなければならなくなるそのときから、それはポリスによって完璧に貫通することができるものとしては考えることはできないものとなります。それがなんであるのかを考慮せねばならなくなるのです。それについて、その特異な性格について、その不変の部分と可変的な部分についての反省が必要となってきます(1982b, 273)

リベラリズムは、「国家の存在からではなく社会から」出発する(1979c, 820)。国家理性の観点からすれば、統治行使の能力向上は必然的に国家の肥大化を前提としていた。ところがリベラリズムにとっては、過剰な統治はむしろ「社会」の自律的統御メカニズムを損ねてしまう。問題はこの自律的統御メカニズムを正しく認識し、なにに介入するか、どう介入するかを反省することである。リベラリズムは単純に統治の手を控えさせることに関心を持つのではなく、政治家や支配者は、慎重に、経済的に、統治すべし、といった絶えざる指令を下すものなのであり、ここに近代社会においてつねにリベラリズムのテーマが多様な形態（polymorphisme）で、そしていくども回帰してくる（récurrences）根拠がある。

リベラリズムは、資本制生産様式の浸透にともなって解放された諸力にとって桎梏となった主権的権力行使を批判によって規制する「現実批判のツール」である。だからそれは現実に内在しながら、現実に批判的に介入する。リベラリズムの批判、それはフーコーによれば次の三つの批判の地点を有している（1979c）。

（1）ひとが脱皮しようと試みている以前の統治性の批判
（2）ひとがそれをはぎ取ることによって、改革し合理化しようと試みる現在の統治性の批判
（3）ひとが抵抗し、その濫用を制限しようと試みている統治性の批判

【3】Une et multiple

リベラリズムの統治の特徴について、ここでは多元性・多様性と統一性の両立不可能性という点を強調しておきたい。フーコーによればリベラリズムを開始する真の契機は「利益の主体を特徴づける全体化不能な多元性／多様性と、法的主権の全体化する統一性のあいだのこの両立不可能性」(Gordon, 1991, 22)である。ポリスの知においては、多元性・多様性は統一性のなかに従属しており、そもそも問題たりえない。個別的かつ全体的に、という近代の政治的合理性のフレームはそこで仕上げられた。だがリベラリズムは主権的統治が突き当たる限界として、ホモ・エコノミクス、すなわち本性的に多元的な「利益の主体」を発見することによって、このフレームにひとつの切れ目を刻み込む。フーコーがここでいうリベラリズムが、第一に「政治経済学」であるのはそのためである。また先ほどの「内在的超越」という言葉でいえば、さらにそれは権力の作動様態の「補足的だが両立不能」なむすびあいを開始することになる。

ポリス／ポリツァイ
統一性(Une)→多様性・多元性(multiple)

リベラリズム
統一性（Une）←→隔たり・緊張←→多様性・多元性（multiple）

この統一と多元性の隔たりの狭間にリベラリズムは位置し、「その内部で、経済的、法的主体性がともに相対的モメントとして、つまりより包括的エレメントの部分的諸側面として位置づくことのできるような統治性の複雑な領域の構築」を目指す（22）。そしてそのための道具、テクノロジーとして定式化されるのが「市民社会」にほかならない。周知のように、スコットランド啓蒙に端を発する政治経済学は市民社会を政治社会・法的社会と同一視するロックまでの伝統から離脱し、それにまったく新しい意味を与えた。フーコーによれば、そこにおける市民社会とは国家と無縁であり、かつ国家への抵抗の場なのではない。むしろそれは、異質な主体であるホモ・エコノミクスと主権的個人・法的主体が交わる場を問題化したものであり、これらの二つの主体に共通の社会的空間を形成する必要から生じた統治技術の彫琢の必要を指示している。それゆえ確認しなければならないが、「市民社会はそれゆえまず第一にあるいは原理的に、統治の意志に抵抗し異議を申し立てる本来の自然として捉えるべきではない」。そうではなく「取り引き／かけひきの現実（réalité de transaction）」であり、「権力関係とその掌握から逃れようとやまないすべてのものとのあいだの絶えざる相互作用、統治的関係についての争異的（agonistic）なせめぎ合いのベクトルである」（23）。このように、リベラリズムにおいて市民社会は市場あるいは人口と主権＝法の狭間に亀裂を刻み込み、その上で和解を模索するための場の構築と対象化を示唆する、統治実践の相関物なのである。それでは、リベラルな統治実践は法とどのような関係をむすぶのだろうか？　リベラリズムは君主（主権者）の形象とむすびついた法を可能なかぎり遠ざけるのだろうか？　そうではない。リベラリズムにとって法は、ポリツァイにおけるそれとは異なる位置価を獲得する。ポリツァイ国家において法は、主権者にとってのコマンド形態のひとつであり、それは行政命令の一環であったといえるだろう。実際、先ほどふれたようにフーコーは法を、とりわけ『知への意志〔性の歴史　第一巻〕』では、王の布告、命令、条例とほとんど区別していないのである。そこでのフーコーにとって重要なことは、絶対王政が、通常イメージされる「任意性、濫用、気紛れ、好意、特権、例外、既成事実の継承」などといった諸特徴のもとに作動していたのでは必ずしもないということを示すことだった。それは、「西洋世界の王政が法律的権利の体系として築かれ、法律的権利の理論を通じてみずからを反映し、法律的権利のかたちでその権力のメカニズムを機能させたという、あのもっとも根本的な歴史的事実を忘れるものだ」（Foucault, 1976, 115／一一四）。

ここには重要な問題がはらまれている。アラン・ハントたちはフーコーと法理論を接近させようとするなかで（Hunt and Wickham, 1994）、フーコーによる主権的‐法律的権力形態という概念化に異議を唱えているが、彼らによれば、フーコーの問題点は法の慣例的な概念構成を、「主権者命令説」、すなわち「強制的サンクションの脅威によって支えられた、ふるまいをコマンドする諸ルール」としてまとめてしまっていることにある。それはいわば超越的なルールとしての法の把握であり、フーコーは近代的権力の作動の特徴である内在性とそれを対置させようとしたわけである。実際に、法思想の歴史において中心的役割を果たしてきたこの定式は、法学における実証主義的伝統の核心部分にある。それにたいして、反法実証主義者であるハイエクは、そもそもこうした法の把握自体を絶対王政によって破壊され、近代初期に復活した「法の支配」の原則の無理解と把握したのだった。ハントたちはこう批判している。法実証主義的な法の観念を受け入れることでフーコーは、「ブルジョア民主主義社会における法的規制、法的権利、立憲主義とのむすびつきを探求しようと試みるもっと洗練された概念構成を見逃しているが、それは当然の帰結なのである」(Hunt and Wickham, 1994, 41)。

フーコーが近代におけるリベラリズムの種別性を強調するようになったとき、法の位置は少々複雑なものになる。このことはフーコーが統治権力の自律によっても「かつてなく主権の問題が先鋭的になる」(1978f,「統治性」二六八) ということと関連しているだろう。フーコーは七九年講義のレジュメで古典リベラリズムにとっての法の位置について次のように述べている。まずもってリベラリズムは、法思想・政治思想ではなく、本質的に経済分析に由来する。とはいえ、このリベラリズムの統治の模索においても法は「はるかに有効な道具を構成している」ことが判明する。「法が特殊の個人的、あるいは例外的手段を排除して、一般的介入の形態を定めているがゆえ」に、そして「法の定式、議会システムにおける被統治者の参加が統治的エコノミーのもっとも効果的システムを構成しているがゆえに」。だから「〝法治国家〟、Rechtsstaats、法の支配、〝真に代表的な〟議会システムの組織は、そのために、一九世紀のはじめにおいては、リベラリズムと密接にむすびついていたのである」(1979c, 822)。

このことはハイエクに即して次のようにもいえるかもしれない。[2] ハイエクは『自由の条件』(Hayek, 1960=1987) において、命令 (commands) と (抽象的規則としての) 法律 (laws) とを厳密に区別せねばならないといっている。ハイエクによれば法律と命令とは、その一般性と抽象性において異なっている。しかし他方で、法律と命令とは連続的でもある。法律はその内容を特定化するにつれて、しだいに命令へと移行していくのだ (二六―二七)。ハイエクは、中世初期までの法発見の伝統が、「新しい法を意図的に創造するという考え方」にとってかわり、絶対王政にいたって中世の自由は破壊されることになると述べているが、ここに法律が命令化していくプロセスをみることができる。さらにハイエクはこのプロセスを、福祉国家のもとにおける法のいわゆる「実質的合理化」(マックス・ヴェーバー) と重ねているのだろう。「主権の法＝政治学理論」は中世のローマ法の復活を起源にし、君主制および君主の問題をめぐって成立した (Foucault, 1997, 23) とするフーコーと重なりながら微妙に離れるという複雑な交錯がここにはあるようにおもわれる。フーコーは次のようにいう。「西洋において法権利 (droit) は王の命令 (commande) の法権利である」(ibid.)。だがハイエクにとっての問題は命令と従属、法律と自由とがそれぞれ相関していることを示すことである。ハイエクは法律と命令を、おのおの、「特定の行動を導く目的と知識を権威者と行為者のあいだに分割する仕方」によって分類している。命令の理想型は、ただひとつの方法でなすべき行動を決定し、命令される人びとに、みずからの知識を使ったり、あるいはみずからの好みにしたがったりする機会を与えない。こうしてこのような命令にしたがってなされる行動は、それを発した人の目的にのみ奉仕する。他方、法律の理想的な型は、行為者の意志決定を、それに際して考慮すべき付加的情報を提供することで、側面から支援するにすぎない。法律は主体の意志決定において、幅広い自由を与え、それを通して統治しようとするのであり、それゆえハイエクにとって「法の支配」は、リベラリズムの存立において市場と同程度の重要性を与えられるのである。

ハイエクによる、ヒュームをはじめとするスコットランド啓蒙の法思想の再評価は、フーコーが「宗教戦争の時代に王権を支持する側、王権を限定する側双方に流通した武器」という場合の、「王権を限定する側」の主権論ともやや異なっている。ハイエクやハイエクの読むスコットランド啓蒙は、むしろ、法律と命令とを厳密に区分することによって、主権という問題設定と法律的なものを引き離す試みであるとも考えうる。ただしリベラリズムは必ずしも、こうしたポリツァイ的な個別的・実質的介入権力を抽象的、一般的な法の支配によって追放あるいは制約しようと試みるばかりではない。最初は過剰な統治性のテストとして用いられたはずの政治経済学は、「その本質においても効果という点でも、リベラルではなく、やがて反リベラルな態度にまで行き着くようにな」るとフーコーはいう。リベラリズムの統治は、つねに政治的合理性としてのポリツァイ、より一般的にいえば「個別的かつ全体的に」人間を掌握する、「真に悪魔的な」性格をつねにその奥底に胚胎している、というべきなのだろうか。デモクラシーとリベラリズムも微妙な緊張関係をむすぶことになる。「法治国家の民主主義は必ずしもリベラルではなく、リベラリズムは必ずしも民主主義的でも法の形式を愛着するものでもない」(1979c, 822)。

2 アンチ・ポリツァイとしての古典リベラリズム

【1】自由の活用／悲惨の散布

フーコーは一九七八年の講義レジュメで次のようにいっている。「経済学の形成のひとつの条件となったものこそ、まさにこの人口‐富という問題を(税制、欠乏、過疎化、無為‐物乞い‐放浪といったその具体的なさまざまな位相のもとで)練りあげることであった」。ここでは、人口‐富の問題をいかにリベラリズムが練りあげたかを、フーコー初期のテキストに足場をおきながら、貧困問題という位相から具体的に捉え返してみたい。これによって、リベラリズムがより効果的な統治実践を描こうとしているということが明快になるだろう。

カール・ポランニーによれば、一七七四年、イタリアの経済学者ジャマリア・オルテスは次のように述べている。「国富は人口に、窮乏は国富に比例するということは自明の理である」(Polanyi, 1957=1975／一三九)と。一八世紀には貧民と進歩とがむすびつけられて考えられるようになる。二〇世紀的な、進歩すれば貧困は解消し、貧民は減少するという観念ではない。逆である。マルクスもまた同じ文脈でこの「偉大なヴェネツィアの僧」を引用しているが、加えて「魚のように冷血なブルジョア理論家」デストュット・ド・トラシの次のような言葉を引いている。「貧国とは人民が安楽に暮らしている国であり、富国とは人民が概して貧しい国である」(Marx, 1962=1972／二四五)。富の増進と人民の貧困とが比例するというねじれた関係——この現象こそマルクスが「窮乏化法則」につらなる自分自身の問題設定（資本蓄積の一般的法則）のなかで、「資本主義的生産の敵対関係」と名指したものである。だが一八世紀の政治経済学者たちは、この敵対関係を組み込むことが「自然法則」に合致する方途である、とみなしていた。あの悪名高き「スピーナムランド法」のごとき「救貧法」を介して、慈善的精神によって国家行政が貧者を救済すること、これほどナンセンスなふるまいはない。それは国力を増進させ悲惨を解消させるどころか、逆に国力を減退させ悲惨を昂進させているだけなのだから。

行政国家、ポリツァイ国家の介入形態を集約する救貧法の是非をめぐりながら、貧困問題を一つの試練として政治経済学の問題設定が輪郭づけられたことは重要である。一八世紀の終わりから一九世紀のはじめにかけてのイギリスでは、貧困問題は哲学・経済学上の中心的なテーマの一つとなる。ベンサム、J・S・ミル、マルサス、リカードたちは総じて救貧法に反対した。救貧法の運用がまずいというのではない。救貧法それ自体が、人間の手ではいかんともしがたい経済法則の支配する「市民社会」の法の基礎、すなわち「所有権ならびに世俗法を支配する自然の法」(D・ヒューム)を歪曲してしまうからである。述べたように、このように古典主義期におけるポリツァイ的介入を一八世紀の政治経済学者たちは有害な「過剰な統治」として拒絶した。そして悲惨・貧困を富の生成の仕組みのうちに、ということは市民社会の原理の核心に埋め込んだのである。この貧困・悲惨の社会の動態への組み込みは、固有に近代的な〈人口〉という概念の形成の帰結でもある。要するに、統治は政府の力の及びえない固有の法則や脈動を有した〈人口〉のメカニズムに沿っておこなわれねばならない、という統治の基軸の転換こそが、リベラルたちのおこなったことである。

のちにリベラリズムの統治実践の誕生と名指されるであろう、この構造は、フーコー初期の中心的著作『狂気の歴史』にすでにその輪郭が描かれていた。そのなかでもこの著作はのちにふたたび焦点化される〈人口〉の問題を、それとして取り上げ、のちの〈人口〉をめぐる問題設定とも大幅に交錯する記述をおこなっている。むしろこの延長線上に、後期のそれがあらわれている、といってもよいだろう[3]。

フーコーの『狂気の歴史』は、基本的には、その副題の通り古典主義時代における〈大いなる閉じこめ〉の実践と、それに相関する言説編制をたどった著作である。悲惨、すなわち「放浪者で失業者で無為である貧乏人」(Foucault, 1972=1975／四三〇)は、古典主義時代、絶対主義期、ポリツァイの時代においては、厳格に空間的に「隔離」されていた。つまり貧乏人は狂人、病人、放蕩人らと一緒に「怠惰」ひいては、「非理性」というカテゴリーに括られて、監禁施設に封じ込められていたのである。ところが、一八世紀の後半、共有地の消滅、小所有者の形成という「本源的蓄積」の否応ない圧力による急激な農業構造の変化が、従来は都市問題とみなされていた失業と貧困の問題を激化させ、あらためて監禁の有効性を反省させた。また商業危機、戦争終結による失業兵士の排出など次々と「撹乱的事件」が生じ、その都度、失業者が溢れだすことになる。そこでもまさに解決は法で、すなわち布告というかたちで提示される。内容も「すべて乞食を捕らえよ」なる、ポリスの統治特有の誇大なものであった。

だが「失業がもはや怠惰と混同できない相貌をおびている」ことはあきらかである。そこから貧困は不道徳の問題ではなく経済的な問題であるとみなされるようになる。一八世紀のリベラルたちはこう考えた。すなわち、〈貧乏人〉のうちに異質な二つの現実が混同されている、と。つまり、「一方には、〈貧困（la Pauvreté）〉がある。すなわち、生産物および金銭の乏しさ、商業・農業・工業の状態と結びついている経済上の境遇がある。他方には〈人口（la Population）〉がある。すなわち、富の増減の影響下にある受動的な要素ではなく、経済的な状況や富を生産する動きに、とくにじかに所属する力がある。というのは、すくなくとも、富を伝達し移動させ増加するのは、人間の労働であるから」（511／四三〇）。重農主義者をはじめ政治経済学者たちによれば、「人口はそれじたいとして富の構成要素の一つであり、確実で無尽蔵な、富のみなもとさえ形づくっている」（511／四三一）。「人口は、増大すればするほど、ますます貴重になるだろう――というのはそれは産業に安価な労働力を提供し、そのことが原価をひき下げて、生産と商業の発展を可能にさせる……」（512／四三二）。とすれば一つの国家は、「多数の人口の最大の潜在力を意のままに使用すればするほど、商業上の競争においてますます有利になるだろう」。それにたいし、「監禁はなんと大きな過ち、経済上のなんという失敗だろう。というのは人々は《貧乏な人口》を流通関係からはずして慈善対策で彼らを養うことによって、貧困をなくしているとと信じているのだから」。

したがって、リベラルたちは、市場と人口法則との関連で、よりよい救済策を提示しているわけである。つまり監禁された貧困人口は、市場の法則に委ねるなら安価な労働力を形成するかぎりで「自力で消滅する」はずだ。なぜなら、「人口過剰と貧困が集まる地点こそは、まさにその事実によって、通商と工業がもっとも急速に発展する地点であるのだから」。効果的な救済策はそれゆえ監禁なのではなく「自由である」。自由のよき活用（bon usage de la liberté）こそがよき統治の決定的モメントであり、この認識がアンチ・ポリツァイ、ポリツァイの統治術の代替案としてのリベラリズムの核心にある。国家はむしろ自由の条件を整備するために介入しなければならない。「国家がその成員それぞれにたいして果たすべきことは、一人一人の成員を拘束する障害の除去である」。だからこそ、同業組合と監禁は撤廃されるべきなのであり、社会的な空間はあらゆる障壁、制約をすべて取り除かれねばならない。「低賃金政策がとられ、雇用にたいする制限ならびに保護がなくなれば、貧困はなくなるはずである――かあるいは少なくとも、富の世界のなかに新たに統合されるはずである」（513／四三三）。

ところで、このフーコーの議論に付け加えたいのは、非理性人というかたちでみずからの本性に括りつけられていた貧困者が、監禁から解放され人口動態のうちに放り出されたあと、ふたたび、否定的な本性に括りつけなおされるということである。次章で論じるように、フーコーにおいて近代的レイシズムとは、生権力のうちに再登録された、死の権力との相関物である。貧困も、もう一度、レイシズム的思考法を介して本質的な人間の本性へとむすびつけられる。これがいわゆる「階級のレイシズム」である。

【2】統治不能から〈社会的なもの〉を通した統治へ

国家の統治性化が古典主義期／絶対王政期にあたる時代から現代にいたるまでの長期のトレンドであるとしても、その持続のうちにはいわば短期・中期的な波動が付随している。おそらく過剰統治への批判としてのリベラリズムのテーマの多様なかたちでの回帰はその波動の存在を示唆している。だが、経済危機、恐慌がつねに、経済的レジームの変革を促したように、それと絡み合っている統治の危機も、統治の体制の変容を促していく。たとえば、初期リベラリズムが貧困を経済的メカニズムのうちに配置し直し、自然な〈人口〉動態の一契機として埋め込んだとしても、二〇世紀においては、経済法則は貧困を排除するベクトル上に再配置される。つまり国家による市場のマクロな管理運営、すなわち「流通する正貨の量をつねにわずかずつ増大させることにより、物価の上昇速度より生産の増加する速度のほうを早くする巧妙な政策」(Foucault, 1966=1974／二四六) のようなテクノロジーの発明が、完全雇用の達成を可能にし、貧困は国家の管理によって原則上、最大限に排除可能なものとなるのである。

この点について、バリバールのいう「真のブルジョアジーのヘゲモニー」たる「国民社会国家」の種別性を把握することは重要だろう。〈社会的なもの（le social）〉を通した統治は特定のかたちで編制された「国民」と交錯するのである。社会国家、すなわちいわゆる福祉国家と国民国家がここでは重ねられていることが重要である。それをフーコーは、規律のテクノロジーがブルジョアジーの特定の階級戦略に組み込む作用のなかに捉えているようにおもわれる。フーコーは七〇年代のはじめに毛沢東主義者との討論のなかで次のように述べていた。

ですがわたしたちは、これらのプロレタリアートの連合形態に直面して撤退を強いられたブルジョアジーが、この新たな勢力を、法を尊重しない、暴力的で危険な、その結果反逆におもむきがちと考えられた人口［住民］の分派から力をふりしぼって切り離そうとした という事実に注意を払うべきです。採用された方法のなかでも、あるものは多大な帰結をもたらし（たとえば、小学校で教えられる道徳、識字化の名の下で倫理総体を押しつける運動）、またあるものはより小さなイノヴェーション、ちっぽけでぞっとするようなマキャヴェリ主義でありました（組合が法的人格をもたなかったあいだ、権力は、いずれ金庫をもって姿をくらましたような人間たちを組合組織に送り込むことによって潜入工作を行っていた。組合は被害届を出すことはできなかった。逆にそこから、盗人にたいする憎悪の反応や、法の保護を受けたいという気持ちが誘導されたのです）（1972c, 355／三二四）。

ちょうど刑務所をめぐる闘争と、近代的な刑罰合理性の誕生をめぐる研究に従事していたフーコーはこのたぐいの見方をいくどか提示している。たとえば一九七三年のインタビュー（「監獄と監獄における叛乱」）では、当時フランスで頻発していた囚人暴動について聞かれてこう述べている。一九世紀の政治革命——一八三〇年、四八年、七〇年の——すべてにおいて、それは伝統であった、と。つまり監獄内部での叛乱があったし、受刑者が刑務所外で繰り広げられている革命運動に連帯することもあったし、革命家たちが監獄の門をこじあげ受刑者を解放するために、監獄に突入することもあった。ところが、「逆に、二〇世紀には、一連の社会的過程のおかげで、たとえば政治的に、そして労働組合に組織されたプロレタリアートとルンペン・プロレタリアートのあいだに切断が入れられたために、政治運動はもはや監獄内の運動とはむすびつかなくなった」（1973, 426）。

以上のフーコーのパースペクティヴでは、規律テクノロジーというミクロな権力テクノロジーが、ブルジョア階級の戦略に組み込まれ、国家を折り返し点とする総体的戦略の線に統合される、局地的次元と包括的次元との作用とが明確化されている[4]。プロレタリアートとルンペン・プロレタリアートのあいだの切断が、一九世紀のブルジョアジーの急務の課題であったことは、そもそもベンサムの課題が「労働民と下層民のあいだにくさびを打ち込むこと」(金子、一九九七、六九)であったことからも知ることができる。(5) フーコーは先ほどあげたマオイストとの対話のなかで、プロレタリアート概念そのものがブルジョアジーの戦略のなかに登録されたものであり、それに依拠する政治戦略・言説戦略の限界性を述べているが、一九世紀、一八四八年のあたりでは、マルクスとエンゲルスの『共産党宣言』、マルクスの『ルイ・ボナパルトのブリュメール18日』での区分と侮蔑にもかかわらず、事実上はプロレタリアートとルンペン・プロレタリアートの境界は乏しかったといわれている(良知、一九九三：Hobsbawm, 1975=1982／三一六)。(6) 剝き出しの労働市場の脈動に従属する人口法則の下、労働者と失業者、ひいては犯罪者などの「非行者」のあいだの区分のあいまいさ、親密さによって、それらのカテゴリー総体が大衆・群衆(masses)という未定形のブロックとして、ブルジョアジーと分断される傾向(「二つのネーション」)があったのである。

ここでわたしたちは、統治性の長期持続の内部に動揺と変動をみいださねばならないだろう。バリバールを参考に次のような見取り図を描き出してみたい(Balibar and Wallerstein, 1991, 209–210)。ベンジャミン・ディズレーリの有名な言葉、「二つのネーション」が示唆するように、一九世紀のはじめ、階級間の摩擦はネーションを二分するような分裂になだれこむ傾向があった。後述するように階級闘争はのちのケインズ主義政策におけるように、国民経済という土俵の下で、労働者と資本家の妥協——労働過程における主権の喪失を受け入れること(革命を放棄すること)と賃金上昇、富の福祉‐社会的再配分の取引——を通して、〈経済的なもの〉と〈社会的なもの〉とをうまく循環させることで、統治の戦略に回路づけられることもなく、いわば直接に内乱状況、ないし「統治不能」状態を惹起していたのである。フーコーもいうように、一八四八年や一八七一年の反乱は、不安なブルジョアジーたちの目には、貧民化した都市大衆による危険であると映った。さらに重要なのは、ブルジョア革命であるフランス革命が、その法律的平等主義によって大衆の政治的権利の問題を反転不可能なかたちで提起していたことである。これによって、従来、身分制的ヒエラルキーを支えていた諸個人間の「本性的差異」という観念は矛盾をはらむことになる。あるいはジャック・ドンズロも、同様の議論のベクトル上で、この事態を「権利という包括的テーマの挫折」とみなしている[7]。

この「〝危険な諸階級〟（それは確立された社会秩序、財産、〝エリート〟の権力に脅威を与えた）は強制や法的手段によって、政治的〝資格〟から排除されねばならないし、政体の周縁に封じ込められねばならない――つまり、彼らが本質的に一人前たりうる、あるいは正常な人間性が欠如しているということを示し、みずからをそう納得させることを通して、彼らに市民権を与えることを否定することが重要であった。ここでは二つの人間学が衝突している。生来の平等を唱える人間学と社会的敵対を再自然化することを可能にする遺伝的な不平等の人間学とが」(210)。レイシズムが二重の意味で近代国家にとって排除の原理として作動することは確認しておきたい。まずはフーコー的パースペクティヴから生の増進（いわば「内包」）を基調とする近代国家の論理の内部での排除の原理として。さらにこれと重なるわけでもあるがネーション原理がみずからの矛盾として生みださずにはいない排除の原理として。つまり平等と自由の原則が支配するはずのネーションの内なる外部としての人種。このような機能を果たす人種と重ね合わされることで、ネーションの外部の存在として労働者階級は言説・実践のうちで編制される傾向にあったのだ。

そうした戦略が困難に直面したとき支配階級がとるべく提示された二つの方途は、まず第一に、「貧困者」大衆を分割することであった。とくに次のようなかたちで。「真性の国民性を構成する諸特性、健全な健康、道徳性、人種的統合性を農民や〝伝統的〟手工業者にあてがうことによって。次に、徐々に、危険性と遺伝の刻印を〝労働階級〟一般から、外国人とりわけ移民や植民地臣民に移動させること……それと同時に普通選挙権の導入が〝市民〟と〝臣民〟の境界線を国境の境界に移動させた」(209)。この支配階級のとった戦略が、福祉国家すなわち「国民社会国家」レジームの形成に導かれたことはいうまでもないだろう。その体制においてはかつてネーションを二分した階級闘争は、〈社会的なもの〉を通した統治実践により、領土内の人口がネーションへと統合されることで、国家は誰のものか、あるいは国家かアナーキーかという二者択一の恐怖からの脱出口をみいだしたのである。

バリバールの定義によると、社会国家とは、「漸進的に階級間の、とりわけ資本と労働間のコンフリクトを〝ノーマル化〟するための諸制度をしかるべき場所におく国家」、すなわち、労働権、スト権、団結権、社会保障への権利を認証したり、さらに公教育、都市化と健康の政治、産業化の経済的政治、価格と雇用の管理、移民管理の政治を行使する国家のことである。社会国家は、階級闘争を除去するのではなく、むしろ「労働階級（classes laborieuses）」の「危険性」を管理、抑制し、規律するために介入の度合いを深めることによって、階級間のコンフリクトから剝き出しの敵対の形態を引き剝がす。「こうした過程は公的領域と私的領域の〝融合〟、〝経済的なものと国家的なものの〝融合〟をもたらすことはいうまでもないが、さらに最終的には以前のどのカテゴリーにも還元不能な〝社会的なもの（le social）〟という現実を生み出す」（Balibar, 1992, 116）。公的なもの・私的なもののいずれにも還元不能な、この二つの領域が「融合する」ハイブリッドな「異様な領域」。〈社会的なもの〉はドゥルーズが簡潔にまとめているように、「きわめて様々な問題や特殊事例がそこにおいてひとまとめに括られる特殊なセクターであり、特定の制度や資格所有者の総体を包摂している」（Deleuze, 1979, ix）。「社会統計学、そして社会学、さらにはすべての社会科学が、社会的なものを独特な領域として確立する役割を果たした。その現実はもはや無視することはできない。と同時に、政治勢力はいまや、国家にたいして社会的なものの名の下に要求を表明することになる。つまりネーションは、社会防衛、社会正義、社会権、社会連帯のために統治されねばならない」（Rose, 1996a, 329）。それは所有権といった不可侵の私的領域の一部を、社会科学・人間科学やそれとむすびついた専門家の織りなす装置を支えにしながら、みずからの下に配置し直し、国家介入の領域を拡げていく。初期リベラリズムが切り開いた「自然法則」の領域と主権の単一性の領域の狭間の問題－空間が再配置されるのであり、それによって

「市民社会」は変容を被るのである。リベラリズムはここで、「ニュー・リベラリズム」「社会リベラリズム」へと変貌する。(10)

ここでわたしたちは国家の統治性化という長期持続のなかで再編成された「福祉国家」について、これを「〈社会的なもの〉を通した統治」あるいはより端的に「社会を通した統治」と呼んでおきたい。ここでは詳細に論じる余裕はないが、〈社会的なもの〉あるいは〈社会〉について労働災害をめぐる例から若干の説明を加えておこう。

労働過程における災害（accident）は、かつては正義への道徳的要求とむすびついていた。すなわちそれは、「責任」「過失（fault）」などといった概念系列とむすびついていた。ビスマルク政権下のドイツで発達した「保険技術」は、それを本質的に偶然による危害への社会的賠償の問題にとりかえる。こうしたことすべては、もちろん国家による階級闘争への処方箋という性格は備えているものの、それは同時に、ある特定の合理性を有する実践とそれと相関的な真理の二つの体制の織り成す布置のなかに位置づけられる必要がある。この保険技術の形成 - 展開は、労働過程の編成の変遷と相関している。その変遷をマルクス主義的に表現するならば、いわゆる「生産力」（生産者と生産手段の関係によって定義される）の編成が生産者のイニシアチヴを根底から奪うというかたちでの「大工業」の形成の過程で進行する、労働過程のノーマル化（normalisation）である。この労働過程のノーマル化は同時に、〈経済的なもの（le économique）〉と〈社会的なもの（le social）〉のあいだの分離 - 接合と表現できる（Donzelot, 1991, 140-157）。以前は、企業内空間は、所有権の絶対の原則のもとに雇用者の完全かつ絶対的責任（responsabilité）というかたちで国家の介入できない私的領域として構成されており、さらにそこでは雇用者のパターナリスティクな支配が貫徹していた。企業内空間のノーマル化はこうした雇用者の労働者にたいする専一的な支配の放棄を意味する。しかし、このことはこの支配形態に対抗して激化する階級闘争にたいする雇用者の側のまったき譲歩なのではない。のちにF・テーラーが説明するように、雇用者の絶対的権力は、むしろ利潤安定－上昇にたいする障害として働く。というのも、労働者と雇用者のあからさまの権力関係は、雇用者に無駄な労力を使用させることになるし、またそこからくる労使間の緊張は、結局は利潤率の低下をもたらすのだから。さまざまな「介入的立法」によるノーマル化と、それが確立しようとする**社会**権の受け入れは、同時に、工場内の人間関係を機械の主導のもとに合理的に再編すること、つまり経済的合理性の追求に雇用者が専念できることを意味するのである。さらに、このことは労使間の直接対決の要素を軽減し、企業家と労働者との関係を唯一賃金交渉の水準へと還元することを可能にする。以後、一九世紀の階級闘争のひとつの主要形態であった労働者と雇用者のあいだの和解不能な敵対は、**経済的なものと社会的なもの、すなわち経済的合理性と社会的合理性のふたつのレジームのあいだの重点のおき方をめぐっての闘争**に変容する。ノーマル化はかくして〈経済的なもの〉と〈社会的なもの〉を分離し、労働者と雇用者の関係を、両者同じ〈社会〉（＝国民）の内部での関係へと収束させるのである（ibid.）。

以上の過程は、私的空間としての企業空間から「責任」というタームを排除して、労働における災害の源泉を個人や自然から〈社会〉へと移行させる過程でもあった。一九世紀において、労働災害の責任の所在をめぐくめぐってのコンフリクトは、いわゆる「所有権と市民権のあいだの矛盾」(Balibar, 1992, 102)、あるいは所有権と労働権の和解しがたい対立(ドンズロ)の爆発にむすびつき、国家の存立基盤をも揺るがしかねない火種としてあり続けた。しかし、階級闘争がいわば社会総体の再編にむすびつくような非和解的な敵対(国家権力奪取の革命戦略に集約されるようなかたちでの)形式から、〈経済的なもの〉と〈社会的なもの〉のレジームのあいだの力点の差異をめぐった争いの形式へと再登録された経緯は、上述のように「保険技術」の形成‐展開にむすびついており、それは災害にたいする「問題化(problematization)」の様式の変容、さらには社会そのものを問題化する様式の変容をともなっていた。

新たな災害の観念の特徴はエヴァルドによれば、

(a)災害は(統計学的)規則性をもつ。

(b)災害は集団的生活の生産物であり意図されざる集団的現実の効果である(Ewald, 1986, 17)。

保険技術はエヴァルドによれば一九世紀の終わりごろまでに、特定の制度で用いられる形式であるだけでなく、もの、人びと、それらのあいだの関係の対象化の原理を与える「図式

（diagram）」となる（173）。保険技術という特定の実践の合理性の体制のもとで、特定の出来事は「リスク」として看取されるようになり、災害はそのリスクの実現としてあらわれる。またそこではリスクの存在は社会の存在と等しいとみなされるがゆえに、かつてのような災害の個人（ないしは自然）への帰属は少なくとも一義的な問題ではなくなる。保険技術は、階級は異なれどもたがいに相互依存しており、その「連帯性」を基礎にして、義務と責任が配分される平面たる〈社会〉の形成を可能にしたのである。

　さらにここでケインズ主義の特性をみてみよう。ケインズ主義はいまだ不安定であった〈社会的なもの〉と〈経済的なもの〉の対立・動揺とそれに由来する国家の不安的な地位を解消するための手段、それら二つのレジームを相補的な循環へと回路づける技術を切り開いた。つまり、ケインズの「一般理論」は〈社会的なもの〉と〈経済的なもの〉とがどちらも優越的な立場に立つことなく循環することを可能にする。需要の減退からくる経済的なものの危機の際に、いわば増大した購買力と雇用機会の人工的だが有効な注入を社会におこなうことで、〈社会的なもの〉を介して経済的なものを再活性化させるのであり、同様に、恒常的に順調な機能が維持されることによって、経済的なものが社会政策の追求維持の手段となるわけである（Donzelot, 1994, 170）。それによって国家は革命を免れる途を手に入れ、中立的な管理・運営者として、つまり国民福祉国家としてみずからを形成する。

【3】関与／媒介から分離へ

先述したように、七〇年代の監獄での闘争を導きの糸にしながら一九世紀をふり返るフーコーのまなざしは、当時の社会的状況と一九世紀の叛乱の社会的背景とに重なり合う部分をみつめている、といえないだろうか。つまり、一九世紀の危機を通じてブルジョアジーのヘゲモニーの下に徐々にコード化された階級間の紛争と妥協のメカニズムに（かなりの程度）従属させられていた諸々の摩擦が、その階級支配のコードを突き破って噴出した事態である。一九世紀のブルジョアジーにとっての悪夢、内乱による「統治不能」状況が回帰したわけだ。フーコーは七六年の講義で次のように述べている。いまや「ノーマル化、すなわち規律的ノーマル化は主権の法律的システムとかつてなく摩擦を起こすようになっている。つまり、それらのたがいの両立不可能性がかつてなく鋭く感じとられ、明白なものになっているのです」(Foucault, 1997, 35)。医療の例がそれに続いてあげられていることからしても、これが六〇年代後半に噴出した新しい諸運動について述べていることは間違いない。それは近代社会を支配する規律的ノーマル化が、主権的なものあるいは法律的コードをも明確に乗り越えつつある事態にたいして、後者の地点から批判が加えられている状況である。「自由の活用」としてのリベラリズムが、かつてのポリツァイ批判に似た語法でもって現体制を攻撃しながら再帰してくるのは、この地点においてである (cf. Hirschman, 1991=1997)。フーコーによるリベラリズムの系譜学は、このネオリベラリズムによる福祉国家批判を意識しながらのものであることはあきらかだ。

ここでふたたびマルクス主義者たちを呼びだしてみたい。これまで階級闘争、コンフリクトとその解決という局面に力点をおいて統治性の変容をみたのは、〈社会的なもの〉が明確に政治的表現をえたのは階級闘争によってであるという仮定からである。[11] フーコーとマルクスはともに、「生きるものとしての人間と〝モノ〟との関係にある人間関係を、〝力の剰余の抽出〟という観点から調整し規制すること」を「単純に経済的問題ではなく存在論的な問題」として捉えている点で共通している。だが、マルクスと古典派経済学は、そうした存在論的な諸力の関係を、つねに資本と階級のより積分された単位に還元してしまう。その点でフーコーはマルクスと距離をとる（Lazzarato, 2000, 48）。しかし必ずしもこの点で二人を完全に引き離すことはない。重要なのは、ネグリたちの試みのように、システムの編制・維持・変容の内在的平面として力のゲームを把握することである。『要綱』のマルクスのように、構造的な制約を突破するポテンシャルを喪失することのない内在的力（puissance）とそれを回路づける（「調整し目的づける」）権力（pouvoir）の諸力のせめぎあいとして、資本と労働の関係も捉え返せばよい。

序章で述べたように、コンフリクトの媒介から排除、あるいは「分離」へという権力の戦略のシフトが、彼らのいう「市民社会の衰退」が指す内実を形成している。この彼らの見取り図は、かつてのケインズ主義的福祉国家体制の内実を構成していた〈社会的なもの〉を通した統治と鮮やかな対照をなしている。つまり〈社会的なもの〉とは、先述したように、それを介して国家が階級闘争に積極的に関与し、それを回路づけるものとしての実践・知の平面であったともみなせるのだから。だがここで彼らがなにをもって「市民社会」と呼んでいるかもう一度確認しておく必要がある。彼らはヘーゲルに即しながら市民社会をこう定義している。「組織されていない社会‐経済的・法的交換、敵対、紛争が表現され、かつ組織されるダイナミックな場所」であり、「労働力の組織化と労働者団体（laboring corporations）の形成の場所」である、と。教育や訓育によって特殊な個別の利益が普遍的なものへと包摂され飼い慣らされる場としての「市民社会」。この国家に外的な多元的で摩擦し合う内在的諸力を主権へとむすびつけるのが、規律の権力テクノロジーにほかならない。つまり、ここではヘーゲルの市民社会とフーコーのいう規律社会とが重ね合わされているのである。さらには、ここでマルクスのいう生産過程の形式的包摂・実質的包摂の概念も重ね合わされる。つまりテーラー主義的な労働過程の編成を資本がみずからに外的な力に関与する性格をもつものとみなし、それを形式的包摂と位置づけながら、ポストフォーディズム的労働過程の編成を実質的包摂と位置づける。マルクスの読者ならあきらかなように、彼らの議論では、形式的包摂を絶対的剰余価値を主要な利潤原則とするマニュファクチュア期に重ね、相対的剰余価値を主要な利潤原則にする大工業期に実質的包摂を重ねるマルクスの時期区分とはそもそも異なるわけだ。だが重要な点はそこではない。ここでいわれる「市民社会」は初期リベラルの「市民社会」というよりは、（もちろんそれはベースにありながらも）変質を被った市民社会、すなわち〈社会的なもの〉の領域と位置づけた方がより厳密な区分となるのではないだろうか。ヘーゲルが、市民社会に労働組合（〈社会的なもの〉固有の装置である）という中間団体を加えたことはもとより、行政装置であるポリツァイ――いわば専門家集団である――を加えていることからもそれは正当化できよう[12]。

ネグリたちは、「実質的包摂の国家」を、コンフリクトからみずからを切り離し、もはや調停や「教育」ではなく管理《コントロール》に関心をもつようになる政治体制と位置づけている。このような実質的包摂の国家は、「独立した平面上、すなわち労働そのものから抽象された社会領域のシミュラークル上で作用する」(Hardt, 1996, 34)。また『ディオニュソスの労働』においては、実質的包摂の国家は端的に「ポストモダン国家」と名指され、次のように述べられる。「ポストモダン国家は国家の社会からの分離を組織するのである。そんな分離など存在しないとうそぶきながら。先述した市民社会の衰退は、まさに、結合組織、すなわち国家を生産的な社会的諸力へとむすびつけるために機能してきた媒介の網《ウェブ》の目の衰退のことである。市民社会の衰退とともに、この分離は不可避のものとなる。このような分離と、分離など存在しないというフィクションとが結合していること、この過程がポストモダニティとその国家のカテゴリーを規定するものなのだ」(Negri and Hardt, 1994, 296)。ここがポイントである。**媒介を可能にしたのが規律という権力テクノロジーだとしたら、分離を可能にするのが管理《コントロール》という新しい権力テクノロジー**である、という図式。だがこの管理《コントロール》という権力テクノロジー、分離、シミュラークルの確立といった見取り図は、いまだ具体性をかなり欠いている。フーコーやその統治性論に依拠する人びとの議論とつき合わせてより具体的にその含意を折り広げてみる必要があるだろうが（もちろんネグリたちの議論はフーコー的問題設定を超えていく側面をはらんでいる）、そうした今後に委ねられた試みの予備作業として彼ら自身によるフーコーの議論との交錯について検討してみたい。

ハートはその単独の論文で、フーコーの統治性論を射程に入れながら、この「市民社会の衰退」というパースペクティヴをさらに展開している。ヘーゲルの市民社会論にアントニオ・グラムシとフーコーを引き寄せながら、市民社会の衰退と国家による社会の包摂という観点からポストフォーディズム化への動きを捉えているのである。これは、規律社会の衰退から管理《コントロール》社会の台頭へ、というジル・ドゥルーズによるフーコー解釈をふまえた上での（いまだ謎めいた描写にとどまっている）見取り図と、マルクスの生産過程論とを切りむすぶための手続きであるともいえる。ひとまずフーコーが拒絶した市民社会と国家の対立図式が利用されているが、この点については、ハート自身的確にまとめている。(13) しかし、ハートは統治と規律とをほとんど区別せず、統治の論理から規律を短絡させて導き出している。「このような統治が示唆する、人間と事物の管理は必然的に、社会の諸力間、およびその諸力と〈国家〉とのあいだにおきる活発な衝突、交換、あるいは弁証法をともなっている。ヘーゲルが抽象化と組織化という観点から捉える社会の教育的過程を、フーコーは訓育と規律と管理の観点で理解しているのである」(Hardt, 1996, 32)。ハート自身このフーコーとのズレには気づいてもいるのだが、この観点は、分析的には利点と欠点の両面をはらみもっているようにおもわれる。一方で、統治性が国家を相対化する分析装置であるという点が依然それほど汲み取られず、規律から管理《コントロール》にいたるまでの権力行使は、つねに国家を参照点として語られる。「内在的原因」としてスピノザを介して捉え返されても事情は変わることはないようにおもわれる。[14]

たしかに、それはグローバル化による国家主権の「衰退」と名指される事態を、国家の退場・市民社会の活性化と能天気に称揚する議論にたいする、痛烈な批判たりえている。ネグリたちは、市民社会の衰退を「国家への社会の包摂」とも捉え返しているわけであるが、ここでは「国家介入」や国家のスケールが決して縮小しているのではなく、むしろ上昇してさえいる事態を的確に示唆している。だが一方、国家があきらかにさまざまなレベルでの国際的・地域間ネットワークのなかに相対化されている事態にこの図式が対応できるのか、疑問である。問題は包摂といったタームで国家につねに参照し返すのではなく、多元的な網の目のなかでの国家の相対化とその力量の上昇といった逆説的動きを説明することではないだろうか。またテクノロジーとして主要には規律を用いないにせよ依然、「人間と事物の管理・運営」が権力の主要な目標になっている事態の説明が弱くなっており、かつてなく人口問題がクローズアップされ（まさに「統治不能」と化した〈人口〉動態というイメージでもって）ている事態が理解しにくい。管理《コントロール》という言葉で特徴づけられるであろう権力テクノロジーの展開によって、人口に関与し生を照準点とする権力が、いわばSF的次元にまで統治権力を引き上げている事態は、やはりもう少しフーコーの提起する権力テクノロジーの重畳性を考慮して考察すべきものではないだろうか。ただし、「国家の統治化」が規律権力と統治権力のテクノロジーの重なり合いによって規定されていた動向である、と考えるならば、その長期のトレンドが終焉を迎えている、という切断の側面をネグリたちは強調しているとみなすこともできるだろう。過剰統治への批判者としてのリベラリズムの回帰が国家の政治的装置を介した直接統治から「私的」な装置へと重点を置く「遠隔統治」への傾斜を促したとしても、それをたんにリベラリズムの統治実践の延長上において考えることはできないのではないだろうか？　新しい諸力の動態は、管理《コントロール》という新しい権力テクノロジーを通して、(回帰ではなく）未知の世界へとわたしたちを導いているということではないだろうか？

3　リベラリズムの回帰

【1】自由の差異と反復

こうしてみると〈社会〉のようなものは存在しない、といったサッチャーの言葉の意味が明確になるはずだ。ネオリベラリズムの照準は〈社会〉に向けられていたのであり、〈社会的なもの〉の領域を形成していた諸制度を解体し、古典的なあるイメージによって再編することであった。もちろんそのイメージとは市場である。そのために、あらゆる〈社会的〉実践――健康、保障、福祉など――も市場の論理によって再構築されねばならない。リベラリズムにとって自由とは、ユートピア的な夢想、たんなる理念的価値なのではなく、特定の合理的統治の技術的条件である。統治の原理は統治される者につねに次のように要請する。アダム・スミスのように「自然的自由」の形態においてであれ、ハイエクのいうように「非自然的」である自由としてであれ、特定の方法で自由にふるまえ（みずからを指導せよ）と。ここでフーコーによる統治性の第三の意味づけを捉え返してみよう。それは権力論の原理的次元での理論的転位を示唆したものだ。ここではいわば系譜学において捉えられた水平的次元で錯綜した力の線が、奥行きの方へと二重化するのである。リベラリズムの分析においてとりだされた近代的政治合理性のなかの襞が、原理的な次元で折り拡げられ、それが「倫理」の問題設定を不可避のものとする。権力から倫理へ、という図式化はそれゆえ正確ではない。**権力論が不可避に膨張する過程に倫理が置かれているのである。**フーコーは『性の歴史』二、三巻について次のように述べている（「真理への配慮」）。「［そこにおいて］どのようにして自己の統治が、他者の統治の実践に統合されるのか、合体されるのかを示したいとおもったわけです。要するにそれは、あるひとつの同じ問いに接近するための反対向きの道筋なのです。つまりいかにしてそこで自己への関係と他者への関係がむすびあわされるようなひとつの〝経験〟が形成されるのか、という問いへの」(1984d, 670)。この自己への関係と他者への関係がむすびあわされる「経験」を分節することを可能にしたのが統治という概念である。統治とは、自身の統治と他者への統治とにまたがった概念である。つまりそれは、la conduite de la conduite であり、他者へのふるまいへと働きかける（「指導する（conduire）」）次元と、自己が自己へと折りかえす自己統治の次元とが交わる次元を示唆しているのである（「つまり他者との諸関係と接合のうちにある自己による自己の統治」）（「真理と主体性」(1981c, 214)）。

　リベラリズムはポリツァイに、そして個別の権力テクノロジーとしては自由の余地の極小である規律権力[15]の織りなす空間に刻み込まれた連続性のなかの切断線であり、それが近代における支配の作動を複雑なものにしている。たとえていえばここでフーコーは、まるでサッカーのゲームにおけるすぐれたミッドフィルダーのように、権力の布置を知ることは同時にゲームの自由の布置を知ることであるとわきまえているのである。それではここでひとまず、いくつかのテキストに（Burchell, 1996 など）[16]に依拠しながら、リベラリズムからネオリベラリズムまでの共通点と差異を素描してみておこう。

（a）ネオリベラルの議論の一般的形態

競争的で最適化をおこなう市場関係やふるまいが統治的介入を限界づけるのみならず、統治それ自体を合理化する原理として機能しうるのはどの程度か、という問いかけをおこないながら、市場の観念を参照しつつ、統治を合理化する原理が模索される。ここで初期リベラリズムと異なるのは、彼らが市場をすでに存在する準自然的現実とはみなしていないことである。むしろ市場は統治［政府］によって積極的に構成されるべき特定の政治的・法的・制度的条件のもとで存在する、あるいはそうした条件のもとでのみ存在できるものである。

（b）個人の行為《コンダクト》とそれにたいする行為《コンダクト》［指導］とのむすびつき

《初期リベラリズム》

適切に統治することは統治される個人の自由な行為《コンダクト》の合理性と、統治的活動を合理化する原理をむすびつけることであった。つまり統治の合理的行為［指導］《コンダクト》は自由な市場で交換する個人の自然的で私的利益に動機づけられた行為《コンダクト》に内在的にむすびつけられねばならない。というのもこれらの個人的行為《コンダクト》の合理性はまさに市場がその本性－自然に沿って最適に機能することを可能にするものなのだから。

統治は統治された個人の合理的で自由なふるまいを拒絶するならば、必ずやそれが生産しようともくろむ効果を土台から破壊することに帰着してしまう。

《ネオリベラリズム》

統治活動を規制し限界づける合理的原理は、自由でアントレプレナー的、競争的な経済的－合理的個人の行為《コンダクト》の人工的にアレンジされたあるいは考案された形態を参照することで決定されねばならない。ここではふたたび、統治の合理性が統治される者自身の合理的自己－指導《セルフ・コンダクト》の形態にむすびつけられねばならない。しかしそれは単に所与の人間本性ではなく意識的に考案された行為《コンダクト》のスタイルなのである。

（c）リベラリズムの統治的合理性の規定する統治の問題－空間

《初期リベラリズム》

みずからの種別的な自己規制的原理や力学をともなった一種の準－自然であるような対象

‐領域との関係でいかに統治するかという問題を規定する。この自然的領域は統治されるべきものでもあるし、統治が生み出さねばならないもの、あるいは少なくとも、自然的にあるようなものの最適条件において維持するものの双方である。市民社会は統治の対象であると同時に目標なのである。

《ネオリベラリズム》

ちょうど初期リベラリズムが規制的、立法的、創造的統治活動を拒絶する、あるいは放棄しようともくろんだわけではないように、ネオリベラリズムも統治活動のための積極的な課題を規定している。ここではそれは、アントレプレナー的行為《コンダクト》の人工的で競争的なゲームがもっとも効果的にプレーできるようにするために、法的、制度的、文化的条件を構成するという問題になる。シカゴ学派の経済学リベラルにとって、経済自体を超えて合理的‐経済的モデルを拡大すること、そしてそれを統治的活動を限界づけると同時に合理化するための原理として一般化することが問題である。統治は市場競争のゲームのためのそして一種の企業それ自体として作動せねばならない。かつては〈経済的なもの〉の外部にあるか、あるいはそれと敵対的であるとすらみなされていた生活の領域内部で、実践的システムの新たな準アントレプレナー的・市場的モデルが、個人、集団、制度の行為［指導］《コンダクト》のために発明されねばならない。それゆえ、「国家介入批判」の激しいレトリックにもかかわらずネオリベラリズムは、特定の形態の経済的自由が個人の自律、企業活動、選択の形態において実践されうる領野を拡大するために、一連の組織形態、技術的方法を発明する、あるいは配備することを提起する。だがそこではもはや〈社会〉は不要である。わたしたちが〈社会〉と呼ぶものは不必要な統治的介入の生産物である。社会保障、失業、福祉給付、ソーシャル・ワーク、国家教育など、福祉国家にむすびついたすべての〈社会的〉制度が〈社会〉のうちに内包されている。だがこれらの装置は経済的パフォーマンスへのコスト高の障害となっていて、国家の統御不可能な肥大を導いているというのである。

【2】撤退と構築——いくつかの論点と事例

A　homo criminalis から homo oeconomicus へ——犯罪政策に即して

以上のような知の動向がネオリベラリズムの統治実践においては、構成と撤退の両義的な動きとしてあらわれる。サッチャリズムはハイエクと同時にオルド学派の「統治的構成主義」をも統合していた。

一つの事例としてネオリベラリズムの一部の潮流が提起する刑事政策をあげておこう。じつは、このようなネオリベラリズムにおける主体の〈問題化〉の変容は、刑事政策をめぐる変容とむすびついているといえる。これについては都市の変貌という観点から第四章でもみるが、「環境設計による犯罪防止（Crime Prevention through Environmental Design, 略称CPTED）」あるいは「状況的犯罪予防」と呼ばれる政策が重要である。この犯罪政策についてのある啓蒙本には次のようにある。「今世紀の犯罪学者のとってきた犯罪防止に関しての主流的なアプローチは、犯罪の〝状況〟ではなく、犯罪者が、犯罪を犯しやすい傾向をもっているという点で、社会の他の人間とは基本的に異なっていることを前提としている。このアプローチの下では、こういった犯罪者のもつ素質なるものが正しく確認できれば、犯罪防止の手段も考案できると考えられている」(Poyner, 1983=1991／九)。まさに「素質」ある犯罪者、すなわちhomo criminalisを機軸に据えるこの発想そのものがいまや放棄されねばならない、というのである。この新しい犯罪学は、シカゴ学派の犯罪学と根本的な発想を共有しているといえるだろう。シカゴ学派の経済学者ゲイリー・ベッカーについて、かつてフーコーは講義(『生政治の誕生』)でこう位置づけた。すなわち、彼は、犯罪をめぐる議論から一切、心理学的・生物学的要素を追放することで、一九世紀的homo criminalisをhomo oeconomicusにとってかえた、と。そしてさらに重要な点は、そのhomo oeconomicusは、かつてのアダム・スミスが描き出したものと同じものではなく、初期リベラリズムのそれが「再活性化」されつつ同時に「根本的転倒」をほどこされているということである(Gordon, 1987, 43)。アダム・スミスあるいはスコットランド啓蒙派において、主体とは、その活動に政府［統治］は一切ふれることのできない要素のことであった。他方、ベッカーあるいはシカゴ学派のネオリベラリズムにおいては、この主体はより可塑的な要素になる。つまりそれは「行動主義と手をむすぶ」(ibid.)。homo oeconomicusとはいまや、操作可能な人間であり、休みなくその環境の刷新に対応できる人間のことなのである。

「環境による犯罪防止」あるいはその延長線上にある状況的犯罪予防は、こうした人間の

〈問題化〉を実質化したひとつの範例となる。この戦略の核心にあるコンセプトは、「防犯空間［守りやすい空間（defensible space）］」である。もともとこのコンセプトは、アメリカの建築家オスカー・ニューマンの着想によるが、それが七〇年代に提起されるやいなや大きな反響を呼んだ(17)。そこでニューマンがどのようなセキュリティ本位の都市づくりを提起したか、そしてそれが現代の都市空間の編成をめぐる権力の戦略にいかにコード化されているかについては第四章でもう少しふれることにして、そのポイントのみをまとめておこう。「防犯空間」のコンセプトの中核には、都市環境の設計・管理が犯罪と大きく関係しているということ、それゆえに環境の設定次第で犯罪は増減するという発想がある（Newman, 1972=1977; Poyner, 1983=1991; Crow, 1991=1994）。「やや俗化された」（Poyner／一四）人類学、行動主義の影響を受けながらニューマンは、領域性、自然な監視、イメージ、環境の四つの点で、犯罪のリスクを低減するための環境構築を提案したのだった。この「防犯空間」の発想を軸にして提示された犯罪政策・都市政策がCPTEDであり、さらに状況的犯罪予防なのである(18)。「人間によってつくられる環境の適切なデザインと効果的な使用によって、犯罪に対する不安感と犯罪の発生の減少、そして生活の質の向上を導くことができる」（Crow／一）。実際にCPTEDについての提案は、街路、道路などの分割による領域性の獲得にとどまらず、照明、温度などなどにいかに人が影響されるかの報告であふれている(19)。こうした環境の操作によって「犯罪と犯罪に対する不安感を減らすための行動的効果（behavioral effects）を作り出せる……」（Crow／三七）。

CPTED、状況的犯罪予防には、合理的選択理論、公共選択理論などにも共通するネオリベラリズムのパラダイムにおける「選択(choice)」概念の変更がともなっている。初期リベラリズムにおいては、選択とはみずからの自然な利益計算にたいして経済的アクターが行為を実現する際におこなう合理的反応であった。ところがネオリベラリズムにおいては、環境や空間への働きかけによって計算可能になり、操作されうる人間の根本的能力として把握される(Dean, 1999, 159)。CPTED、状況的犯罪予防は、まさにこうした人間像を中核に据えていたわけである。

この犯罪政策・都市政策は、またたくまに世界に拡がっていったが、パット・オマリーはこの状況的犯罪予防を「保険数理的」なものであると特徴づけている。しかし重要なポイントは次のところにある。第四章でもふれるように、かつての「保険数理主義」は〈社会的なもの〉と密接にむすびついていた。そしてそのむすびつきのなかに「矯正主義」は位置づいていたのである。ところがいまやそれとは反対に、この犯罪予防プログラムはもはや社会的原因論を回避する。それはネオリベラリズム一般に特徴的な「人文・社会科学の人間学的カテゴリーや枠組みを一掃する」(Gordon, ibid.)。環境犯罪学は法律違反者には関心をもたず、一般的に矯正主義に敵対的である(O'Malley, 1992, 262)が、その背景には、「プライヴァタイズされた保険数理主義」への(部分的な)転換がある。どういうことだろうか?

かつて保険数理テクノロジーは、〈社会的なもの〉の誕生を可能にした。ピエール・ロザンヴァロンが指摘するように、(おそらくポリツァイ国家に該当するだろう)「保護者国家」を「福祉国家」へと転換させるためには、統計テクノロジーの活用がともなっていたが、そこでは保険数理テクノロジーは、「連帯」観念の成立を土台としたリスクの社会化を可能にしたのであった。これによってかつてフーコーが「犯罪学の迷宮」と呼んだジレンマを解消しようとするのである。犯罪の原因があるということは、責任を縮減させる、しかし司法の言説においては犯罪は責任と関連づけられる必要がある。第二章で述べるように、かつてはこのジレンマは民法領域で発展したリスクの観念を媒介にして、「社会的責任」という理念を経由することで存在と責任をむすびつけることでいったん解消された。いずれにせよこの動向は矯正の目標――規律権力を支える理念――と連関することになり、刑罰的側面を希薄にするものだ。それにたいして、プライヴァタイズされた保険数理主義においては、リスクは社会化されるのではなく、個人で処理すべきファクター（私的に選択し加入する保険、私的に購入するセキュリティ商品などなど）となる。「新しい慎慮主義（new prudentialism）」の誕生である。状況的犯罪予防やその背景にあるプライヴァタイズされた保険数理主義犯罪学においては、原因観念そのものを迂回することで責任が、そして個人の重要性が復活させられる。だからこの状況的犯罪予防は、「正しい応報」を旗印にした刑罰的政策やあるいは「法と秩序」アプローチ、つまりネオリベラリズム、あるいは新保守主義との親和性が非常に高くなるのであり（O'Malley, 1999, xvi）、さらに他方ではこうした「慎慮主義」、個人主義的次元の強調と並行して、〈社会的なもの〉から撤退したリスクの概念によってリスク集団のカテゴライズと予防の強化を可能にするのである。(20)

B　ニューライト——新保守主義とネオリベラリズム

ここで序章ではメンタリティという面でふれた「ニューライト」について、別の視点から考えてみよう。つまり新保守主義とネオリベラリズムのむすびつきいかん、[21]という話である。次のきわめて重要とおもわれる点についてのみ言及しておきたい。[22]サッチャリズムの背景にはハイエク思想があることは周知の事実であるが（Gamble, 1988=1990）、ネオリベラリズムと新保守主義の接合のひとつのタイプを知るためには、サッチャーたちが受けとめたハイエクの論理構造を理解せねばならない。[23]「社会のようなものはない」と高らかに宣言するサッチャーにとって〈社会〉とは、自由（freedom）と背反するものであった。どのような意味でだろうか？　ハイエクにとって法の支配とは、法実証主義批判を含意しているということは先述したが、そこにおける法とは自然法でも実証主義法学のいう主権者の命令としての法律（thesis）でもない。それは自生的なものとしての法（nomos）であった。ハイエクのいう自由は、文化的進化の過程で生成するものであり、この文化的進化が市場の価値とルールを選択してきたのである。ここにハイエク、シカゴ学派、オルドー学派に共通する自由の観念の「反自然性」をみいだしてもいいだろう。ネオリベラリズムがしばしば文化的にきわめて保守的な立場を示す、あるいはそうした言説と接合するという事態の裏には、自然でもなく〈社会〉という人工性・創設性でもない第三の次元、「文化」をネオリベラリズムが重視するからである。つまり文化とハイエクの自由とは不可分だからである。自発的社会秩序の進化の過程で発展してきたふるまい［行為］の価値とルールが問題なのであって、ネオリベラルが保守的な要素と親和的であるのは、「自発的社会秩序」とみなされる諸秩序、とりわけ市場とむすびついた価値やルールの復活をもくろむからなのだ。

だがさらに、ニューライトの存立性について考えてみなければならない。なぜネオリベラリズムのエートスは、保守的であると同時に「ラディカル」でもあるのか、という点である。その理由はミッチェル・ディーンの指摘する「二重化と折り返しの過程によって、それが固有の道具とエージェンシーを有していた新規の領域へとこうした価値とルールを多元化し枝分かれさせる」(Dean, 162) という点にある。おそらくここが、サッチャリズムがハイエクと同時にオルド学派の「構築主義」をもともに併せ持っているという理由だろう。さらにサッチャリズムを超えて、現在のリベラリズム総体に共有する新しい傾向を表現しているという意味でこの指摘はきわめて重要なようにおもわれる。

C　失業政策——失業者から求職者《ジョブ・シーカー》へ

サッチャリズムをはじめ、実際にヘゲモニーを握ったネオリベラリズムの統治では「統治の一般的目標としてはハイエクと共通しているが、その特定の戦術は一種の統治的構成主義である」(Dean, 161)。西ドイツの戦後復興に一役買った「ネオリベラル」の一ヴァージョンであるオルド学派について、フーコーは、七九年の講義では次の二点を指摘したとされる (Gordon, 1987)。①構成主義的、反自然主義的側面の強調。オルド学派において、市場は自律的だが自己維持的秩序であるとはみなされない。市場を維持するためには積極的な介入的政策が要求され、この課題は統治的活動の根本的合理性を構成している。②反宿命主義的性格にかかわる強調点。おびただしい注釈者によってヴェーバーの脱魔術化のテーマにみいだされた、文化的ペシミズムを欠いているヴェーバー主義の一ヴァージョン。フーコーによればオルド学派は、主要にはゾンバルトに帰しうるテーゼ、近代的大衆社会の道徳的空虚、方向喪失をリベラルな経済システムの直接の帰結であるとするテーゼにたいしてきびしく敵対している。これらの現象は、リベラルな経済システムの帰結であるどころか、近代ドイツのあらゆる政治的レジームによって成功裏に実践されてきた反リベラル政策のむしろ帰結である、と、オルド学派は考えるのである。ここでは①が重要である。たとえばオルド学派のレプケによれば、経済自由主義の誤りは市場や経済が必然的に道徳的前提を生み出すことにあり、道徳的前提は市場や競争の外部から与えられねばならない。これは「市場の非対称性(Asymmetrie des Marktes)」(古賀、一九八五、一四六)という認識につながっている。市場は社会全体の一部である、ということである。「オルド学派にとって、……主要な社会政策の問題は、経済的市場の反社会的効果ではなく、社会の反競争的効果である。現実世界で競争が機能するためには、特定の枠組みの積極的・実定的制度、法的諸形態、つまり資本主義システムが必要となる」

「二重化と折り返し」によって、市場の力をこれまで考えられもしなかった領域にまで拡大することは、フーコーによるシカゴ学派の定義にも該当する。というより、ある意味でシカゴ学派はオルド学派を超えてさらに進む。フーコーはシカゴ学派のオルド学派より野心的な試みを「〈社会的なもの〉の〈経済的なもの〉の形態としての包括的な書き換え」(Gordon, 1991, 43)と規定しているのである。シカゴ学派にとっての問題は、先ほどふれたように経済自体を超えて、合理的 - 経済的モデルを拡大すること、そしてそれを統治的活動を限界づけると同時に合理化するための原理として一般化すること、である(Becker and Becker, 1997=1998; Friedman and Friedman, 1980=1980)。そしてきわめて重要なことだが、このネオリベラリズムによる(準)市場原理の全面的増殖への衝動の背後には次のような課題の提起がある——この点は新保守主義とネオリベラリズムとの連関を考えるうえでも重要である。米国の新保守主義が提起した、「富と徳」についての古い問題の新ヴァージョンがその課題である。「統治される者がもはや有徳な存在ではない場合に、その自律を通して統治するにはいかにすればよいか」。腐敗した政治家、官僚、「カウンターカルチャー」のような危険で邪悪な発想、個人責任のような規律を教えられない学校、寛容な道徳、「安易」な離婚、福祉プログラムのような依存症の温床になるような社会的施策などなどがターゲットである。ネオリベラリズムと新保守主義はこうした点については診断を共有し、問題をこう立てる。「こうした連中がみずからの責任を受け入れて、ふたたび徳ある市民に導く」必要がある、ということである(Dean, 163)。そしてその徳ある市民に導くために、「一種の文化革命」が、文明化の進化の過程とむすびついた諸価値、とりわけ市場(そして家族)とむすびついて導入されるのである。

ここがオルド学派とハイエク、シカゴ学派がむすびついて「ネオリベラリズム的統治合理性」と呼びうる一般性を帯びる場所であり、そしてまたネオ社民の「倫理的」な要素もからむ場所である。一方で、緊縮財政、赤字減らし、規制緩和を名目にする統治・政府の撤退。他方で政府［統治］による市場の積極的な構築。ハイエクにとっては本来批判の対象であるはずのオルド学派の「統治的構成主義（constructivism）」がここで交わり、さらにシカゴ学派の提案をバネにして先にまでいくのである。

これについてはディーンが紹介する、オーストラリアの失業政策の例が参考になる。この動きには二段階がある。第一段階、そこでは「失業者」は福祉政策のもとで甘やかされた依存症の人間ということでスティグマ化されたうえで、市場にむすびついた諸価値によって鍛えなおされねばならない（ここは「失業者」が現在のポストフォーディズムという条件のもとで与えられた意味も関連している）。一九八三年から九六年まで政権の座についた労働党政府は失業対策として「ケース・マネージメント」アプローチを導入し、失業者の自己責任を強調しながら市場志向の目標を導入することで、失業者はいまや「求職者《ジョブ・シーカー》」として「問題化」される。そこでは失業した主体は homo oeconomicus として、つまり個人の選択、ライフスタイルの結果、失業を甘受している人間として把握されるのである[24]。政府はもはや失業した人間を単純に国の構成員、市民であるから、という理由で保護したりはしない。したがって失業者は、自助支援機関、ケースマネージャーなどの助けを借りて、自分自身で活動しなければならない。

この背景には、より一般的なネオリベラリズムのもとでの「失業者」をめぐる政策の転換がある。失業は今や、マクロ経済レベルのみならず、失業者自身のふるまいのレベルでも、個人の求職活動をより活性化させ、個人が絶えずかつ積極的に働き口や雇用にむすびつくだろう技能探しに邁進するよう義務づけ、それを管理・チェックすることによって統治される。つまり「管理体制のなかではなにひとつ終えることができない」(Deleuze, 1990=1992／二八九)。みずからの存在を資本化することで、みずからの経済的統治を積極的にこなすエージェントとして個人は捉えられる。それに並行して、職場のなかでみずからの技能、資格、起業家《アントレプレナー》精神《シップ》を高めるべくみずからを経営／管理することとむすびついた類の語彙や設備があらわれる。「こうした事態は、労働を通してみずからを高めること、自己実現することへの労働者あるいは経営者の欲求と、フレキシブル化を進め、競争力を向上させ、機敏にふるまい、創造的たれ、などといった企業が求めているニーズとをむすびつけようともくろんでいる」(Rose, 1996b, 339)。労働はもはやヘーゲルの議論とは対照的に「社会的義務とは解釈されないし……労働の習慣の社会的効果によって個人を集団へとむすびつける役割を主要に担うとも考えられない」。この論理は、ネオリベラリズムのみならず、ネオリベラリズムが破壊した（とされる）コミュニティの活性化を唱えるネオ社会民主主義のとりわけ都市の地域経済活性化の論理にまで通底するものである。経済的荒廃を押し止めるには、技能やフレキシビリティをともなったアントレプレナー的個人の活動を活性化させ、自己プロモーションへの熱意を高めるための一連の試みが必要であるとされるのである。

さてオーストラリアの労働党の失業政策に戻ると、そこで失業者はその「自由」を特定の方法で、つまり積極的な求職者として行使するかぎりで、その見返りとして職業紹介をしたり、職業訓練の機会を提供されるのだった。そこにおける自由のエートスはこうである。「われわれのやり方で自由を行使するかぎり、君は君の自由を行使できる」。

次の第二段階。一九九六年に政権についた自由党・国民党の新保守主義政府は、労働党政府が開始したネオリベラリズム改革をさらに推し進めて、就業保障という観念自体を廃止し、公的な援助による雇用形成、雇用促進助成計画から「手を引いた」。「職業紹介業者」の完全な競争市場を設立しようとしたのである。政府自身のエージェンシーすらも市場における競争者として再構築される。「国家と求職者《ジョブ・シーカー》のあいだの契約は、求職者《ジョブ・シーカー》と競合する〝職業紹介業者〟のあいだのおびただしい契約にとってかわる」。ここでは先ほどのエートスは次のように変形する。「君が自由の行使において指導と訓練を必要とするのなら、まず君の自由をそんな指導と訓練へのアクセスを獲得するための雇用サービスの消費者として行使したまえ」(Dean, 161)。

以上の動きを次のように整理しておこう。このネオリベラリズムの変異体《ヴァリアント》は、これまで市場の存在しなかった場所にまで市場を構築する。じつはこれは、競争的市場の作動のために社会的環境を構築する、というところにとどまるオルド学派の構築主義も知らなかった作用である。むしろここには、先述したシカゴ学派の、経済自体を超えて合理的‐経済的モデルを拡大するというもくろみ、統治は市場競争のゲームのためのそして一種の企業それ自体として作動せねばならないというもくろみ、〈経済的なもの〉の外部にあるかあるいはそれと敵対的ですらあるとみなされていた生活の領域内部で、活動あるいは実践的システムの新たな準アントレプレナー的・市場的モデルを構築するというもくろみとの親和性をみいだすべきだろう（cf. Becker and Becker, 1997=1998）。失業者も「人的資本」であり、みずから投資しエンプロイアビリティを高めるべき企業体である（cf. 渋谷、二〇〇〇）。その意味では、失業者は賢明にサービスを選択し、効果あるサービスを購入する「慎慮ある」「消費者」にならねばならない（Rose, 1999, 164-165）。問題はもはや、政治的・社会的目的のために、企業、私的サービス提供機関などを活用することではなく、社会的統治の枠組みをサービス、供給、専門的技術分野における市場の集合として再構成することであり、これらの市場の内部で消費者として失業者を構成しなおすことである（Dean, 161）。「奴隷から消費者へ」――これがネオリベラル（アドヴァンスト・リベラル）による、福祉受給者の主体性（の復活）のイメージの転換を集約する標語である。(25)

D　構築と撤退――バウチャー方式と準市場の構築

政府自身のエージェンシーすらも市場における競争者として再構築される、というこの「二重化と折り返し」の作用。次にこの作用が適用される領域ではなく、その適用を可能にするためのテクノロジーのひとつに着目してみよう。これは日本に大きくかかわるものである。そのためにここでは「バウチャー方式」に着目してみたい。この仕組みを提案したのは、シカゴ学派のミルトン・フリードマンである（Friedman and Friedman, 1980=1980／二三九―三〇〇）。(26)

まずフリードマンは教育における「過剰統治社会の病理」を批判する。その病理とは、親の選択権の喪失、つまりみずからの子弟が、いかなる種類の学校教育を受けるか、いかなる学校に進学するかの選択権の喪失、学校にたいする権力の親から職業的教育者の手への吸収などなど（二四一―二四二）である。

こうした「過剰統治社会の病理」、つまり統治と自由が背反する、といういわばポリツァイ的過剰統治を打破するために提案されたものがクーポン券、バウチャー制と呼ばれるテクノロジーを介した新しい統治様式であった。すなわち、いま中央および地方政府が学校教育におこなっている財政補助を教育を受ける児童や生徒に頭割りにして、クーポンを支給する。そしてこのクーポンを私立学校のみならず、公立学校でも、通学校も地域に左右されず受け入れてくれるどのような学校でも使用できる自由が親に与えられねばならない。この例が重要なのは、このクーポン券が学校以外の制度にも広く応用され、〈社会的なもの〉を通しての統治から市場、あるいは「準市場」を通しての統治へのシフトにとって要となるテクノロジーを構成しているからである。

とりわけ日本においてその意義は重大である。日本で九〇年代から進行している社会福祉基礎構造改革をみるなら、措置制度[27]から契約制度へ、という流れのなかで、日本は急速にネオリベラル先進国とほぼ同じ道を歩みつつある[28]。その移行の要がこのバウチャー方式なのである[29]。わたしたちはここで、このバウチャー方式がどのように応用がなされているかを眺めることで、（a）従来の意味での〈社会的〉制度――国家や国家に属する専門家（公務員）の持分である——を、市場原理を通していかに（準）私的な制度に置き換えるか、そして（b）さらに従来の〈社会的〉制度に相関していた主体がいかに変容を被っているか、について考えてみよう。その前にまずバウチャー制とはどのようなものだろうか？

ネオリベラリズムのひとつの核となるテクノロジーがバウチャー方式、バウチャー券である。現在、このバウチャー（voucher 証票、証明書、引換券、料金預かり票などの含意を有する）方式には、1、公的助成額分だけ安い値段のバウチャーを受け、自己負担分を加算して直接に指定事業者と契約締結手続きをおこなう、2、現金の助成を受けた後に、自己負担分を加算して福祉サービスを選択する、3、バウチャーを受けたあと、福祉サービスを事業体から買い取るなどというパターンがある。先の二点を焦点化してみよう。

（a）まず「特殊法人化」があげられねばならない。バウチャー制を通して事業体は、独立採算方式へ、そして公的機関は個人と事業者の契約にかんするコーディネーターの機能に限定される。バウチャー方式はこうして〈社会的〉装置の国家からの分離を可能にする。というのも民間企業への公的助成が現行の事業者補助方式では不可能であるために、バウチャー方式を介して利用者補助へと公的助成をシフトさせることによって企業に助成できるのであるからである。介護保険について経団連報告（一九九六年）[30]は次のように述べている。「要介護高齢者本人によるサービスの選択、サービス事業主体間の競争を通じて効率化を図るとの観点から、市町村は、介護サービス購入のためのバウチャーを交付する」。

（b）自己責任化。バウチャー方式は、社会福祉制度を措置から契約を基礎においたものに転換する。そこではかつての措置制度のもとでの行政機関、サービス提供者、利用者のあいだのパターナリスティクなヒエラルキーを水平化する、という意図が掲げられる。日本で非常によく用いられるのは「成熟社会」というタームであるが、「成熟社会」においては個人は自立しなければならないし、それを行政機関・サービス提供者は促進しなければならないというのである。それゆえ措置から契約へ、利用者と行政、サービス提供者のあいだの関係を――（準）市場化によって消費者と企業のような関係に――むすび直すことで、利用者の選択可能性を高め、サービス内容の情報提供を十分なものにし、ヒエラルキー的関係をフラットなものにする、とされるのである。

こうした趨勢にあわせて公的機関は「措置の実施者」からコーディネート機能へと転換しつつある。大綱によれば「市町村は福祉サービスの利用者への相談、情報提供を行うとともに、必要に応じてあっせん又は調整等を行う」（浅井、五九）。かつての措置制度においては市町村の自治体の役割は「措置の実施者」なのだが、基礎構造改革においては個人と事業者のあいだの契約の斡旋・仲介役に位置づけ直される。

これは「準市場」を構築することによる統治である、ともいえる。もう一つ、イギリスの例をあげておこう。一九九〇年の「保健サービスとコミュニティ・ケアに関する法律」によってイギリスでは、地域保健局はサービス購入当局となった。もはや病院の運営や地域医療の直接の提供者ではなくなったのである。その際用いられたのが「準市場（quasi-market）」という運営方式なのである。準市場とは次のように説明される。「政府は、この領域での市場の失敗、つまり利用者側の情報が乏しく、利己的提供者が彼らの知識を独占的に利用する可能性があるような領域では市場は失敗するとする経済学者の論議に着目し、そこで選択された機構が〝準市場〟であった。そのような市場では、国家はサービスに対する資金を制御する権限は維持する。サービスの配分と資金の配分を分離し、それによって前者がさらに公平に配分されるようにする。しかし、国はサービスを提供する代わりに、顧客を求めて互いに競争する独立の提供者の手にサービス提供をゆだねる。国はそのサービスを購入する利用券を個々人に与えるか、あるいは利用者のかわりにサービスを購入してあげるある種の代理人を指名するかして、それに資金提供する」（Le Grand, 2000, 35［芝田四二頁の引用による］）。

【3】〈社会的〉テクノロジーとグローバリゼーション

さて、以上のネオリベラリズムのパラダイムは、一般的に「第三の道」と名指されるネオ社会民主主義もほとんど共有するものであるが、ネオリベラリズムにおいて個人が強調されるとすれば、ネオ社民はそれにコミュニティを加えることでみずからの独自性を描き出そうとしている。このいわば「中道左派」も取り込むことで「ヘゲモニー化したネオリベラリズム」、あるいは「完全定着したネオリベラリズム」は、近年では「アドヴァンスト・リベラリズム」とも呼ばれる。こうなると、ネグリたちのように、リバタリアニズムとコミュニタリアニズムをともに「ポストモダン国家」の権力配置を二つの側面から反映したものにすぎない、とする批判が重大な意味をもってくる。ネオリベラリズムのみならず、近年のコミュニタリアニズム的パラダイムを背景にしつつ（一見したところ）ネオリベラルに対抗原理として出てきているネオ社会民主主義も（分権による地域の活性化、地域政治への市民参加、ボランティア主体と行政の連携による地域福祉などなど、コミュニティを軸とした市民社会の活性化というヴィジョンを含む）、同じトレンドのなかに配置されたものとして捉えることが可能になるのである。いずれの勢力もまず、〈社会的なもの〉を通した統治からのシフトをめざすという点では共通していることを確認しておこう。統治性論においては、このシフトは〈社会的なもの〉を通じた統治から、「個人」と「コミュニティ」を通した統治へ、と要約される。外的な諸力を媒介する装置であった福祉の制度、あるいは諸戦略が〈社会的なもの〉（「市民社会」）を通して統治しようともくろむのにたいして、このネオ社民的リベラリズムをも包摂する概念である「アドヴァンスト・リベラリズム」の統治戦略は以下のことを問題にする。**〈社会〉なしに統治すること**、すなわち、自律的なエージェント——市民、消費者、親、被雇用者、経営者、投資家——の規制されかつ説明責任ある《アカウンタブル》選択を通して統治すること、これはネオリベラリズムにおいてすでに問われたことである。さらにアドヴァンスト・リベラリズムは、特定の「コミュニティ」への忠誠を高め、それに作用することを通して統治することは可能か、と問うことでこのネオリベラリズムの課題を補強しようとする。

そこでは「自由」はいかに活用されるべきなのか。ここでは詳細な検討はもはやのちの機会にゆずるしかない[31]。従来は国家介入のスタッフとみなされていた公私の狭間で社会的なものを構成してきた専門家の布置転換にとりわけ着目しながら考察を加えているニコラス・ローズの見解をまずフォローしてみたい。

(1) 専門家と政治の関係の変容

市場化によって自由を活用すべし。このコマンドを受け、福祉国家において多かれ少なかれ直接に政治的統治(政府)の機構や目標に刻み込まれていた専門家が、市場メカニズムに委ねられ、政府と専門家とのあいだとの距離が打ち立てられる。国家装置からの福祉機構の分離、プライヴァタイゼーションとしてあらわれる事態である。

ここでは分離にたいしてある種の管理(監視)権力と呼んでよいだろうテクノロジーが付随していることに着目しなければならない。福祉のテクノロジーが専門家に授けていた権力は、専門家が閉域を形成することを可能にしていた。彼らの権威は、彼らの決定や活動を支配しようとする外部からの政治的試みから遮断されることで防御されていたのである。それとは対照的に、アドヴァンスト・リベラリズムの統治様式はある「形式的な」特性をもっている。かつては人間の行動にたいする実定的な知に由来した権力は、会計や財務管理のような評価制度に委ねられる。いまや権威にたいして批判的精査を加えるための一連の新たな技術——監査、会計事務など——が、専門家の防御壁を突き破る。そしてこれらの知もまた、真理を宣明するわけであるが、だがその性格は社会・人間科学のそれとは異なっている。

「これらの〝グレイ・サイエンス〟、数値化、計算、モニタリング、評価のノウハウは、慎み深いものであると同時に全能であり、限定されているが一見したところ無限定である。それは医療手続きの適切性から大学の学部の存続可能性にいたるまで多様な問題に適用可能なのである」(Rose, 1996b, 54)。

(2)〈社会的〉テクノロジーの新たな多元化

かつての福祉国家における社会的市民と彼らの相互依存が織りなす社会の関連に、責任ある個人と彼らが自己統治するコミュニティのあいだの関連を取って代えること。左から右までのさまざまな政治的立場が、そのための社会的テクノロジーを再構築しようとのプログラムの多くを共有している。この変容の過程で、二〇世紀には政治装置に収斂するよう機能する単一のネットワークに組み込まれていたさまざまな規制的テクノロジーがそこから切り離され、それにかわって諸々の自律的要素——たとえば、企業、組織、コミュニティ、専門家、個人——の力や意志の形成を通じた統治の形態が採用されていることを観察することができる。これにともなっているのが、特定の算定様式を諸エージェントのなかに「埋め込む」ことと、献身と奉仕といった類のノルムを、競争、クオリティ、消費者の要求のようなノルムへと置き換えることである。またそれには、多様な説明責任《アカウンタビリティ》のネットワークの確立、説明責任《アカウンタビリティ》と責任の流れの根本的な刷新がともなっている。たとえばそこでは先述したような「特殊法人化」とされる現象があげられる。現在、準自律的非政府組織が増殖している。それは独自の財政部門を抱え保全や投資を規制／調整するような規制的機能や、都市地域の統治や再生のための新しい機関の台頭にみられるような計画《プランニング》機能、さらには学校卒業者のトレーニングを供給する責任をもつ組織の台頭にみられるような教育的機能をみずからのうちに有するようになっている。さらに行政活動、刑務所、警察のプライヴァタイゼーションなども付随している。こうした動きは、バウチャー制についてみてきたようにこれらの機関の統治のための手段の発明、配置とむすびついている。契約、目標、指標、作業効率の尺度、モニタリング、評価などが、その諸機関の活動を統治するために用いられ、他方、それらに自身の活動のための決定力や責任の自律を授ける。「ここに含意される政治権力の布置はもはや国家と市場の対立で考えても理解できない。政治的諸権威によって形成されプログラムされたこの新しいメカニズムは、諸組織の異質な配列の計算や活動を、規制された自律の手段化を通して〝遠隔操作〟で統治することによって、政治的目標とむすびつけるよう活用される」(Rose, 1997, 57)。

こうした専門家と政治の変容、〈社会的〉テクノロジーの多元化は、グローバリゼーションにたいする対応の、つまり順応の集約形態であり、その戦略における差異がネオリベラリズム（アドヴァンスト・リベラリズム）の諸ヴァージョンを規定しているということがいえるかもしれない。この論点については、もはやいくつかの覚え書き程度の指摘にとどめたいが、わたしたちはここでは次のような二つの対照的な極に属する議論は退けたい。まずいうまで

もない が、グローバリゼーションが国民国家を無化している、というもの(32)。もう一つは、批判的潮流のものとしてよくみられる立場。国民国家を無化している、というもの。国民国家の「虚構性」と強力さを強調するものである。「国民国家批判」への強いこだわりが、世界レベルでの資本、〈社会的〉制度、国際金融機関、そしてとりわけ法・権利のレジームの変容――そこには驚くべき質があるはずなのだが――を見落とさせている。

まず現在、社会的な統治の下での〈社会的なもの〉と〈経済的なもの〉の相互的上昇の存在は否定され、むしろ敵対関係にあるとみなされつつある。ロールズに端を発するリベラリズムの論争を触発している事態でもあるが、公平性と効率性とはもはや相補的関係にはないのである。このことは、〈社会的なもの〉と折り重なった国民経済としては経済的なものがもはやイメージされない、という事態と相関している。これは国家の衰退ではなく、むしろ領土の位置変化を示唆している。グローバリゼーションと名指されている事態において重要な点は、フローの空間においてイメージされたこの経済が、その中継点としてローカルなものを要請しているということである（Castells, 1997; Sassen, 1996=1999）。つまりグローバリゼーションのなかでのネットワーキングの中継点として複数・多元的な統治の再編成が要請されているということである。これが「統治の脱国家化」というものである。つまりそこにおいては、「国民経済という名の下での社会的なものの統治が、地域間や国境を横断して流れる経済循環の利益に沿った特定ゾーン――地域、市街、諸セクター、コミュニティ――の統治に取ってかわる。国境の内部での市民たちの経済的運命は互いに切り離され、いまや、各人特有の企業家精神《エンタープライズ》、技能、創意、柔軟性《フレキシビリティ》がどの程度であるかの関数として理解され、統治される」(Rose, 1996a, 339)。統治は国家と折り重なった「政府」ではなく、とりわけ「私的な」次元へと向かって移転しながら多元化しているのである。「プライヴァタイゼーション」についてサスキア・サッセンは、所有制度の変化以上の統治にかかわるシフトをみている。「それは、公的部門から私的企業部門へと移行する調整と統治機関のプライヴァタイゼーションである。……重要な論点は、政府官僚制度のなかに埋め込まれてきた規制機能の企業世界への移転である。企業世界においては、こうした規制機能は、企業の経営管理機能あるいは専門化された企業サービスとして再現されるのである」(Sassen／二二)

また先ほど、会計や財務管理のような評価制度についてはふれたが、近年高まる信用格付け機関のような民間監視機関の重要性は、サッセンのいうように従来の国民国家の内部の法的レジーム、公的規制を民間の機能へとシフトさせる機能も果たすのであり、ここに主権の機能の大きな変容をみいだすべきである。「こうした機関は、いまや、グローバルな資本市場の秩序と透明性を創りだす場合に鍵となる機構であり、そして政府債の格付けの場合には、こうした機関の権威が主権国家に対して大きな力をもつことになる。国境をまたぐ企業間の紛争を処理するための主たる方法としての国際商事仲裁の勃興もまた、こうした出来事――この種の司法のプライヴァタイゼーション――によって、国家の裁判所が重要性を失っていることを意味する。さらに、一九九八、一九九九年に実施されることになっている金融報告と会計報告における新しい国際ルールは、国家機能のある部分を、プライヴァタイゼーションされた国際システムへと移しかえることになる」(Sassen/二三―二四)。

おそらくこうしたグローバリゼーションという動態に、ネオリベラリズムの提示したリベラリズムの合理性の諸ヴァージョンが接触し、新しい権力の戦略地図を描き出しているといえるだろう。国家の統治化、統治の国家化というプロセスは、主権・統治・規律という三つの異質な権力テクノロジーの複合体として定義されていたが、ここではとりわけ主権の変貌にともなって、主権と統治との関連が変容している。そしてその動態のなかで、規律権力の位置低下とみえるような現象が生じているといえるのではないだろうか。

最後にこの章で確認しておきたいが、ネオリベラリズムのもたらす以上のような動向がすべて「悪い」というわけではない。「すべてが悪いというのではなく、すべてが危険なのだ」というフーコーの警句をここで銘記してもいい。序章でみてきたようにわたしたちは、こうしたネオリベラリズム、あるいはネオ社民をふくめた「アドヴァンスト・リベラリズム」が、新しい過剰な諸力のひとつの調整形態であることを認識している。こうした権力の戦略の転換はそれゆえ、同時に新しい自由の編成と隷属の編成をともにはらんでいるのである。たとえば日本における学校の自由化はいわゆる「格差の拡大」と市場の論理へのかつてない隷属をもたらしているが[33]、他方で、わたしたちの教育における自由の領分を拡大する潜在的可能性もはらんでいる。経済同友会の「合校論」を、ポストフォーディズムの(過剰)搾取とフレキシビリティを通したきわめつきの服従から、解放と自由の構成の集団的実践へと転換することも十分に可能かもしれない。問題は、この自由と隷属のゲームの地図を描くことであり、性急に対案を提示したり、あるいは行動を指導することではない。この点については最終章で戻ってくるだろう。

註

（1）この論点についてはまた、Jessop（1985=1987）第一一、一二章を参照せよ。

（2）フーコーのリベラリズム論はハイエクによって大きく規定されているかもしれない。ポリツァイをすべてを貫通する万能の知と仮定し、他方、リベラリズムは現実の見通しがたさを前提とした知であるとするまとめかたは、知を軸にしてリベラリズムを再編成するハイエクに非常に似ている。すなわちポリツァイはもちろん、完全競争下の完全均衡によるパレート最適な配分の達成という新古典派の市場観ですら「透明な知」の過程に依存しているとし、それにたいして分散した知の自由な活用の過程を統合する装置として市場を把握したハイエクの主張である。ジェイムズ・ミラーは、フーコーはリベラリズムの多様性とその価値を認めながら、ルソーからデュルケーム、それ以降につづくフランス・リベラリズム思想の共和主義派についてはふれずじまいであったという。ミラーによればこれは偶然ではなく、ルソー以来の「徳の共和国への夢想」を「全体主義的」な「悪夢」へと導くものとしてフーコーは退けたということである（Miller／三二八）。これはアイザイア・バーリンやハイエクたちの所作、すなわち、リベラリズムを二つの伝統――積極的自由と消極的自由、大陸的・設計主義的自由と英米型・古典的自由――に区分し、前者を退けるという身ぶりと一致している。七九年の講義（「生政治の誕生」）では、フーコーは学生にルードリッヒ・フォン・ミーゼスとハイエクとを丹念に読むよう求めたという（三二七）。

（3）現在、〈人口〉に焦点を当て論じた年度のコレージュ・ド・フランスにおける講義録が刊行されていない以上、フーコーの〈人口〉についての記述は、『狂気の歴史』がもっとも豊富な文献であるともいえよう。

（4）この点については最終章でふたたび戻りたい。最終章では分割された下層民が、みずからが排除された「階級組成（class composition）」の外で、権力の戦略にむすびつく可能性に焦点を当てるが、フーコーは毛沢東派との対話で次のように述べている。「……この下層民にたいしては一世紀ものあいだ、ブルジョワジーが次のような選択肢を提案し続けました。すなわち、監獄に行くか、それとも軍隊に入るか。監獄に行くか、それとも植民地に行くか。監獄に行くか、それとも警察の一員になるか。そのとき、この非プロレタリア下層民は、植民者として人種差別者になり、軍人としてナショナリストや排外主義者になり、警察官としてファシストになりもした」（1972c, 358／三一七）。この指摘は、「国民社会国家」の形成と人種主義、植民地主義との関連を示唆している。

（5）下層民総体からの「体面ある（respectable）」労働者の形成は重要な論点でありもっと展開すべき場所であるが、それは別の機会にゆずらざるをえない。とりあえず最終章を参照せよ。Chevalier（1958=1993）は基本的文献である。Hobsbawm（1975=1982）第12章はこの過程の歴史である。この著書から引用しておこう。「一九世紀中葉の労働者階級における〝体面《リスペクタビリティ》〟という言葉ほど分析が困難なものはない。なぜなら、それが、中産階級的な価値と基準の浸透を示すと同時に、それなしでは労働者階級の自尊心も成りたたないような、またそれなしでは組合の闘争の契機を確固たるものにすることが困難になるような行動様式、つまり、節制、犠牲、あくなき追求、といった徳目もまた表現しているからである。もし、労働運動が明確に革命的であり、あるいは少なくとも（一八四八年以前および第二インターナショナル期にそうであったように）中産階級の世界からくっきりと区別されていたのであれば、その特性は紛れもなく明白であったであろう。しかし、一九世紀の第三・四半期においては、個人的改善と階級的改善との間に、また、中産階級を模倣することと、いわゆる、中産階級をそれ自身の武器を逆用して殲滅することとの間に一線を画すことはしばしば不可能であった」（三一六―三一七）。またマルサス（Multhus, 1798=1969）をはじめとする一九世紀リベラリズムによる労働者の「徳」、「慎慮主義」の提示については、ネオリベラリズムの「新しい慎慮主義」の意味を考えるためにも重要な意義を有するがそれについてもここでは詳述できない。ひとまず後論との関連で次の点は指摘しておきたい。一九世紀後期においては、体面ある労働者とは、慎慮ある（prudent）ことを要請された。自分自身、自分の家族などの生活を将来のありうる不運にたいしてみずからの手で――同業組合や友愛協会が提供する保険に加入したり、もっとあとになると私企業の運営する保険に加入することで――身を守らねばならない。そのためには、明日のことを考えずに酔っ払ったり、仕事をサボったり、濫費したりするような習慣をあらため、慎重に理性を行使しなければならない、というわけである。こうした**私的**な危険への処理が、強制的保険のような仕組みによって**社会化**されたのが「国民社会国家」なのである。

（6）この論点については最終章で立ちかえるつもりである。

（7）「権利の用語を用いた議論はすべて、個人の主権に基礎をおくものであり、そこには以下の困難がはらまれていた……。（a）権利が個人にのみ存するなら、個人はいつでも国家の干渉を拒絶し、機能不全に陥らせることができる。（b）もし国家が一般意志を体現しており、個人の持つ主権や権力の積極的綜合であるなら、国家に対立するものはなにもなく、異議を唱えるものも存在しえない」（Donzelot, 1991=1994／一〇九）。

（8）フーコーの『知への意志』が詳細に記述したように、これらの「ノルム」はまずブルジョアジーがみずからの階級的自己確認のために身につけた。Stoler（1995）はこの点をさらに展開している。

（9）この点で帝国主義戦争に積極的に加担することになる「社会主義者集団」フェビアン協会の「社会帝国主義」は典型的であるだろう。これについてはSemmel（1960=1982）を参照せよ。

（10）近代日本思想はこのニュー・リベラリズムの潮流に大きな影響を受けたわけだが、初期リベラリズムのこの変容については詳述しない。たとえば大塚（一九九七）を参照せよ。ちなみに社会学の誕生はこの初期リベラリズムの変容に大きく関与している（cf. 酒井、一九九四）。エヴァルドのいう「二〇世紀公認のイデオロギー」である「社会的紐帯」の思想を体系づけたフランスの連帯主義と社会学の関連については、もちろんEwald（1986）の参照が必須であるが、またLogue（1983=1998）もフランスにおけるリベラリズムの「社会化」の過程を追尾している。さらに大塚（一九九五）もみよ。

(11) この点については、Balibar（1998=2000）の指摘が重要である。「もちろんフーコーが提案した〝規律〟概念や〝統治性〟概念も［国家社会保障の］解明に役立つが、やはりそれらの概念には、**ここで決定的な力関係や政治実践の次元が欠けている**」（四七）。

(12) スコットランド啓蒙派と異なり、ヘーゲルが市民社会にそうした配備をおこなったのは、ドイツの「後進性」のゆえというのではなく、むしろ一九世紀における市場の失敗をふまえた上でのことであり、その意味ではリベラリズムの次のステップをヘーゲルはふみ出していたとみなしうる。

(13) 「フーコーにおいては、近代〈国家〉を社会から切り離して、別個に扱ったり、論じたりしても効果的ではない。フーコーの枠組みにおいては、近代国家を社会における超越的な根源とみなすのは適切ではない。むしろ逆に、そのような国家はある種の結果として、つまり社会的権力関係に内在する〝国家化〟の諸々の力が統合されたもの、あるいはモル化されたものとして理解するのがより適切である」（Hardt, 1996, 33）

(14) この章のもとになった原稿は一九九九年の時点で書かれたものである。その後、ネグリとハートは"Empire"（Negri and Hardt, 2000）の公刊によって「ポストモダン国家」論をはるかに超える議論を展開している。

(15) マックス・ウェーバーの『社会学の根本概念』における規律（Disziplin）の定義――「ある命令をくだした場合、習慣的態度によって、特定の多数者の迅速な自動機械的な服従が得られる可能性」――を参照せよ。

(16) ネオリベラリズムと呼ばれる潮流にもさまざまなヴァージョンがあるので――通常、オルド学派、オーストリア学派(メンガー、ハイエク)、そしてシカゴ学派の三潮流があげられる――、かんたんにその普遍的な特徴づけができるわけではない。フーコーはアメリカ合州国のシカゴ学派と(旧)西ドイツのオルド学派の二つの潮流に焦点を当てて分析をおこなったようだ。

(17) この急速な影響の伝播は通常、その犯罪にたいする実効性に求められる。だがオマリーは、これはじつはなにが成功でなにが失敗したのかの定義をめぐる政治的闘争なのだ、という。

(18) 状況的犯罪予防は、アメリカ合州国はもちろん、イギリス、オーストラリアをはじめとして世界中の刑事政策に多大なる影響を与えた(O'Malley, 1992, 261)が、その特性は以下のようにまとめられる。

- 犯罪学者の主要な関心は予防(であって更生ではない)であるべきだ。
- 法律違反者が更生できるかどうかは、だれにもわからない。
- 刑罰そして/あるいは投獄は、特定の法律違反者の統制には重要だろう。
- 犯罪行為は第一に、潜在的被害者の環境の直接の変更によって統制できる。
- 犯罪統制プログラムは事後的にではなく、それが生じる前に犯罪に焦点をあわせねばならない。
- 犯罪の機会が限定されればそれだけ、犯罪者の数は減る。

(19) Poyner, 1983=1991; Crow, 1991=1994、とりわけ後者をみよ。この著作のほぼ半分が、照明から建築にいたるまで、人間の五感を逸脱阻止に向けて配置するための具体例で占められている。

(20) これについては第四章でまた戻ってみたい。

(21) 「ニュー・ライトを際立たせるものは、自由経済の伝統的自由主義と国家権威の伝統的保守的擁護の結合である」(Gamble, 1988=1990/四九)

(22) ネオリベラリズムと新保守主義の関連はとてもここで論じきることのできるような課題ではない。ひとまずこれらの要素がきっぱりと分離できるものではない、ということは指摘できよう。だがこれについてのより立ち入った検討は別の機会にゆずりたい。

(23) なお、有名な話だがハイエク自身は、自分は保守主義者ではない、という立場を述べた論文を書いている。

(24) 近年イギリスでは、ホームレスは「ラフ・スリーパー」と呼ばれている。これもホームレス状態を自発的選択の帰結として「問題化」する方法である。

(25) 「新しい慎慮主義」、あるいはネオリベラリズムにとって消費はきわめて重要である。日本では従来、ほとんど顧みられてこなかったが消費社会論は、このネオリベラリズムの統治術のうちに位置づけられる必要がある。ローズは次のように述べている。「それ［新しい慎慮主義］は消費のテクノロジー――広告、市場調査、ニッチ・マーケティングなどなど――を活用して、自分自身の未来や肉親の未来への不安を煽って、自分の個別的状況にとくにあわせて計画された保険を購入することで、みずからの命運を支配するために投資するよう促すのである」(Rose, 1999, 159)。

(26) ハイエクもこのバウチャー制には賛成している（古賀、一九八五、三一三）。

(27) 措置制度とは、浅井（二〇〇〇、七一）によれば、1）憲法25条、13条にもとづいた社会福祉権、幸福追求権を具体的に保障する施設入所・サービス提供のための公的責任システムであり、2）社会福祉権のナショナル・ミニマムを必要な全ての住民に保障する制度、3）民間社会福祉事業を措置委託費というかたちで支弁し、事業展開を財政的に保障する制度である。芝田（二〇〇一、二八―三二）も参照せよ。

(28) 二〇〇〇年には「社会福祉の増進のための社会福祉事業法等の一部を改正する等の法律案」が成立している。そこでは社会福祉事業法、身体障害者福祉法などの関連八法が改正の対象になっているが、社会福祉事業法の「社会福祉法」への名称変更は象徴的である。改称理由を厚生省（当時）の社会・援護局長は次のように述べている。「これまで事業者・提供者中心であった福祉を利用者中心の視点で捉え直し、事業者と利用者が対等となるようにする……」（芝田、二六）。また芝田はこの改正の特徴を次のようにまとめている。1）措置制度解体から契約制度への転換、2）財界からの要請に応えるかたちでの社会福祉サービス提供における公的責任の放棄、3）公的責任の財政支援への矮小化。

(29) バウチャー方式は高齢者福祉のみならず、幼児保育においても活用が提言されている。

(30) 経団連「国民の信頼が得られる医療保険制度の再構築」（浅井、三七より）

(31) 渋谷、酒井（二〇〇〇）では不十分ながらそんな試みの第一歩をふみだしてみた。

(32) たとえば大前研一『ボーダーレス・ワールド』（新潮文庫）をみよ。だがこうした言説潮流には、多国籍資本の利害に沿って、さらにその利害を促進すべく規制緩和を推し進めたいという要求がこめられている場合が多い。

(33) 大内（二〇〇一）の整理は非常に有益である。大学改革を中心にした日本の教育改革は山根（一九九九）が丁寧に分析している。

第二章　生に折り畳まれる死——権力論

一九七七年、フーコーとデヴィッド・クーパーらは、ソヴィエト連邦での政治犯の精神病院への監禁に反対するキャンペーンを背景にした対談（「監禁・精神医学・監獄」）で、刑事司法の保安処分化的な傾向にふれながら、このようなやりとりをおこなっている（1977d, 341）。

クーパー　定式はいまだこうです。〝他者にとって危険かあるいは彼自身にとって危険か〟。
フーコー　いいかえれば、彼が〝他者にとって〟危険であることを証明できないなら、彼は〝彼自身にとって〟危険なのです。

あなたは危険であるというが、誰にとってであろうか？　あなた自身にとって、なのである。だからわたしたちはあなたをあなたから防衛しなければならない（「自傷他害のおそれある者は……」）。これは倒錯した論理にみえる。しかし、この倒錯した論理は、近代の主体のあり方を裏側から照射しているといえる。わたしはわたしにとって謎であり、かつそんなわたしは謎を解読できる他者に保護されねばならない、たとえ**わたしを犠牲にしても**。主体がその存在を肯定されながら、同時に他者に譲り渡されていく、保護あるいは保障と強制が折り重なりあうきわどい場面がここに——通常であればわたしたちの目の前に差し出されている仕切りを崩壊させることで——みてとれる。近代的主体がみずからのうちに抱え込んだ不透明性――わたしたちは、自分でもふれることのできない不透明性をはらんでいて、それは理解されねばならないものであるし、理解するためにはわたしの外に、真理の審級に問わねばならない。こうして他者による統御へとみずから服従する主体が形成されるわけだ。このメカニズムによって、当の主体が法の境界にまでひきずりこまれてしまうこと。いわば保安処分が刑罰にとってかわるような事態。この置き換えへの傾動が近代社会のうちに一貫して伏在しているという観測がフーコーの前提である。そして、この傾動を可能にしている権力と知の織りなすひとつの布置こそが、『監獄の誕生』以来のフーコーの権力論が向かう主要な場所であり、かつフーコーのそれ以降のあらゆる問題関心を通奏低音のように支えるひとつの参照軸となっているようにおもわれる（インタビュー、新聞に寄稿された短いテキストなどにおいて死の直前にいたるまでこのテーマは幾度も蒸し返される）。そこにこそフーコーが近代社会をまなざすパースペクティヴが凝縮されてあらわれるだろうし、またその場所を手がかりにすれば、フーコーが社会の動向の変容につれて微妙に問題を転位させていくその動きも浮き彫りになるようにおもわれるのだ。

このような仮定のもと、本章では、フーコーの権力論とそこにひそむ主体についてのヴィジョンを、もはやポスト・フーコー的状況といってもよいかもしれない現代の動きに反照させながら、可能なかぎり分節化してみたい。

1 処罰とはなにか?

【1】 裁くことの不安

処罰とはなにか? じつはこの回答が自明にみえる問いは今日にいたるまで明白な回答を与えられているわけではない。われわれはなにを処罰しているのか、どんな根拠をもって? この不安や苦悩がますます処罰する側の人びとにつのっている、とフーコーはいう。死刑存置/廃止の問題もこの不安とは決して無縁ではない。死刑廃止が死刑の抑止的効力という実証的領域にかかわる焦点のみならず、わたしたちの刑罰体系はなにを罰するのか、という刑法の原理にふれる根本的問いとかかわってくることは確認しておこう。「裁くことの不安」と題された一九七七年の座談会でのロベール・バダンテールとフーコーそしてジャン・ラプランシュのあいだの議論の大いなるズレの源泉はここにあった。(1)

この対話はラプランシュとバダンテールのあいだのまったくかみ合わない論争を軸にすすんでいく。ラプランシュは自分自身、死刑廃止に賛成であることは前置きしたうえで、バダンテールに疑問を呈している。まずバダンテールの死刑廃止の論拠である「功利主義」について。ここでいわれる「功利主義」とは、先述の死刑の抑止的効力のなさについての統計学的論証に根拠を求める反対論のことである。しかし、どうして死刑のもたらす恐怖のみでもって真剣な議論が可能なのか、もし死刑の抑止的効果を証明する統計があらわれたらどうなるのか、それでもバダンテールの信念は動きはしまい、とラプランシュは疑問を投げかける

(1977b, 282)。しかしそれより重要なことは、もう一つの批判、バダンテールの矛盾する立場への批判である。それは要約すれば、弁護士バダンテールが、司法の言葉と、その成立条件そのものに抵触する言葉を同時に語っていることへの批判である。善意であるとはいえ無自覚な人道主義によって法的なものの根拠をみずから突き崩し、それを軽々と超えようとするバダンテールのふるまいへの危惧がそこにはある。

フーコーはここで議論に介入する。バダンテールの実践的努力への賛辞を贈りながら、フーコーは死刑が可能である条件として、法規にのみしたがう司法を想定するよう求めている。「盗んだなら手を切断され、不貞をはたらいたら性器を切り裂かれ、殺人を犯したら頭を切断されます。ここには行為と刑罰のあいだの専断的で強制的関係のシステムがあります……それゆえ死刑を宣告することが可能なのです」(288)。ここでフーコーはいささか誇張して議論の構図を整理している。すなわちフーコーはいつもながら、**法律的なものとノルム的なもの、ないしは規律的なものとを区別して問題を整理しようとしているのだが、**そこではいわゆる「絶対的応報原理」が司法的原理と等置されている、あるいは典型的なものとされているのである。死刑を正当化し考えることを可能にするのは（行為者を経由せずに）行為に刑罰を等しく対応させる応報という枠組みのなかでしかありえない……ここにはどのような含意があるのだろうか？　刑法学では古典学派（旧派）と呼ばれるパラダイムに位置づけうるP・J・A・フォイエルバッハやカントに典型的にあらわれるこの応報原理の論理的構成を検討することで、まずフーコーが「法律的なもの（juridique）」と呼ぶ言説の編制の特性の一端を眺めてみよう。

応報原理とはその名のごとく、犯罪と等価であると定められた刑罰を機械的に対応させること、害悪には等価の害悪・苦痛をもって応答するいわゆる「犯罪と刑罰の等価交換」がおこなわれることを前提としている（Pashukanis, 1967；佐藤、一九八九；足立、二〇〇〇）。基本的には法律違反者の個別具体的環境・状況がいかなるものであろうと、犯罪行為をそれと等価とみなされる刑罰に対応させることのみがそこでは問題なのである。この原理の中核を構成するのが自由意思と責任である。特定の犯罪行為にそれ相応の刑罰を与えるためには、行為と主体を帰責によってむすびつけることが必要である。その際、特定の行為を特定の主体に帰属できるための条件は、その行為が自由意思のもとの選択という契機が存在することである。すなわち他でもありえた行為（「他行為可能性」）であることが必要なのである。そのパラダイム内部での差異はある程度存在するものの、ここには啓蒙主義あるいは古典主義時代の知の配置が想定する人間の形象、抽象的理性的人間像が存在することがみてとれるだろう。たとえばカントは個人は他の個人の目的のための手段にされてはならないという周知の原則により、刑罰へのいかなる目的の付与も退け、いわゆる「同害報復論」にもとづく絶対的応報論を唱えた。他方、アンゼルム・フォイエルバッハはカントの議論の延長線上で、カントの議論の抽象性を批判しその刑罰の自己目的性を退け、「一般予防」を刑罰の目的として設定した。フォイエルバッハによると、刑罰法規は特定の犯罪の結果としてどのような害悪がみずからに加えられるかを人びとに明示することで、「威嚇」の効果によって犯罪を心理的に抑止する効果を持つのである。しかしもちろん、この一般予防論は応酬論的パラダイムを構成している「等価交換」の論理を保証することで、ある意味でそれを完成させるものである。フォイエルバッハの理論的基礎は功利主義である。とすれば、人間の行動原理である行為のもたらすであろう快と苦の計算には、「取引条件の明示」が不可欠だろう。行為の帰責可能性の前提である自由意思による選択の可能性が保証されるためには。いずれにせよ、ここでみられるのは、与えられたデータによって等しく利益考量をおこなう理性を有しているとみなされた「市民」であり、パスカーレ・パスクィーノのいう「一般人間学」の対象であるということは、**古典学派において犯罪を犯した者は同時に市民でもあるのだ**。パスクィーノはそこで浮上してくる人間の形象をhomo penalisと呼んでいる。それはちょうどホモ・エコノミクスと同様に、恣意的な国王の権力行使への制約の必要と、市民社会の基盤をなす法的契約を尊重すべきという万人の義務を確認する必要との二重の歴史的動きに対応している（Pasquino, 1991, 237)。さらに、ここで作動している論理連関をパスクィーノは「法－犯罪－処罰のトライアングル」とまとめている。注意すべきは、そこに**法律違反者はいても「犯罪者」と呼ばれる者の存立する余地はない**ということである。（違法）行為者は行為と法の突き合わせのプロセスのあとで、その操作の効果としてはじめてあらわれるものなのであり、刑罰理論の古典的体制のもとでは論理的に行為者すなわちhomo penalisは行為のあとにはじめてやってくるのであるから。さらに以上のような古典学派の議論がいわゆる「罪刑法定主義」に密接にむすびついていることは理解しやすい。

このように、つきつめれば目には目を、殺人には殺人をという基本的には単純な照応の議論が、死刑を思考可能、実践可能にしている。それゆえフーコーによれば、死刑が不条理なものとして経験されるためには、固有の司法的言説の外に、より特定するなら古典的法体系（応報論的、あるいは功利主義的問題設定）の外に出なければならないのだ。あとでもう少し詳述するが、従来の刑法学の問題設定の枠内でこの問題をまとめるなら、旧派刑法学（古典学派）から新派刑法学（近代学派）へ、応報刑から目的刑——刑罰の正当化の根拠を「法秩序維持の必然性」に求め、刑罰を「社会のための防衛手段」と位置づける——への、刑罰から処遇への移行（「進歩」）ということになろうか。「新しい刑罰合理性」は古典的刑法典がいずれにせよ司法的主体の平面で抽象的個人のみを対象にしたことからの脱却を試み、具体的個人に照準を合わせ、さらに犯罪の原因の因果的追求へとおもむいた。処罰の「個人化」が司法改革の旗印となる。「事実」の領域の探求を司法的平面へと登録すること、処罰を「事実」のありかた（法律違反者の遺伝、性格、精神の健康、社会環境など）に従属させること、犯罪の事実的原因をつきとめそこから駆除すること、それがチェザーレ・ロンブローゾを嚆矢《こうし》とする実証主義犯罪学から新派刑法学へという流れに集約される「新しい刑罰合理性」を構成する知的布置が旋回するテーマである。いうまでもなく、この新たな知的布置と新しい実践の体制の台頭との相関がフーコーの『監獄の誕生』の一つの大きなテーマであった。そこにおける見取り図でいえば一九世紀には監獄という装置で「最も激しい強烈さ」をおびて行使されることになる規律の権力、そしてそれによって刑罰の場が自由の剥奪とともに「技術による個々人の変容」をも担当することになる事態、それが新しい刑罰合理性の形成の背景にあるわけである。「しかし司法が個人の矯正にかかわるとき、彼を更生させるためにその魂の深みまで把握することに関心をもつとき、すべては変わってきます。何者かを裁くのは人間であり、死刑は不条理なのです」(1977b, 288)。

処罰とはなにか、刑罰に根拠はあるのか、なにを罰しているのか？　こうした問いが裁くことの不安や苦悩とともにせりあがっている。「裁くことの不安」はまさにラプランシュがいうように(ibid.)、死刑のみならず処罰すること自体がともすると不条理としてあらわれかねない現状において浮上しているのである。そしてこの不安は法の外に、「真理」の審級に判断を委ねることで解消される。「処罰とはなにか」と題された晩年のインタビューでフーコーは、またもや刑事司法の精神医学化というテーマをとりあげているが、そこでインタビュアーは問題の所在を簡潔にまとめている。「……われわれは処罰することがなにかを正確に知らないというだけでなく、処罰をおこなうことをひどく嫌がっているようにもみえます。事実、裁判官はますます処罰することを回避しているのです。あたかも抑圧を行使することから逃れようとするかのように、彼らは配慮し、治療し、再教育し、治療することを目標としています。……今日では精神医学、心理学、社会福祉に訴えかけることが刑事・民事同様にお定まりの司法上の事実です」(1984h, 642)。

「正義の形成者はもはや真理の主人ではない」(『監獄の誕生』)こと、刑罰が審判への不安のあまり、みずからの領域の外の「真理」へと訴えかけること、こうした法律的なものと精神医学的なものとの連関の形成が、法‐犯罪‐刑罰の回付のなかで消去されていた裁かれる人間の形象を前面におしあげ、そこに homo penalis にかわって、あるいはそれに統合されるかたちで homo criminalis の姿が浮き上がってくるのである。「審判者たちは被疑者のことをよく知らないではないか」「知らない人間を裁き死を与えることに良心は痛まないのか」という痛切な叫びを死刑制度に投げかけるバダンテールは、フーコーにとっては「魂の深み」にまで手を伸ばしつかむことを望む、近代の一貫した支配的刑罰実践の動きに少々無防備なのである。

「かの犯罪者とはいったいナニモノナノカ」という問い[2]――むしろ危険はここにある。述べたように、フーコーが『監獄の誕生』以来、幾度も回帰しことあるごとに危惧を表明しているのは、人間存在の探査、分類区分に権力が執着を示し、その存在をのみ根拠として法の前へとひきずりだしその向こうへと葬り去ってしまう事態、要するに「お前は存在自体が犯罪だ」という冗談が冗談ではすまない事態の進行である。お前は危ない、犯罪を犯しそうなキャラだ、その予測が「科学的」真理の装いをともなって処罰の根拠となる事態。保安処分が刑罰にとって変わる事態。「危険、注意せよ」と題された七八年の「リベラシオン」紙におけるテキストでは次のようにいわれている。「いまや刑事司法はますます〝危険な人間〟に統合されている。それは〝危険性〟をひとつのカテゴリーとしているのだ。……ソヴィエト連邦のようにその人間が危険であるという理由のみをもって有罪判決を下されるというようなことはもはやありえない。だが、危険性、すなわち人が諸個人に付与するこの陰鬱な特性が、いま、法律違反行為に付け加えられようとしている。わたしたちは心理学的違法行為、〝性格犯罪〟をつくりだそうとしているのだ。おまえはそうであるべきところのものでない、それゆえわたしはおまえを罰するというわけだ」(1978b, 507)。

【2】怪物から危険な人間へ

「おまえはそうであるべきところのものでない」という判断、それはどこから来るのだろうか？　フーコーは次のようにまとめている。

……戦後のことですが、行政によるある通達があります。それによれば、精神医学者は司法にたいして三つの問い――かねてよりあった〝彼は心神喪失状態であるか？〟に加えて――に答えねばなりません。〝1、その人物は危険であるか？　2、その人物は刑罰的制裁を受けることが可能か？　3、その人物は治療可能かあるいは再適応できるか？〟。これらの三つの問いともすべて法律上の意味を決してもたないのです。法は決して〝危険である〟からといって処罰したりしませんから。法は犯罪をおかしたものであるがゆえに処罰するのです。精神医学の平面においてもそれは意味がありません……〝危険〟は精神医学的カテゴリーでもないのです。付け加えれば〝再適応可能性〟という概念もしかりです。ここには奇妙な言説の混合体があらわれています。そこでの問題はただひとつ、**社会にとっての危険**なのです (1977b, 295)。

法律的なものの平面にも精神医学の平面にもみずからの由来をもたないのが「危険性」というものであるが、それが登録される空間とはどのようなものだろうか。フーコーは簡潔に表現している。「今日では二つのシステムがたがいに重なり合っています。一方でわたしたちはいまだ古い伝統のシステムのもとに生きています。このシステムはこう語ります。われわれは法があるがゆえに処罰するのだ、と。さらに、それに加えて、新たなシステムがこの従来のシステムを貫通しています。われわれは法にしたがって処罰する、だが矯正し、更生させ、治療をほどこすために、というのもわれわれは逸脱者、異常者を扱っているからだ、というシステム」(ibid.)。この異質のシステムの折り重なりのなかで、保安処分的テーマ、すなわち、存在と法の短絡が可知的なものとなり、受容可能なものとなる。しかし危険性とはなににとってのだろうか？　どのようにしてその度合いは測定可能なのだろうか？　ここで引用にあるように危険性が〈社会〉と相関していることは銘記しておく必要がある。法律違反者にせよ異常をはらんだ人物にせよ彼や彼女らがアプリオリに危険とむすびつくなどということはありえまい。法はもちろん、精神医学も心理学もそれゆえ、危険性という概念をみずからの体系のなかにもっていない。逸脱、異常が危険なものとなるのは、社会にとってである。だがここでいわれる〈社会〉とは一九世紀になってやっと浮上してきた日付けをもった対象であり、この〈社会〉の成立の可能性がなければ、危険性もありえない。また「あるべきところのもの」という観念もこの〈社会〉の成立可能性の地平のなかに埋め込まれている。それは近代的自然法の問題設定の内部で啓蒙主義が到達すべき理念として提示した「完成」という観念ではない（Ewald, 1986, 160）。「あるべきもの」、それはいまや「ノルマリテ」すなわち「正常性」である。「完成」が未来を指向していたとすれば、「正常性」は決して未来ではなく現在――現に事実的にある事態から導かれる規範ということ――に埋め込まれている（ibid.）。このノルムの性格が、〈社会〉の輪郭を描くことを可能にしているのだ。いわばこのノルム－社会－危険性という要素が核となって、新しい刑罰的合理性の枠組みが設定される。(3) 司法の装置と、ノルムを参照しながら監視・吟味・矯正をおこなう規律の装置とそれに相関する言説――とりわけ精神医学――がその境界を接しながら、そして一人の人間をたがいにそれぞれの言説・実践の体系のなかで異なる主体として対象化しながら回付させ合うことで、ゆっくりと絡み合い貫入しあうその過程、フーコーの近代に対するパースペクティヴはこの異質な装置の混合・錯綜・矛盾という視点が大きく規定している。

ここでわたしたちは、この二つの異質な装置を法律的なものとノルム的なものという区分を軸にしながら考えたい。『監獄の誕生』で明快に区分されたように、法律的なものが対象とするのは法律違反者（infracteur）であり、監獄、すなわち規律の装置が対象とするのは非行者（délinquant）である。法律違反者と非行者は法にかかわるベクトルが逆向きである。つまり法律違反者は法的主体であり、犯罪行為のあとで浮上する形象である。他方、非行者は「さまざまな複合的所産（本能、衝動、傾向、性格）のひとつの束全体によって自分の犯罪にむすびついている」（SP［Surveiller et Punir: Naissance de la Prison, Gallimard（=1977　田村俶訳『監獄の誕生――監視と処罰』新潮社）については以下、SPと表記する」, 293／二五〇）。すなわち（生来的にあるいは環境に規定された）存在に非行性があらかじめ埋め込まれており、その内的傾向性ゆえに犯罪と、ひいては法と出会うのである。古典派刑法学の法‐犯罪‐処罰のトライアングルが経由しなかった行為者が、むしろ前面に浮かびあがってくる。とりわけ刑罰理論がその周囲を旋回する形象、古典的刑法典が知りえなかった homo criminalis が。法を参照したのではあらわれない、刑法典には決してみいだしえないこの非行者の形象、それを生産するのは精神医学、犯罪学、社会学といった人文科学の言説であり、それが実証的に導き出す「正常性」の規準である。矯正・規律はこのノルムに向かう。司法が矯正に関心をもつこと。それは法律的なものの内部の論理からは決して導出できない。それには異質な言説編制、精神医学的な言説編制の介入が必要なのである。一九世紀後半以降の刑事司法の動向を支配するのが、この二つの異質な体制の接合・融合である。このプロセスについて『監獄の誕生』は次のように述べていた。

一八世紀に改革者たちが規定していた刑事司法は、犯罪者について成立可能な二筋の、ただし別々の二筋の客体化を記述していて、一方は社会契約の外にはみ出てしまった道徳上もしくは政治上の〝怪物〟の系列であり、他方は処罰によって再規定される法的主体の系列であった。ところが例の〝非行者〟の概念を用いるならば、これら二系列をむすびつけて医学や心理学や犯罪学などによる保証のもとある個人を、つまりそこでは法律違反者と学識に富む技術〔行刑上の〕客体とが――ほぼ――重なり合うそうした一個人を組み立てることが可能になるわけである。……こうして監獄のおかげで犯罪司法は〝真実〟の一般的地平の上で機能をはたすことが可能になったからである（SP, 297／二五二―二五三）。

怪物というテーマは「異常者たち（Les anormaux）」と題された一九七五年度のコレージュ・ド・フランスの講義でも展開されている。異常者とは一九世紀の終わりにテーマ化し恐怖のまとになったイメージ、知の対象・イメージの複合体である。この講義ではそのイメージ・言説を形成する複数の系譜がたどられるが、その一つが「人間の怪物〔奇形〕」というテーマなのである。この怪物／奇形の言説はかつては自然法と実定法の区分以前の、自然と社会の区分のあいまいな領域に登録されていた。いわば**自然への違反、自然からの逸脱が、同時に社会からの逸脱でもあるような領域**に、である。「人間怪物は不可能なものと禁じられたものとを結合する」（1975e, 823）というわけだ。怪物を怪物たらしめているのは、その常軌を逸していること、予測不可能なこと（自然から逸脱しているのだから）、規則の外部にあるというその形象の特性であるとすれば、怪物は法的主体としてはあらわれえない。怪物性という特性は司法の体系とは相反するものなのである。というのも、「社会契約の外にはみ出てしまった」、理性の外にある、自由意思とは無縁の人間には、責任もありえず、刑罰も困難であるから。しかし怪物の系列を法の系列にむすびつけること、まさにこれが一九世紀に大きな課題として浮上してきたのである。

……一九世紀には、怪物は狂人となり、動物萬話集からアサイラムへと移送された。それは一八二〇年代にフランスで頻発した怪物的あるいは動機なき大いなる事件の結果、精神医学者や法律家が出版しはじめたパンフレットすべてに登場するようになる（Pasquino, 1991, 244）。

たとえば一九世紀の前半に用いられた「殺人偏執狂（monomanie homicide）」概念は、動機のきわめて確定しにくい怪物的犯罪に直面し、「犯罪そのものである狂気」、すなわち犯罪のときしかあらわれない狂気を想定することによって、法と怪物性をなんとか和解させようとする不完全な試みであった（1978a, 453）[4]。

この異質な和解しがたい二つの客体化の系列が、非行者という形象によってむすびつくとフーコーは述べている。それはノルムの介在の効果ともいえよう。異常者‐非行者‐危険人物という系列は、それらがノルムという法とは区別される比較、階層区分のためのコードによって規定されるという点では一致しており、各々あらわれる場面を微妙に異にしながらむすびつき合っている。だが非行者、危険人物も結局は、異常者——ノルム、あるいは正常性から逸脱した者——という含意に帰着するだろう。

ところで、ここでノルムについてもう少しあきらかにしておこう。まずノルムと規範一般は厳密に区別される必要がある。フランソワ・エヴァルドは次のように述べている。「一九世紀のはじめ以来、ルールとノルムの関係にひとつの大変動が生じることになった。ノルムはもはやルールの別名ではなく、特定のタイプのルールとそれを生み出す方式、そしておそらくなによりもまず評価の原理を指す。ノルムはつねにルールにしたがうもの、ルールとのへだたりをもつものの評価に奉仕する尺度なのである。だがそれはもはや、まっすぐなこととはむすびついていない。**その参照点は定規ではなく、平均なのである。**ノルムはいまやその価値を正常なもの（normal）と異常なもの（anormal）の対立、あるいは正常なものと病理的なもののあいだの対立の戯れから得るのである」（Ewald, 1992, 202）。

正常‐異常（病理）と平均、この二つの要素がおおよそノルム的なものの空間を描き出す。ここでは簡単に二つのモメントによってその空間を規定しておきたい（cf. Hacking, 1990）。

（a）まずブルセからコントのライン。つまり生理学の領域でブルセがみいだした正常と異常／病理の連続性（カンギレムのいう「ブルセの原理」――〈病理的状態は正常な／健康な状態のたんなる量的変異である〉）とそのコントによる社会学への応用。

（b）そしてもう一つはこの発見の延長線上にあるノルムと平均のむすびつき。

この両者のモメントによって開かれた知の空間によって、すでに一八世紀以来権力の関心のシフト、人口に照準を合わせた知と権力の台頭とともに浮上していた〈社会〉、すなわち固有の規則性・リズムを備えた集合的身体（社会体）を完全に表現するテクノロジーが与えられた。つまり「自然」といった、集団・社会の外部の形而上学的観念を参照することなく、「事実」から導出される平均にもとづいて規範を設定することを可能にしたのである。それゆえノルムは、啓蒙主義的・近代自然法的形而上学の空間からもきっぱりと手を切り、世俗化を完成させ、〈社会〉という閉域を形成することを可能にする。「外」を想定せずに、集団と個人とをむすびつけるテクノロジーである。

ノルムとはなにか？　集団が自分自身にのみ純粋に参照すること、そこにおいて形成される比較の原理、比較可能性の原理であり、共通尺度である。というのも集団はもはや自分自身との関係以外を切りむすばないのだから（Ewald, 209）。

連続性という観念は重要である。異常者の系譜学にとって「変質（dégénérescence）」概念が重要なのはこの連続性の問題設定のうちに書き込まれているからである——「［不分明で混乱した異常者たちの一群は］ほとんど完全に〝変質〟のカテゴリーによってカヴァーされることになろう」（1975e, 823）。これによって、怪物という表象可能性の限界にあるアノマリーな存在を正常‐異常の連続体のうちに解消することが可能になるのである。「ノルム的な個人化は……外部をもたない。異常なものは正常なものと性質を異にするわけではない。ノルム、ノルム的なものの空間は外部を知らない。ノルムはそれを超えようとするものすべてをいる。自由意思と怪物性とは同じ思考の枠組みのなかに帰属している。つまりそれらは、完全に決定された物質的因果性の空間とは切り離された不可知の領域の存在を肯定し、その場所に棲息するわけであるから。ところが一九世紀にあらわれた人間像にとってはもはや因果性を免れうるものはなにもない。人間は決定的に〈社会〉に、歴史に帰属しており、少なくともいくぶんかはそれによって決定づけられている[5]。新派刑法学のいわゆる意思決定論を可能にしているのは、こうしたいわば「弱い」決定論であり、その客観性を確立する知・技術の形成である。それは逆説的にも従来の古典的因果性・決定論の衰退とともに浮上してきたといえるだろう。つまり統計学と確率論が一九世紀にむすびつくことで設立された統計学的因果性によって、かつては因果性の外におかれていた領域も因果連関を想定することが可能になり、厳格に因果性に服する領域とそれ以外の領域——自由意思と怪物性がともに書き込まれていた自然の因果性の外の領域——のあいだの区別があいまいになる事態である。

フーコーはまったく異質な知の編制であるがゆえになかなか馴染まなかった犯罪人類学のテーゼが司法に受け入れられるひとつの大きな契機として民法領域における「過失なき責任」という観念——「自由意思なき責任」といえるだろうか——が刑法の領域に導入されたことに着目している（1978a, 460-461）。第一章でもふれたが一九世紀の中盤から終わりごろにかけて民法では、災害と法的責任をめぐって従来の原則が重大な変容をこうむっていた。災害は独自の法則（統計学的法則）をもった〈社会〉にとっていくぶんかは規則的かつ正常であり、必然的な「リスク」なのだという観念を基礎にして、個人間にのみ配分された責任-義務の体系を〈社会〉を経由させることで緩和したのである。[6] それは逆にみれば、リスクの観念を導入することで、司法の領域で自由意思／行為と責任のむすびつきを切り離し、危険性＝存在と責任をむすびつけることを可能にしたのであり（たんなる蓋然性が客観的根拠をもつわけだから）、ここで開かれた空間が、実証主義的犯罪学の登録された言説の空間と適合したのである。たとえば責任の概念は、「新派によって性格責任に転化され、その〝社会的責任〟という名称にもかかわらず、その実際は、犯罪人の反社会的性格の危険性ゆえに一定の負担に任じねばならぬという意味だけのものになってしまった」（中、一九八四、八九）。だが「社会的責任」という名称にもかかわらず、というよりは、責任と社会的なものとのむすびつきゆえに、と考えねばならないだろう。新派刑法学を代表するリストにとって、刑罰は反社会的行為にたいする社会の特定の反応以外のものではありえず（社会防衛論）、法はこの「反応」を調整するためのものである。それゆえ刑罰は犯罪者の社会にとっての危険性に応じて配分されねばならない（不定期刑はこうした発想に根ざしている）。いずれにせよこの反社会性という点が核心なのだから、実際にリストが考えていたように、それと相関的に規定される責任が個人の素質と社会環境の双方を振動させる、あるいはまたぐことは必然的であろう。それゆえこの新たな刑罰合理性の空間においては性格責任と社会的責任は先鋭的なかたちでは背反しないのである。

2　危険性の転位？

フーコーは一九七四年の精神医学についての対談（「精神鑑定についての円卓会議」）において次のように述べている。「結局のところ、危険性、制裁《サンクション》へのアクセス可能性、治療可能性といった概念はどこからやってきたのでしょうか？　法権利でも医療でもありません。規律です」（1974c, 672）。

この時点でフーコーが危険性の概念を規律の権力のなかに位置づけていることは明確である。司法と精神医学が貫入しあう可能性を開いた実定的台座の輪郭を規律権力が描き出している、とされるのである。なるほどイタリア学派、とりわけロンブローゾの「生来性犯罪者」の形象に集約される極端な生物学的犯罪論に端緒はもつものの、彼らの開いた実証主義的犯罪学――（犯罪）行為をその行為主体 homo criminalis の人間性のなかに、「魂の深み」に求める因果的探求がその核心を形成しており、そこでは因果性が生物学に求められようが、社会学・心理学に求められようがそれについては副次的なものである――の領野が、激しい論争の末[7]、〈社会〉というテーマと明示的にむすびつき、人道主義的な改革思想のベクトルのなかに書き込まれたことはいうまでもない[8]。実証主義犯罪学の開いた空間に、当時の刑法的言説（ひいては司法的言説一般）と明確にみずからを区別した言説編制としてあらわれた新派刑法学の社会防衛論は、従来の古典派刑法学にたいする人道主義的なオルタナティヴとして登場したのであった[9]。社会防衛論を集約するのはスウェーデンの刑法学者カール・シュタリーの著名な言葉、「監獄から人影をなくせ」であり、この言葉がなにより示唆するのは、「刑法典という言葉が社会防衛法典あるいは保護法典という言葉でおきかえられること」(Ancel, 1966=1968／一六)である。刑罰ではなく保護、治療、処遇へ。まさにこの衝動、傾動こそが、処罰への不安にまで貫かれているわけだ。

ところで、わたしたちがここで注目したいのは、近年この危険性概念を取り囲む言説の布置のシフトがあるようにみえる点である。とりわけ英米を中心にして、七〇年代中盤あたりから危険性概念は刑事司法の領域においてふたたび焦点化されている。だがここでは、危険性という同じ言表が言説上の戦略的配置のシフトのなかで機能を変えているようにみえるのである。(10)この危険性概念の再浮上は、理論上の親和性を有していたといえよう刑事司法におけるケインジアン・リベラリズムの退潮、そしてそれにともなうget tough policyの優勢、「応報への回帰」という状況配置のなかに登録されているのである。(11)従来は規律のテーマの系列――矯正、更生、社会復帰――に帰属していた危険性が、社会復帰理念とそれを大枠で支えていた刑事政策の「医療モデル」の衰退とともにふたたび復活している。それは矯正・社会復帰ではなく、端的な排除・封じ込めである隔離・無害化(incapacitation)、抑止(deterrence)といった戦略のなかに統合されようとしているのである。七〇年代初頭の監獄暴動の相次ぐなか社会復帰理念への「幻滅」がことさらにあおりたてられるという事情が背景のひとつとしてあるが、そこでは危険性はそうカテゴライズされた個人の社会への戦略的内包のための起点ではなく、排除ないし隔離・無害化のための尺度のために要請されているといえよう。ここではその動きの特質を、ダイアナ・ゴードンが「正義のジャガノート」と名づける（Gordon, 1995）近年の刑事司法にかかわるプログラムのはらむ二つの「きわめて異なるが相補的であるトラック」――強硬政策（"get tough" approach）とコンピュータ化をともなった行動監視テクノロジーの発達（"check'em out" approach）――を手がかりにしながら、この二つの軸の相補的に折り重なる場面をとりあげ簡単に眺めてみたい。

七〇年代からの応報論への回帰は、もちろんニューライト、あるいは、ネオリベラリズムの台頭と軌を一にしている、というより、この犯罪政策とこれらの右翼勢力の台頭は密着している（酒井、一九九八）。それはたとえば実践的には監獄問題、刑務所問題としてあらわれている。だが応報の要素が優勢の状況にあるとはいえ、上記のような一九世紀的司法原理への回帰が随伴しているわけではない。奇妙なことは実践的にはこの一九世紀的リベラリズムへの回帰の動きが必ずしも徹底していない、あるいはむしろ一見逆の動きを付随させているということである。その徴候は、古典的刑法体系の核心にあった法と行為の連関とがいとも簡単に切断されているようにみえる点にあらわれる。それについてはとりわけ合州国においてここ二〇年ほどのあいだに憲法修正第四条が被った命運をながめてみると明確になるだろう。

修正第四条は不当な逮捕・捜索・押収を禁止する条項だが、その全文は以下の通りである。

「人が不当な捜索・逮捕、または押収を拒絶することによって、自己の身体、住居、書類、および所有物の安全を確保する権利は、これを侵してはならない。また、宣誓あるいは断定的な証言によって裏付けられた相当の理由があり、かつ捜索する場所と、逮捕すべき容疑者の使命または押収すべき物件の名を具体的に銘記した場合を除けば、いかなる令状も発行してはならない」[12]。ところが、過去二〇年間で合州国の最高裁判所は、とりわけ「相当の理由(probable cause)」に多くの例外を付け加えることによって、修正第四条の意味を大幅に変えてしまった(「ドラッグ戦争」の文脈が大きい)[13]。レーガンが指名し結局は議会の承認をえられなかったタカ派で著名な判事ロバート・ボークは次のように述べている。「最高裁はもっぱら憲法の起草者たちの〝もともとの意図〟にのみ配慮すべきである」。というのも、「いったん最高裁が〝道理にかなっている(reasonable)〟という理由を判決に利用しはじめるなら……判事自身の個人的見解を正当化することを回避することは不可能になる」(Bork, 1990, 64)からである。(リベラル派のように)みずからのイデオロギー、恣意的な解釈に裁判を委ねてはならない、すなわちリベラルの「司法積極主義」に決然として抗すべしというのだ。ところが共和党政権下での連邦最高裁はみずから正当な理由の条件を放棄し、探索の「道理性」を基礎にして次々と事例を裁きはじめた。つまり被疑者のプライヴァシー侵害の範囲は、適正な法定手続き、デビュー・プロセスによってではなく、「特定の現実的あるいは想像上の悪に抗して社会を防衛する政府の責務とのバランス」(Davey, 1995, 121)によって決せられる。疑わしい人物の車の捜索、匿名の通報のみによる家宅捜索の承認。「相当の理由」なくえられたものが処罰の証拠として裁判で採用されることの自明化。一般的職場へのドラッグ服用検査の導入。「ほんの二〇年前までは、戦略航空総軍の爆撃機パイロットや仮釈放中の人間のみがそのような検査に服さねばならなかったことを人びとは忘れてしまっているようだ」(ibid., 134)。また同様の動きは次のような状況にも認めることができる。たとえば「処罰が先で、その後に裁判」とまで形容された（もともとはホワイトカラーの組織犯罪の対策を意図していた組織的犯罪対策法）ＲＩＣＯ（Racketeer Influenced and Corrupt Organization Act）の規定――判事の許可で裁判前に「疑わしい」組織の所有物を押収できる――の活用。インディアナ州のＲＩＣＯの法規は、対象物がわいせつかどうかの審判が下る前にわいせつとされた素材を警察が押収することを許可している（それは連邦最高裁も合憲としている）、などなど[14]。

　だがここでもっとも注目したいのは、この「社会の防衛」を名目とするデュー・プロセスの軽視、（治安《セキュリティ》による）法の凌駕という傾向が、「モニタリング・テクノロジー」の変容に裏打ちされているようにみえる点である。つまり行為の特定の前に、「道理にかなう」規準、危険である要素を同定するためのテクノロジーの変容である。たとえばドラッグの密輸にかんして「プロファイル」のみを根拠とする拘留が徐々に認められた（レーガンが連邦最高裁に三人の指名者を追加したことで、その傾向は一九八九年までには決定的になる）という現象は象徴的だ。つまりドラッグ密輸に関与する人物をプロファイルする複数のファクターに相当するという理由のみで拘留させ探索することが可能となる。たとえばマイアミへの短期旅行者であること、チケットを現金で購入した、荷物はスーツケースだけである、一人旅である、さらに黒いジャンプスーツでゴールドの宝石を身につけている、一番のあるいは最終の便で飛び立ったというような、複数の要素の組み合わせで社会に対する危険人物が特定され、そして彼あるいは彼女は拘留されるのである。その背景にはコンピュータ化された犯罪記録システムがあり（Gordon, 1995, 42-91）、それが犯罪予防を犯罪政策の中心部分へと押し上げ、さらにそのあり方を転換させているとされる（O'Malley, 1992; 1999）。

この予防政策の転換には、リスクを基礎にしたテクノロジーによって危険性を捉え返すという動きが付随していると考えられよう。ロベール・カステルはフランスとアメリカのソーシャル・ワーク、精神医療の場面で同様の動きを認めながら、その動向に危険性概念がリスク概念に置き替わる、あるいは、これらの概念が新しく関係を切りむすぶ傾向をみている。かつて、古典的精神医学において、危険性は「謎めいており、深く逆説をはらんだ概念」であった。というのもそれは、「主体に内在する質（彼ないし彼女は危険である）を描写すると同時に、行為が実際に生じたあと、事後的に危険が証明されうるような、たんなる蓋然性、不確実性の量の主張をも含意している」（Castel, 1991, 282）のだから。そのため、危険な人物は、絶えず特定のエキスパート、制度の前にさらされ、監視され、矯正をほどこされる必要があった。ところが、危険性をリスクによって基礎づけることで、この逆説は解消される。監視が向かうのはもはやいつ発現するともわからない危険性を内在させた生身の個人ではない。疑われるためにはもはや危険性あるいは異常性の症候が実際にあらわれる必要はない。「予防政策の規定に責任のある専門家が作成したリスクのファクターの特徴が、いずれであっても示されさえしていればよい」(288)のである。「リスクは具体的個人あるいは集団に体現された特定の危険の現前から生じるのではない。それは望ましくない行為の諸様態の生起を多かれ少なかれありうるものとする抽象的諸ファクターの結合の効果である」(283)。監視が向かうのは主体ではないのだから、監視は「魂の深み」を経由しないということになる。「いまや監視は吟味の対象である主体とのいかなる接触もなしに、あるいは直接に表象することとすらなしに実践されうる。警察がかねてより彼らの秘密ファイルを保持していることはまちがいない。しかしそうした隠匿された一件書類(dossier)の論理はいまや、〝科学的〟予備探索という洗練されたかたちをとる。それは誇らしげに宣言されるのだ」(ibid., 280)。膨大なコンピュータ化されたデータベースとその統計学的処理にもとづくリスクの分析・計算が「自動化された」監視の平面を形成している。近年よく用いられるブルーノ・ラトゥールの言葉でいえば「遠隔ガバナンス(governance at a distance)」である。奇妙にも危険性は(リスク概念と切りむすぶ新しい関係を通じて)「事実」の、少なくともかつての「実証主義的」領野からは遠ざかり、またかつての形而上学的抽象性とも異なる(いわばデジタル化された)**抽象的平面**に根ざしつつあるようだ。

以上のような動きと相関しているのが、犯罪や刑法をめぐる言説の配置の変容である。その動きは更生・社会復帰という理念にむすびついていた、ケインジアン・リベラリズム的犯罪へのアプローチ、犯罪の社会 - 心理的因果性の解読の後退へとむすびついている。そしてそれと並行して、刑罰理論の領野では生物学的アプローチが主流を占めつつある、とされる

（藤本、一九八八、九九―一〇〇）。これは従来の動きからしたら奇異なものとしてあらわれざるをえない。今世紀の刑事司法の動向を規定していた新派刑法学的問題設定の優勢化は、古典派的テーマの後退を（決して抹消しはしなかったにしても）ともなっていたのだから。たとえば現在アメリカ合州国の指導的な犯罪学者であり思想界全体にも隠然たる影響力を及ぼしているといわれるジェイムズ・Q・ウィルソン（最終章でもふれたい）とリチャード・ハーンスタインは、アメリカの伝統である――第二次大戦の戦勝国であるがゆえに独特のかたちで生き延びた――「科学的レイシズム」的思考のフレーム内で独自の犯罪学を形成している。アメリカの理論的レイシズムに顕著な特徴は知能指数が重視されることであるが[15]、ハーンスタインは第四章でふれる現代の「アンダークラス」[16]概念の基礎を形成したチャールズ・マレーとともに人種と知能指数との必然的関連性を「科学的」に執拗に論証しベストセラーとなった著作『ベル・カーヴ』（一九九四年）で有名である。容易に想像がつくように、彼らにおいてはこの人種と知能の連関が犯罪の必然性とむすびつけられるのである。だがそこでは、かつての「変質」のテーマやそれに深く影響を受けていた（当時は受けないことが困難だったわけだが）イタリア学派のように、直接に遺伝的要素と異常性がむすびつけられる「ディープな因果性」が主張されるわけではない。バリバールが指摘する新人種主義《ネオラシスム》の特徴がここでもあてはまる。「文化の生物学的（または生物心理学的）な原因と結果、そして異なった文化への生物学的反応が存在する」（Balibar and Wallerstein, 1991, 26）、つまり彼らにおいても、**文化が生物学的決定論を弱めるためのクッションとなる**のである。たとえばこう論じられる。「知能の低さによって違法行為による帰結が危ういものであることを認識できなくなる」(Dumm, 1994, 102)。それゆえ特定のエスニシティに属する人間たちはリベラルな法治国家に文化的になじまないのだ、ということになろう。生物学的特性がそのままではなく、文化を介して、文化への危険というかたちで、危険性とむすびつけられるのである。また、ここには、行為のもたらすコスト・ベネフィットの比較考量、リスク計算し、その帰結をみずからに引き受ける自由意思と責任をもった人間像との相関で、人間がノーマライズされていることがわかる。ちなみにこの動きは近年のネオリベラリズム的なドラッグ政策とパラレルであるといえよう。その政策においては、かつて必然的に社会的なもの、病理的なものとむすびつき、社会復帰、更生の理念へと接合されていた「アディクション」概念はもはや焦点とされず、そのかわりに「リスク・テイキング」の観念が核となっている。つまりドラッグの常習者はみずからの意思でリスクを引き受ける「リスク・テイカー」として客体化されるのである。それによって、彼や彼女らはハードな監視の対象となりこそすれ、またハイリスクな個人・グループとして通常より厳しい処罰の対象となりこそすれ、「正常化」のために社会が介入する必然性はどこにもなくなる (Bunton, 1998)。

いずれにせよ、生物学的アプローチは自由意思－責任といった古典的リベラリズムの発想と背反せず、むしろ積極的に接合していることがわかる。[17] このような生物学的アプローチの台頭は、社会復帰理念と密接に結合していた社会と個人との因果性の探求の後退を意味しており、矯正不可能性を生物学的レベルで科学的に保証することで強硬政策《ゲット・タフ・ポリシー》を正当化する背景になっているのである。

ロンブローゾ流の生物学的決定論とベンサムばりの自由意思／責任論の接合であろうか。そしてその「混合体」は新しい監視テクノロジーによって、新しい質を獲得しているようにもみえる、これがここでの議論のとりあえずの仮説である。ただし、現在、これといって個々の動きを一貫した戦略のなかに位置づけるのも、全貌をみわたすこともいまだむずかしい。だがその光景は、気まぐれの間に合わせの折衷にすぎないというわけではないだろう。たとえ個々の動きは一時的なものであり主流になりえないにしても、権力テクノロジーと知の織りなす布置に無視できない地殻変動を示唆していまいか。

3　生命の空間への死の折り畳み

【1】〈社会は防衛しなければならない〉

以上の点を念頭におきながら、ふたたびフーコーに、コレージュ・ド・フランスの講義に立つフーコーに立ち返ってみたい。これまでに唯一刊行された七六年の講義録『〈社会は防衛しなければならない〉』はフーコーの理論展開において微妙な位置を占めているようにみえる。『監獄の誕生』と『知への意志』の公刊のちょうどあいだに時代的に位置づいているこの講義録には、それらの「主著」ではみえない、理論的な移動の痕跡を、よりはっきりと跡づけできるようにおもわれる。この移動についてざっくりとまとめるならば、権力のミクロな水準からマクロな水準での作動への焦点の移動にともなう**規律権力の相対化**ということができる。それを示すためにもっとも適切なのは、ノルムの概念に着目することだとおもう。図式的にいうならば、そこで生じている移動は、主権と規律の対立から法とノルムの対立への力点の変更といってよい。そして、この移動が権力のミクロなふるまいからグローバルなふるまいの探求への視点の移動にむすびついていることが重要なのである(18)。

この議論はそれまで監獄・刑罰実践と理論的言説・精神医学、異常者をめぐる個別領域ですすめられた探求を、もう一度概括的にまとめ直すという性格をもっている。前年の講義、「異常者たち」のレジュメの末尾には次年度の課題として次のように記してある。「一九七〇年以来、一連の講義は刑罰の伝統的な司法手続きに基盤をおくノーマル化の知と権力のゆっくりとした形成を扱ってきた。一九七五―七六年の講義は一九世紀以来、人びとが〝社会の防衛〟を宣明するメカニズムを研究することで、このサイクルを閉じたい」(1975i, 828)。そこでの焦点は二つあるようにおもわれる。

[1]戦争の言説の系譜をたどることで権力理論を練り上げ直すこと。つまり権力論の水準での方法論的課題。そして、

[2]一九世紀における社会防衛の言説の誕生・国家人種主義の誕生という系譜学的課題(19)。後者はミクロな個別の身体にかかわる権力テクノロジーと言説編制から、〈社会〉〈人口〉という集合的身体にかかわる言説・権力テクノロジーへの上昇という視点の変更という含意ともなっている。

この両者の水準の異なる探求がやや短絡めいて絡まりあってこの講義は実にスリリングな展開をみせるのだが、詳細については検討する余裕はない。ここでは豊かな含意を一部切り捨てながらおもいつくままに今回の議論に必要なかぎりでの論点をあげておきたい。

●レジュメによる講義のテーマの要約は次の通り。「いかに戦争（とその様々な側面——侵略、戦闘、征服、勝利、征服者と被征服者の関係、略奪と着服、暴動）が歴史、そして一般的意味では、社会関係の分析枠として用いられたのか？」（1976b, 128）。権力分析を主権的・法的モデルから戦争モデルへと移動させること。この戦争モデルの練り上げ。

●ここで方法論的課題が系譜学的テーマと接合する。王政、君主政を正統化するため主観的・司法的なテーマの周囲に形成された哲学－歴史的言説の外部で、戦争を解読格子とする言説は王政への批判勢力とともに一七世紀以来西洋のひとつの言説の潮流に刻み込まれている。一七世紀のはじめにはイギリスのブルジョア革命の周囲で、そしてこの世紀の終わりには貴族の絶対王政への抵抗の周囲で、明確にあらわれる。

●それらの言説においては、自然法のフィクションや法の普遍主義に抗して征服の歴史が押し出される。社会の起源にあるのは戦争であるが、征服の歴史が描きだす抗争はホッブズの社会契約論のように主権に収斂して懐柔されることはない。自然権の移譲による平和の確保などという道筋はフィクションでしかないのであり、社会はつねにこの二人種間の戦争によって貫かれているのである。歴史のとぎれることのない横糸としての戦争という観念は諸人種の戦争というかたちであらわれ、（以後、すべての社会的戦争のかたちが参照するマトリクスとなる）社会体を二元的対立図式として捉える方法を提示する。

- 諸人種の戦争の言説は主権国家に奉仕する歴史的言説に表象／代表される権力の単一的把握、王を頂点とした社会体の大いなるヒエラルキーとして描く言説にたいする最初の「対抗‐歴史（contre-histoire）」である。
- 時代を下って歴史‐政治の言説、戦争の言説のブルジョア化が生じる。そこではナショナルな普遍性原理によって歴史的分析は最終的に排除される。戦争のテーマの飼い慣らし、弁証法の誕生である。
- ところが諸人種の戦争というテーマは消失せず、国家人種主義というまったく異なったかたちでふたたび権力装置のなかにコード化される。生物学的意味での近代的人種主義の誕生。人種戦争の言説の、一方では階級闘争、他方では生物学的人種主義への転写（transcription）、あるいは再コード化。

王や君主の形象に根ざす主権‐法の強力な連携が形成する問いの場の外部にあらわれ、支配的言説・権力編制に対抗する場所を占めていた社会・歴史の解読格子としての人種の戦争の言説が、支配的権力の戦略のなかに再コード化されること。いわば脱中心的言説が支配の戦略の中核に登録されること、この周縁が中心へと移動する反転のダイナミズムが講義の意外な展開の印象とむすびついている。

ここでわたしたちの興味を惹くのはやはり最後の論点である。近代の人種主義については最終講義〔三月一七日〕で集中的に論じられるが、この講義でのみ同年刊行される『知への意志』、とりわけその最終章と大幅に重なるテーマが論じられる。だがそこでは『知への意志』最終章が若干ふれる程度であった人種主義というテーマに議論の照準を合わせながら、微妙に力点のズレた主張が展開される。フーコーによれば、一九世紀には、人種のテーマが消失するどころか、「国家人種主義というまったく別のかたちをとってふたたびあらわれる」（DS〔*〈Il faut défendre la société〉 Cours au Collège de France*（1975-6）〔講義録『〈社会は防衛しなければならない〉』〕については、以下DSと表記する〕, 212）。さらにこの国家人種主義という「近代の人種主義の種別性を形成するものは、心性《マンタリテ》やイデオロギー、権力のつくりだす虚偽とは関係がない。それが関連しているのは、権力のテクニック、権力のテクノロジーなのです」（DS, 230）。かつてはむしろ主権の空間の周縁にあらわれ反主権 - 国家的な位置を占めた（諸）人種の戦争の言説が権力のテクノロジーとむすびつき国家へと接合するわけである。

ではなぜ一九世紀か？　フーコーによれば一九世紀の根本的現象は次のようにまとめられる。「権力による生の、お望みなら、生けるものであるかぎりの人間の掌握と呼びうるもの、生物学的なものの一種の国家化、あるいは少なくとも生物学的なものの国家化と名づけうるものに導かれる……」（DS, 212）。かつての主権理論における「死なせるか生きるままにするか（faire mourir et laisser vivre）」という法権利（le droit）にコード化された権力のはたらきから

「生かせるか死のままに放置するか（faire vivre et laisser mourir）」という権力のはたらきへの反転。この著名なフレーズがこの最終講義でも幾度も反復される。『知への意志』最終章で展開された周知の「生権力」論の要諦がここにある。『知への意志』において主権的‐法律的権力表象は、最終的には死とむすばれる（「剣」という姿であらわれる）否定的な（禁止、抑圧、排除など）権力の機能として、近代の権力を捉えるにはあまりに粗雑な、あるいはむしろ主要な権力のはたらきの隠蔽として作動しているモデルとして、生産的な権力のはたらきに（ノルムの側にある）つねに対置されていたはずだ。

ただし、『知への意志』と七六年の講義の差異は、後者では人種主義に力点がおかれ、さらにそれが戦争の言説の回帰という文脈のなかで議論されているということである。いうならば、**生のなかに死が、生命とそれを増進することを主要な目標とする権力のただなかに死が折り畳まれるその契機が、『知への意志』よりはっきりと権力のメカニズムとして示唆されていることである。**(20) 講義に比較すると『知への意志』ではこの点はややあいまいである。そこでフーコーは生権力のなかの死の回帰を、人種主義と死刑に例をとって論じているのだが、いずれの事例においても、理論的には積極的に生命に関与することにみずからの存立根拠をおくはずの権力装置のなかに死を導入することが、たんなる生権力の裏面、生権力の延長に副次的に効果としてあらわれるリミットとしてのみ描かれているのだ（「このような権力［生権力］にとって死刑の執行は、同時に限界でありスキャンダルであり矛盾である。そこから、死刑を維持するためには、犯罪そのものの大きさではなく、犯人の異常さ、その矯正不可能性があること、社会の安寧

(la sauvegarde) のほうを強調しなければならなくなるのだ」(HS〔*L'Histoire de la sexualité I: La volonté de savoir*, Gallimard〕(=1986 渡辺守章訳『性の歴史I――知への意志』新潮社)についてはは以下、HSと表記する〕, 181／一七四―一七五)。たとえばこれについてアン・ローラ・ストーラーは次のように述べている。「『性の歴史I』では人種主義はセクシュアリティのテクノロジーが考案され適用されるいくつかの可能な領域のうちのひとつとしてドラマチックな最終章にあらわれる。講義において国家人種主義は、たんなる効果ではなく社会の内的分裂を二項対立に投げ込む戦略なのであり、社会がそれにたいしてみずからを防衛すべき〝生物学化された〟内なる敵をつくり出す手段である」(Stoler, 1995, 59)。死刑にせよ人種主義にせよ近代的戦争にせよ権力の作動の「死のままに放置する」側面は、実践的にはただ特定の人間が見捨てられる、放棄されるといったかたちではあらわれないはずだろうし、そこには複雑な排除の実践、戦略や、暴力の行使の正当化の戦略、言説としてあらわれるはずだ。その意味で、七六年の講義はこの生‐権力の作動のなかの、とりわけ現代においてせりあがりつつある権力の、否定的な働きを解明するための手がかりを与えてくれるのである(21)。

ところで講義の戦争をめぐる言説の機能の脱中心化から中心化へというこの反転は、ある意味で『狂気の歴史』のテーマ、理性と非理性のあいだの言説上の分割、そしてそれと接合した狂人の「大いなる閉じこめ」、排除の実践というテーマの回帰とも位置づけることができよう。フーコーが『狂気の歴史』における分割・排除という基本的に否定的な含意をもつテーマへの不満から生産的で積極的な機能をもつ権力の練り上げに向かったことは、『監獄の誕生』についてのフーコー自身のことあるごとにくり返される注釈的発言でよく知られている。その典型的なものとして「アッティカ刑務所について」と題された七四年のインタビューでの発言をあげておきたい。

> そのときまでわたしは社会からの排除をある種の一般的な機能として、少しばかり抽象的なものとしておもい描いていたし、その機能を、社会をなんらかのかたちで構成するものとして考えていました。つまり各々の社会は数々の人びとがその社会から排除されるという条件のもとでのみ機能しうる、と想定していたのです。……どのような排除のシステムを通じて、だれを選別することによって、どのような分割をつくり出すことによって、どのような否定や拒絶のゲームを通じて、社会は機能しはじめることができるのか、と。……わたしがいま自問している問いは、その反転したものなのです。すなわち、監獄はあまりにも複雑すぎて、純粋に排除というネガティヴな機能には還元しきれない組織です。監獄の費用、その重要性、監督に費やす配慮、人びとが与えようとしている正統性などはむしろ、監獄のポジティヴな機能を有していることを示すものにおもわれるのです（1974b, 527–528）[22]。

講義録『〈社会は防衛しなければならない〉』にわたしたちがみてとるのは『狂気の歴史』のテーマの直接の回帰ではない。「社会の機能の条件」としての排除が『狂気の歴史』のテーマであるとしたら、ここでの問題はいわば、第一に内包を作動の条件とする権力の戦略のなかでの排除の操作・分割線の導入であるのだから。つまり「外部なき権力」の、あるいは生命で充満した（「生物学的連続体」（DS, 227））権力の作動の内部に、外部、死が折り畳まれ、コード化され、正当化されるその様態である。だがもちろん諸人種の戦争の言説が、かつての理性と非理性の分割、狂気の排除に携わっていたというわけではない。むしろ問題は、非主権的（＝非支配的・抵抗的）・対抗－歴史的知の役割を担っていた、社会についてのあくまでも周縁的でしか（イデオロギーでしか）ありえなかった言説が、特定の時代において支配的権力の戦略のうちにコード化され、ふたたび主権と「国家の生物学化する権力」とむすびつくこと（人種戦争から国家人種主義へ）、つまり否定的な権力作用の行使の役割を担うことにある。

述べたように、社会を二元的構造が貫いているという把握が、非主権的な戦争の、ということは諸人種の戦争の言説を特徴づけている（DS, 44）。かつて諸人種の戦争の言説においては、社会的なものの場の亀裂は、主権・法によって釣り支えられた統一体としての社会の静的イメージに対抗して、「二つの個人、集団、軍隊」の永続する戦争へとコード化された。つまり社会はつねに戦争に貫かれており分裂しているのであって、（人種の）戦争の言説においてはつねに「社会は存在しない」わけだ。ところが近代社会は人口にかかわる生の権力によって自己言及的に閉じた〈社会〉（ドンズロのいう「社会化された社会」）である。とすればそこには本来ただ一つの生ける存在の連続体しか存在しないといわねばならない。このように考えるならば、いったい人種はどのようなかたちであらわれるのだろうか。

社会における二極分解、二項対立的断裂とみなされるもの、それはたがいに外的な二つの人種の対決ではありません。それは同じ唯一の人種の優越人種（sur-race）と劣等人種（sous-race）への二重化、あるいは、ある人種にとってみずからの過去の再登場なのです（DS, 52）。

こうした場では「われわれは社会からみずからを防衛しなければならない」という貴族による諸人種の戦争の言説は、「われわれは社会を防衛せねばならない」という人種主義の、より種別的には新派刑法学へと流れる社会防衛論の言説へと反転する。つまり「この異質な人種、この下位‐人種、このわれわれが意図せずして形成しつつある対抗‐人種の生物学的危険」（DS, 53）にたいして社会を防衛することが問題となるのだ。社会はここでみずからを分割する。人種主義は社会を社会自体に向かって対立させる、あるいは社会が社会自身に言及する内なる外の契機として働くのである。しかしひとつでしかありえない社会のなかで、社会の外、反社会的な要素がどのようにして可能なのか？　ここでもまた「変質」のテーマが重要になる。このパラドクスの解消のために重要な役割をはたすのが当時の遺伝学、社会進化論とむすびついた「変質」概念、あるいは「変質」概念につらなる諸々のテーマである。つまり「自分自身の過去としての」、退化としての危険な人種というかたちでの客体化である。この変質というテーマが、複数の逸脱者のテーマをノルムに反した者、すなわち「異常者」というタームに集約するにあたって重要な機能を果たしたことは「異常者たち」の講義レジュメで確認できる。ただ問題はここでは異常者の形象とむすびついた危険性が、人口、〈社会〉というグローバルなレベルでの権力の働きにむすびつけられていることである。「もしこのメカニズム〔生権力の〕が作動することができるとしたら、それは抹殺することが問題となっている敵が政治的な意味での敵ではないからです。それは内部の敵であれ外部の敵であれ、人口との関連での敵であり、人口にとっての敵なのです」（DS, 228）。危険性はここでは個人の身体にかかわるミクロな規律権力の相関物では必ずしもない。

またさらにこの講義では、危険な敵の排除・抹殺のための戦略的手段として法律的・主権的な権力のはたらきが再帰することが明示されている。この点についてはやはり『知への意志』最終章と微妙なズレがある。そこでは法は法律的なものの領域からは後退しノルムの領域に再登録される傾向のあるものとしてしか登場しない（「法はいよいよノルムとして機能する……」（HS, 190／一八二））し[23]、権力の殺す働きは、ナチスの優生学などの文脈で「血のテーマ系の再活性化」と少々あいまいに語られていた。ところが講義においては次のようにいわれる。

ナチスの社会においてはこのまったく常軌を逸した事態があらわれます。それは極端に生権力を一般化した社会であり、かつ同時に殺す主権を一般化した社会なのです。みずからの市民の生と死への権利を国家に賦与するこの古典的でアルカイックなメカニズムと、そして規律と調整／規制の周囲に組織された新たなメカニズムつまり生権力の新たなメカニズムが正確に重なり合うことになるのです（DS, 212）。

しかしこの生-権力と主権の権力の折り重なりはナチス社会に極端なかたちであらわれるにしても、それに固有の特性なのではない。フーコーは近代的人種主義の第一の定義を次のように述べている。「それはまず第一に権力が捕捉する生の領域に切断を導入する手段です。生きるべき者と死ぬべき者のあいだの切断……生権力が向かう生物学的連続体の内部に切れ目を入れること」（DS, 227）。国家との関連でいえば、「人種主義は主権的権力を行使するために、人種、人種の排除、そして人種の純化を利用するよう余儀なくされる国家の働きにむすびついています。**生権力と死の法権利という古い主権的権力の併置、あるいはむしろ、生権力を介した主権的権力の働き、それは人種主義の作用や配置、活性化を意味しているのです**」（DS, 230）。

【2】規律、ノルム、セキュリティ

ところで人口にかかわるグローバルな権力の働きの分析にとって鍵を握るのがノルムという概念であろう。興味深いのは、講義の構成のうちに、ノルムというひとつの概念をめぐるフーコー自身の分析の視軸の変更が刻み込まれているようにみえる点だ。それは大ざっぱにいって規律というテーマ系に埋め込まれて副次的役割を果たしていたノルムの概念が、規律をも従属させる主要な概念として浮上する過程であるといえよう。この問題設定の微妙な変容を概観するためには、まず第二回目の講義〔一月一四日〕に注目する必要がある。この第二回目の講義はこれまで五年間の講義のあらましをフーコー自身が要約する作業に割り当てられている。フーコーはこの年の講義をひとつの理論的転換点とみなしているわけである。ただそこでの転換はこの時点では、八〇年代にあきらかになった主体化−自己のテーマ系への移行ではなく、規律から戦争への焦点の移り変わりとまとめられるわけだが、いずれにせよ、この講義を貫くひとつの権力の行使の様態をめぐる区分がある。規律権力と主権的権力である。たとえばこの講義の終わりでは、ここ数年の講義のテーマが次のようにまとめられる。

おもうに、じつのところ人文科学の言説を可能にした過程は、二つのアプローチの線の併置、出会いであり二つの絶対的に異質の言説のタイプの並立、遭遇なのです。一方には、主権に投資する権力の再組織があり、他方で、規律的形態によって行使される強制力のメカニズムがある。そして、わたしたちの時代においては、権力はこの権利とこのテクニックを同時に通して行使されるのであり、規律が生じせしめるこれらのテクニックとこれらの言説は権利の領域にも侵入し、それによってノーマル化の手続きははるかに継続的に法の手続きの植民地化に携わるようになった、このようにおもうのです。これらすべてはわたしが〝ノーマル化の社会（société de normalisation）〟と呼ぶだろうもののグローバルな機能を説明できるとおもわれます（DS, 34-35）。

これにつづく文章では、「ノーマル化、すなわち規律的ノーマル化（la normalisation, les normalisations disciplinaires）」とフーコーは言い替え、ノーマル化を規律の浸透と等置しているのだが、右の引用で注意してもらいたいのは、この規律権力と主権の理論との混合体・錯綜体を分析することで、近代社会、すなわち〝ノーマル化の社会〟の「グローバルな機能」をも説明できるとフーコーが述べている点である。だがこのポイントこそ、一連の講義でのちに問題になるものである。というのも「グローバルな機能」は規律権力では説明できないとするのがフーコーのそこでの問題意識なのだから。それについてこの時期からの共同研究者であるパスクィーノは次のように証言している。

規律についての言説は袋小路に陥ってしまいもはや先がみえない、これが七〇年代の後半にわたしたちが交わした討議のなかであきらかになったことでした。なによりもまずその言説が権力――抑圧のモデルにしたがってイメージされた――の完全な拒絶に導かれてしまう恐れがあること、理論的な観点からはこの点がわたしたちには不満だったのです。規律の詳細な分析が、権力のメカニズムを理解するための原理としての経済的搾取というマルクス主義のテーゼに対立するにしても、この分析自体は不十分なのです。この問題を把握する様式と同様に社会の調整／規制や秩序づけというグローバルな問題の探求が必要となるのです（Pasquino, 1993, 79）。

ノーマル化の社会のグローバルな機能を説明するためには、規律とも主権とも異なる権力行使の様態が導出されねばならない。規律権力を相対化せねばならないのである。この問いとともにあらためて浮上してきたのが「ノルム」「ノーマル化」の概念である。示唆してきたように、少なくとも第二講義（そして『監獄の誕生』）までのフーコーはノルム、ノーマル化というテーマを規律というテーマの優位のもとに埋め込み従属させていた。このテーマを規律というテーマ群から自律させること、そしてもう一つの権力テクノロジーと規律とのあいだを循環させること、これによってグローバルな機能の問題はひとまず解消されるといえる。この点が明確になるのは、ようやく最終講義にいたってのことである。

フーコーの生権力論が二つの軸をもつことは『知への意志』の読者ならば、だれもが知っている。一方には「規律を特徴づけている権力の手続き、すなわち人間の身体の解剖‐政治学」がある。他方の極には「人口の生‐政治学」がある（HS, 183／一七六―一七七）。セクシュアリティはこの二つのベクトルの交錯するところで、とりわけ重要な位置価を与えられるわけであり、このようにより大きな視野からセクシュアリティの占める場所がそこでは捉え返されていたはずだ。グローバルな機能をあきらかにできるのは、集団的現象をその集団に固有の規則性・特性において捕捉し介入する権力、すなわち「人口の生‐政治学」である。フーコーはこの『知への意志』全体を統括する理論的フレームを、この最終講義であらかじめ展開しているのだが、そこでは『知への意志』よりも規律と調整／規制のあいだの差異と相互作用がより強調されている。たとえばフーコーは次のように述べる。一八世紀の後半に、規律とは異なる別の新たなテクノロジーがあらわれた。それは規律のテクノロジーを排除することはない。むしろ、「それをはめ込み、統合し、部分的に修正を加え、そしてなによりも、いわば規律のテクノロジーのなかに根をおろし、このすでに存在する規律のテクノロジーのおかげで効果的に浸透するのです。この新たなテクニックが規律のテクニックを追い払ってしまわないのは、次のようなかんたんな理由からです。**つまりそれが別の水準にあること、別の異なる位置にあること、それは別の支えの平面を備え、まったく異なる手段によって支えられるからです**」(DS, 215–216)。

ではなぜこの文脈でノルムがあらためて浮上するのか？　それはノルムがこの異質で作動の平面を異とする二つの権力のあいだを循環し接合するからである[24]。

……規律的なものから調整《レギュラシオン》／規制的なものへと循環することになるだろう要素、身体にも人口にも同様に適用可能だろう要素、身体の規律的秩序と生物学的多様性の不確かで危険な出来事を同時に統制することを可能にする要素、一方から他方と循環する要素、それは〝ノルム〟にほかなりません。ノルムは規律を行使することが望ましい身体にも、規制／調整を受けることが望ましい人口にも、同様に適用可能なのです。したがって、ノーマ**ル化の社会は、こうした条件の下では決して、一種の一般化された規律社会ではありませ**

ん……おもうに、これはノーマル化の社会という観念についてのとりあえずのものにすぎない不十分な解釈なのです。ノーマル化の社会、それは垂直に交わる分節／接合によって、規律のノルムと調整／規制のノルムとが交錯する場所なのです（DS, 225）。

さらにわたしたちはこうした理論の転位のなかで、セキュリティというテーマが浮上していることに注目したい。先ほどの社会体に内在する危険というテーマとこのグローバルな権力の関係を示す箇所として次のものがある。

人口に特有の集団的効果／帰結を集約し直接に［生に照準する］テクノロジー。それは生ける集合体のうちに生じる可能性のある一連の危険な出来事の管理《コントロール》を目指すのです。危険な諸々の出来事の諸帰結を、たえず調整すべく、その確率［蓋然性］（propabilité）を管理《コントロール》すること（最終的には修正すること）をもくろむのがこのテクノロジーなのです。それゆえこのテクノロジーは、個人への調教ではなく、グローバルな均衡によって、いわば定常状態の達成、つまり、内なる諸危険にたいする集合体のセキュリティの確保を目指すのです。それゆえ、調教（dressage）のテクノロジーは、セキュリティのテクノロジーと対立する、あるいは区別されるのです（DS, 222）。

ここは重要な箇所である。まず危険性が確率とむすびつけられている点で。先述したように、人口にかかわるグローバルな権力が足場をおくのは「弱い」因果性、確率によって定義される因果性であること。それは危険をすべて抹消しようとはしないのであり、むしろ危険を測定しある範域の内部に維持されるようコントロールするのである。さらに、セキュリティという言葉がグローバルな権力の機能を果たすテクノロジーを形容する語として用いられていること。確率的因果性を備えた人口／〈社会〉が必然的に生み出す内なる危険とグローバルな権力の関連を集約するのがこの「セキュリティ」という語である。七六年の講義でこの「セキュリティ」という言葉が登場することはほとんどないが、ここでの位置づけは決定的である。すなわち七六年の講義の種別性を形成している、一九世紀以後の生権力への戦争のコード化、生にポジティヴにかかわる権力のなかでの否定的な機能の戦略的作動という見取り図の上に「セキュリティ」というテーマが浮き上がってくるのである[25]。より細かく分解すれば、**生命の維持・増進というはたらきと危険な要素の死への排除という二重のはたらきが相伴ってあらわれる場所にセキュリティのテクノロジーが浮上する**というわけだ。さらにこのセキュリティをめぐる生と死の交錯は次のようなかたちでも提示される。この議論は『知への意志』最終章でもふれられていたが、講義では人種主義の二つ目の定義として示唆されている。つまり「**生に内在する危険を排除すればするほどわれわれの生はますます昂進することになる**」(DS, 227-228)、という論理。ここでも戦争の言説の転位が認められる。つまり「生きるためには敵をやっつけなければならない」というかつての戦争の言説が、生物学化された国家のなかでは「劣った種が消失し、異常な人間が排除され、変質的人間が減少すればするほど、わたしの生は強健なものとなり、繁栄が保証（secure）される」というかたちに書き換えられるのである。

この点についてもう少し考えてみよう。『監獄の誕生』では生命を維持・増進させ管理する権力の姿はそれそのものとしてテーマ化されるかたちではあらわれてはいない。だがそこでは生と死との配分の形態はかなり明瞭にあらわれているようにみえる。つまりそこでは死はほぼつねに過去のものとして配分されている。たとえば冒頭の印象深いダミアンのバラバラにされた身体として、つまり、前規律的権力の行使するスペクタクルな死刑・身体刑というかたちで。他方、パノプティシズムに代表される監視と規律の空間は、奇妙にも死のない、かといって濃密な生があるわけでもない、いわば希薄化・引き延ばされた生命の空間という印象が支配しているのだ。非行性についての分析にしてもそれは該当するだろう。周知のようにフーコーによれば、監獄の失敗は非行者というカテゴリーを形成し、予測不能な無秩序、叛乱に導かれかねない「不特定な群れ」「不確かな放浪者の群れ」（SP, 324／二七六）を特定の分割配置の戦略によってコード化することで管理することを可能にする、という点で逆説的に成功であった。かつてはその怪物性ゆえにアンビギュアスなかたちで秩序の外に立った恐るべき犯罪者も、即座に非行者の系列に投げ込まれ「無害無毒になった」（SP, 332／六一）。彼や彼女たちはなるほどスティグマ化され管理される。だがそこで描かれる非行者の姿は、みな生きている、というか生かされている。要するに権力は彼らをかまっているのだ（たとえばフーコーがさかんに引き合いに出している警察の隠密役《イヌ》として機能している非行者の姿をみよ）。死は、かつての権力形態との比較のための引証として、華々しい身体刑のスペクタクルのなかに、そして接触そのものを厳格に断ち切られ排除されたらい病者の形象のうちに封じこめられているようにもみえるのだ。フーコーは身体刑のスペクタクルの後退とともに、刑罰的抑圧の主要な照準点として身体は消失するという。しかしジョイ・ジェイムズが指摘しているように、フーコーの対象としている同じ時期、フランスの植民地支配のもとのセネガル人やマルティニークの奴隷たちからすれば、いまだ拷問にかけられ切断された身体は厳然として日常的な存在であった。また南北戦争後のアメリカですら、二〇世紀の半ばまで、処罰さればらばらにされた身体は「儀礼化されたリンチの野蛮のあらあらしい刻印」(James, 1996, 29) であった[26]。

とはいえなにもここでジェイムズは、フーコーでは一九世紀の分析ができない、と指摘しているのではない。「フーコーが過去の現象として一般化した暴力的な国家による処罰がわがポストモダン期の政策に再浮上している」(28) という展望のもとに、フーコーが俎上に載せられているのである。『監獄の誕生』においてフーコーが注視する権力の働きを集約している典型的な客体化＝主体化の戦略は、次のような非行者の形象を囲む言説にあらわれている。「重要なのは邪悪な者を矯正することである。ひとたびこの矯正が実施されれば、犯罪者は社会へ復帰すべきである」（フーコーが引用する一九世紀はじめの言説）（二四三）。これに現代のひとつの典型的な犯罪政策の言説をつき合わせてみよう。「邪悪な者は存在する。連中を無垢な人間から切り離す以外に有効な手だてはない」(Wilson, 1985, 260)。

さて、フーコーの展開においては、逆説的にも生命が議論の核心に据えられるにつれ死も(再)浮上してくる。人口あるいは〈社会〉の水準で作動するグローバルな生政治[学]、あるいはセキュリティのテクノロジーと規律権力が錯綜するそのはざまに、そのたわみに、さらにそこに主権が折り重なってくる場所に、死が、あるいは排除が内包されている。この二つの権力の機能——規律とセキュリティ——がかつての緊密な連関をやめるとき、ふたたび死と排除がせりあがってくるだろう。まさにこの「現在性《アクチュアリティ》」を『監獄の誕生』以降のフーコーの権力分析は徴候的に示唆してはいないだろうか。

以上の論点を次のように確認しておこう。規律のテクノロジーとノルムないしノーマル化、ひいてはセキュリティのテクノロジーは必ずしもアプリオリに接合してはいないこと、むしろ生権力は後者と結びついていること、フーコーの関心はこの年の講義を転換点にして明らかに後者に向かったこと、さらにそこには規律のテクノロジーにセキュリティのテクノロジーが優越的立場にたち、みずからのはたらきのうちに組み込んでいくという時代認識があること、以上である。

4 セキュリティの上昇

フーコーのセキュリティのテクノロジーへの着目の裏には、述べたような権力論の展開上の問題と同時に、現実に生じている法律的なものの後退とノルムとむすびついたセキュリティの権力の上昇という背景がある。そこには先述した法律的なものの精神医学による植民地化というフーコーの危惧が一方にあるし、他方ではよりマクロな国家の水準にかかわるセキュリティの上昇の動きがある。ミクロなレベルでの法律的なものの後退はマクロな水準のそれと並行しているのである。そうした状況にたいするフーコーの観測をタイトルで端的に示しているのが七六年の講義の翌年、七七年の『ル・マタン』紙に寄稿された記事「今後はセキュリティが法を凌駕する」である。ちょうど七七年はヨーロッパでは赤い旅団やドイツ赤軍によるテロリズムがひとつのピークを迎えていた年であった。文字どおり「社会を防衛しなければならない」というメディアの叫び声とそれに共振し合った警察力の強化が、社会全体に暗い影をおとしていた時代である。そうしたなかフーコーは、ドイツ赤軍のアンドレアス・バーダーらの弁護士、クラウス・クロワッサン――フランスへの政治亡命を希望していた――のフランス政府によるドイツへの強制帰還の強行に対して強力に抗議活動をおこなっていた。このようなかたちでテロリズムとそれをめぐるメディア、世論、政府の常軌を逸した激しい動揺にかなり深く巻き込まれることになったフーコーは、先の記事をはじめいくつかの重要なテキストを発表している。(27)

なかでもここでの文脈では、時事的な色をやや薄め状況に対する理論的考察を加えた「セキュリティと国家」と題された七七年のインタビューが重要だろう。そこでは七八年の講義を先取りするいくつかの論点が提示されている。つまり法律的なもの・主権的なものとセキュリティのテクノロジーが対比されながら議論がすすめられているのである。フーコーは次のようにいう。かつて国家と人びととの関係は、領土の《テリトリアル》契約によって形成されていた。「わたしはあなたがたに土地を与えよう」あるいは「わたしはあなたがたの国境のなかで平和裡に生きることができるよう保障しよう」、この権力はこのように語りかける。「中世から一六世紀まで、公法における主権を規定する法原理」(1978f, 643) とフーコーが翌年の講義で位置づける、主権の権力——主権はなによりもまず領土《テリトリー》へ、そしてその結果としてそこに住む住民・臣民に行使される——の描写がここでなされているといえよう。またさらに古典派刑法学的な行為主義の原則もあげられる。「かつて、合法性のシステムは次のように述べることができました。〝いいですか。あなたはあることをなせば罰せられるだろうし、それをしなければ罰されることもないだろう〟」。こうした一連の法律的・主権的権力のはたらきに「セキュリティの契約［協定］(pacte de sécurité)」が対置される。現在われわれは「セキュリティの契約」と呼ぶべきもののなかに投げ込まれている。そこでの統治の目標は人口とそれと相関するあらゆる事象に配慮し保護することにほかならない。それゆえ、

> その特徴が例外的で法を超えた (extra-légal) 種類の介入は決して権力の恣意性の徴候としても過剰としてもあらわれてはならず、逆に、配慮 (sollicitude) の徴候としてあらわれねばならないのです。〝われわれは法あるいは法解釈 (jurisprudence) などといった古びた慣

習など目もくれず、例外的事態が生じたとき、あなたを防衛する準備がある、われわれは必要であればあらゆる手段を尽くして介入するでしょう〟。このあらゆる場所に目配りする配慮という面を掲げながら国家はたちあらわれます。目下、展開しているのは、まさにこうした権力の様態なのです（1977g, 385）。

「配慮」がしたがうコードはもちろん、法ではなくノルムである。正常状態を逸脱した異常な「例外状態」がテロリストのような社会の敵、内なる敵によって生み出されている。この危険な要素を排除して正常状態をとりもどさねばならない。別の次元では、刑罰への不安、否認というかたちであらわれていた司法原理の後退、ノルム的なものの優勢という事態は、セキュリティが法を凌駕するという国家のレベルで生じていた動向とフーコーのパースペクティヴにおいてはパラレルなのである。

だがフーコーが「処罰への不安」にみていた権力の動きと、フーコーの七七年の観測――「セキュリティの国家が台頭しつつある」――とはややベクトルを異にしているようにもみえる。ちょうど七〇年代に刑事政策の領域では応報観念が台頭していたように、むしろ国家も福祉国家的な人道主義的相貌をかなぐりすてはじめていた、あるいは少なくとも「配慮」の範域を大きく限定しはじめていたのだから。もちろんフーコー自身「セキュリティと国家」の談話のなかでは、国家の発展の逆説――セキュリティの国家の展開が国家の膨張ではなく国家装置の縮小ともみえる「可塑性」を有している――を指摘している(ibid., 388)。だがその「可塑性」のその都度とる形態の種別性こそが問題だろう。

翌年の講義(「統治性」)でフーコーは、権力行使の三つの異質な様態「主権‐規律‐統治」のトライアングル、錯綜体として、近代からいまにいたる権力装置のあり方を定義している。そしてさらにセキュリティをそのテクノロジーとして備える統治的権力の優越が、近代社会の展開における一貫した傾向である、とむすんでいる(1978f, 654-655)。このセキュリティの装置が規律の装置と切りむすんでいた連関をゆるめ、「ノーマル化の領域の内部でシフトが生じる」(Dumm, 1996, 131)とき、まさにノーマル化は端的な隔離/無害化、排除のための尺度として機能するだろう。上昇するセキュリティの国家が、他方で膨張した〈社会〉的機能を果たす)行政装置を削減しはじめるという逆説的な動きをはじめることになろう。セキュリティの装置の上昇と法に対する優越は量的な変容だけでなく、質的な変容をもはらんでいたのである。

いみじくもフーコーはこのインタビューで「セキュリティの契約」という言葉で表現している。たしかに社会保障や福祉国家は、わたしたちとの契約を根源的にむすんでいると擬制されているし、社会法においては依然として「契約」概念は重要視されている。しかしこの語法は、フーコーが七六年講義でも主権的・法律的問題設定に属するとして退けたはずのホッブズ『リヴァイアサン』における理論構成を髣髴とさせる。そもそも従来、セキュリティのテクノロジーは基本的に法律的ないしは主権の問題設定に属する意味での契約・協定主体を経由することはなかったはずだ。そのテクノロジーに相関するのは、人間的自然により自由意思に根ざし契約を交わす主体ではなく、固有の規則性と特性をはらんだ集合的身体、人口、ないしは〈社会〉のなかに決定的に投げ込まれ、社会化され、歴史化された主体であったはずだ（cf. Ewald, 1986）。社会保障（social security）はこの〈社会〉に決定的に帰属する個人という主体の形象に根ざし、それを根拠にして形成されるはずである。ところが現在セキュリティは、本来はその問題設定とは異質な線に沿って追求された司法的な契約主体と（あらためて）接合し直しはじめたようだ。むしろセキュリティは個人の自由意思にもとづく契約によってはじめて獲得できるものとなりつつあるのだ。措置制度から契約制度へ（第一章参照）という日本でも進行中の現代社会の大きな流れをみてみよう。先述した、犯罪司法における危険性と応報のテーマの復活という状況も、こうした動きとパラレルなものではないか。福祉国家・社会国家的レジームから、あるいは〈社会的なもの〉の問題設定から、セキュリティのテクノロジーが離反しつつある状況を、フーコーはどこまで捉えていたのかは不明である。だがもはや二〇世紀にあのドイツ、ワイマール体制においてはじめて憲法のなかに登録された生存権とそれを根拠に権利化された福祉への要求においてもっともよくあらわれた、ひとつの生権力の空間のすがたをここで見極めることはむずかしい。もはや人間が生きていることそれ自体ではセキュリティのテクノロジーの介入（あるいはその要求）の根拠にはならないのだ。この社会ではセキュリティの契約を取りむすぶことができないなら、セキュリティ・システムにアクセスできなければ、かんたんに死に放り出されることになりつつある。

現代都市が大量に抱え込みつつある「廃棄された人間たち」をみよ。

これまで la sécurité という語についてはあえて「セキュリティ」という表現を選んできたが、それには理由がある。もちろん、このセキュリティという観念がもともとフーコーにおいて、ひとつには social security に典型的に表現されるような福祉国家のテーマの系列に帰属することを意図して用いられたことはたしかだろう。だが福祉国家的施策が後退の一途をたどる現在、奇妙なことに（というかそれゆえに）、社会政策、犯罪政策のみならず、わたしたちの日常生活の奥深くにまでセキュリティについての意識は不安とともに蔓延しつつあり、そのセキュリティのテーマが形成する連続体は社会保障という含意の範域にひきとどめておくのは狭すぎるのである。フーコーは先のインタビューでテロリズムとともに現代社会を覆うこのセキュリティへの不安を強調していた。**そのインセキュリティの不安はまさにわたしたちの世界の存在論的地平を規定しつつあるものだ**（Nettleton and Burrows, 1998）。わたしたちは現在、従来の社会保険の領野のみならず、あらゆる場所で、リスク要因を前もって捕捉し、（保険などにより）セキュリティを確保すべし、という命令にさらされつつある。コンピュータ・ネットワークで新たに生じているさまざまなリスクとセキュリティの要請、私的な財産保護（家や土地区画、建築物など）や私的な情報にいたるまでオブセッションと化したセキュリティ、自分の身体の一部にのみかんするセキュリティ。とりわけ現代の都市が「都市の自由という古い観念をセキュリティと引き替えにしつつある」（Davis, 1992）現状には注目すべきだろう。近隣の「新しい危険な階級」の侵入からのセキュリティを確保すべく、その保障された空間をさまざまなモニタリング・テクノロジーとネットワークを介した情報システムにより固められた私的セキュリティと警察によるセキュリティの連関によって要塞と化しつつある郊外都市。そこでは力点は危険な個人よりも「行動の諸要素のマス・コントロール」におかれることになる。「セキュリティの戦略としてのノルム化は、モニタリング、測定、そしてそれ以外の、行動を同定し確立する諸ノルムを通じた、幅広い人口の統制の試みによって規律の個別の介入からの撤退を可能にしている」(Dumm, 1996, 131)。モニタリング・テクノロジーが「正常な要素」と「異常な要素」の分割を瞬時におこない、監視し、場合によっては暴力的に排除するはたらきを個人を経由せずマス・レベルで行使するわけである。

セキュリティの装置と規律の装置の接合のほつれ、セキュリティの上昇とそれに従属的に上昇する司法による死へと積極的に追い払う機能の錯綜、ほんの端緒にすぎないが現在の動向をこう整理しておこう。

5　行為、快楽、欲望

フーコーの議論にはいうならば「行為の存在への圧縮・還元(28)」という事態への嫌悪と抵抗が一貫して伏在している。存在の同一性へと行為をすべて放り込んでしまう「戸籍的権力」への嫌悪である。その背景には主体化のプロセスを二重化するということ、つまり従属主体には帰着しない主体化のプロセスをみいだすという動機があるわけだが。

たとえばフーコーは晩年のポール・ラビノウたちによるインタビュー「倫理の系譜学について」（一九八三年のもの）（1983b, 400）で行為－快楽－欲望の三項を組み合わせながら時代、地域別の自己のあり方を図式化している。だがそこでも古代ギリシア（「行為－快楽－（欲望）」と定式化される）における、快楽とつき合いながら行為を吟味することで自己を練り上げる方法への好みはあきらかであるようにみえる（フーコーは快楽のなかに行為を埋没させてしまう中国の「アルス・エロチカ」はおそらく好まないだろう）。否定的に解釈されようが肯定的に解釈されようが、「魂の深み」と交わり主体の形象を描くことになる欲望とは異なり、決してひとつの場所に集約されることのない、部分的、分散的で一時的な快楽を起点にして行為を練り上げ、自己を形成するという、このフーコーの晩年の展望が、**法へのある種の好意となってあらわれる**（この法への好意をあえてハイエク的なものと呼んでもいいかもしれない。フーコーが擁護するのは実証主義的法ではないのである。とはいえ、フーコーはハイエクのように自由が自生的法と結びつき「全体主義」化をさまたげる「法の支配」という地点でとどまりはしない。最終章をみよ）。これまで参照してきた「処罰とはなにか」においてフーコーは次のように述べている。

おもうに、じつに刑法はわれわれの社会の社会的構造の一部であり、それを覆い隠す理由はありません。このことはこの社会の一部である個人がお互いを法の主体として、彼自身がもし法を侵害したとき刑罰され訴追されうるような法の主体としてたがいを承認せねばならないということを意味しています。この点についてはなにもスキャンダラスな部分はないとおもうのです。しかし、具体的な諸個人が実際にたがいを法の主体として認め合うことのできるよう活動することは社会の義務です（ibid., 645-646）。

ここでは法の主体、責任、刑罰といったタームが肯定的に語られている。もちろん、だからといってフーコーは、かつての自由主義的刑事司法に回帰すればよいというわけではない。「正しい応報（just desert）」を旗印にした応報刑への回帰の動きも、新派刑法学のはらむ刑罰の処遇への置き換えの動向もいずれにせよ両者とも危険である、とフーコーは別の場所で強調している（1981d「処罰はこのうえなく困難である」）。問題は当面、この両者の動きの狭間で、刑罰とはなにか、再考し直すことである、と（「さしあたり状況の悪化は回避せねばなりません。純粋に司法的／法律的なもの、絶対的制裁へと向かうこと……純粋に人間学的なもの、不確定な制裁へ向かうことがそうです。……［両者の］変動幅の内部で課題［他に可能なシステムはあるか］を引き受けねばなりません」）（ibid., 208-209）[29]。だが、先ほどみたように、犯罪政策の領域においては、この両極のどちらかに純化していくというよりは、あらためて「奇妙な混合体」が形成されつつあるようにみえる。この動向は、フーコーが観測していた傾向性とはまったく異なるものであろうか。

いずれにせよ、行為を存在へと投げ込むための蝶番、変換装置であった、社会的因果性の知はかつてのような重要な意味を失いつつある。それに対応するかのように、わたしたちはスポーツ・メディア、テレビ・ドラマ、ポピュラー・ソングを筆頭に文学にいたるまであらゆる場面へのセラピー言語の蔓延を目の当たりにしている。人間は一方で人文科学がその周囲に旋回しまた権力と連接し介入する梃子であったその不透明さを失い、合理的な行為の予測のもとで、リスク・マネージメントをになう、自由意思の主体となる。他方、権力にとって個人はリスク計算の手がかりであるファクターの集合体としてデータのなかに断片的に浮沈するものにすぎない。権力は行為と主体をバインドするために個人をずっとまなざしながら規格化のために介入するなどといったコストのかかる作業からは手を引きはじめた。この存在と行為のほつれ、この奇妙な自由の感覚と耐え難いほどの拘束の感覚の共存のなかで、生命と死とはその希薄さを共有し合いつつあるようだ。民族紛争による大量殺戮、（国家によるものもふくむ）テロリズムによる大量殺人、インナーシティに廃棄され暴力にすがる人びと、そして他方で、厳重な私的セキュリティ・テクノロジーに防御されたディズニーランド化し要塞化する郊外の風景はこの生と死の折り重なりの平面上に並列している。

註

（1）いうまでもなくのちにミッテラン政権時代に法務大臣に登用され、フランスにおける死刑廃止の立役者となった人物である。日本語で読める文献として藤岡真利子訳『死刑執行』新潮社、一九九六年がある。

（2）バダンテールの主張は、七八年の重要なテキスト「一九世紀司法精神医学における〈危険な個人〉という概念の進展」（1978a）の印象深い冒頭の記述、沈黙する被疑者への裁判官の執拗な「おまえはナニモノカ」という問いかけと反響しあっている。

（3）「〝社会的〟あるいは〝実証的〟法学派は二つの主要な軸、犯罪者と社会をめぐって組織される」

(Pasquino, 1991, 238)。

（4）　これにかぎらず本稿が取り上げるテーマにとって前掲のテキスト（1978a）はきわめて重要な意義をもつ。すでに日本でも簡潔にして要をえた紹介──金森（一九九四）、重田（一九九七）──がある。

（5）「それ［新派刑法学］が社会を語りうるための理論的基礎、それはもはや法理論ではなく、〝歴史社会学〟である」(Pasquino, 1991, 244)。

（6）　これについてはEwald（1986）、重田（一九九七）が詳しい。また第三章でももう少し詳しくふれている。

（7）　この論争の経緯はDarmon（1989=1992）、Harris（1989=1997）に詳しい。

（8）　アメリカ合州国では、一九世紀の終わりには、人間のおかれた環境、状況をかえりみない古典的刑法の抽象性、画一性が非人道的と受け取られ、収容者の個別化が人道主義的改革のひとつのキーワードとなった。こうしたなか、アメリカの一九世紀から二〇世紀のはじめの刑事司法のシステム化の時期には、生物学派の優生思想すらも個別化に資するものとして改革的イメージを担っていた（藤本［編］、一九九一、一八四）。

（9）　たとえばジャン・アンベールは次のように述べている。「社会防衛論は、責任観念を放棄し道徳的価値を危険にさらすのでは決してなく、これを求め擁護するものなのである。刑罰を科す目的は、たんに処罰するだけではなく、適切で確実な方法によって犯罪者の社会復帰を準備することにある。重要なことは、一方で行為を非難しこれを処罰しながら、他方で行為者に理にかなった社会復帰を可能にするような、その人その人ごとの制裁方法を探求することである」(Imbert, 1993=1997／一一四)。

（10）三宅（一九八八：一九八九）、Floud and Young（1981=1991）を参照せよ。また藤本［編］（一九九一、八九─九一）では簡潔にその動向がまとめられている。

（11）　この動きは合州国における犯罪率の上昇に比しての監獄数の顕著な増加、死刑の「復活」の動向に顕著に示される。一九八七年を例にとると、この年の死刑執行は二五件である。この数は一九七八年（この年に最高裁判所はあらためて死刑が合憲である裁決をくだしている）以来の死刑執行総数の四分の一を超えている。

(12) 翻訳については飛田茂雄『アメリカ合衆国憲法を英文で読む——国民の権利はどう守られてきたが』中公新書（一七一—七二）を参照した。

(13) これにかんしては、酒井（一九九七）と、Lusane（1991）を参照せよ。

(14) それ以外にもこの動向には枚挙にいとまがない。たとえばもともとは被疑者の保護を目的としていた保釈金制度の意味の変更により被疑者の事実上の予防拘禁が保証されたことは着目すべきだろう（Gordon, 1995, 30-31; Davey, 1995, 108）。

(15) もともと知能指数を「発見」したのはフランス人のアルフレッド・ビネーであり、ドイツの心理学者W・スターンが定式化した。この当時は遺伝と結びつけられたヨーロッパ生まれの知能指数とそのテスト方法は、移民管理の方法としてアメリカに根づくことになる（二〇世紀はじめには優生学的見地から知能指数の低い移民の移住禁止が唱えられた）。さらに第二次大戦後も環境決定論と遺伝決定論とのあいだの振幅をはらみつつも知能指数概念は強固に生き延びる。

(16) マレーは「アンダークラス」概念をこう定義している。「わたしが〝アンダークラス〟という語を用いる場合、じつのところその環境、すなわち長期の失業によってではなく、その環境に対応するなげかわしい行動——たとえば職があるのに働こうとしないといった——によって定義されるような貧しい人間のことを指している」（Murray, 1990, 68）。ここで暗黙の内に示唆されているのは、合州国であれば、特定のエスニック・マイノリティ——アフリカ系やラテン系——である。それゆえこの概念が階級と文化的エートス——「貧困の文化」「依存の文化」——と人種との交錯点に位置づけられていること、要するに文化的契機によって屈折した人種主義的含意（いわゆる「階級の人種主義」）をはらんでいることに注意してほしい。

(17) Murray（1997）をみよ。

(18) このグローバルな権力の機能の練り上げは、七八年の講義『セキュリティ・領土・人口』そして翌年の講義『生政治の誕生』までつづく。それについては一部のすでに公刊されている講義録とレジュメをのぞいては、Gordon (1991) と米谷(一九九六)が詳しい。

(19) この後者の論点が正面から論じられるのは最終講義のみである。また講義レジュメでは前者の論点に比して後者はほとんど強調されない。

(20) ジェイムズ・ミラーのように最終講義が『知への意志』最終章における生権力論をより掘り下げたものと捉えるかどうかは検討の余地があろうが、少なくとも力点のシフトはあるといえる。

(21) 暴力の回帰という現代的文脈にフーコーを配置しなおす試みは日本ではすでに水嶋一憲(一九九七)が先駆的におこなっている。

(22) この箇所は山本、滝本、佐幸他訳『最後のフーコー』三交社、一九九〇年の年譜における引用の訳に依拠した。

(23) だがこの点はフーコーと法を考えるとき重要な論点である。補論で述べるように、フーコーは法がノルムに凌駕されて消える傾向にある、といっているわけではない。むしろ実際にはいわゆる「現代化」の過程で法が増殖する傾向にあることは「法化」というとりわけドイツで盛んなテーマをみれば一目瞭然である(ハーバマスの「生活世界の植民地化」テーゼ)。フーコーにおいて問題は、法が法律的なものの領域からノルム的な領域へと移動する傾向にあるということである。これによって従来、市民法から社会法へというかたちで定式化されていた現代の法の種別性、あるいはポスト近代の法の動向の研究のための領域が切り開かれるわけである。Ewald (1986); Hunt and Wickham (1994) を参照せよ。

(24) パスクィーノとともに強調しておこう。『監獄の誕生』と『知への意志』の共通のテーマはノーマル化のプロセスである、と (Pasquino, 1986, 98)。

(25) この講義ではほとんど軽い言及しかなされていないこの「セキュリティのテクノロジー」は、周知のようにのちに大きく焦点が当てられる。『セキュリティ・領土・人口』と題された次回の講義では、おそらく講義と『知への意志』でグローバルな水準で作動する人口の生 - 政治学と名づけられたものが、「統治」権力と呼ばれ、詳細な系譜学のまなざしにさらされることになろう。国家理性、ポリスといった人口を対象とする知と実践の浮上と、リベラリズムの誕生がそこで主要な議論の対象となる。本書第三章も参照せよ。

(26) James (1996, 28–33)。ここではこの著作の第一章における非常に啓発的な批判にひとまずのっかっている。ジェイムズはフーコーの『監獄の誕生』の議論が、レイス・ブラインド、ジェンダー・ブラインドであり、そのために依然、活発に用いられている権力のあからさまな顕在、暴力のスペクタクルを見過ごしてしまっているという。結局フーコーは、「国家の抑圧を殺菌している (sanitize)」のである。ジェイムズのフーコー批判は、たしかに『監獄の誕生』の一般的な読まれ方、あるいはフーコーのとりわけこの時期の作業に——マルクス主義との対抗上「棒を逆方向にねじまげる」がゆえに——はらまれた問題性を適切についているとおもわれる。しかし、『監獄の誕生』第四部は、これらの論点について微妙な理論的含意をもっており、ジェイムズのフーコーにたいする批判は『監獄の誕生』の第四部のさらなる読解を要請しているといえる。本書最終章では、この課題に着手したい。なお道場（一九九九）もこの『監獄の誕生』第四部の問題に切り込んだものとして有益である。

(27) これについては市野川容孝（一九九七）が刺激的な考察をおこなっている。

(28) ここで「存在」とは「おまえは何者か」程度の意味である。

(29) フーコーは生前、セクシュアリティ研究のあとの作業を法思想の研究にあてようと考えていたようだ。そのことも考慮に入れるなら、とりわけ次の点を強調しておきたくなる。フーコーはある種のラディカリズムに特有の「法ニヒリズム」とある種のポストモダニズムが形成する言説の布置（法は権力だ、あるいはゲームだ）とは、少なくとも七〇年代の後半の時点では——フーコーは七〇年代の前半には明らかにもっと「過激」だ——無縁であるということだ（「法ニヒリズム」という言葉をはじめこの論点については笹沼弘志氏との対話に負っている）。またここでふれることができなかったが、フーコーは八三年のインタビュー「無限の要求に直面した有限のシステム」において社会保障制度について積極的に発言している。そこではケインズ主義的福祉国家システムに特徴的なセキュリティと依存の連関を断ち切り「セキュリティと自律を双方ともに確保すること」がひとつのポジティヴな展望となっている。フーコーの倫理のテーマと時事的発言とをつき合わせながら考えていく必要があろう。

第三章

敵対の転位――法／ノルム論

1　敵対の転位——社会体の解体と近代

ルイ・アルチュセールにおいて主体とは人間主義《ヒューマニズム》の問題設定の核心を構成するものであった（「人間の本質＝主体性」）。さらに人間主義はみずからの本質の制約を時間、歴史のうちに解き放ち、克服することで、みずからを実現するという主題と不可分であるとされる。つまり歴史主義と人間主義とは分離しては考えられないものであった。したがって、「理論的ヒューマニズム」の批判は、同時に、歴史主義ひいては主体の問題設定から離れて、歴史の理論を再構成するという作業を要請することになる。それがアルチュセールをして史的唯物論の再構築へと向かわせたモチーフであったといってよいだろう。しかし、歴史の超越論的シニフィエである人間＝主体から社会を解き放ち、それを諸々の実践の編制のコンジャンクチュアルな接合が織りなすアンサンブルであると位置づけつつ、人間＝主体という形象を歴史の舞台から追い払ったとしても、歴史を動かす（つまり当該の支配的状況が変革を被る）ためにはその動因を求めねばならない。構造（のあいだ）の因果性は必ずしも決定を含意していない——非決定論・不可知論はマルクス主義にとって論外であるにしても、構造の因果性の内部で決定不能性・不確定性がはたらいていなければ歴史（そして革命）はありえない。要するに歴史（の構造）が完全に決定されていたのでは歴史がありえない——「非歴史的な雲なくしてはなにごとも生じえない」(ニーチェ)のであるとしたら。この歴史のただなかの非歴史的なエレメントをどう考えるのか、アルチュセールの問いはそこをめぐってマルクス主義の臨界で旋回したといえるだろう。それはわたしたちがいまここで、いかに支配的システムにたいして抵抗や闘いを組織し、自由を実現していくか、歴史の流れに抗いうるのか、というアクチュアルな問いと密接不可分であり、そうしたアクチュアリテから遠ざかる一方のマルクス主義を、その内側から現実の方へと引き戻す試みであった。

こうした問いへのひとつの回答が、ポスト・アルチュセーリアンであるジジェクや彼と密接な理論的関係にあるジョアン・コプチェクらのラカニアンが提示するものだ。その回答はアルチュセールらが追い払った(構造のあるいはイデオロギーの生産物としての)「主体」という形象をとることになる。アルチュセールらがもたらした切断のあとで、彼らにとって歴史主義とは、必ずしも主体という概念に連接しているものではない。歴史主義とは彼らにとって、人間主義のそれではなく、言説のゲームや表象の実践の諸々の系列のうちへと主体を解消してしまうこと、主体を「法」やルールの実現(realization)、すなわち従属/構成の産物として捉え、それそのものの「意義」を抹消してしまう知の現在支配的形態――ここでいわれる歴史主義は構成主義と同一の理論的構えを指すと考えてよい――のことである。ジジェクにしろコプチェクにしろ(便宜上、細かい差異はとりあえず無視してここではまとめて「反歴史主義的」――これは冗長な形容なのかもしれないが――ラカニアンと呼びたい)、問題は言説や権力の構成物として石化した主体にふたたび主権を与え返すことではないし、歴史と主体との因果関係をふたたび転倒させることにはない。むしろ、精神分析の主体、分裂を被った主体を——精神分析を権力の産物として歴史化するのではなく——歴史や社会の限界／行き詰まりを指し示す指標として、そしてそれと同時に歴史それ自体の条件でもあるところの非歴史的エレメントとして取り上げることである。主体とはそれがなければ社会がみずからに十全に折り重なってしまう、つまり社会がみずからの実現を果たし終え、歴史を失ってしまう要素である。歴史主義はその意味で、主体もろとも歴史をも犠牲にしてしまうのだ。それゆえ、反歴史主義がもくろむのは、歴史の否定・消去ではない。むしろ必要なのは、歴史主義（historicism）を歴史性（historicity）から切り離すことであり、歴史や社会を、開かれた生成途上のものとして考えることを可能にする方法を精神分析によって示すことなのである。

本論では次の3点を論じたい。

1、歴史主義の決定論から非歴史的エレメントを「守る」という反歴史主義的ラカニアンの基本的スタンスを共有しつつ、彼らのフーコー批判を検討してみたい。まず、歴史主義の代表格であるとされるフーコーへの彼らの批判の根拠を確認し、それが近代社会の評価をめぐる差異となってあらわれていることをみる。2、次に、彼、彼女たちのフーコーの批判をさらに批判的に検討してみる。そして3、ジャック＝アラン・ミレールの議論を手がかりにしながら、フーコーにとって近代とはどのようなものか、そしてその把握がいかにフーコーの権力と自由についてのヴィジョンと関連しているのかを考えてみたい。

i　パノプティコンは近代社会の特権的形象たりうるのか？

【1】眼とまなざしの分裂と欲望の主体

人間主義と連携した歴史主義は、主体と構造を基本的には相容れないものと考える。主体とはみずからの被規定性を克服するその作業のうちにあらわれる、というかその作業自体のことなのであるから（ヘーゲル）。他方、主体を人間主義のテーマ系に帰属したものとして否定する歴史主義も同時に主体を構造の効果としてしか認めないだろう。反歴史主義的ラカニアンにいわせれば、ここでまなざし（le regard）をめぐってサルトルとフーコーが奇妙にも交錯する。サルトルが論じた客体化するまなざし、主体を「即自の不動の塊へと投げ込んでしまう」まなざしとはまた、パノプティコンから囚人の身体をめがけて投げかけられたまなざしではないだろうか？

サルトルにおいてもフーコーのパノプティコンの装置においても、まなざしと主体とは一致する。あるいは少なくとも一致の可能性が想定されている。それによって生じることは、「あらわれ（appearance）」への「存在（being）」の還元である（Copjec, 1994, 14）。コプチェクはこのパノプティコンの論理を、ラカンの影響の下で議論しているはずのクリスチャン・メッツやジャン＝ルイ・コモリらの映像理論における映画装置の議論をも共有しているものとして分析を加えているのだが、たとえば、クリスチャン・メッツによれば、主体はまず映画においてカメラ／「まなざし」に同一化し自分自身を誤認／再認し、次にスクリーンの表象に同一化する。あるいはメッツのこうした同一化を二段階設ける主張を批判して、鏡としてのスクリーンへの同一化において主体の構成（主体効果）と主体へのイメージ帰属（現実効果）の双方が果たされるのだとする議論もある。しかしいずれにせよまなざしは、世界／表象の経験がそこに収斂する超越論的主体の、あるいは「すべてを－見ている（all-seeing）」遠近法の幾何学的ポイントであるまなざしに同一化されるものであり、それを占有することによって主体と構成された表象のイメージが主体に帰属するものとして構成されるとされる。ここでのポイントはなんであろうか？　まなざしがシニフィアン総体の一種のシニフィエとして機能している、という点である。遠近法の幾何学的ポイントとは、そこにおいて歪曲なき展望が可能になる地点である。つまり、まなざしによって、わたしは自分自身と世界のイメージを十全に把握しているのである。したがって、映像理論は「存在と意味」とがそこにおいて一致するはずの究極の地点がまなざしであると考えているといえる。「あらわれ」とその意味とがむすび合わされる地点、可知性（intelligibility）と可視性（visibility）とが交わり、主体を囲い込んでしまう地点である。可視性の領野におけるシニフィアンの連鎖が、「私は見ている、それゆえ知っている」という遂行的な言表をともなって統合される焦点としてまなざしは機能するのである。可知性と可視性が主体を完全に包囲するための焦点としてのまなざし――この構図はパノプティコンから投げかけられるまなざしのそれと同じものであり、いうなれば映像理論やフーコーにおいては、まなざしは存在を「あらわれ」に還元するための媒介と

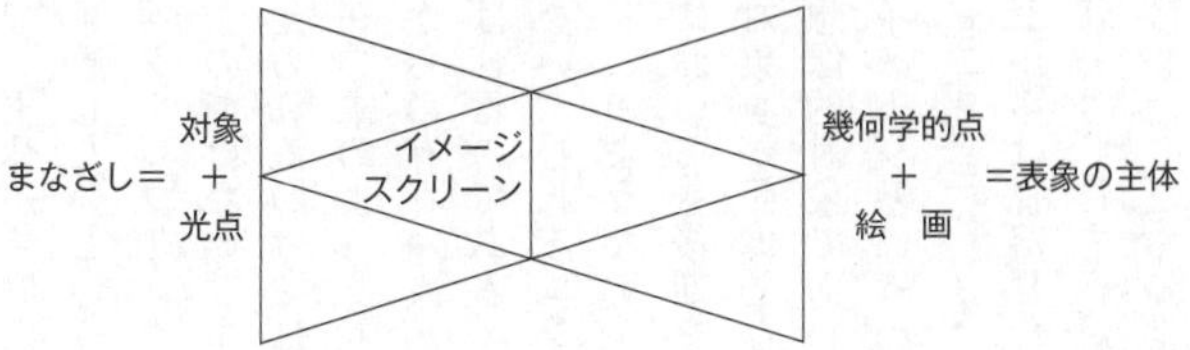

図

して働いているのである。

これらの議論においては、「幾何学的遠近法が描く単一の三角形」——光学の秩序にしたがう——しか想定されておらず、そのひとつのポイントを主体が誤認によって占める想像的同一化が問題化されている。そしてそのまなざしの対象となったものは、すべてを把握され、客体化されてしまうことになる。ところが、ラカンにおいてはその三角形にもうひとつの三角形が割り込むことになる(図)。それはシニフィアンによって横切られたために、光が屈折し、散乱する様子を描いたものである(33)。シニフィアンの物質性、不透明性が、第一の三角形が設立したはずの世界の秩序に亀裂をいれ、つねに主体にその背後になにかがあると想定させることにより、イメージからその確実性を奪いとる、とされるのである。

具体的には、ナルシシズムという現象がこうしたイメージと主体の関係を示している(37)。主体はナルシシズムにおいてみずからのイメージとの関係のうちに、ある過剰(あるいは過少)をみいだす。上述の映像理論の立場からすれば、ナルシシズムとは主体と主体のイメージの鏡の関係であり、それによって、主体が装置に捕らえられる媒介の作用である。ここでは社会的関係とナルシシズムとは矛盾しないというよりも、社会的関係にまったく適合しているわけである。ところが、ジジェクやコプチェクにとって、ナルシシズムという想像的関係は、単純に承認、誤認、知の場なのではない。主体は鏡の作用のうちにみずからの姿を過不足なくみいだし、完全に罠に捕えられるわけではない。主体はむしろ、そのイメージ、あらわれの向こう側にみずからの存在を求めよう(見いだそう)とする。イメージにつねに不完全性／非整合性をみいだし、みずからの存在を求めて与えられたイメージを超えようという運動(欲望)がナルシシズムと呼ばれるのである。とするならナルシシズムと社会的関係は必ずしも適合的、適応的関係にはない、むしろコンフリクチュアルな関係にあると考えねばなるまい。

このようなナルシシズムの把握は、精神分析に特有のものというよりは、とりわけラカンにおいても後期をまって明確に分節されたものである。初期の鏡の段階論において小文字の対象aが想像的なものの領域に位置づけられていたのにたいして、後期において、ラカンは想像的対象であったaを現実的なものの領域に位置づけ直す。主体の相関物である対象aは、イメージというのではなく、むしろイメージから脱落してしまったもの、「鏡映不能なもの(unspeculative)」である。L図でのm-i(a)のあいだの想像的関係a-a'ではなく、鏡のイメージからは脱落したa、不可能であるがゆえに欲望の対象／原因となるイメージの領域から逃れ去ってしまう対象a――主体があらわれるのはこの対象aとの相関においてである。それはわたしたちの世界の内部には、歪曲、染みとしてしかあらわれえない。逆にいえば、わたしたちが「存在している」かぎりは、表象、あるいはシニフィアンには、十全には表象不可能かつ非知であるような、あるポイント、染みが必ず含まれているというわけである。ラカンにおいては、この染みこそがまなざしである(1)（「わたし自身の鏡のイメージにおいて失われた部分とは、わたし自身のまなざしであり、わたしをそこでみている対象－まなざしである」（Žižek, 1992, 126））。

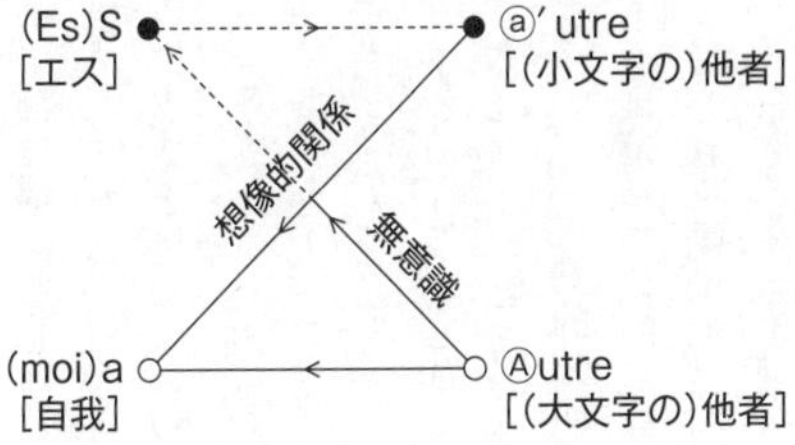

L図

可視性／可知性の源泉ではなく、その限界にまなざしがあらわれるのであり、またそれは可視性、可知性の編制に限界を穿つのである。主体は可視性／可知性の編制、すなわち法によって生産されるのではなく、そこに限界をみいだし乗り越えようとする運動において存在するのだといえる。要するに（欲望の）主体の原因（cause）は法ではなく、法の向こう側へと主体をドライヴする対象aなのである(2)。

　主体は光景を見る以前に、光景においてまなざされている、とラカンはいう（Lacan, 1973, 71）。主体は見るものであると同時に（あるいはそれ以前に）絶対的に見られているものである。「まなざしとはそれによって光が受肉／具体化され、さらにそれによってわたしが写真に－撮られる（je suis photo-graphié）ところの道具である」（98）。しかし見つめ、「写真にとる」ことで、主体を一種のスペクタクルに変えるこのまなざしは、サルトルやパノプティコンのまなざしという意味で主体を構成するのではない。むしろこの見られていること（まなざし）の非還元性が、わたしを表象のうちに構成しきれない残余として、秩序、主体の謎としてわたしに取り憑く。あるいは本来的に表象に支えを持たないわたしに存在の裏地を与えてくれるというべきか。この意味で、見ているわたし（眼）とまなざしとは分裂するのであり、図もこのまなざしと眼との分裂とキアスムを指し示している（つまるところは映像理論もフーコーもこの分裂とキアスムとを見逃しているということになるだろう）。(3)

スクリーン（écran）とイマージュ（image）の重なり合う場所を注目しよう。眼の側に帰属するイメージとまなざしの側に属するスクリーンとが交わることで、そこを一種の（イデオロギー的）「視覚的分節」の場所であるとして読むことができる（Silverman, 1992, 150）。スクリーンには、文化的、社会的表象が投射されており、わたしたちは模倣／擬態（mi-micry）によってそれを受動的に引き受けることで、それらの（「イデオロギー的」）表象をわがもの（イメージ）と考える（現実効果と主体効果）。しかし主体はこの模倣あるいは同一化によって完全にイデオロギーの主体となるわけではない。ラカンは表象の引き受けという意味での模倣に、もうひとつの――人間の主体に固有の――模倣／擬態を付け加える。この模倣はラカンが「変装、カモフラージュ、威嚇」などにむすびつけているものであるが、この模倣／擬態の水準のおかげで「人間主体のみが想像的おとりに完全には欺かれることがない」とされる。人間の主体のみがみずからが存在とあらわれに分裂していることを知っているのであり、それゆえ「あらわれ」（スクリーン）の機能を分離できる。「人間はそこを超えればまなざしがあるところの仮面と戯れる術を知っている」（Lacan, 1973, 99）。存在とあらわれの分裂は、人間にとってのチャンスでもあり、そこにある種の（歴史主義の考えることのできない）ポリティクスの可能性も生まれてくるだろう。[4]

【2】「社会は存在しない」——近代と民主主義

それゆえ精神分析の主体（欲望の主体）は、法の実現（realization）として、すなわち法によって構成されたものとしてあるのではない。それは法の必然的な失敗として、要するに法の効果（effect）として生産されるものである。主体が法／権力の実現ではなく、法の効果であることで、法の付与する諸々のアイデンティティ（あらわれ）へと主体（の存在）は吸収されつくしてしまうことはないということになる。むしろ、この実定性の付与の残存物として、実定性からの剰余としてそのただなかに亀裂としてあらわれるのが精神分析の主体なのである。主体を、さらには欲望を、法の実現へと還元してしまうことで、フーコーは精神分析のみならず近代的民主主義の主体がまさにこの法の効果／逸失としての主体であるということを見落としてしまう、とコプチェクらはいう。パノプティシズムに集約される近代の形象が、民主主義をも呑み込んでしまうことを阻止すること、むしろパノプティシズムが内包しているパラノイア的権力イメージに限界を穿ち、それとの敵対関係にあるものとして民主主義を考えること、これが反歴史主義的ラカニアンの問題なのである。

近代的民主主義は主体に「あらわれ」と「存在」のあいだの亀裂を持ち込み、なおかつその亀裂の縫合を許さないという点で特異な制度である。コプチェクやジジェクがひんぱんに言及するクロード・ルフォールは次のように民主主義を定義している。「民主主義社会は、有機的全体性の表象を許さない社会として、身体なき社会として創設される」。民主主義においては他者Aの場はつねに斜線《バレ》されている。したがって、権力の場所は誰も占めることができない。そこを占めると僭称する人間は「つねにペテン師としてあらわれ」ざるをえない。

他方、まなざしを象徴的装置に還元することでまなざしと眼の分裂が見過ごされることによって、フーコーが近代の社会権力のモデルとしたパノプティコンは、近代的民主主義と精神分析が切り開いた主体のための／という空間を再び縫合してしまう。フーコーのパノプティコンにおける監視者と監視される者との関係にはある（メルロ＝ポンティとは異なるかたちでの）相互的キアスムがあって、コプチェクがいうように、それがフーコーの「誰も……ない」と民主主義の権力の不可能性における「誰も……ない（no one）」とを隔てている（Copjec, 1994, 159)。つまり、フーコーにおいては「誰も……ない」とは「誰もができる」へと容易に反転するのであり、この同一化可能性のゆえにまた、この権力の実効性も担保されているのだ。フーコーは次のようにいう。

社会のどんな成員でも［その装置に］やって来て自分の目で、どんなふうに学校や病院や工場や監獄が機能しているかを確かめる権利をもつだろう。したがって、一望監視の仕掛に当然な知の増大は、変質して専制状態におちいる心配はないのである。そして規律・訓練の装置は民主的に取り締まられていくだろう、というのはその装置は、〝この世の大きな裁判委員会〟がたえず近づきうるものになるだろうからである。（SP／二〇九）

この引用のなかでの「民主的」なる言葉は、コプチェクらの議論を補完してくれるだろう。ここでの「民主的」とは、だれもが権力の場を占めうるということだ。それは、権力の主体は無名の交換可能で一般的（リアリズム的）主体であるということである。他方、普通選挙制度においてもっともよくあらわれるように、近代民主主義における「誰も……ない」とは決定的に否定的なものである。つまり、主体はその場所を決して占めることはできない、できるとしても一時的なものであり、その地位はつねに不確定のものである。要するに、その場所を占める主体はつねに欠如を抱えた部分的主体でしかありえないのであり、またそれはつねに特定の実体的主体に社会の総体を表象＝代表せしめることを禁じているのである。この権力の場所の不在化は、たえず実際の権力の形態を問いにふせしめる余地を与えてしまう。〈他者〉はつねに斜断《バレ》されているし、またそれと相関して主体も斜断《バレ》される（選挙においては主体は数に還元される）。主体は〈他者〉からみずからの究極の保証を与えられることはないのだから。まさに、この意味で民主主義の主体とはヒステリーの主体なのである。この点から、民主主義とパノプティシズムが相容れない政治形態であることも判明する。ヒステリーは、いわばパノプティシズムに抵抗する主体なのである。というのも、可視性と可知性とが交錯して主体に完全な同一性を付与するはずの場所＝身体において、その一部が当の主体自身にとって暗所となり（麻痺、痙攣）、そのことによってパノプティコンのすべてを貫通する明るみにたいして身体をもって抵抗しているのだから。それはシニフィアンによる「あらわれ」の構成、属性の付与（呼びかけ）への抵抗なのである。したがって、民主主義の〈他者〉はたえず主体に「あなたが望んでいるのはなにか？」「あなたが自分で望んでいるといっているものは本当に望んでいるものなのか？」（Che vuoi?）と問いかける。主体は他方、不確実、不透明な〈他者〉に直面して、「〈他者〉が本当に自分に望んでいるものがなにか？」と、問いかけることになる。そこでは「あらわれ」と「存在」は分裂する。かくして近代的民主主義はみずからのうちに非知を背負い、不確定性あるいは限界を刻印されたシステムといえるのである。

これについてはレナータ・サレツルによる整理が明快である。彼女は民主主義を社会がみずからを十全に実現させようとする（全体主義的な）あらゆる試みをみずからに禁じているとし、その民主主義による社会の自己制約の機能を「自己‐拘束（self-binding）」と名づけている（Salecl, 1994, 93）。フーコーのあやまりは、近代的民主主義が設立する社会の自己‐拘束をパノプティシズムに集約される権力テクノロジーのうちに包摂してしまう点にある。要するに彼は権力としての法（パノプティシズム）と自己‐拘束がじつは敵対関係にあることを見逃しているのである。この自己‐拘束の例としては、先ほどあげた普通選挙制度や法の下への正義の従属（全体主義は法の形式的限界を実質である正義によって乗り越えようとする）がある。それに加えて重要なものが人権概念である。バリバールをもじって（誰が市民かではなく市民とは誰か）、人権の主体とは誰のことかと問いかければ、それはあらゆる実定性を括弧入れした「空虚な主体」、デカルト的コギトでしかない。人権それ自体が歴史の産物であるにしても、それがはらんでいる含意は特定の歴史のなかに埋め込んでしまうわけにはいかない。むしろ逆に、人権概念の設立は、それを起点として以後の歴史が作動する、ひとつの零地点として働いているといってもよいかもしれない（ちょうど快感原則と単純に対立するのではなくむしろ快感原則の支配の原則として死の欲動が働いているように）。それは「すべて－でない（not-all）」普遍性を社会の編制原理として理念的に課すことによって、つねに現実との（カントが「パトローギッシュ」と名づけるような）落差を生み出す。主体はつねに現実の社会秩序に歪みをみいださざるをえないのであり、同時に主体はたえず分裂を余儀なくされる欲望の主体である。まさにこの分裂、ずれこそが、現存の秩序を変容させる力となるわけである。

ii　社会体の解体と〈社会〉の誕生

【1】法と権力

フーコーのあやまりは、主体（欲望）を法（権力）の実現として考えたこと、つまりは権力を生産の機能としてのみ考えた点にあるとされた。コプチェクによれば、フーコーによるポジティヴで生産的機能を果たすものとしての法の定義は次の二点を含意している。法とは、

〈1〉無条件的である、それに従属せねばならない、というのも法が許容するものは存在へともたらされうるのだから――定義からして存在とは従属である、
〈2〉法は条件づけられていない、というのも法に先立ついかなる欲望もないのだから。

また、サレツルも次のようにまとめている。「精神分析の法の概念はフーコーのそれとはまったく異なる。彼は法を権力に基礎づけられた規範として捉える。フーコーは法の否定的力を否定する。つまり彼はそれを禁止、検閲、ではなく、〝構成〟のポジティヴな力として捉えるのである」(Salecl, 1994, 95)。

だが人間主義と歴史主義の双方から身を離して表象の体制の内部にトポロジカルな歪みないし「肌理」(Copjec, 1995) としての「外」をみいだそうという、その問題の構え自体は親近性を感じる彼らの議論にたいして、疑問が生じるのはここである。フーコーは法を否定的(禁止や抑圧の) 機能に還元するやり方に批判を加え、それに生産的、構成的機能をあてがっているというジジェクやコプチェクらの前提からして妥当だろうかという疑問である。そもそもフーコーは、明確に生産=構成としての法という問題設定をも批判の射程に入れているのである。これは、反歴史主義的ラカニアンに一線を画しているはずのジュディス・バトラーらにおいても同様に――善意も悪意も交えて――執拗にくり返されるフーコーの権力論の要約である。フーコーは主体も欲望も、法によって(完全に) 構成されるものであると主張

している、というのである。ところがフーコーは次のように述べている。

ところで、この分析学は、不要物を捨て、権力のある種の表象から、すなわちわたしが——その理由はあとで書くが——「法律的‐言説的（juridico-discursive）」と呼ぶ権力の表象から自由になることを前提にしてのみ成立しうるものだとおもわれる。この概念こそが、抑圧というテーマ系と、欲望を成立させる法という理論を、二つながら統率しているからである。別の言葉でいえば、本能の抑圧に基づく分析と、欲望の法に基づく分析とを、たがいに区別するもの、それは確実に、衝動の本性と力学とを考えるやり方であって、権力を考えるやり方ではない。そのいずれもが、権力の表象としては同じ形を用いるのであり、それは、権力の用い方と、欲望との関係で権力に認める位置とにしたがって、二つの相対立する結果を招く。すなわち、欲望に対して権力が外的な介入力しかもっていないとするならば「解放」の約束であり、あるいは権力が欲望そのものを構成するものであるならば、いずれにしてもあなた方はすでに罠にかけられている肯定である。それに、この表象形式は、性にたいする権力の関係を問う人々に固有のものだと想像するのはやめよう。それは事実、遥かに一般的なものなのだ。権力の政治的分析の中にしばしばみいだされるものであるし、おそらくそれは、西洋世界の歴史に深く根を下ろしたものである（HS, 109／一〇八）。

あきらかなように、フーコーは法と欲望との関係を否定性と関連づけるテーマ系とともに、肯定性＝生産性にむすびつけるテーマ系ともみずからの問題設定を区別している。したがって、フーコーにたいして、フーコーは精神分析における法を禁止＝抑圧へと一面的に還元しているとし、だが精神分析もフーコーとともに、法を（ひとまずは）生産的なものと考えているはずだという批判は前提からして的外れなのである。というのも、フーコーは明確にラカン派の精神分析をも念頭に置きつつ、法のポジティヴな機能をもみずからの問題設定とは区別しているのであるから。[5] また、コプチェクらの批判は、生産性の機能に着目するという点ではひとまずフーコーと精神分析の法の把握に共通点があるとしても、法が主体（の欲望）を十全に生産できる、決定できるか否かにみずからとフーコーを分かつ差異があるのだという点に向けられていた。むしろ精神分析においては、主体は法の限界において、法の効果として生みだされるのである、と。しかしフーコーは、欲望を権力が構成するという論法にもはっきりと批判的なのである。フーコーは権力が欲望を構成すると主張しているのではない。この点は、近年の構成主義論争のなかでもしばしば誤解されているのだが（そこでは往々にしてフーコーは欲望の歴史性／構成性をも認めるハードな構成主義者に分類される）[6]、フーコーはそもそも、欲望／衝動にどこまで歴史性／構成性がいえるのかというような、基本的に「衝動の本性や力学」にかかわる問題設定そのものと自身の権力概念は無関係であると主張しているのだ。

　このフーコーの主張には否定的なだけでなく、積極的な含意もあるといえる。フーコーは存在＝従属と捉えているというコプチェクによる批判は、基本的にフーコーが欲望を権力が構成すると考えている点に基づいていたのだから妥当性を失うのだが、重要な点は、フーコーの『知への意志』以降の「行き詰まり」（ドゥルーズ）を考えあわせても、また、晩年の主体化の主題への移行をまたずとも、彼らの批判は適切ではないということである。衝動や欲望、快楽といった領域そのものが権力によって構成されるのではなく、それらは権力とひとまず区別され、「接触」するのである。そもそも権力は人間の力すべてを覆い、それらを決定、構成するのではなく、それらと接触し、ある特定の形成へと向かいうるだけである。要するに、フーコーにとって主体が構成しきれないこと、それゆえに抵抗があるのは自明の前提なのであり、単純に『監獄の誕生』や『知への意志』などにおいては、それが主題としては設定されていないだけなのである。

それはさておき、フーコーにしてみれば、法は、生産的に欲望に作用すると考える精神分析の一部のそれであれ、権力を考えるやり方としては不適切である。しかしそれは、必ずしも法と権力との連関の否定ではない。そうではなく、権力と法とを区分し、権力と法との関係を新たに捉え返すべきだ、そうしないとみえてこないなにかがあるとしているのである。むろん、フーコーのいう権力は、なにがしかのコードによって作動するものであるのにはかわりはなく、それゆえ、結局は精神分析のいう法に還元できるのだとすることも可能であろう。だが、こうした図式化、単純化がなにかを犠牲にしているのではないかという疑問は残る。つまり、コプチェクらのフーコーによる権力分析の法のテーマ系への直接的な還元、フーコーが懸命に法の特異性を権力一般の働きから区別させながら把握しようとした意図が付度されないままの還元が、近代社会のイメージの単純化を招き、ひいては彼ら自身の歴史主義批判の意味が逆に失われてしまう危険性があるのではないか、立ち止まって考えてみる意義は十分にある。

法＝権力＝生産性という等置の背景には、法にしろ権力にしろなんらかの規定的な力がすべて象徴的な法と等置される点にあるとおもわれる（象徴的なものの領域の図式化、単純化はジジェクらの傾向的な特徴であるが）。実際の諸々のコードの種別性を捉えるために、象徴的なものをラカニアンの問題設定の内部で差異化する方法はあろう。たとえばジジェクは最近では、フーコーによる権力分析の問題設定を、単純に象徴的なものに関連づけるのではなく、いわゆる「〈他者〉なき象徴的なもの」、すなわちララングとのアナロジーで解釈している（Žižek, 1996, 106-109）。それによれば、従来の権力論の問題圏域からすれば、フーコーにおいては「〈権力〉は存在しない」。従来においては権力は〈他者〉、分散した関係の集合を「全体化する」〈例外〉としての〈一者〉の審級のことを指していたのだ、とするならば。

さらに、ララングとむすびついている女性的「すべて－でない（not-all）」の論理をこの点とあわせて考えてみるとどうなるのだろうか。男性の定式が、シニフィアンの連鎖から〈例外〉を差し引いて（subtracted）「すべて（all）」の領域を確保するのと対照的に、女性的論理は「すべて」を形成しない。なるほど女性も、ファルス関数に完全に支配されており、一種の閉域を形成していることは間違いない。しかし、「すべて－でない」という内在化された限界――男性の場合は例外者に限界は外在化される――のために、Φは不可能性の隠蔽として、すなわち「〈他者〉の〈他者〉」の不在、〈他者〉の不能の隠蔽を見分け暴露することができる。「〈ファルス〉に対する例外が欠如しているからこそ、女のリビドー経済は筋が通らず、ヒステリックなものになり、かえって〈ファルス〉の支配が危うくなる」（Žižek, 1996, 248）。権力のネットワークは言説間、実践間の矛盾ではなく、その「すべて-でない」性格のゆえに、社会は不可能であるという命題をわがものとしているとも考えられないだろうか。

あるいは、フーコーがパノプティコンを抽象的＝理念的ダイアグラムであるとしている点に着目することもできよう。要するに、パノプティコンはあくまで理念的装置（ドゥルーズ＝ガタリであれば抽象機械と呼ぶところの）であり、それを「現実」と混同するわけにはいかないのである。これもジジェクの指摘であるが、パノプティコンはフーコーにとっての亡霊（spectre）であり、主体や社会をミクロな権力実践に解消するという作業が突き当たるデッドロック、残余なのであるとも考えられる。それは現実に効果を与えはするが、あくまで「統整的理念」としてであり、人々の欲望の実現のさせかたを示しているだけの「幻想」であるともいえるのだ（Žižek, 1994b, 13）。

【2】限界と境界

近代民主主義は社会内部の核心に限界／敵対を刻み込んだ。それは権力の場の不在によって社会の不可能性を、〈例外〉の設定による可能性へと転化することを禁じている。つまり、近代民主主義は、排除による外部の設定によって内部の境界を獲得する政治とはそのメカニズムを本質的に異にするのだといえるのだろう。というよりも、民主主義をこう理解することで、民主主義が内包する政治を、限界の外部への転換にもとづく境界の設定による同質性の獲得、「社会の可能性」を前提とした（全体主義的）政治とは区別せねばならないのである。しかし、こうした内と外を分かつ仕切りの設定、排除／否定によらない、いわば限界の抱え込みによる政治の論理はフーコーが近代のものであるとも考えていた、権力のミクロな作動様式と基本的に異ならない。

法と権力を一括りにしたときみえなくなるのは、近代の権力が作動する様式を可能にしているコードの特異性と、それによってあらわれる社会の特異性である。ジジェクの図式に沿って、その特異性の一端をみてみよう。通常の（象徴的）法で語られるイメージは、やはり基本的には〈例外〉の設定に基礎をおく男性の論理にもとづくものであろう。しかしジジェクにしたがって、フーコーの権力は〈例外〉なしに「すべて - でない」という論理にしたがって作動しているとしよう。この点をひとまず認めたとして、フーコーは厳密には精神分析を法と権力の交錯のなかでどのように位置づけていただろうか。フーコーは精神分析を必ずしも、近代的権力の論理の内部にのみ位置づけていたわけではない。フーコーによれば、社会とセクシュアリティの装置とは必ずしも適合しているわけではない。むしろフーコーは、近代社会はセクシュアリティの装置を特徴づける権力の作動と増殖を恐れるというのである（「この社会は、そのような［セクシュアリティの］権力のテクノロジーの作用と増殖を恐れ……」）（HS／一四〇)。この恐怖は、権力のテクノロジーをふたたび法の領域にコード化することで一定の解決をみる。具体的にいえば、セクシュアリティの装置は、たえず婚姻の装置によって「法や法的なるものの次元」に運び込まれ、再登録されねばならないのである。ここにおいて精神分析が担った役割は明白である。「セクシュアリティの装置を婚姻のシステムの上に重ねて留める企てを保持させ」ることである。これによって「セクシュアリティが、本性上、法に異質なものとして立ち現れるという危険がなくなった……精神分析と共に、セクシュアリティのほうが、婚姻の規則に、それを欲望で充満させつつ、身体と生を与えるのだ」(HS／一四四―一四五)。

このように考えてみれば、フーコーにおいては、エディプスの法と近代の権力の論理が、必ずしも適合していない、むしろその内部にコンフリクトを内在させていると捉えられていることがわかるだろう。フロイトの父の形象が表象する法の権威は、享楽の禁止を免れており、享楽を独占している〈例外者〉としての原初的父親の形象に支えられていた。こうした〈例外〉の設定による法の構成する秩序を、無限の分類と多様性の登録を任務とする「すべて－でない」権力の作動が壊乱してしまう傾向がつねに存在しているのである。

この点で着目すべきは法とノルムとの区別である。**以上の敵対は法とノルムとのあいだのもの**(あるいは主権(超越的次元)と(生権力的)内在的次元との敵対)ともまとめることができるだろう。実のところフーコーが法に対置しているのは厳密にいえばノルムである。とはいえ前者は権力の隠蔽にすぎず、後者こそが権力にむすびついているというのではない。これら二つのコードの様態は、権力行使の二つの異なる様態なのであり、フーコーは近代においては後者が優勢になる――あるいは厳密にいえば、前者が後者の原理にしたがうようになる（いわゆる「社会法」の種別性がここにある）と述べているのである。フーコーは次のようにいう。

〈生-権力〉のこのような発達のもう一つの結果は、ノルムというものの働き＝規準が、法のもつ法律的システム（système juridique de la loi）を犠牲にしていよいよ重要になったことである。……［この権力は］規準となるノルムのまわりに配分する作業をするのだ。わたしは、法が消え去るとも、裁判の諸制度が消滅する傾向にあるともいうつもりはない。そうではなくて、**法はいよいよノルムとして機能する**ということであり、法律制度は、調整機能をもっぱらとする一連の機関（医学的、行政的等々の）の連続体にますます組み込まれていくということなのだ。ノーマル化［正常化］を旨とする社会は、生に中心を置いた権力テクノロジーの生み出す歴史的な作用＝結果なのである。一八世紀までにわれわれが知っていた社会に対して、われわれは**法律的なベクトルが退行する**段階に入っている……（HS, 189／一八一―一八二）[7]。

【3】法、権力、ノルム

ミクロな次元での規律・訓練秩序内部でのノルムの作用が、人口というマクロな次元に作用し全域の管理／調整の手段にまで用いられるようになって「生政治的なもの」の総体が構成・組織される。その際、この局所的な作用を社会の全域の管理の手段へと引き上げるのが「保険」である。「保険」とはエヴァルドによれば、まずもって「保険統計の観点からリスクを見積もるテクノロジー」ということになるのだが、ここで興味深いのはリスクのテクノロジーと社会保険制度が「政治をめぐる新しい思考法の基礎を形成する」ものとなり、「たんに国家に従属する一機能ではなく、当の国家の本質にふれる国家編制上の一部分」となること、すなわち「国家そのものが巨大な社会保険システム」となるということである。規律社会の誕生とは若干のずれをはらみつつ、一九世紀の中盤に成立をみた保険業の誕生は、「社会体の解体」による不確定性が生じせしめた様々な諸問題へのマクロ・レベルでのひとつの応答でもある。ひとまずここでわたしたちは、近代的民主主義の理念が事実と法とのギャップを生み出したこと、それが社会総体の敵対を招来する解決不能の問題へと導かれたことを確認しておこう（ジャック・ドンズロは「権利というテーマの挫折」と要約している）。それに対するひとつの回答が、社会保障であり、それに基づく国家の編制の変容である（バリバールにならってここでは「国家の社会化」あるいは「国民国家と社会国家の結合」（Balibar, 1992, 116）としておく）。普通選挙の漸進的制度化は、こうした国家の変容（マルクス的にいえば「矛盾」の置き換え）の過程と相即的である。

ここで主要に着目したいのはこの保険技術の実際の歴史上における展開ではない。リスクのテクノロジーが民主主義とはまた別の方法で、社会体の「実質」を崩壊させ、社会に「不確定性」を持ち込むやり方である。コプチェクらは、普通選挙権の導入による人々の数への還元が「体」としての社会の形象を解体し、そこに人々のアイデンティティの崩壊、「確実性の指標の崩壊」をもたらしたのだとするものであった。そして彼らの批判によれば、フーコーやフーコーの議論の枠組みでの主張においては、この不確実性は、近代の「法（権力）」、すなわち規律のメカニズムによるリジッドな主体の構成のうちに包摂されてしまうのであった。だが、ノルムはこうした「不確実性の指標の崩壊」を決して単純に再建するものではない。ノルムもまた社会には内的に限界が刻まれているのを知っているし、それを隠蔽しようとは決してしないのである。ここでは、リスクのテクノロジーが本質的に偶然というカテゴリーにかかわるテクノロジーであることに注目せねばならないだろう。それについてはコプチェクが批判的に言及しているイアン・ハッキング(8)をはじめとする、フーコーの問題設定内部で、生権力論を展開させた人びとの議論が参考になる。

まずハッキングの『偶然の飼い慣らし（Taming of Chance）』における主要な論点は、決定論の衰退と偶然の自律性の獲得とそれに伴う（人間本性の議論の解体のあとの）ノルムあるいは「正常性《ノーマルシー》（normalcy）」の概念の台頭を新たなエピステモロジーと社会の現実との照応のうちにみるということである。ハッキングによれば、ちょうど普通選挙制度が人々を数へと還元／抽象化するのと同様に、ナポレオンの時代の末期から「数字のなだれ」がはじまる。そこではもっぱら「逸脱行為」が数え上げられたのだが、本来、自由な意志の領域に帰属するはずの（したがって規則性とは無縁のはずの）自殺、殺人などの現象が驚くべき規則性をもってあらわれたのである。こうした統計学的法則は初期においては深層の決定論的因果性によって説明可能であるとみなされていたが、しばらくするとそれ自体、自立性を有するものとして考えられるようになる。そのためには統計学が確率論とむすびつく必要があった（Ewald, 1986, 143-145; Rosanvalon, 1981, 20-32）。それによって、偶然と秩序という一八世紀まではまったく考えられなかった要素がむすびつく。いまや偶然性が固有の法則性を有しているのである。

この偶然性の法則性を思考可能にする概念がノルムである。偶然のアクシデントは、決定論的因果法則にとっては「例外」、あるいはアノマリーに属するのであろう。ところが、偶然／アクシデント（自殺のような）が規則的にあらわれるとすれば、それは例外ではなく「ノーマル（正常）」と呼ばれねばならない。あらゆる出来事や個体の偏差はノーマルとアブノーマルのグラデーションのなかに溶解する。社会の表象可能性の限界である偶然が、ノルムによって魔術的に法則へと転換するのである。このように偶然と規則性を切りむすぶ場所がまさに「ノルム」なのである。そして偶然性が規則となってあらわれる場所、「一八世紀まではまったく考えられなかった」秩序、これこそが「社会」学のいう〈社会〉である。デュルケームの部分の総和以上の固有の秩序（集合表象）としての社会という概念はとかく神秘性をはらんだものとして観念されがちであるが、それはミスリーディングである。そこは「数が固有の力能を有する場所」であり、数に還元されて実質的な同一性を失った群衆、多数性によって構成されているのである。社会学は革命以後、人権宣言以後の知である。それは産業化の進展という状況のなかで、近代民主主義がもたらした亀裂、敵対を単純に隠蔽や抑圧するのではなく――コンフリクトをノーマル⟷アブノーマルのグラデーションのうちに包摂することで――転位する。それはマクロな水準での人口の管理・調整のためのテクノロジーのマトリクスを構成する知であり、そのテクノロジーの進展は「社会国家」への国家の再編成、そしてそれと同時に普通選挙制実施の可能性の条件を構成する（階級闘争の制度化と引き替えに）（Ewald, 1986; Balibar, 1992）。

リスクのテクノロジーが実際どのように用いられたか、ひとつ例をあげておこう。「事故（accident）」の概念の変容である。文脈は異なるのだがポール・ヴィリリオは次のように述べている。古典的なアリストテレスの哲学では、物質が必然で事故は相対的、偶発的であるが、現在、それは逆転している。つまり、事故が必然となりつつある一方、物質は相対的で偶発的になりつつある、と。事故とは、それ自体は予測することは不可能な偶然の出来事である。しかし、その偶然は秩序と対立するものではない。むしろ偶然性の規則性として社会の自立性が浮き彫りにされたように、事故とは基本的には（個人ではなく）社会に帰属させられるものである。たとえば、労働災害の個人への帰責の問題は、それをめぐって従来、階級闘争が頻発した場所であるが、社会へとこのアクシデントの場の転位をおこなうのが保険の基礎にあるリスクのテクノロジーである。つまり、労働災害においてその責任は、労働者なり資本家なりに少なくとも一義的にあるのではない。それは特定の社会のありようの必然的である現象、すなわちノーマルな現象なのである。それゆえ、事故は排除可能な悪ではなく、問題は、社会全体が負うこうしたリスクにたいしてその負担をどう配分するかである。

このようなマクロな水準でのノルムの展開にとって重要なひとつのポイントとなったのは、

それの社会総体への拡がりの過程で「ノーマル」という概念が、統計学と確率論の接合により、「平均」という概念とむすびつくことになった点である。ここで重要な役割を果たしたのが、ベルギーの天文学者であり、「社会生理学」の提唱者であったアルフォンス・ケトレである。ケトレは、社会的事象に関する統計的データから、大量観察によれば、社会的事象に関してもいわゆる「二項分布」の極限としての「正規分布（normal distribution）」がとりだせることをつきとめ、天文学上、測定の誤差の法則として用いられていた（ガウス）この正規分布を社会にも適用できるとした。この正規分布によってとりだされた「平均値」を、すべてかねそなえていると想定された人間をケトレは「平均人（homme moyenne）」とよび、人間の一種の理想的像として考えた（Hacking, 1990, 105-179; Ewald, 1992, 143-170）。この平均人の概念によって、社会はみずからを組織するコードを自身の外部（人間の本性など道徳的・形而上学的尺度）に訴えかける必要がなくなる。エヴァルドによれば、それによってこの平均人の理論は以下のような意味で「社会学的思考」とよばれるもののマトリクスを形成することになる。すなわち、そこでの問題の立て方は、**唯一現実的である差異と不平等にもかかわらず、社会的、もしくは集団的同一性は存在するか**。この問題を、主体の形而上学的、道徳的アプリオリを仮定せずに、現実自体から導出することである。

……［啓蒙主義的］〝完成〟は、もしそれに歴史の図式あるいは進歩のマトリクスを適用するなら、決して現前しないし、実現しない。それは完成へ向けての無限の過程のおわりにある。しかしひとは、個人やその関係、同一性をもはや望ましい未来との関連ではなく、その現在の厳密な現実性《アクチュアリテ》において考えるのだから、完成はそれ自体現実的になる。それはつねに実現されている。……われわれが理想とするものの表象はつねに社会的なものの表象にすぎない。平均人の理論は、完成がノーマル性と一致する時代、社会的モラルの大部分がノーマル化することである時代を告げている（Ewald, 1986, 160-161）。

「完成」と平均とが重ね合わされれば、近代市民法の招き入れた事実／現実と規範の解消しようのない亀裂は、事実と規範とを循環させる方法を確立することでその都度（完全にはありえないにしても）解消されることになる。それによってたとえば、平等の問題は次のように転位される。

ノルムは「平等の問題を考える種別的方法、平等と不平等を組み立てる（composer）方法」である。つまりそれは、近代民主主義を基礎づける近代自然法における形式的平等（これが社会に還元不可能な亀裂を導き入れる）との関連ではなくて、平等の問題を平均（moyenne）と均衡との関係において考える方法である。事実を超えて形式的・普遍的平等自由の理念を基礎にする（それが階級闘争を社会の解体にまで導いていた）近代市民法とは異なり、ノルムは事実、ひいては不平等の領野を離れない。エヴァルドもいうように「ノルムは事実に従うのであり、その差異、へだたり、ヒエラルキーを重視する」（Ewald, ibid. 584）。しかし、ノルムはたんに、みずからの周りの個体を差異化し、配分することで満足するのではない。この点が重要である。ノルムにとっての問題はそうすることで不平等を標定し、なおかつ、（「アブノーマル」と考えられた）不平等と闘うためにその不平等を動態化することである。それはあくまで、近代民主主義が導き入れた亀裂を前提に据えて作動するのである。

またコンフリクトも社会の存在の核心に据えられる。ノルムは「コンフリクト社会の娘」である。それはコンフリクトを終わらせることを目標にしてはいない。集団間、個人間の摩擦、抗争は社会の存立にとって必然的なものであり、ある閾を超えなければノーマルなものである。要するに、ノルムはコンフリクトを調整し、規制するのである。抗争をはらみつつなおかつ存在している紐帯――社会のそうした紐帯のあり方は社会学によって「連帯（solidalite）」と呼ばれる。この紐帯は、限界をある外部の存在に集約して排除するのではなく、みずからのうちに抱え込んでいる。そこにおいては、あらゆる場所、あらゆる人間、人間関係が偶然に充ちたものとして、ひいては敵対に発展しうる可能性を秘めたものとして認識されているのである。

ノルムは社会の成員に共通のなにかを指示するのではなく、社会的諸勢力の関係の特定の状態をあらわす。ノルムは、連帯し、敵対しあう諸集団間のあいだの運動する境界として存在するのであり、〝敵対的エレメント〟と〝連帯的エレメント〟に分かたれた社会が、総体的な連帯の事実を表象しうる場所である。それゆえに、ノルムは〝連帯の状態の指　標《インディケーター》〟でもあるし、また連帯の作動の道具でもある。（ibid.）

このようにノルムは人間や事象を完全にカテゴライズできるとは仮定しない。そこにはつねにズレがはらまれていて、汲み尽くしえぬ「残存物」がある（エヴァルドは、統計学者は「整然たる世界観が事実と出来事の果てしない剰余に消失してしまいかねないそうした不分明な境界線にふみとどまらねばならない」と述べている）。したがって、コプチェクのいうように、フーコーらの分析する権力は、決して近代の社会体を「こわばった」もの、「死体」として想定するだけではないといえる。問題は「社会は存在しない」という命題、外部を喪失した内在の平面としてはじまった近代社会が、いかにしてみずからを諸々のコードによって統合する試みをおこなうのか、コプチェクらの語彙を用いるなら近代社会の被った「根源的去勢」を前提としつつ、それが亀裂を単純に縫合しないまま、いかに転位されていくのかを分析しているということにあるのではないだろうか。法と権力、ひいてはノルムが区別された意味があるのはそこではないだろうか。

2　アンチ・ポリツァイの思考——行為、快楽、欲望

以上のコプチェクらの議論の問題は、主要には『監獄の誕生』に焦点を合わせたものであり、その後のフーコーの紆余曲折を扱っていない。フーコーの規律権力の分析は、その当初にはポリツァイとの連続性で描かれていた。それを考えるなら、主要に規律権力、あるいはパノプティコンという形象に着目するコプチェクたちの作業が、近代社会をより複雑な層で

描きだすフーコーやその仲間たちの作業を捉え損ねているようにみえるのも無理もないのかもしれない。のちにフーコーは規律権力を、一般的には絶対主義国家に照応する「行政国家」にあてがっている（「……一五世紀と一六世紀に、もはや封建的ではなく辺境的なタイプの領土性において誕生し、規制（règlements）と規律の社会に対応した、行政国家がある」（1978f, 656／二三九））フーコーは、ひとつの実定性（象徴的なもの）にたいしてその外部を壊乱的なものとして対置させるという（初期に彼自身も武器にしていた）思考法は退ける。そうではなく、「現実的なもの」に内在しながら、次のような複雑な戦略を開始するのである。これについては次のような流れをたどると設定しておきたい（Negri, 1992, 41）。

（1）現実的なものを脱臼させる・ばらばらにする（désarticule）過程を批判的な仕方で開始する。これは、考古学・系譜学の作業に該当するだろう。
（2）次に、この分解／ばらばらにすることをポジティヴな条件に転換する新しい過程を切り拓く。最初は必然の王国のなかに描かれた道であったものが、そこで自由の過程のための空間をつくりだす。系譜学が引っ張られていく帰結。
（3）さらに、第三段階において、フーコーは、主体性のパラダイムを、レジスタンスと公共空間の再構成の場として展開する。さらに倫理学へ。

フーコーの統治性論は、規律権力の系譜学がはらんだみずからの潜在的力が必然的に折り拡げられるというような印象を与えながら、自由の空間へと歩みを向ける。それは述べたように、主体化＝従属という等式をほどくこととしてあらわれ、具体的には、リベラリズムがマクロな水準で力の行使の過程を二重化することへの着目としてあらわれた。以下ではそんな展望をふまえながら、さらに時間・歴史について考えてみよう。

【1】精神分析の二つの場所

「正統」ラカン派のジャック＝アラン・ミレールはフーコーの死後に開催されたコロックで、精神分析とフーコーとの関連、すなわち、フーコーの精神分析に対する「態度変更」をめぐって興味深い報告をおこなっている。それはほとんど一八〇度ともいうべき反転によって特徴づけられている。「『言葉と物』における人文科学の考古学や、人文科学が考古学の目標とみなされるパースペクティブは、精神分析あるいは精神分析と人類学によって完全かつはっきりと導かれている。人類学と精神分析が等しく位置づけられているにしても精神分析の方に好意は向けられているわけだが」（Miller, 1989, 77）。たしかに、精神分析は人類学、言語学とともに、〈人間〉の形象に依拠することなく、それどころか〈人間〉の成立条件を、その外に求める知であるがゆえに、人文科学への「対抗科学」でありうるとされていた。ミレールは当時のフーコーの作業が、精神分析あるいはラカンによって導かれているかもしれないとまでいうのだが、それは過大評価であるにしても、たしかに後期にいたるまで、フロイト、ラカンに対する一定の積極的評価の態度は貫徹している。たとえば七八年の対談（「哲学の舞台」）ではこう述べられている。

……デカルトからサルトルまで、主体は根底的ななにものかであるとは考えられてきたが、しかしそれは、人が手をふれないものであり、問題にされることのない事柄だった。そこから、ラカンがきわめて明瞭に示したことの意味もわかるし、また逆に、サルトルがフロイト的な意味での無意識を決して認めようとしなかったこともわかるのです。すなわち、主体とは根底的で根源的な、はじめにある形態などではなく、主体はいくつかの作用から形成されているのであり、その作用は主体性の次元のものではなく、名づけ、出現させるのはむずかしいが、いずれにせよ主体性というものよりはよほど根底的かつ根源的な、はじめにあるなにものかなのだ、という考えなのです。主体は、生成と形成の過程をもち、歴史をもつものであり、はじめにあるものではない（1978d, 590／一七八）。

このことはフロイトもいっているが、明確にしたのはラカンであったと付け加えている。つまり、主体の「非根源的性格」の暴露、である。それが人文科学がその言表の集合の収斂の地点である〈人間〉の形象の批判を含意していることはあきらかである。人文科学を、ひいては〈人間〉への「反撃の拠点」として、これらの主体批判が経由されているわけである。ミレールによればフーコーにおいて、『言葉と物』にいたるまで、精神分析は人文科学の考古学のほとんど「主導原理」であったが、やがて逆に、考古学の客体に変容していく。その変容に付随する手続きにミレールは着目している。『言葉と物』においてそれは「抽出（extraction）」と要約される。つまり、フーコーはこの著作で、人間という観念を、人文諸科学の総体の脈絡のなかで、すべての人文科学が自明視しているものとして規定する。しかし他方、『知への意志』において、フーコーは、「内包（inclusion）」と要約される手続きとともに分析を進めていく。つまり、ある知の総体のなかから抽出されるのではなく、精神分析を基礎にしながら、ひるがえって精神分析をも包摂する幅広い**集合体**《アンサンブル》**を発明する**（invente）のである。ミレールによれば、フーコーはまず精神分析に照準を定め、そこから特定の鍵となる要素を一つ取りだし、そしてそれを折りかえし点にして、「さまざまなかたちをとる知、実践、制度、振る舞いの形式」を集合させるというのである。(9) ではその鍵となる要素とはなんだろうか。〈**性**《セックス》**について語る**（parler du sexe）〉である。そして〈性について語る〉というシンタグマによって集約された諸々の要素の集合に与えられた名が、周知のように「セクシュアリティの装置」なのである。「古典主義の時代から発展してきたセクシュアリティの装置、その歴史は、精神分析の考古学としての価値をもちうるだろう」（HS, 172／一六五）。ミレールはこのフーコーの言い分の背後に、この発言とは逆の筋道、すなわち精神分析の考古学のために、セクシュアリティの装置を発明するという思惑をみいだしているようである。

ところがミレールは、この精神分析を基礎にしてフーコーが発明した対象は、徐々にフーコー自身の考古学の枠組みを侵食し崩壊させてしまうという。フーコーがみずからの論理に忠実にしたがうがゆえに、ある滑り込みの運動をはじめていく。〈性について語る〉は他の主著ではうまく探り当てることができた、その前後を挟んで対象の現前／不在が配分される（一八世紀の〈人間〉、あるいは臨床医学のように）切断点をみいだせずにどんどんと「際限なくかつ留まることなく」時間を遡りはじめるのだ。

〝セクシュアリティ〟は一八世紀の中盤にあらわれた。だがフーコーはいう。それは一七世紀以来どんどん膨張してきた、と。それからトレント公会議に、懺悔の実践に、良心の吟味に、そして精神の教導に遡る必要がでてくる。そしてそこからさらに、精神の教導はそれ自体歴史を有しているがゆえに、考古学者はみずからの用いる考古学の形態から脱線しながら、不可抗力的にギリシア人、ローマ人の方へと投げ出されるのである（Miller, 80）。

これと似たようなフーコーにおけるフロイトの位置についての観察をジャック・デリダがおこなっている。デリダはミレールと同じようにフーコーのフロイトへの態度の揺れに着目しているが、ミレールが時系列的に精神分析の評価からの価値下落というかたちでブレを折り拡げているのにたいして、共時的な軸の上に位置づけている。『言葉と物』以前、『狂気の歴史』という初期のテキストにまで遡って、そのテキストの内に刻印されたフロイトの位置の「振り子の揺れ」――その後の著作に一貫して内在する――を測定してみせるのである。「フーコーは、安定化可能な、固定しうる、そして一義的に把握へと差し出された歴史的な場所のなかに、フロイトを位置づけたい、と同時に、位置づけようとはしない」（Derrida,

1992=1994／一三六）。ミレールをなぞるならば、フーコーにとってフロイトは「指導原理」と客体のあいだを『狂気の歴史』から一貫して揺れる。「……終わることのない交替運動、交互に、開くか閉じるか、近づけるか遠ざけるか、棄却するか受け入れるか、閉め出すか入れるか、貶めるか正当化するか、統御するか解き放つか……」（一三七）。つまり、フロイトはフーコーが彼を書き込もうとする「諸々の系列に属すると同時に属さない」。一方で、アルトー、ニーチェ、ヘルダーリンといった人文科学の閉域を突破し、フーコーの探求の「起点となる場」を構成する人びとの側にフロイトは登録される。近代心理学的に狂気を病として捉え、対話を断ち切るのではなく、もう一度古典主義時代へのある種の「回帰」を果たし、理性と非理性という分割に潜り込みながら、さらに狂気との対話を再開させることでその分割を揺さぶるフロイトである。かなりフロイトに好意的である六七年の報告（「ニーチェ・フロイト・マルクス」）でフーコーが簡潔にまとめるような「中間地帯」にフロイトは足を踏み入れるのである。

……自分自身の上でみずからを巻き込むある種の解釈学は、絶えず自己自身に折り目をつけ襞にし続ける諸言語活動の領域へ、狂気と純然たる言語活動とのあの中間地帯に入ります。ここにはニーチェの姿が認められるのです（1967／四一五）。

【2】告白、欲望、快楽

　ではここでフーコーがみずからの「起点となる場」ではなく、対象とする特定の歴史的布置、諸々の系列のうちにフロイトあるいは精神分析を記入してしまうそのやり方を眺めてみよう。ミレールにひとまず即するならば、〈性について語る〉という核をなす観念が具体的には「告白」というテクノロジーへと接合していくことはあきらかである。だが告白にふれる前に、まずより初期の文献にまで遡ってみたい。

デリダもいうように『狂気の歴史』において精神分析は一方で記入される側の方に埋め込まれてしまうのだが、その際の要点は、精神分析が近代における「狂気の人間化」が抱える支配の過程、あるいは道徳的要請を科学的覆いで隠す欺瞞の延長上にあるにすぎないということである。つまり、ピネルやテュークによって監禁のくびきから解放された狂人といった神話を相対化し、監禁が別のかたちで継続していることの論証のための素材のひとつにすぎない扱いを受けるわけである。ひとまず古典期における〈大いなる閉じ込め〉から近代へといたる狂気の「経験」の変容をとりあえず「狂気の人間化」と位置づけ、かんたんに整理してみよう。

　古典主義時代においては狂気は「非理性」というカテゴリーに括られ、その他諸々の、不幸にもそのカテゴリーに包摂された下位区分——病人、貧者、犯罪者、放蕩人など——と区別や差異化されることなく排除、監禁されたのだった。だが一九世紀終わりには、狂人はふふたたび独自のカテゴリーとして自律し、監禁の鎖から「解放された」。だがその見かけのもとで、すなわち「狂気の人間化」のもとで、異なるかたちでの監禁が形成される。その過程のうちに精神分析は位置づけられるわけである。ではこの新たな監禁とはいかなる仕掛けなのであろうか。それにはまず「狂気の人間化」が重要な認識の変化をともなっていることをみておく必要がある。狂気はかつてのようにもはや人間的経験を超えた不思議で秘密の世界に根づいているのではなく、人間の心や欲望、想像力に宿る人間的経験の形態にすぎないという認識の変容である。それゆえ狂気は、動物性として捉えられ、それゆえいかんともしがたいものとみなされた古典主義期とは異なり、改善可能な道徳的欠陥となる。

このように解消しうる人間の道徳的失敗として狂気を捉えるという意識と、狂気が人間化されたことの代償として公衆がもちはじめた狂気への恐怖は、あらためて狂気の監禁方法を発明する要請をもたらし、いくつかのモデルの競合の後、やがて病院モデルが採用される。だから近代においてもたらされた科学的、実証的な医学的認識が特定の狂人の取り扱いを帰結したわけではないのであり、医者が精神病院を支配するのは、彼のもつ科学的な医学的知識ではなく道徳的権威なのである。「エスキロールですら最初は病院に医者ではなく監視人としてやってきた」(Didi-Huberman, 1982=1990)。「医師が保護院の世界にたいして絶対的な権威をふるうことができたのは、すでに当初から医師が〈父親〉にして〈審判者〉、〈家族〉にして〈法〉であったその限りでのことでしかなかった。医師の医学的な実践は長いあいだ、〈秩序〉と〈権威〉と〈懲罰〉の古くからある慣習を注解するだけでしかなかった」(Foucault,

1972=1975／五二六）。フーコーは次のように断じている。

「ピネル流の医学的人間は、病気の客観的な定義やある種の分類本位の診断を出発点にして活動するのではなく、〈家族〉〈権威〉〈処罰〉〈愛〉などの秘密が閉じ込められているこうした影響力を根拠にして活動しなければならなかったのである。しかもこうした影響力をふるうことによって、また〈父親〉と〈裁判官〉の仮面をつけることによって、医師は自分の医学的能力を使う必要のない近道を突然とりつつ、治療のほとんど魔術的な操り手となり、魔術師のすがたをおびる」。「ブルジョア社会とその諸価値の、どっしりした主要な構造がそこでは象徴される一種の小宇宙を形づくる構造」が生まれるのだ。医師‐病人という組み合わせ（couple）、あるいは「共謀関係」の方へ、狂気は移動するわけだが、その関係には以上のようなのちに「権力の戦略」と名づけられるような作用が貫通しているわけである。フーコーによればフロイトは、この実証主義的まやかしの覆い（mystification）を取り払い、さらにその関係を純化させ強化させたにすぎない、とされる。彼は欺瞞を解き放ち、そのかわりに「医学的人間をつつむ構造を充分に活用して、その人間の魔術師としての力を増加し、その全能の力にほとんど神のごとき地位をあたえた」（五三〇）

『知への意志』においては、ピネルやテュークによって創始されフロイトにいたって強化された医者と患者の魔術的関係とされていたものが、さらに〈告白〉を基軸にして捉え返されているといえるだろう。ここでは『知への意志』における精神分析の位置についてもう少しふれておきたい。

まず〈性について語る〉という要素が欲望というこれもまた重要な要素と接合していることを銘記したい。つまり性について語るということは欲望について語るということである。たとえばホモセクシュアルを例にとってみよう。フーコーは、かつてのソドミー概念を「きわめて混乱した」あるいは「規定の曖昧な」カテゴリーと述べている。このことは、それをホモセクシュアルの粗野な先駆観念とみなしてはならないこと、そのズレにこそ問題がひそんでいるということを示唆している。近代以前ちょうど、狂気が非理性のもとで多様なカテゴリーの中に押し込められていたのと同様に、ソドミーは「全体としての違法性（un illégalisme d'ensemble）」（HS, 52／四九）のうちに埋め込まれていた。つまり「淫行（結婚外の関係）、姦通、未成年者誘拐、近親相姦、男色、獣姦」などなどが、その重要度は異なれど、総じて違法性として括られていたのであり、いずれにせよ性に関わる逸脱は法律的コードによって編制されていたのである。「性に関わる禁止命令は、根本的に法律的性質のものだった」（HS）。ここでは法律と行為とがたがいに欠かすことのできない組み合いをなしていることを確認しておこう。つまり、法律というコードの性格からしても、諸々の快楽を求める違法の行為が存在してはじめて人間は裁かれ排除されるのである。

ところが、セクシュアリティの装置は「欲望に内在する法則」を分離させ、法律の領域——そこでは「婚姻の自然法」としてあらわれる——と独立した平面を形成した。だがそれは、キリスト教の告白の儀式に遡る装置の、ある特定の条件の下での全面化である。この儀式は宗教改革を経てさらにその及ぶ範囲は拡大する。つまり、かつて禁欲的な僧院の伝統の中で形成されていた性の「言説化」は、一七世紀に万人の規則にまで拡大した。そこでは「内面性」のあらゆる微細な動きが、儀式を経由して、ある審級へと収斂される。

……すべてがいわれなければならない。二重の運動によって、肉欲がすべての罪の根となると同時に、その最も重要な時点が、**行為そのものから欲望の惑乱**という、知覚し言語に表すのがいかにも困難な領域へと移るのだ……自分の欲望を、自分のすべての欲望を、言説にしようと努めるべし（HS, 28／二八）。

行為から欲望へ、この動きを銘記しよう。また次の指摘、「快楽の作用と関係のありそうなすべてのことをいうこと、魂と肉体を介して性となんらかの関係をもつ無数の感覚と想念をいうこと、自分自身に対し、他者に対し、しかもできるだけ頻繁にそれをいうという、ほとんど際限のない務め」（HS, 28／二九）。ここで描き出された儀式がまぎれもなく精神分析を想定していることはあきらかであるが、この引用においては先の行為と欲望に加え、快楽という要素に着目しよう。諸々の快楽を、告白を介して欲望へと収斂させること、そしてそれによって特定の行為の束、快楽の束を、正常性／異常性を基軸とした欲望のスペクトルのなかに位置づけ、個人へとむすびつけること――欲望がここではじめてリジッドな指向性（orientation）になり、そして行為者のアイデンティティを描き出すのである。「ソドマイト［男色家］はかつては性懲りもない異端者であった。今や同性愛者は一つの種族（espèce）となった」（HS, 59／五六）。先ほど取りだした、欲望、快楽、行為という三つの要素を用いながらいうならば、快楽やそれにかかわる行為は、あらためて欲望を基礎にして、つまり欲望の表現として再登録されるわけである。この動向をノーマル化による個別化の作用と言い換えてもよいだろう。

フーコーによるこうした把握は欲望そのものの忌避へと向かう。たとえばフーコーは、欲望のいわば「脱精神分析化」を試みているともいえようジル・ドゥルーズらの作業にも否定的である。八五年のインタビュー（「構造主義とポスト構造主義」）でドゥルーズとの親近性は、彼の「生産的欲望」の概念にまでも届くものだろうか、と問われたフーコーは「絶対にありえない」と断じている。興味深いのはドゥルーズも含みこんだ現代の思想潮流における欲望の関心に対してフーコーが対置するものである。

> おもうに、彼［ドゥルーズ］の課題は、少なくともある長期間においては、欲望の問題を定式化することでした。そしてあきらかに、ニーチェとの関連からくる帰結が彼の欲望についての理論においてはみてとれます。しかしわたし自身の問題はつねに真理でありました。つまり真理を語ること、Wahr-sagen、そして真理を語ることと、反省性／反照性、自己にたいする自己の反省性／反照性の諸形式の関係がつねに問題だったのです（1983c, 445）。

欲望というポジティヴな審級に回帰することがフーコーにおいては問題ではなかった。欲望に焦点を合わせることが、「真理の語りと自己の自己にかんする反照性の形式の関係」という課題と背反することという点は確認しておきたい。またこれも晩年のインタビューでフーコーは、精神分析についての態度の変遷を『狂気の歴史』における議論をくり返しながら次のように述べている。

精神分析とは未開社会におけるシャーマンと共通の特徴をいくつかもっています。もしクライアントがシャーマンの実践する理論に信頼を置くならば、そのクライアントは救われるでしょう。それと同様のことが精神分析にもいえます。これは、精神分析がつねに神秘化（mystification）とともに作用するということを意味しています。というのも、多かれ少なかれヒエラルキー的関係をふくんだ、みずからを信じない人間を救うことは彼らもできないのですから（1984i, 666）。

だがここでは、微妙な移動が加えられている。フーコーはその直前にこう述べている。「精神分析は科学というより、「告白に基礎をおいた自己にたいする自己の働きかけ（travail）の技術なのです（une technique de travail de soi sur soi fondée sur l'aveu）。この意味でそれはまた、性的欲望（désir sexuels）の周囲でみずからを組み立てる、一個の人格を創造するという点で、統御《コントロール》の技術なのです」（ibid.）。

自己の自己にたいする働きかけという要素がここで挿入されていて、そしてその上でその過程が統御《コントロール》の技術とむすびつけられている。精神分析の実践がこの二重の過程に再分節されていることを見逃すことはできない。『知への意志』とは微妙にズレた見取り図が描き出されているのであり、ここにバリバールが「戦略的時間の膨張」と呼ぶ、晩年のフーコーの動向をみてとることができるだろう。それは他者の行為の統御のみならず、「他者との諸関係と接合のうちにある自己による自己の統治」(1981e, 213)と呼ばれる地点に権力の分析を——あるいはそれは「統治」の分析とした方が正解なのだが——位置づけなおすフーコーの試みにともなって、精神分析をふたたび捉え返すことを示唆したものである。つまりそれは、真理を自己の自己への関係と他者への関係との必然性のないむすびつきのうちに捉え返すことなのである。

【3】Le point d'appui de la contre-attaque

ところで先述のミレールの報告では、次のようにいわれていた。フーコーの『性の歴史』はその〈性を語る〉という精神分析から分離された一つの核心の要素を支えるには、あまりにも脆弱すぎた、と。それゆえ、この無際限の後退を回避するために、そこにはもう一つの異なる観念が折り重なっていく。[10]

あたかも〃性について語る〃という核となる観念が考古学のプロジェクトを支えるには

脆すぎたということが判明してしまったかのように、もう一つのもの、すなわち〝自己について語る〟という新たな観念が、ゆるやかに、そしてますますみずからを前者に折り重ねていく（Miller, 81）。

フーコーのセクシュアリティの「考古学」の失敗と自己の問題設定への移行（『快楽の活用』『自己への配慮』という著作にあらわれた）との関連についてのこの診断が適切かどうかはわからないが、切断を設定しながら、特定の言説編成の外部をそれにたいする反撃の場として設定する作業自体、フーコーは少なくとも系譜学においてはとっていない。ミレールが権力分析についても、一貫して考古学としか名指していないことに注意したい。ミレールは、〈性を語る〉という観念の切断がみいだせなければ、そしてそのようなかたちで「外部」がみいだせなければ、精神分析を歴史化する、あるいは権力テクノロジー化する試みが挫折するといいたいようだ。それにたいしてこの点では、より繊細な読解をしているテキストもある。エチエンヌ・バリバールがフーコーとマルクスの関連でおこなっているものである。

バリバールは、フーコーの「戦略的複雑性」は、フーコーの作業の各局面において「切断」から「戦術的同盟（une alliance tactique）」へ、という動きをつくりだしているところにある、と指摘している（Balibar, 1997, 300）。考古学を切断に、系譜学を戦術的同盟に、と機械的に振り分けることはできないにしても、たぶんバリバールの意図としては、考古学がフーコーのこのタームにたいする距離にもかかわらず「切断」を軸に考察していた、としたいのだろう。バリバールの議論は、フロイトではなくマルクスとフーコーの関係をめぐってなされているが、その両者の処遇をめぐる振幅は似ている。マルクスはたしかに『言葉と物』においては、「理論として」は包括的に一九世紀に封じ込められ・葬り去られていた。他方、それ以前の『狂気の歴史』においては、ほとんど史的唯物論の図式は前提とされているし、『監獄の誕生』以降は積極的に「部分的な活用」をされている。これは系譜学のみいだした対象、つまり「装置」の複合性にもとづいている。先ほどあげたように、この戦略は、分解／ばらばらにすることをポジティヴな条件に転換する新しい過程、必然の王国のなかに描かれた道であったものが、自由の過程のための空間へ転換する、という傾向へ対応しているだろう。ミレールが考古学にこだわってみえなくしたのがここなのである。

　ミレールの意図が、フーコーのあやふやさをあえて強調することでフロイトの切断性の擁護、つまり精神分析の特権性の擁護に染まっているにしても、ミレールの、フーコーの作業がつねに「反撃のための拠点（le point d'appui de la contre-attaque）」の模索とともになされていたという指摘は決定的に重要である。たとえば『言葉と物』において人文科学への反撃の拠点は、言語学、人類学、そして精神分析学の三角形であった。人間という観念の「不在」あるいは「迂回」がその反撃の拠点であることの地盤となった。それでは『知への意志』において、セクシュアリティの装置への反撃の拠点はどこにあるのだろうか？　このテキストのなかで、ほとんど唯一セクシュアリティの装置からの脱出先を示唆した箇所をあげてみよう。

もし権力による掌握にたいして、セクシュアリティの様々なメカニズムの戦術的逆転によって、身体を、快楽を、知を、それらの多様性と抵抗の可能性において価値あらしめようとするなら、性という審級からこそ自由にならねばならない。セクシュアリティの装置に対抗する反撃の拠点は、欲望［である］-性ではなくて、諸身体と諸快楽である（HS, 208／一九九）。

欲望としての性ではなく、複数の身体と快楽。述べたようにセクシュアリティの装置は欲望と身体とをむすびつけるといってよい。つまり、わたしの欲望はこれこれです、と語らせることによって、身体に同一性を埋め込み従属させる装置。その際、行為とむすびついていた（他者との関係のなかで触発されることなしにはありえない）複数の快楽は、告白という儀式を介して、欲望とそれが描く人格の同一性《アイデンティティ》につながれ、限界づけられてしまったのだった。欲望はそれにたいして、身体を欲望から切断させ快楽――後述するようにフーコーにおいては快楽は欲望と対照的に、主体の外の出来事であり、分散し、流動的、うつろいやすく、けっして同一性に帰着することがない――とむすびつけること、この身体をめぐるエコノミーの再編成がフーコーの抵抗の展望を示唆している。

だが、とミレールはここで、さらに問いかける。フーコーはここでまたもや、精神分析のうちに封じ込められたのではないか、と。つまり、この〈性〉の外で身体が享受しうる快楽とは、去勢の統合的支配以外のものには依存していないのではないか、それは『知への意志』がみずから描き出した倒錯の一分肢なのではないか。それが正しいかどうかはともかく、ここでかんたんに提示されただけの展望、すなわち身体と快楽とは、たしかに反撃の拠点としてはあまりに脆すぎる。まさにフーコーがみずからの初期の意図を放棄してまで時間を遡っていったのは、この反撃の拠点、「いまという時代に彼が必要としている」反撃の拠点を懸命に「生をかけて」、そして最晩年は死の切迫のなかで、追い求めてのことなのである。「去勢なき」、あるいは超越性なき快楽と身体。それを「狂気あるいは死」以外のかたちで示すことができるのだろうか？「権力との関係、そして自己との関係など、すべては生死にかかわる、狂気をとるか新しい理性をとるかという切迫した問題だったのです」(Deleuze, 1990=1992／一七八)。フーコーによれば〈性を語る〉ということは、長いあいだ真理のゲームであった。〈性を語る〉というふるまいは、それを起点にして現前・不在を配分できる時間性のうちにはない長期の持続を描いている。(11)ドゥルーズはこう述べていた。『知への意志』の末尾にさりげなく置かれた「身体と快楽」という突破口の示唆は、フーコーの探求を時間軸に沿って古代へとおもむかせると同時に、探求の次元の軸をも変更させる。つまりそれはかねてよりのフーコーの探求の対象である知と権力とその連関に加えて、もう一つの別の軸へふみ入れることを強いる。すなわちそれが「自己」あるいは「主体性」の軸なのである、と。

〈性について語る〉ことと〈自己について語る〉こと（ミレールの言葉遣いでは）、この二つの要素を切り離しかつ折り重ねる——これによって、他者が他者の行為について統御《コントロール》する過程に並行し折り重なりながらも、自己が自己を統御《コントロール》する過程が独立したものとして取り出されたとき、真理の言説とそれとむすびついた権力の関係の形成する過程とは重なり合いつつもつねに自律的存在性を有している真理と自己のむすびつきが発見された。ここでは過去への動きが、現在の折り開きの動きを触発することになる。他者の行為を統御する権力の動きは、時間を遡ることで、自由を内包した二重の過程になる。この比較的自律的な過程が、時間を遡ることによって古代ギリシアの「生存の美学」においてみいだされたわけだ（Foucault, 1984a=1986）。

ちょっと言い換えてみよう。他者を統御《コントロール》する権力はつねに、この自己が自己に折り畳む力を経由せずには行使されえない。それゆえ他者の行為の統御のための特定の規制的コード（たとえば近親相姦の禁止）は、それが「普遍的」であるにしてもつねに、同じように自己のうちに取り込まれ、生きられるとはかぎらない。主体化がつねに他者への従属となってあらわれる、というのが権力論のはらんだジレンマだとしたら、この他者の統御への従属と重なりつつもズレる自己の自己への統御の過程を織り込むことで、そのジレンマを回避できる、というのである。(12)

【4】ポスト・ポリツァイの思考

先ほど、統計学的知による近代社会への亀裂について述べた。それはたとえば、フーコーに近い研究者のピエール・ロザンヴァロンなどにとって、次のようにまとめられる事態であるかもしれない。

1、近代国家は根本的には保護者国家(État-protecteur)として定義される
2、福祉国家(État-providence)は保護者国家の拡張であり深化である
3、保護者国家から福祉国家への移行は、社会が身体のモデルとしてではなく市場の様式のもとで把握されるようになる動きと並行している
4、保護者国家は宗教的な救済の不確実性を国家による救済の確実性にとってかえることを目ざしている
5、救済の理念を国家へと統合することを実践的に可能にし、理論的に思考可能なものにするのは統計学的確率の観念である(Rosanvalon, 1981, 27–28)

だがロザンヴァロン(にせよエヴァルドにせよ)らが、どこかしら漂わせているテクノクラティクな空気とフーコーは微妙に袂を分かっているような気もする。(13)フーコー自身はたとえば法権利の位置づけをめぐる変容(最終章を参照)にもあらわれるように、より複雑であるようだ。フーコーは権力テクノロジーの転換や強度の昂進としてのみではなく、リベラリズムにアプローチすることで、ポリツァイのうちにみいだされた生権力の動きを二重化した。それが法にたいする、あるいは自由にたいするアプローチの変遷となってあらわれるともいえる。最終章でより詳しく述べるようにフーコーは七八年あたりに、これまでふれたようにハイエ

クを学生に読むようすすめながら、同時にイラン革命を支持していた。ここにみてとれるフーコーの、「自由の慎重な行使」いわばリベラリズム的「慎慮主義（prudentialism）」と、蜂起・反乱との同時の肯定は、それが「条件と変革のあいだの距離の最小限の圧縮」を捉えようとするきわどい試みの帰結ではないだろうか（Balibar, 1997=1999／八五）。それによってフーコーは、ポリツァイからアンチあるいはポスト・ポリツァイとしてのリベラリズムへの転換に、「なにも変わったわけではない。そうでなければ、すべてが変わった」（Balibar, 1993=1997／一二七）という、バリバールが強調する「〝近代〟と呼ばれるものの一切の謎」を思考しようとしているのではないだろうか。近代（ポスト・ポリツァイ）社会が不可避にはらんでしまった反乱と政体の構成あるいは条件の矛盾する同時存在である。(14)(15)

ところで精神分析は、ポスト・ポリツァイの知である。動きの鈍い主権の手から自律して、原始的蓄積の進行とともに解放された諸々の流れに内在しながらしなやかに触手を伸ばしはじめた生の権力は、いわば容易には収拾のつかない生の多様性に衝突し驚愕し、かつ好奇心にあふれて追求したのだった。その追求の周縁では、あちらこちらで「正常／異常」の境界は動揺をはじめるのである。追求者自身の欲望をも含め。もう一度、『知への意志』の精神分析についての重要な指摘をくり返しておこう。

一世紀以上にわたって、西洋世界があれほどまでに強く近親相姦の禁止［タブー］に関心を示したのは、また、ほとんどすべての人が認める形で、そこに人間社会に普遍的な要素を、文化状態への不可避的な通過点の一つをみてきたのは、近親相姦的欲望から身を守るというのではなくて、すでに設置したこのセクシュアリティの拡大とそれが内包する帰結にたいして身を守る方法をそこにみていたからではないか。というのも、このセクシュアリティの装置には、多くの利点の他に一つ不都合な点があり、それは婚姻のもつ法＝掟と法律的形態を無視していることだったからだ。どのような社会であれ、社会はすべて、したがってわれわれの社会も、この規則中の最大の規則ともいうべきものにしたがっていると主張することは、このセクシュアリティの装置という、すでにその奇怪な作用を人びとが操りはじめていたところの仕組みが――そのなかには家族空間の情動的強度化＝濃密化ということがあったのだが――婚姻という古来の偉大なシステムから逃れることはできまいと保証することであった。かくして法権利は、新しい権力メカニズムの内部にあってさえも、無事に守られることとなるはずだ。いかにも、これが一八世紀以来、法権利とは異質の権力のテクノロジーの作用と増殖を恐れて、それらを再び法律的権利の形でコードに編成しようとする（HS, 144-145／一四〇）。

こうしてセクシュアリティの装置は、欲望の正常・異常を分かつ超越的な線をややもするとぼやけさせながら、内在の平面で増殖することになる。こうしたヴィジョンに対応するのが、おそらく、フーコーの性の解放闘争についての次のような見解である。フーコーは性解放の言説を、告白の権力テクノロジーに溶かし込んでしまい否定しさっているのではないか、という『知への意志』への解釈にたいしてこう反論している。

> いわゆる〝性の解放〟運動はセクシュアリティ〝から出た〟肯定の運動として、理解されるべきだとおもっています。このことは二つのことを意味します。ひとつは、性から、いやむしろ、わたしたちが取り込まれているセクシュアリティという仕組みから出発し、その仕組みを最大限に発揮させているのが、この運動だということ。そして、もうひとつは、それと同時に、この運動はその仕組みにたいする関係をずらしていき、そこから抜け出しあふれ出してゆくということです（1977a, 260）。

精神分析は、「君主（父）の首を切り落とした」あと、つまりポスト・ポリツァイの権力＝知の複合体である。それゆえ、多数と一者の緊張に入りこみ、そして縫合する努力から、つねにはみだすのだ。フロイトの数えきれない、脱構築にうってつけの諸矛盾もここにひとつの理由をみてとることができるのかもしれない。シャルコーをはじめ精神医学者たちは、途方もなく多様で拡がりをもった「倒錯」を、みずからの「快楽」とともに追求した。権力はそれ自体が「倒錯」をはじめかねないのである。このようにノルムを旨とする装置と法権利を旨とする装置の混成の場に精神分析が位置し、そしてそこにはつねに、ほころびがある。これは先述した、必然であるものをばらばらにすることによって、必然を自由の過程の条件に転形するという手続きに該当するだろう。

フーコーはしかし、近代社会の多数＝一者複合体の絡み合いの「脱構築」を出発点として「倒錯」の方へと向かうことで、その複合体を抜け出そうとするわけではない。複数の「快楽と身体」というオルタナティヴも、そうした脱出のあいまいさをぬぐえなかった。そうした感覚、あるいは修辞は、すでに「ポストモダナイズ」された社会においてはありふれたものだし有効性は乏しい。「修辞的方法」、とフーコーはふり返っている。「これまでの著作において障害になっていたのは、第三の経験を考慮せずに最初の二つの経験を考察してしまったことです。この最後の経験を浮かび上がらせることで、経験の根本的な三領域のひとつを回避する自分を正当化するための、いくぶんか修辞的な方法に頼ることを必要としない道筋がそこにあるようにおもえたのです」(1984d, 697)。おそらくその診断が、フーコーが七〇年代に入って、六〇年代のようなスタイルでの文学的テキストへの没入をほとんど繰り返さなかった理由ではあるまいか。六八年以来、街路をみずからの思考の源泉とした思想家にとって、脱中心化、分散、「自己からの離脱」といった「外」の経験が現実に生きられている、そのような経験の場をポジティヴな新しい関係性の生産の場に組み替えることは、とりわけそこで生きている人間たちには選択の余地のない生き残りのための手段なのだから。たとえば、快楽とは定義では主体の外の経験なのであるのに[16]、そこから社会性あるいは公共空間を構築することができる、とフーコーは、ありそうもないことをいうのである。フーコーは快楽と身体の多数性を、去勢なき快楽への没入や壊乱的な「外」の経験の称揚でもなく、「禁欲実践」の「行為」とさらにそれが織りなす公共性の構築の素材として提示する。フィスト・ファックですら拍子抜けするような場面の出発点となるのである。「実際フィスト・ファックについてフーコーをもっとも悩ましたのは、規範から外れたある性行為が、どのようにして一見べつべつの無関係のできごと、手作りパンの即売会とかコミュニティの資金集めパーティとか町内でのお祭りとかの、出発点とか基盤になるかだった」(Halperin, 1995=1997／一四五)。

註

(1)　ジジェクは染みそのものとまなざしを等置する場合もあれば、染みとまなざしを区別し、染みの意味を見分けることのできる審級としてまなざしを位置づける場合もある。

(2)　「……かくして主体は法の侵犯——恭順というよりは——としてあらわれるようになる。主体が自分自身のものとして引き受けるのは法ではなく法における過失である。法の罪の重荷を背負うことで主体は法を超え行くのである」(Copjec, 1994, 37)

(3)　ジャクリーン・ローズによるラカンの図の修正版(Rose, 1986, 193)をさらに変更を加えて用いている。

(4)　これについては Silverman(1992)のほかに、ジュディス・バトラーやホミ・バーバらの著作を参照。

(5)　抑圧というテーマ系と欲望を成立させる法という理論を二つとも統率しているものが「法律的 - 言説的」権力表象であり、欲望にたいして権力が外的に介入すると想定するとそれは「解放の約束」(抑圧というテーマ系に属する)になるが、「あるいは権力が欲望そのものを構成するものであるならば、いずれにしてもあなた方はすでに罠にかけられているという肯定である」(HS, 109／一〇八)

(6)　Edward Stein (ed.), 1990, *Forms of Desire*, Routledge などをみよ。

(7) このようにノルムは法そのものと対立しているのではなく、「法の法律的システム」と対立しているのである。法律的なもの juridical とは、君主権力の表現としての法制度であり、「最終的には死を行使する」否定的なコードである。それに対しノルムは、当初はそうした法の法律的システムとの対照で「反 - 法」(『監獄の誕生』における表現)としてあらわれ、そののち、立法そのものの規準となる。それが社会国家のもとで社会権とパラレルに制度化される社会法である。

(8) その作業の一端を知るには、Colin Gordon, et al. (eds.), 1991, *Foucault Effect*, Harvester Wheatsheaf が役に立つ。

(9) これと同様の不満を、一九七七年にミレールはフーコー自身にぶつけている。「君は、一度に巨大な量を呑み込むものを作っておいて……それで、もちろん、主要な変容がフロイトのところに来ないよう十分気をつけるわけですね」(1977c/四三〇)

(10) フーコー自身はこの後退の運動について次のように述べている。「七、八年前、『性の歴史』の第一巻を書いたとき、一六世紀からのセクシュアリティについての歴史を書き、一九世紀までのこの知の変転を分析する固い意図があったのは本当です。うまくいかないと気づいたのは、その仕事のなかででした。重要な問題が残っていたのです。なぜわれわれは道徳の問題に仕立て上げたのか、ということです。そこでわたしは閉じこもり、一七世紀についての作業を放棄し、時を遡りはじめました。キリスト教という経験の発端をみるためにまず五世紀に。次に直前の時期、つまり古代の末期に。最後に三年前、紀元前四世紀のセクシュアリティについての研究で締めくくりました。あなたはこういわれるかもしれません。初期における、わたしのたんなる不注意だったのか、それともわたしが隠し、ついに暴露した密かな欲望だったのか、と。わたしにもよくわかりません。正直いってわかりたくない。『性の歴史』は、何人かの役者によってセクシュアリティがいかに取り扱われ、生きられ、変えられたかをみる目的で、古代において起こったことをたどりなおすことによってしか、おそらくきちんと書くことができなかったというのが、いまわたしに考えうるかぎりでの自分の経験です」(1984j, 704-705)

（11）フーコーはフランソワ・エヴァルドとともに書かれた（Maurice Florence 名義での）哲学事典の自分の項目用の小さなテキストで、みずからの仕事について、簡潔だがきわめて貴重な総括をおこなっている。まずフーコーは自身の作業を、それを通して主体が知の対象となる真理のゲームがいかにさまざまなものであるかを発見することと要約し、そのための分析方法を二つに分類している。これについては、大ざっぱに『言葉と物』における考古学、そしてもう一つは『狂気の歴史』『監獄の誕生』などにおける系譜学とまとめてもいいだろう。それにたいし、フーコーは、いまこの一般的計画の下で、対象としての主体がそれ自身にとって構成されるやり方の研究に向かっているという。「要するにそれは〈主体性〉の歴史である」と。主体性という言葉はここでは厳密に定義される。「そこでみずからが自己と関係する場所である真理のゲームのなかで、主体が自分自身を経験する様式」がそれである。ところで重要なことは、この探求における性とセクシュアリティの位置である。「フーコーにおいて、性とセクシュアリティの問題は唯一可能な事例ではないことはたしかであるが、少なくともそれはかなり特権的な事例であるかのようにおもわれる。実際に、キリスト教全体を横断して、かつおそらくそれを超えて、諸個人が、快楽、欲望、誘惑の主体としてみずからを認識するよう召還され、さまざまな手段（自己吟味、精神的鍛練、告解、告白）によって自分自身に関連して、そして、もっとも秘匿されもっとも個人的であり彼らの主体性の部分に関連して、真偽のゲームを展開するようせきたてられるのは、この地点においてである」（1984c, 633）。

（12）この主要な権力の線に自己の線が折り重なる決定的な例を、現代にみてみよう。たとえばフーコーが好むＳＭプレイの例。ＳＭはある種の反差別的言説が述べるような、たんなる現実の権力関係の模倣なのではない。またそれは深層の欲望の表出なのでもない。ＳＭは現実の権力関係において行使されている力をねじ曲げ、それをおもわぬ方向へと向け返るのだ。つまりセクシュアリティを介した欲望と身体のむすびつきを、いったんバラシてしまい、快楽を欲望とのむすびつきから解放し、新たな自己、快楽、関係性の創造へと向かうテクノロジー（快楽の脱性化）なのである。しかもそれは、決してアイデンティティに帰着しない快楽に足場を置くことから帰結するであろう役割の流動化によって、すなわち自由の領分の拡大によって、権力の戦略の比較的強い拘束（「権力関係のただ中では可動性は限定されている」）を緩和する。そしてそれによって〈主体化〉の過程、自己が力をまずみずからに折り畳む過程を導入し拡大するのである。「この点でSMゲームが興味深いのは、それが戦略的関係ではあるが、つねに流動的であることです。もちろん役割はあるが役割を取り替えることができるのは周知の通りです。……あるいは役割が固定された場合でも、それが常にゲームであることは認められている。ルールが破られるときもあるし、言葉になっていてもいなくても、なんらかの境界線があると気づかせる合意があるときもある。身体の快楽の供給源としてこの戦略的ゲームがおこなわれるのはとても興味深いことです。これがエロティックな関係における権力構造の再現であるというのではありません。それは、セックスの快楽とか身体の快楽を与えてくれる戦略的ゲームによって、力関係を演じ表現することなのです」（1984k, 742-743）。

(13) フーコーにおける「過剰」が希薄であることの帰結が、近年のエヴァルドの「転身」――「経営者の友、ミシェル・フーコー」――となってあらわれたのかもしれない。これについてはLazzarato（2001）"Le gouvernement par l'individualisation" をはじめとする *Multitudes* 誌（numéro 4）の諸論文をみよ。

(14)「革命の出来事とともに、subjectus は不可逆的に市民にその場を譲り、外的あるいは内的な「主人」の〈声〉を聴いてきた者の恭順は、原理上、集団的立法者の自律に場を譲ります。そしてこの断絶は〈平等《エガリ》自由《ベルテ》の命題〉の反乱的な否定性の中に、"権利上の事実"として、また"真理の効果"として記録されています。以来この記録は、それが告発される時でさえ、消去できないものとなったのです。にもかかわらず、なにひとつとして変わったわけではない。あるいは、ほんの僅かしか変わりませんでした」（Balibar, 1993=1997／一一七）。

(15) バリバールはフーコーのテーマを「人間と市民の等置がもたらした」切断、いわば社会体の解体以降の「従属様式」の分析（「唯物論的現象学」）としている。おそらくここでの「以降」の意味は真面目に受けとらねばならないものだ。人権宣言以後、絶対主義下の主権者の相関物であった subjectus［臣民］は、市民との相関性の強い subjectum［基体］へと移行している。しかしバリバールのいうように、同時に、

「subjectum のうちには subjectus がつねにしつこく残存してきた」。それをフーコーは生権力を自由との関連で複雑な作動として置きなおすことで捉え返すのである。

(16)「[欲望にたいして]いっぽう〝快楽〟という語は処女地で、使われていないし、ほとんど意味を奪われています。快楽の「病理学」は存在しないし、〝正常でない〟快楽もない。快楽は〝主体の外部の〟出来事であり、でなくても主体の限界での、なにか身体でも魂でもないもの、内部でも外部でもないものに起こる出来事――要するに、なにかの原因だとは考えられないし、考えることもできない観念なのです」

II

セキュリティと自由

第四章　〈セキュリティ〉の上昇——現代都市隔離論

軍事エスタブリッシュメント（無国籍の軍事階級）の敵はもはや市民社会だけです……自分自身の市民社会だけなのです。（Paul Virilio）

僕はセキュリティがほしい。なにがなんでもほしい。お金なんかいらない。痛みなんかいらない。それはもうたっぷり持っているのだから。（Otis Redding）

1　セキュリティと分解する「市民社会」

【1】市民社会はゆるやかに死んでいく《ダイイング・スローリィ》

〈セキュリティ〉が上昇している。

セキュリティの論理は、インセキュリティの不安を煽るメディアのスペクタクルの上昇と比例して、「たが」がはずれたかのように暴走しながら現代社会を覆いつくしつつある。しかし「たが」とはなんだったのだろう？　ここではあえて「市民社会」の、としておこう。第一四五通常国会を頂点とする一連の猛烈な日本の法制化の動きが主要な敵としているのが、ヘーゲルが定式化し、そして二〇世紀の社会・政治空間をも支配していた「組織されていな

い社会 - 経済的・法的交換、敵対、紛争が表現され、かつ組織されるダイナミックな場所」(Negri and Hardt, 1994, 258) としての「市民社会」、〈内 - 外 (l'en-dehors)〉の弁証法、あるいは交渉 (negotiation) の場としての「市民社会」でなければなんであろうか？

組織的犯罪処罰法は、米国のＲＩＣＯ法を模範としながら、ついに無罪推定主義という、近代法のコアを形成していた法律主義を露骨にかなぐりすてた。(1) 近代市民社会の実定的輪郭を描き出し、近代社会総体を規定していた**法と秩序の相克**は (最終章)、その相克がみずからの存在条件であったことを忘却したかのように、秩序 (保全) の論理、すなわちセキュリティの論理の優位によって決着がつけられたかのようだ。周辺事態法をはじめ、法はあらかじめ法の威厳をみずからかなぐり捨て、あいまいさ・グレーゾーンを大幅に内包することによって、セキュリティのフレキシブルな作動域を切り開き・そのスムーズな行使に奉仕するためにのみ制定されているかのようだ。盛んになりつつある警備・公安警察と刑事警察を融合するべき、という議論をみてもわかるだろう。(2) 犯罪行為に事後的に介入することが近代刑法の原則 (第二章) であり、そしてその原則にしたがってポリツァイの機能分化、警察の司法警察化がすすんでいったとしたら、現代の動きはこの近代化の方向を逆向きに (おそらく次元を変えながら) たどりなおすものであり、しかもその動きは加速している。その動きを次のように言い換えることもできるかもしれない。すなわち、それは保安処分の導入を、次元を変えつつも、人口全般に向かって投げかけるものである、と。こうした動きの背後で描き直されつつある権力のダイアグラムによって、権力は、人口総体を (その集合性によってつねに病の伝播に開かれたヴァルネラブルな身体を有した潜在的病人ではなく）潜在的犯罪者として仮定しながら作動できるようだ。それによって近代化の動力でありながらその野放しの作動を食い止められてもいたセキュリティの装置の衝動は、より強度を増して解放されるのである。

イギリスの犯罪学者ジョック・ヤングは、現代の状況を「多様性（diversity）」と「困難さ（difficulty）」の上昇として捉え、その上で後者のみがあらゆる手段で抹消されるべく社会の布置が編制されつつある、という。近代から後期近代（late modernity）へという図式に依拠し、それに重ねて包摂社会（inclusive society）から排除社会（exclusive society）へという特性を付与するヤングによれば、近代社会と後期近代社会は多様性と困難さへの対応においてちょうど反転した立場をとる。近代社会は多様性には不寛容であり、困難さには比較的寛容である。近代社会は、多様性を、吸収されかつ同化されるものとして捉え、またじっさいに吸収・同化への努力を試みてきたが、その一方で、手に負えない（obdurate）人間や頑強な反逆者の存在や異議申し立てを、社会が受け止めるべき個人の矯正／更生や社会自身の改革の努力へのさらなる試練とみなしてきたのである。一方、後期近代社会は、多様性や差異性を称揚し、それを消費社会というクッションによって、なんなく受け入れ無害化する。ところがこの社会は、困難な人間や「危険な階級」とみなされるものには我慢ができない。それゆえ彼らにたいしては最上の洗練された防壁を構築しなければならない（Young, 1999, 59）、となる。セキュリティの上昇と呼びうるようなこんな事態は、ヤングの用語法でいえば、後期近代社会の特徴の表現であるといえるだろう。そしてこの傾向に付随してあらわれるのは近年とりわけ突出しつつある〈排除〉あるいは〈隔離（incapacitation ないし segregation）〉の実践である。

ここでは「セキュリティ」の含意について深入りした考察はおこなわない。(3) 近年の政府刊行物などを眺めても、あらためて「セキュリティ」を語源からたどっている場合があるが、そのことは、セキュリティが、支配層の立場からも根底から再構築されるべき課題として問い返されていること、さらには権力と相関している〈問題化〉の布置がセキュリティをめぐって再編成されていることを示唆しているだろう。(4) セキュリティという言葉は、さまざまなニュアンスを有しているが、近代においてセキュリティの基軸となったのは social security と national security だろう。つまり主権国家の枠を前提とし、外に向かっては国家安全保障として、内に向かっては社会保障として作動するセキュリティの装置である。フーコーは、近代の人口という集合体レベルを通して作動するマクロな権力行使の主要な場所をセキュリティの装置として特徴づけた。ヤングの図式でいえば、近代においてはセキュリティの装置は内包・統合という作用と密接にむすびついて動員されていたといえよう。そして、社会保障は、それが人口の水準でもたらした統治の主要な効果のひとつであった。だがいま、セキュリティの上昇とみなされうる事態で最大に焦点化しているのは、一見「穏やか」な社会保障ではない。セキュリティは一方で、〈社会的なもの〉の持ち分を離れ、市場化されプライヴァタイズされていく。他方で、それは、いわば「内向きの軍事化」としても浮上してきているる。その〈内〉の境界もいまや不分明化しており、それが現代社会を考えるときに重要になるわけだが。

いまここで大ざっぱな輪郭を描いておけば、従来の包摂ないしは統合を旨とした社会編制は、〈人口〉を対象とするマクロな規制のレベルで作動する権力の編制の場であるセキュリティの装置とミクロな身体にかかわる規律の装置の二つの異質な権力装置の接合がその土台を形成していたといえるだろう。他方、セキュリティが〈排除〉というベクトルを積極的に描き出すためには、セキュリティの装置と規律の装置のむすびつきの後退、そしておそらく「管理権力《コントロール》」と名指され徐々にその仕組みがあきらかにされているような装置との新たなむすびつきが必要となるのではないだろうか。

【2】都市の分解

セキュリティを前面に押し上げている権力のダイアグラムの書き換えをもっとも明確にみてとることができる場所を、ロサンゼルスに設定することができるかもしれない。マイク・デイヴィスの名高い“City of Quartz”（日本語訳『要塞都市LA』）[5]は、現代におけるセキュリティの装置の戦略替えを描いた書物であるともみなすことができるだろう。この著作はしばしばSF的とまで形容されるロサンゼルス像によって、逆にSF作品（ウィリアム・ギブスン）に影響を与え返しているわけだが、それも電子テクノロジーの高度化によって、もはやSFと「現実」が貫入しあう現代のもっとも先鋭的で、かつ、もっとも表象しがたい次元に接近しているがゆえのことだ。[6]

じっさい、現代のロサンゼルスは、セキュリティの装置が統合あるいは包摂という目標とのむすびつきをゆるめ、〈排除〉というベクトル上に登録されつつある趨勢を先鋭的に露呈させている。デイヴィスはリチャード・ニクソンの六九年の予言を参照しながら次のようにいう。

> われわれが住んでいるのは富裕層の〝砦で固められた地区〟と、犯罪化された貧困層と警察がバトルをくり広げる〝恐怖地区〟とに容赦なく二分された〝要塞都市〟である(Davis, 1992=2001, 224／一八九)。

先述したように、セキュリティと〈排除〉とがむすびつくということは、かつては主要に国境の外に向けられていた軍事的なものが、内に向かうということでもある。つまり主権の行使としての戦争が、国境の内側に向かって遂行される、ということである。デイヴィスによれば、第二の南北戦争《セカンド・シヴィルウォー》、つまり第二の内戦であった六〇年代のワッツ暴動にはじまる一連の都市暴動は、内戦をそのままオーバーグラウンドで継続させた。アーバン・リストラクチュアリングとは、まさに内戦の構造化にほかならない。政治は戦争の延長にすぎないのであり、そこではクラウゼヴィッツの定式は反転させられるのである。もちろん、近代都市のリストラクチュアリングを促し、その構造を規定していたのは、内戦／内乱であり、それにたいする支配階級の恐怖であった。だがその危機状況の管理は、二〇世紀都市の場合、統合あるいは包摂へと向けて収束させられる。権力の戦略は、階級闘争が「内戦」へと強度を高次化させる危機を、比較的穏やかな労使交渉や社会政策を通して包摂しつつ、それを統御しながら、つねに統合へ向けて組織していたのだった。他方、現代の都市は内戦をもはや抑止しようとしない。それはスペクタクル社会のいたるところに開いたエッジにおいて、つねにあからさまに遂行されている。はたして人はもはや、郊外都市とインナーシティの境界上でゲットー住民に行使される、あるいは要塞化したショッピング・モールのゲートでホームレスや若いギャング風の若者黒人男性に行使される警察の暴力と、「ならず者国家」の指導者・住民に行使される軍隊の暴力の行使の論理を明確に区別できるだろうか？

じっさい、ロス暴動（より適切にはロス蜂起）の前後にはすでに「ドラッグ戦争（War on Drugs）」によって、大都市インナーシティは目にみえやすいかたちで日常的戦争状態へと移行していた。マイク・デイヴィスはロス蜂起直後のインタビューで次のように述べている。

> わたしたちが目撃しはじめているのは、ベルファストやヨルダン川西岸にも厳密に比すべき抑圧的コンテクストです。そこでは取り締まり《ポリシング》は特定の社会層総体への、あるいはエスニック集団への全面的な対ゲリラ活動、低強度紛争へと変容しているのです。このことが意味するのは、〝テロリスト〟「と括られた」人口のすべてのメンバーが特定のかたちで警察によって潜在的に〝管理〟されるということです。たとえそれが字義どおり拘禁を通じてであろうと、あるいは、移動や集合の自由に新たに賦課された制約を通じてであろうと。その結果、あたかも永続的な戒厳令状態が特定の都市近隣住区あるいは区域に押しつけら

れたかのようなのです（Davis, 1993c, 149）。

〈排除〉と現代都市との関連については、ジャック・ドンズロたちがフランスの事例から論じている。かつての重工業を基軸とした時代の都市も、もちろん、人口を空間的に分割していた。「仕事場と経営の場の中心、産業地域、労働者の居住地域、住宅地……」と放射状に広がる「フォーディズム都市」である。だがそこで基軸となるのは生産である。「要するに、それは生産に人口を統合し、生産を社会の中心にするためにのみ人口を分割していた」（Donzelot, 1991b, 6）。工業都市は、生産とその搾取をめぐってコンフリクトは不可避のものとした上で、「対立する階級的極をたがいに直面させて配備した」。社会保険、労働組合をはじめ、〈社会的なもの〉の領域を構成するさまざまな制度やテクノロジーが、その対立を緩和させる。だが新たな都市の光景はもはやそのようなコンフリクトを空間的に表現するものではない。放射状の都市空間はいまやネットワーク上の組織にとってかわりつつある。現代都市のイメージは、ハイテク都市をつなぐネットワークの網の目の狭間に残余のエリアが飛び地としてあらわれる、というものである。その残余のエリアは、「経済的には低開発であり、空間的に資格剥奪された、不完全雇用を運命づけられた資格なき人口の溜まり場」として機能している。

郊外の人びと[7]はもはや都市と有機的にむすびついてはいない。彼らは、責任を押しつけられ、存在理由を剝奪されたものとして、システムの外部に存在している。郊外人口は排除と同義になっている。新たな亀裂の線は、社会のただなかに浮上している。それは社会のメンバーを、……生産点において〈雇用者と勤労者〉のあいだを分割しているのではなく、むしろ、都市において、エンジニアや技術者、管理職のための空間と資格なき人々に放置された空間のあいだを分割しているのだ。新たな亀裂の線は字義通り、場所移動［脱場所化］(déplacee) している (ibid.)。

もはや現代都市は生産を基軸とせず、それにともなって統合のベクトルも向きを変えはじめる。新たなシステムを特徴づけるのは、上昇する社会的不平等と二極化への傾向である。つまり社会的スケールのトップとボトムの双方の同時上昇。マニュエル・カステルによれば、これは三つの特徴から帰結する。

(a) 自己プログラム可能で高度に生産的な労働と、一般的な消耗的労働のあいだの根本的分化。

(b) その集合的組織を内破させ、かくして労働人口のもっとも弱い部門を破滅に導きながら押し進められる労働の個人化。そして、

(c) 労働の個人化のインパクトのもとでの、経済のグローバル化、国家の権威失墜、福祉国家の徐々の消滅……それによって個人ではやっていけない人びとのセーフティ・ネットは

剥奪される（Castells, 1998, 346）[8]。

かつても〈排除〉は存在していたが、このような二極化への傾向の付随する「ポストフォーディズムにおいて台頭しつつある排除のレベルには質的飛躍がある」（Young, 1999, 8）。ヨーロッパで「二重社会論」「二重速度社会論」が台頭したのもそのためだ（Gorz, 1991=1993; Marazzi, 1994, 44–58; Castel, 1995）。序章でみたように、社会的必要時間の減少とそれにともなう生産へのフレキシビリティの導入は、安定したフルタイム労働を少数の特権的なものとする傾向をともなっている。ポストフォーディズムにおいては、生産性の上昇はもはや完全雇用とは相関関係のうちにはない。効率性と生産性を上昇させるために必要なのはむしろ解雇、レイオフ、配置転換、パートタイム化など多様な形態をとる人員の削減をとおした「ダウンサイジング」なのである。カステルはさらに、彼が「情報社会」と呼ぶ新しい資本の編制のもとでの階級関係がはらむ主要な特徴としての〈排除〉について、それを「大衆としての大衆と労働者／消費者としての大衆の分離」と定義している。つまり、ネーションの範域内のほとんど全人口を潜在的な労働者そして、あるいは消費者としてみなしていた時代は決定的に終わったということだ。新しい資本の編制は、生産者が同時に消費者であることを期待していない。あるいは万人が（潜在的な）生産者であることを期待していない。現代の資本主義においては、労働コストをどこまで下げるかが利潤の要となる源泉であり、グローバル化、情報ネットワーク化によって資本は、地域やそこに居住する生産者の論理をまったく考慮することなく生産点をフレキシブルに移転する。移転したあと、残された人びとはもはやたんなる「無用な人間」となるわけだ。

ジグムント・バウマンは次のようにいう。今日の貧困者を明日の労働者へと調教することはかつては経済的にも政治的にも有意義なものであった。それは工業を基盤にした経済の車輪に潤滑油をさし、さらに「社会的統合」という任務をも果たしたのであった。ところがこの経済的・政治的意味は現在ではもはや失われている。労働力とそれにかかるコストを削減しながらも、利潤のみならず製品の生産性まで上昇させる方法を学んだ現在の資本は、もはや大量の労働力を必要としていないのだから(Bauman, 1998)。「労働者階級からみずからを解放する」(マリオ・トロンティ)という資本主義の歴史を貫いてきた資本家階級の夢想はほぼ実現しつつあるのだ。

ジョック・ヤングはこうした事態を「排除社会」と定義づけながら、それが次のような三つの要素によって構成されているという(Young, 1999, 19–20)。

(1) 中心となる核

安定し定着したキャリア構造と人生を携えた人口のかなり大きな部分。この層においては、能力主義が作動し、両性間の平等(共稼ぎの)、安定した核家族、合わせた分の収入が高くなるほど長期になる週労働時間等の現象がみいだされる。彼らは、信用査定(credit rating)や消費者プロファイリングによって格付けされているが、そこでの社会的管理=統制は、労働や娯楽の双方においてますます軽い、ほとんどディズニーじみた様相を呈するようになり、表面上は親切でやさしい。その世界では人生に生じるゴタゴタは、それが病、事故、失業、犯罪被害であろうと、完全に保険がカヴァーしている。だがこの核の部分は縮小する一方である。労働市場の最大の成長部門は、雇用保障がますます不安定になる二次市場（secondary market）である。そこではキャリア構造は不在であり、人生は不安定なものとして経験される。

（2）防疫線

核となる集団とその外部にある人びとのあいだには明確な線引きがなされる。その手段はたとえば以下のようなものである。市街計画、都市を分割する道路網、私的な土地の封鎖、特定の領域へのアクセスを困難にすること、そしてとりわけ、繁華街への公的輸送機関の運賃、繁華街の商店の商品価格のように貨幣を通して、または中核地域の取り締まり《ポリシング》などなど。郊外のショッピング・モールであろうとインナーシティの公営住宅《プロジェクト》であろうと、そしてそれが私的あるいは公的警察によろうと、この「防疫線」は不確実性を除去し、街路からアル中、「物乞い」、心的障害者、集団でたむろする連中を一掃することを目指している。

（3）外集団

外集団は社会一般の抱えるトラブルのスケープゴートになる。つまり彼、彼女らは「アンダークラス」であり、ということは怠惰と犯罪に生きる人々である。シングル・マザー、無能な父親の居住地が彼らの居住範域であり、ドラッグ、売春、盗品の売買が彼らの生業である。彼らは後期近代社会の社会的な不純物である。それは一九世紀終わりの社会改革の犠牲者とも似ているが、その時代から一九六〇年代までの改革者たちとは異なり、目標は、彼らの地域を物理的に除去し、その成員を政治体に統合することではない。彼、彼女らは**寄せつけずかつ排除されるべき**なのである (it is to hold at bay and exclude)。

問題は(2)である。もっとも根源的で最初にあるのは、あるいは少なくとも最初に探り出すべきは(特定の階級・集団という「主体」に必ずしも帰属しない)「線」の作動と配置である。そしてその線分が、統合ではなく〈隔離〉〈排除〉を主要な目標として作動しているとするなら、その線分が作動するルールを定める権力のダイアグラムもその相貌を変化させせつつあるはずだ。以下ではその線分の作動とダイアグラムの編制を具体的イメージのなかから探ってみたい。

2　コミュニティの「自発的ゲットー化」

こんな時代に自主管理を提案することは、あらゆる社会政治学の放棄へといたる罠です。(P. Virilio)

【1】ゲーティッド・コミュニティと「防犯空間（defensible space）」のポリティクス

まずエピソードから。

一九九三年一一月、クリントン大統領は任期一年目に検討を加えようとホワイト・ハウスで学者の一群と会見をおこなっている。クリントン政権の国内問題アドバイザー役であるコミュニタリアンの政治理論家、ウィリアム・ギャルストンが組織したものである。そこでもっとも注目を惹いたものが、コミュニタリアンの著名な政治哲学者マイケル・サンデルの発言であった。クリントン自身も彼の話にはとくに注意を払い、スピーチがはじまると筆記用具を用意させディナー・メニューの裏側にメモをはじめたという逸話が残されている。そこでのサンデルの議論はおおよそ以下のようなものである。いま、道徳的次元の主張は保守派が独占している。だがクリントン大統領はアメリカ人の道徳的熱意に密着し、それを進歩的目標に向け変えねばならない。生活は混乱し、コミュニティの感覚は失われている、そんな人びとに浸透した感覚に呼びかけねばならない。市民的生活の意味を復活させるという急務を果たすにはまず、犯罪と暴力に立ち向かう必要がある、云々（Dumm, 1996, 132）(9)。

サンデル当人が意図した、しないにかかわらず、このエピソードを詳細にわたって規定しているのは、「犯罪と暴力」への恐怖とそれによるパニックをバネにした『根本的に新しく複雑な」〈隔離〉への傾動であり、そのひとつのアイロニカルな実現がこれまでふれてきた都市の要塞化である。近年日本でもしばしば話題になりはじめた「ゲーティッド・コミュニティ」はその動向を象徴的に表現するものといえるだろう。ゲーティッド・コミュニティとは、みずからの属する居住地の特定の拡がりをすべてプライヴァタイズすることによって、〈他者〉、異質物の侵入を排除する、自発的ゲットー化、あるいは自己隔離の空間である。それは一部の富裕者や有名人を中心に一九七〇年代に始まった現象だが、八〇年代に入ってから増殖しはじめ、九〇年以降、その開発は急増した。集中するのはロサンゼルス、マイアミ、シカゴ、ニューヨークなどの大都市部と、その近郊であるが、九七年には約三〇〇万世帯、八〇〇万人が住むという概算がなされている。基本的には富裕層、あるいは近年では上層中産階級までふくむ、比較的特権的な階層の自己ゲットー化として捉えることができよう。

ブレイクリーとスナイダーの著名な研究は、このゲート化され壁に囲われた居住コミュニティを三つのタイプに分類しているが（Blakely and Snyder, 1997）、それはまず、（1）**ライフスタイル・ゲーティッド・コミュニティ**と規定される。これは先にふれた七〇年代から発展してきた主要には有名人や富裕な退職者などをターゲットにした、特定の指向・趣味・年齢などを共有する消費者向けにデザインされたコミュニティである。

次に（2）**特権的ゲーティッド・コミュニティ**。八〇年代の終わりから増えはじめた第二世代のものであり、ゲーティッド・コミュニティといわれる場合、通常イメージされるのはこれであろう。これは、新たな開発地区ももちろんだがゲートやフェンスをもって改装した古い地域も含まれる、通常は公共空間である場所がプライヴァタイズされアクセスの制限された居住地域である。このコミュニティは、洗練されていく高度なセキュリティ機能をもった壁を設立し、電子化されたフェンス、遠隔操作で開閉されるゲート、ハイステイタスな人間のみの居場所であることのイメージをこれみよがしに顕示し、防衛された贅沢なライフスタイルや保護された資産であることを意味作用させる聴覚 - 視覚的映写装置などによって構成されている。アクセスの制限は通常、壁あるいはフェンス、非居住者の立ち入りを防御するための統制された入口によっておこなわれる。そのコミュニティの境界を仕切るゲートもさまざまである。二四時間、だれかが詰めている警備所であることもあれば、単純な電動式の門であることもある。警備所は通常二つの通路を管理できるようデザインされている。一つは客や訪問者用であり、もう一つは住民用である。住民がゲートを開けさせるには、電子カード、コードあるいは、リモートコントロール装置が必要であるが、たとえば通過するすべての車のナンバープレートや果てはすべての通行者の人間の顔を記録する監視カメラを備えたコミュニティも存在する。警備員がいない入口はインターコム・システムを備え、住戸には訪問者の顔を映し出すことのできるビデオ・モニターが設置されている。

そして最後に（3）インナーシティ、インナーサバーブにおけるセキュリティゾーン・ゲーテイッド・コミュニテイ。近年、もっとも急速に増加をみせているのがこのタイプのゲーティッド・コミュニティである。このコミュニティでゲートを構築するのは、デヴェロッパーではなく住民であり、犯罪や外部者の侵入からの防衛強化を主要な動機としている。それは選択あるいは商品というより、必要（という住民の感覚）によって構築されている。犯罪や無秩序への恐怖から、住民たちはみずからの近隣住区の境界を明確にし、アクセスを制限することによって、コミュニティの感覚や機能を設立し強化しようと試みているのである。ここではもはや階層は無関係である。最上級階層から最低の階層を横断して、住民たちは砦を建築する。ジョック・ヤングによれば、貧困層によって形成されるバリアは、富裕層によるそれと同じく差別・選別的な場合もあるが、ほとんどの場合、防衛的排除とみなしうる。[10] ヤングはみずからの居住するロンドン地域のストーク・ニューイントンに存在するいくつかのゲーティッド・コミュニティを例にあげている。そこにはエスニシティ、ジェンダー、そして階級の入り乱れた〈隔離〉の光景が認められる。たとえばクルド人は絶えざる暴力の危険から身を守るために、またハシド派（Hasidic）のユダヤ人は差別からの防衛として、また破壊行為に対する警戒から女性のみに利用が限定された娯楽センターや学校も存在する（Young, 1999, 18）。

セキュリティの心理と論理をもっとも体現するのが、この最後のタイプのものである。ブレイクリーたちは次のように述べている。「近隣住区をゲート設置へと走らせるもの、恐怖やストレスがいかなるものであれ、最終目標はコントロールである。恐怖は無力や攻撃されやすさの感覚からやってくる」（Blakely and Snyder, 1997, 108）。また、犯罪がそれほど深刻でない場合も、脅威が現実的にあってもなくても、恐怖はきわめてリアルに感受されるとされている。マイク・デイヴィスは「社会が脅威を認識するのは、犯罪率の高さゆえにではなく、セキュリティという概念が流通した結果」（Davis, 1992=2001／一九〇）としているが、たしかに恐怖は現実とは、必然的に関係があるというわけではないのである。ラカンたちならばそれは、存在論的なセキュリティの欠如の想像的あるいはファンタジーの次元での隠蔽だ、というだろうか[11]。

このタイプのコミュニティの背後にある発想の起源は第一章でふれたアメリカの建築家、オスカー・ニューマンの「防犯空間［守りやすい空間］(defensible space)」というコンセプトにあるとスナイダーたちは述べている(Blakely and Snyder, 1997, 122)[12]。ニューマンは七二年に、ニューヨークとシカゴのプロジェクト（低所得者層向け公営住宅団地）研究から、「さまざまな都市近隣住区の内部やそれらのあいだでの犯罪や無秩序のそれぞれのリスクは、最小のコストと社会的帰結をほとんど考察することもなく高密度の住宅を建築する計画やデザインの決定の直接の帰結」があることを指摘し、「防犯空間」のアイデアを展開させた。「現実的障壁と象徴的障壁の混合体、強力に規定された影響力の領域、改良された監視の機会」――これらが相ともなって住民の統制のもとに特定の地域をおくことが可能になる、というのである。

ニューマンの理論は次の三つの命題に足場をおいている（Blakely and Snyder, 1997, 163; Newman, 1972=1977）。

1、領域性：人びとは自分のものと認めるテリトリーを防衛する傾向にあるものだ。

2、自然な監視：空間を監視することがやさしくなり、監視者の数が増えるほど、犯罪者を抑止できるだろう。

3、イメージ：視覚的特徴が犯罪を促しもするし抑止もする。

ニューマンはこの命題を足場にしながら、次のような解決策を提案する。

1、領域性について：外部者を防止し居住者がみずからの地域に同一化し防衛を促進するような準プライヴェートな「影響力〔支配力〕のゾーン」に近隣住区を分割させることによって、領域性を高める。

2、自然な監視について：住民がその環境の外的・内的な地域を通覧できるよう窓を配置することで、公共空間への自然な監視や、注視のまなざしの数を高める。

3、イメージについて：低コスト住宅あるいは公共住宅のスティグマを回避するよう居住建築物をデザインし直すことで隣接環境のイメージを改善する。

このコンセプトはヨーロッパや北アメリカを横断してさまざまな面で影響力をもち、アクセス管理システムの導入、外面のライティングや見通しの具合の改善、だれでも使える歩道の削減と、開放された芝生のスペースを囲い込み、より詳細な監視を可能にするための窓の配置といった、ニューマンの提案する建築デザインの特徴は、多くの都市住宅計画に採用される。だがこのコンセプトはマイク・デイヴィスも述べているように、**「建築と警察機構との未曾有の規模での一体化」**を切り拓くものでもあった。実際、第一章でふれた、一九七〇年代半ばに法執行援助局の援助によって展開された「環境デザインによる犯罪予防（Crime Prevention through Environmental Design（CPTED））」は、この「防犯空間」というコンセプトを軸にしている。この試みは防犯空間理論を住宅地区、商業地、学校などにまで拡張しようというものである。それによって都市構造にはいたる場所に警察の視線や警察の論理が刻み込まれるわけである。犯罪や無秩序の多くは、その遂行の空間的機会を減少させることによって減少させることが可能である、これがニューマンの目算であった。

以上のようなニューマンの構想は、基本的に上層あるいは上層中産階級のものであるゲーティッド・コミュニティを貫通するものであるが、それだけでなく、ニューマンの当初の発想源であるインナーシティの居住区にも適用される。特定の「ハイリスク」なゾーンを封鎖し、細分化し、さまざまな監視と取り締まりを強化することで、セキュリティを高める、というものだ。マイク・デイヴィスは（ヒップホップ・カルチャーでは有名な）ワッツ地区インペリアル・コートというプロジェクトを例にあげている。八〇年代の終わりの「ドラッグ戦争（War on Drugs）」のさなか、[13]そのプロジェクトは波形番線鉄鋼フェンス、「許可のない立ち入り禁止」という標識、身分証明書提示の義務づけ、そしてロス市警の派出所によって堅固に守られるようになった。訪問者は立ち止まって身体検査をされ、夜間には警察は住民に部屋に戻るように命じ、家庭生活はつねに警察の詮索を受けることになる（映画『ニュー・ジャック・シティ』（一九九一年）では、一つのプロジェクトを封鎖しドラッグ・ビジネスの拠点として占拠した黒人ギャングたちが、このプロジェクトにセキュリティ装置を張り巡らして要塞化し、それを取り締まる警察と

Photo: Hustvedt

戦争状態になる。この設定は、まさに現実を反転させたものだったのだ）。一種の「準戒厳令状態」がインナーシティに現出したわけだ。

　このきわめて「非人間的」で無慈悲な動きが、セキュリティと〈排除〉の緊密なむすびつきを示唆してくれているだろう。そこではもはや統合あるいは内包というかたちで現象した権力の戦略はあきらかに〈排除〉に力点をおいたそれへとシフトしているのであって、その目標やリスクは〈社会〉に決して跳ね返ることはない。「近代社会」のように困難（difficulty）は、社会改良、あるいは個人の矯正・社会復帰という課題に跳ね返るということを無前提に期待はできないのだ。これをフーコーの理論装置を用いながら、次のように大ざっぱに整理してみよう。集合体の水準で人口を管理すべく、統計学的分布という解読格子を介して作動するセキュリティの装置は、矯正・社会復帰という概念と密接に結びついていた規律の装置と接合することで、総体的かつ相対的に〈統合〉社会へのベクトルを描き出していた。ところが、この二つの装置の接合は、この〈隔離〉への傾動を胚胎した都市の光景においてはほつれはじめている。福祉国家あるいは福祉国家につらなる理念や制度の基礎にある「保険数理的（actuarial）」テクノロジーは、現在の都市・犯罪政策においても共有されている。だから一九世紀終わりの社会学と同様、犯罪は偶然だが人間の集合体が必然的に胚胎するものとして、つまり「リスク」として捉え返される、あるいは「問題化」される。だがそのリスク管理の様式は大幅に異なっている。かつてはリスクとして把握された「偶有事」のもたらすダメージは〈社会〉的に共有され、〈社会〉が保障・補償するものとして捉えられた。そのリスクはいずれにせよ〈社会〉の課題として反射されたのだ。他方、現在では、リスクは社会改革・個人の矯正という課題が解決するとはみなされないのである。この傾向が個人の動機づけ、社会構造（物理的環境ではない）へのまなざしを弱め、「犯罪原因論の終焉」と呼ばれる事態をもたらすことになる。リスクと相関的に立てられる課題は、犯罪行為の機会を制限し、リスクを最小化し損害を限定する犯罪予防政策を構築することとなのである。

防犯空間理論への注目とその拡がりの背景については次のような点があげられている（小西、一九九一、三八〇）。

- 一般的文脈としては、白人中流層の郊外への流出、商工業の移転、インナーシティのゲット-化という現象から、都市住宅地区において犯罪の増加、またそれ以上に住民間の「犯罪の恐怖」が懸案となったこと。

- 犯罪政策の目標設定が、犯罪原因の根絶というプロジェクトから、より行動主義的な含意を持ちつつ、犯罪を「抑止（deterrence）」する方向に移行してきたこと。
- 有効で安価な犯罪統制手段として、インフォーマルな社会統制を再活性化させることが、広範な支持を受けつつあったこと。

ここでは一方で、ポスト工業時代における新たな階級分解と空間の分離とが示唆されていると同時に、犯罪原因に照準を定めるよりは、むしろ犯罪をあらかじめ予防する方向への犯罪政策のシフトが示唆されている。(14) この二つの動向は交錯しあって、新しい権力の戦略、権力行使の布置を構成しつつある、といえるだろう。それをスタン・コーエンの次の見解は端的に浮き彫りにしている。

モニターされるものは行動（behaviour）（あるいは感情と行動の生理学相関現象）である。秘私的な思考などには誰も関心を示すことはない……探知（detection）（非難と処罰）の観点からであれ、因果関係（動機のあるいは原因の連鎖を探すこと）の観点からであれ、個人としての犯罪者に向けられたすべての政策にとってもはや「ゲームは終了」した。今語られるのは犯罪の「空間的」で「時間的」側面であり、システム、行動の順序であり、生態学であり、防犯空間であり……目標強化である（Cohen, 1985, 146–148）。

犯罪政策はもはや主体を迂回してしまうというわけだ。かつては規律のテクノロジーに従属し、したがって個体にいったん折り返し、犯罪原因の発見のために配備された「保険数理主義（actuarialism）」は、ここでは、規律テクノロジーを迂回して直接に作動している。「問題は個人よりは統計的集合、人口、分布といった観点から統治される。犯罪の統治は、**その形式において保険数理的となる**」（O'Malley, 1999, xii）。この犯罪政策においては、「保険数理的」テクノロジーの焦点は、「内面的」状態ではなく、「外面的」な物理的配置（dispositions）という意味での行動の分布と帰結に合わせられる。個人をどうこうするというのではなく、**集合体のセキュリティにこそ一義的な関心が向けられる**のである。「それはセキュリティを高めるためにリスク負荷的な行動を操作する方法を発展させようと試みている」。

パノプティコンが集約するような規律権力の戦略は、パノプティコンという装置に組み込まれた超越論的まなざしを個体のうちに折り畳み、それによって「魂の鍛錬」を遂行すべく作動した。だが現在のモニタリングは**もはや「内面をもった個人」のような「センチメンタル」なものには関心を示すことはない**。それはまなざしと相関的に主体を構成したりはしないのだ。主要な問題は、犯罪を根絶する人道主義的課題ではいっさいなく、犯罪を特定のゾーンに封じ込めるなどして、それによって社会の一部に与えるリスクを最小化することなのだ。

【2】シミュラークルとしての「市民社会」——コミュニタリアンの夢としての？

ところで、ゲーティッド・コミュニティという「空間のハイパーな秩序づけ直し」(McLaughlin and Muncie, 1999) の現象は、一方で、少しだけふれたマイケル・ハートのいう〈内-外〉の弁証法の衰退という観点から捉え返しうる。ハートによれば、古典的リベラルの政治理論における、公的なものと私的なものとのあいだの関係を規定する〈内-外〉の弁証法は「ポストモダン世界」においては消失しつつある。具体的には次のようなことである。リベラルの伝統によれば、自宅の自室のようなプライヴェートな空間にある個人は、公的な領域をその場の外部として考えた。外部は政治固有の場であり、そこでは個人の活動は他者のまなざしにさらされ、かつ彼らはそこで承認を求めたのであった。他方、これまでみてきたように、ポストモダン化のプロセスにおいて、この公的空間はますますプライヴァタイズされている。都市空間もしかり。都市景観はもはや公的空間のそれではない。偶然の出会いにあふれた万人が寄り集まるという、都市景観ではないのだ。そうではなく、商用ギャラリーの、高速道路の、立入禁止の入口のある分割地である。ロサンゼルスやサンパウロのような特定の大都市の建築物や都市計画は、むしろ一連の防御され切り離された内的空間を形成することによって、公的アクセスや相互交通を制限する傾向にある (Hardt, 1998, 362)。

ハートはさらに続けてこう述べる。このプライヴァタイゼーションの進行は、「私的な空間と公的な空間の弁証法から出発して社会的組織を包摂するなどということがもはや不可能になるだろう地点」にまで進む。そしてそれがもたらすものは、「政治的なものの赤字」である。「政治的なものの場は脱現実化（déréalisé）していく」。だがこのプロセスを、政治的なものが消失してしまうプロセスとして捉えてはならない。現実を脱した上で、シミュラークルとして回帰している、というべきなのである。ゲーティッド・コミュニティは従来の〈内－外〉の弁証法を基軸に捉えた場としての「市民社会」をどこまでも真空化するが、逆に壁に封じられたコミュニティにおいて見事にシミュラークル化された古代ギリシア的デモクラシーの舞台、あるいは「自主管理」的な市民社会のイメージを生産するのである。(15) マクラフリンらがいうように、要塞コミュニティは、現代社会の「ルーツレス」状況に対するコミュニタリアン的、あるいはもっと一般化すれば、かつての市民のヘゲモニーによる「都市的なもの」の構築や参加型民主主義実現といったヴィジョンを肯定的に満たすものである。住民はもう一度、空間を管理・支配する失われたヘゲモニーをみずからの手に取り戻すのだから。「ゲーティッド・コミュニティは壁で仕切られたエリア、都市の暴力や急激に変化する社会からの避難所以上のものである。それはまた社会空間的コミュニティの探求でもある……アメリカ人がピルグリム・ファザーズの上陸以来追い求めてきた理想的コミュニティの」（Blakely and Snyder, 1997, 2）。

マクラフリンたちは、ゲーティッド・コミュニティにたいするコミュニタリアン・タイプの肯定的見解を以下のようにまとめている。

- 壁と門は空間的意識や、新たな形態の非常に局域化した「スモール・タウン」政治や共通の目標を生み出すことによって、住民を団結させている。
- この閉じられたコミュニティは住民の自己決定にきわめてリアルな実感を与えている——彼らはみずからの近隣住区や地域を自主管理している。
- 異質性をはらんだ都市においては、壁と門は、両立不可能な社会的、文化的、エスニック的差異とむすびついた諸権利の摩擦から防衛し、わたりあい、そして生きるための唯一の現実的方法であろう。それゆえ、壁は不安定で変動の激しい都市環境において落ちつきと安定のかたちとして機能できる。
- それらは構造的にみて包括的である。住民は法的に確立された諸権利・責任を享受できる。
- これらの安全な避難所の壁に守られ、住民たちは高度な帰属の感覚や社交性の新たなネットワークを発展できる。というのも、彼らはいまや安全な「開放」空間における似たもの同士（like-minded）であると想定される人びとと交流することができるのだから だ。
- 壁は住民たちが究極の都市の自由を享受できるよう保障している——つまり、みずからの家での安らぎの感覚を可能にしてくれ、自分たちの街路の安全性への信頼感覚を可能にしてくれる（McLaughlin and Muncie, 1999, 121）。

このような「理想の」コミュニティを司る重要な機関（マイク・デイヴィスの表現を借りれば

「ソヴィエト」）が「住宅所有者の会（ＨＯＡｓ）」である。ＨＯＡｓはゲーティッド・コミュニティのゲート以外のもうひとつの重要な特徴だ。ゲーティッド・コミュニティはＨＯＡｓによって運営されるのであるが、ＨＯＡｓは私的な街路のあらゆる区画を共同所有する。どの資産所有者も街路や歩道、ゲートを含むそれ以外の共通の施設の法的所有権を同じ住宅所有者たちと分かち合うのだ。いわばそれは分権的・自主管理的な「私的政府」なのである。

これらの新たなローカルな疑似政府は、統治をふたたび地域に引き戻し、地域の諸資源への公的アクセスを回避するという試みである。……彼らは他の人々の問題解決に……自らの市街地区のものですら……〝自分たちの〟税金が使われることを拒絶する。……住宅所有者の会の広がりとともに、アメリカ人たちはますますみずからの税金を、査定の形式で捉えるようになり、それをみずからが選択するサービスに使うようになり、その利得を自分たちと直接の隣人たちのためにのみ制約するようになる。そこからそのＨＯＡｓに居住しない人びとへの支払いを回避するために市あるいは郡を離脱するまで、もう一息だ（Blakely and Snyder, 1997, 24–25）。

こうした他者との絆を一切切断して成立する壁の生む公共圏は、理想的な公共圏であるが、公共圏の実質的な意味そのものを掘り崩すものでもある。少なくともその公共性は、異質な他者の交通の場という意味を失っている。そこでは交渉も政治もシミュラークルとしてのみ存在を許されるのだ。

ところで、先ほどのクリントンとコミュニタリアンの会見についてのエピソードには次のような続きがある。サンデルの提言を受けてかどうかはともかく、この会見からまもなくして、クリントンは犯罪への制裁強化へみずから率先して着手する。ここで重要な点は、彼がこれを「古い権利の体制への微妙な攻撃」(Dumm, 1994, 133) とともにおこなっていることである。クリントンはマーティン・ルーサー・キングを引用しながら、こう言い放ったらしい。「もしキングが九〇年代に生きていたならば、こういうだろう。わたしは黒人同士が自暴自棄になってたがいを殺し合う権利のために闘ったわけではない、と」(ibid.)。ここで人種と犯罪の問題が重ね合わされ、それがさらに公民権運動以来進展してきたマイノリティの権利への否定とむすびつけられている。中産階級以下のアフリカ系アメリカ人が被っているかつてない苦境は、彼ら自身の責任であり、ひいては公民権法以来の彼らへの過保護がその要因にある——クリントンが駆使しているのは、典型的な福祉国家攻撃のレトリックなのである。

3 「アンダークラス」とその〈隔離〉

【1】貧困者の犯罪化——「アンダークラス」の発見

マイク・デイヴィスも指摘しているように、ベルリンの壁の崩壊と同時並行して、「ドラッグ戦争」とそれがもたらす「準戒厳令」状態が、都市と郊外のあいだのみならず都市の中にも、あるいはインナーシティのなかにすらも新たな壁を構築していた (Davis, 1992=2001;

1993a, b, c; 1998, 359-422)。ポスト冷戦時代の「壁」の、あるいは主権国家がとりわけ集約していた境界線の転位を明確に表現する動向だ。内なる壁・内なる敵……コミュニストという敵にかわって新しい敵の形象が明確な輪郭をとりはじめる。それが「アンダークラス」である。

これまでにふれてきたゲーティッド・コミュニティは、ネーションの範域内で社会的連帯という観念を軸にしてリスクを配分するという福祉国家の基礎をつき崩していることがわかる。しかしこの「離脱」が可能になるためには、ある知覚の編制が変容を被っている必要がある。みずからの境遇とは交錯しない特定の人々を悪魔化し、敵とみなすことによって、みずからの意味論的・道徳的宇宙から切断する、という操作が。プライヴァタイズされた統計論・確率論的保険数理主義の社会工学的テクノロジーの脱モラル化した次元と、道徳的次元とがここでむすびつくわけだ。この点についてはさまざまな論争が交わされており、いまだ確たる結論は出しえないのだが、ひとまずこういえるだろう。保険数理的テクノロジーの作動が前面に押し出す〈排除〉の作用と、資本蓄積の新たな平面を接合させるのがネオリベラリズムやそれと並行するモラリッシュなアンダークラスの言説・イメージの体制である、と。この操作をある面で集約しているのが、ジグムント・バウマンが貧困者の犯罪化と呼ぶプロセスである。このプロセスをフォローすれば、以上みてきたものとはやや異なる〈隔離〉の像が浮上してくるだろう。

「アンダークラス」——この現在ではジャーナリズムからアカデミズム、政治の場にいたるまで、非常によく用いられるようになった、複雑な含意をはらんだあいまいかつフレキシブルなタームの趨勢をフォローしてみると、この言葉が流行させる知覚の変容が〈隔離〉を支える新しい「問題化」の様式に負っていることがわかる。

この概念はもともとはグンナー・ミュルダールによって一九六三年にはじめて用いられたものである。それは脱工業化の黎明期において、それがもたらすインパクトを警告する意図で用いられた。ミュルダールはきわめて鋭敏かつ先駆的に、脱工業化が人口のかなりの部分を永続的な失業状態に追いやる可能性を指摘していたのだった。だがアンダークラス概念が人びとの関心を集めるようになったのは、ずっとあとの話であり、ジャーナリストによる、著名な七七年、『タイム』誌のカヴァーストーリーによってである。その時代を前後して、その言葉が被った意味の変更はきわめて意義深いものであり、そこには問題化の様式と知覚の変容が認められるはずだ。もともとミュルダールがアンダークラス概念をはじめて用いたとき、そこでイメージされた失業者は、職を必要としており、また就業を望んでいながらはからずも職を得ることのできない人間というきわめて「ノーマル」なものであった。失業者は資本の論理、あるいは社会の補完的機能の欠陥によりもたらされる排除の犠牲者なのである。ハーバート・ギャンズは、アンダークラス概念がはらむ意味の揺れを、経済的観点からの定義と行動的観点からの定義のあいだのブレとして分類しているが、この分類軸を用いるならばミュルダールの概念は経済的観点からのものだったわけだ（Gans, 1995, 34）。

ところがのちにジャーナリズムによって用いられたときには、その経済的観点から定義に決定的な変化が加えられる。行動的観点からの定義にぐっとブレるのである。そしてこの行動的観点の優位は八〇年代中盤以降決定的なものになる、とされるから、『タイム』誌の七七年のカヴァーストーリーは、ある現実を問題化するまなざしの地盤の変容を先駆的に告知していたわけである。「アメリカのアンダークラス：豊かな国の貧困と絶望」と題された件のテキストは「アンダークラス」をこう描き出す。「おおかたの人間が想像するよりももっと御しがたく、もっと社会的に異質で、もっと敵対的な人びとからなる大きな集団。彼らには手が届かない（unreachable）。それがアメリカのアンダークラスだ」。そしてアンダークラスが内包するカテゴリーが列挙される。「少年非行者、退学者、ドラッグ常習者、福祉援助を受ける母親、強盗、放火犯、暴力犯罪者、独身の母親、ヒモ、麻薬の売人、物乞い……」――まさに新しい「危険な階級」である。

そこで問題なのは、構造的に彼らが占める場所ではなく、経済的・社会的・地理的環境にたいする彼らの反応様式なのであり、それゆえにこのカテゴリーは融通無碍《むげ》なフレキシビリティを獲得することになる。そしてそれによって、ある特定の集合体に属する人びとを排除のまなざしのもとに切り分ける機能を果たす。ギャンズは次のように述べている。「この言葉［アンダークラス］がフレキシブルであるがゆえに、〝プロジェクト〟に住む貧しい人びと、不法移民、十代のギャング成員もまたしばしばアンダークラスと名指されることになる。実際、行動的定義のフレキシビリティによって、この言葉は貧しい人びとを、その実際の行動がいかなるものであれ、スティグマ化するために用いられうるラベルとなる」。

ジグムント・バウマンは次のように自問する。シングル・マザーとアルコール中毒者、あるいは不法移民と学校中退者といったような、はなはだしく異質で多様な人びとの集合を一括りにして捉えるということはどういうことなのか？　と。この多様な人びとを眺めてみるとそこに含意されたひとつの特性が浮上する。それは彼らが「完全に無用（totally useless）」ということである。つまり、彼らは「その存在がなければ麗しい風景のシミ」であり、「彼らがいなくてもだれも損をしない」というニュアンスである。しかしその危険はかつてのように、〈社会〉が負担を負うべきリスク・ファクターなのではない。述べたように、資本の観点から捉えるならば、それは〈社会的〉装置を通してふたたび労働力商品化すべき「労働予備軍」としてみずからの運動のうちに包摂しうるような人口の一部門なのではない。彼らは労働力商品としてはムダなのである（Bauman, 1998）。バウマンはいう。人間の歴史上はじめて、「貧民は社会的な有用性を喪失した」。

だがそれは資本主義のはらむ欠陥・困難としては把握されない。それは彼ら自身の問題なのだから。それゆえ彼らには規律であろうとなんであろうと「手が届かない」。それは真空に手を伸ばすような無駄な営みなのであり、いずれにせよこれらの人びとは治療不可能なのである。なぜだろう？　彼らは病に犯された生活をみずから好んで選択しているから、である。つまりこれは人の生き方、モラルの問題なのだ。このアンダークラスが個人による選択の帰結として把握されていることが重要である。行動の観点から捉えるという背景には、このような個人化・責任主体化の動きがあるのだ。

これはつまり、ネオリベラリズムによる個人の問題化の様式と密接に接合しているということである。これはアンダークラスのアカデミズムや社会政策レベルにおける主唱者が、代表的なニューライトの理論家チャールズ・マレーであることからも明確である。ネオリベラリズムは、福祉国家的理念やケインズ主義を特徴づける社会保険や社会化するリスク管理の形態を拒絶して、リスクを個人化することで「個人を責任主体に形成し、競争の促進や市場モデルを通して統治するよう追求する」(O'Malley, 1999, xvi)。脱工業化のもたらす半永続的な失業人口は、かくして〈社会〉の引き受けるべき課題ではなく、彼ら自身の性向の問題に還元されるわけである。それゆえアンダークラスにおける「クラス」は従来の階級概念のような社会的階層化という含意をもたない。ニコラス・ローズのいうように、それは「道徳的境界区分」である。それが前提としているのは、貧困はもはや社会階級間の不平等の問題ではないということである。むしろ「行動(behavior)」の方が前面にせりあがっているのだ。

くり返し(第一章参照)確認しておこう。それこそが、ネオリベラリズムの犯罪学の描く人間像なのだ。

【2】分解される身体と人工衛星、あるいは「ハイパーパノプティコン」の浮上

上述した「新しい刑罰学」は、このようなアメリカにおける貧困の新たな問題化の様式への対応ともみなしうる、とサイモンらはいう(Feeley and Simon, 1992, 467)。矯正・社会復帰と

う目標を後退させ、規律テクノロジーを保険数理主義から離脱させるポスト規律・ポスト福祉国家的犯罪政策は、このアンダークラスという表象をテコにして進行していくともいえるだろう。「アンダークラスはまた危険な階級であるが、それはその特定の成員がなにか事をしでかしたか否かだけではなく、もっと一般的にその集団的な潜在的不正行為（misbehaviour）のゆえに、である。アンダークラスは彼ら以外の社会を防衛するために管理されねばならないハイリスク集団として扱われる」（467）。このようなアンダークラスという「統合不可態」な集団の存在の形成は、犯罪者と重ねられ、さらには矯正やコミュニティへの再統合などありえない「お笑い草（bad joke）」（468）という知覚を可能にしている。

この貧困者の犯罪化という動向のなかで、監獄・刑務所はかつてと異なる重要な戦略点となる。かつてフーコーは「資本の蓄積と人間の蓄積」という表現で、本源的蓄積過程とそれに見合ったかたちで人間を動員・調整する規律権力の浸透過程とのむすびつきを指示していた（SP）。フーコーが述べたような、規律の装置としての監獄は、資本蓄積とパラレルであり、その蓄積の条件であった人間の蓄積の過程のなかに埋め込まれ、工場や学校で労働力生産のために行使されるテクノロジーと同質のものを受刑者にたいして適用していたのであった。ところが現代の刑務所は、むしろ資本蓄積とは交わらない、というか**交わらないことによって機能する**というような地平に再編成されつつある。[16] つまりそれは、「完全に無用な人びと」を隔離し管理する場所と化している（cf. Bauman, 2000）。福祉支出がカットされながらも、他方、刑務所や刑務所人口が増加し、刑事司法に関する支出が増大していく、というある程度先進国が共有している傾向がそれを端的に象徴しているだろう。

この点である論者の指摘（Irwin, 1985）は興味深い。そこで彼は、監獄を「衆愚で無秩序で、最低の階級」であるアンダークラスを管理する機能として捉え、その機能を大まかにみて二つの位相を有するものとしている。まず一つ。監獄はアンダークラスのなかのもっとも悪名高く目障りな（disruptive and unsightly）成員を管理する手段とみなしうること。そしてもう一つは、監獄はもっとも絶望的な境遇の人間のための緊急の「サービス・ネット」と把握できる、というものだ。アンジェラ・デイヴィスは合州国での近年の黒人女性刑務所人口の急増の原因を、福祉の後退により、女性たちが非合法的経済活動に従事せざるをえないことと、そしてさらにはかねてより適切なケアを受けられなかった貧しいドラッグ中毒の黒人女性の受け皿となってきた精神医療のような社会サービスの収縮によって、刑務所がかわりの受け皿になっている、という点に求めている。これも貧困者の犯罪化の一形態として捉えることができよう。「刑務所は街路に留めておくにはあまりに危険であるとみなされる法律違反者（violators）を短期のあいだ囲い込む檻とますますなりつつある。刑務所がそうした人びとを受け入れるべく組織されているかぎりで、その矯正という使命は犯罪者のなかでももっともハイリスクな層の管理＝運営という機能にとってかわっている」（Feeley and Simon, 1992, 460）。失業者や貧困者、福祉の受益者たちは、〈社会的なもの〉を通してではなく、いまや犯罪を通して統治される、というわけだ。

だが監獄・刑務所という特定の空間への「封じ込め」の表象は、現代においてそこで作動している権力のダイアグラムを考えるにはやや不適切である。むしろ監獄は空間の仕切りを横断して延長する〈排除〉のフレキシブルな（防疫）線の中継点のひとつとみなすべきだろう。現代においては一方で刑務所の増強、拘禁人口の増大というベクトルと他方で、脱拘禁化というベクトルが奇妙にも同居しているのである。これについてはニコラス・ローズの次のような議論が参照になる。彼はこのような状況を「刑罰－福祉複合体」と形容し、それがネオリベラリズム的な福祉改革の自己責任化に付随する道徳的命令（imperative）の裏面として捉える。つまり、この新たな自己責任・自己管理のモラルの要求をはねのける連中とみなすことで、「半－永遠の準－犯罪人口」の構成と排除が可能となるということだ。そしてさらに重要なことに、彼らの〈隔離〉は監獄という仕切りを超えておこなわれる。つまり「彼らは新たな刑罰複合体の執行人、機関、テクノロジーによって終わりなき管理に委ねられる。プロベーションの規則に違反したがゆえにプロベーションから刑務所に送られ、そして刑務所からパロールへ。パロールの規則違反ゆえに刑務所へというように、個人は新たなサーキットに回路づけられる」（Rose, 1999, 272）[17]。

リスクの分布によって回路づけられた新たなサーキットである。このサーキットは必ずしも物理的障壁だけによって敷設されるのではない。この点は「隔離（incapacitation）」という犯罪学や刑事司法の用語が、近年では「無害化」というかつての訳語で表現されるということにも対応しているだろう（藤本［編］、一九九一）。この動向は現代の〈隔離〉が、従来の空間封じ込めというイメージでは決定的に対応できないということを如実に示唆している。刑務所の「壁」のような物理的な仕切りに大きく依存することなくリスクを最小化し除去すること、この要請が現代の権力のダイアグラムを編制しようとしているのではないだろうか。そしてそれを可能にしているのが、〈排除〉の空間を溶解させあらゆる場所において〈排除〉の実践を機能させるべく作動しうるテクノロジーの発展、具体的には八〇年代からアメリカで急速に発展したといわれる電子モニタリング（electronic monitoring）システムなのである。

小型化した監視テクノロジーの進化は、モニタリング装置を受刑者の身体に埋め込む、あるいは装着させることによって受刑者の常時のモニタリングを可能にする。その象徴ともいえるのが、「電子ブレスレット」であろう[18]。ある短い時間間隔で監視対象者の足首に装着されたブレスレットが監視対象者の居場所におかれた電話装置に送信し、電話装置はその送信を受けて中央コンピュータに情報を中継する。もし監視対象者が所定の距離をはなれると、コンピュータに警報が発せられ、その離脱の事実と時刻とが記録される、というものである（小西、一九九一、三二一：藤本、一九九六）。この電子監視システムを擁護する立場からは次の利点があげられている。①矯正のコストを縮減し、②公共の安全を高め、③犯罪者の社会復帰を促進する。小西（一九九一）も指摘しているように、ここでいわれる社会復帰は、電子監視によって犯罪者の行動が抑制され、結果としてたまたま社会復帰が促進されるということもある、というだけの話である。旧来の社会復帰が原因探求と処遇の開発をめざす、という点からすると、ここで指示される社会復帰は内実を喪失しているというべきである（小西、二二三）。

さらにマイク・デイヴィスの提示する驚くべきヴィジョンは、いわば「管理権力《コントロール》」の理念的ダイアグラムを集約する形象のひとつともいえるかもしれない。コスト高の刑務所建設への代案としての「コミュニティ監禁」がハイテクによる監視とむすびつく可能性を考察するなかで描かれたヴィジョンである。「アンダークラス理論」の主唱者、チャールズ・マレーに指導されながら、近年の保守理論家たちは「『エスケープ・フロム・ニューヨーク』に描写されるような監禁都市の可能性を模索しつつある」。マレーは九〇年の『ニュー・リパブリック』誌において、マジョリティのドラッグ解禁ゾーンを設定する可能性を論じながら、それと同時に犯罪化されたマイノリティを締め出す必要がある、としている。「ドラッグ戦争」の勝者は警察ではなく家主だ、と皮肉るデイヴィスは、その「戦争」のプロセスで家主や雇用主の店子や労働者の選択における無制約の差別の権利が「勝ち取られ」たことを念頭においている。デイヴィスによればマレーはこう述べている。

こうした政策を実現した結果、少数の超‐暴力的《ハイパー・ヴァイオレント》・反社会的地域に腐ったリンゴを集めることになったとしても、それはそれで結構だ……だが〝超‐暴力的〟な超社会統制地域に彼らをきちんと封じ込め、さらにはオーヴァークラスのドラッグ・フリーの楽園から締め出すためにはどうしたらよいか？（Davis, 1994, 12）。

デイヴィスがあげる可能性のひとつが「セキュリティ・ゲートウェイ」である。『エコノミスト』誌の記事にヒントをえながら、デイヴィスはそのゲートウェイが生体認識技術、すなわちバイオメトリクスを活用する可能性を考えている。隠しカメラによって群衆や通行者を選別するために、眼の虹彩の動きのような他の人間と共有しようのない人間個人にとって固有の性質がスキャンされるというイメージだ[19]。「〝この装置は空港のような場所で活用できる……その存在が警備員の瞳孔を開かせるような類の人間のチェック用に〟というわけだ」。しかし、じつはこのヴィジョンはすでに実現している。たとえばFaceItというアメリカの民間ベンチャーによって開発された顔認識システムは、イギリスやアメリカでは犯罪捜査、入国審査に活用されているが、この装置は次のように動作する。ビデオカメラで捕らえられた画像から人間の顔を検出し、それを三〇程度のパーツに分解し、その上で他人と違う特徴を照合するというものである。イギリスでは前歴者のデータベースと結合されて、それにヒットすると警報が鳴るというシステムが構築されていて、すでに犯罪捜査に貢献しているという。またメキシコとアメリカ国境における入国審査にも次のように利用されている。あらかじめ配布・装着された車のタグが車線を通過する際に登録者のデータを呼び出し、監視カメラによる顔のイメージの照合がすばやくなされるというものである（瀧井、一九九九、一一九）。

それらは身体を個人の単位からさらに微分する超ミクロな監視テクノロジーであるが、他方、よりグローバルな監視テクノロジーにも着目すべきだろう。人工衛星と監視の可能性である。これもマイク・デイヴィスの指摘によるが、じっさいに警察は、ＧＩＳシステムと連携したＬＡＮＤＳＡＴ衛星を活用しつつある。それによって、特定のコミュニティやあるいは全地域が「過剰露出」され、モニタリングされるのだ。「ほとんど確実なことだが、一九九〇年代の終わりまでにロサンゼルスを含む最大の合州国大都市エリアは、交通渋滞を整理し、物理的開発計画を監督するためにLANDSAT静止衛星を活用するだろう。同じLANDSAT−GISの性能が、何万という電子的にタグづけされた個人やその自動車の動きを監視するために、警察局によって……活用される」。またそれは「都市の社会的階層総体の活動にたいする電子手錠と等価の役割をも果たす」。麻薬犯罪者やギャングのメンバーは、「バーコードを付けられ」た上で仮釈放され、そして「二四時間探査して回りその監視地域の境界の外にさまよい出ようものなら自動的に警報を鳴らすだろう衛星の全域的精査」(Davis, 1994)にさらされることになろう。

そこにおいては、空間全域が権力の自在に作動するなだらかな平面となり、〈隔離〉や〈排除〉はほとんど液状化している。

【3】リスクのスムーズ平面と〈他者〉の変容

人工衛星という「ハイパー・パノプティク」な形象は、地球総体を権力の作動のスムーズな平面と変容させているともいえるだろう。いわゆるグローバリゼーションは、内在的な資本の動きを解放すると同時に、こうした動きを管理するテクノロジーを付随している。この作用についてマイケル・ハートは〈内包〉と呼んでいる。この視点はこれまで〈排除〉と呼んできた作用とは矛盾せず、むしろその意味をよりはっきりさせるものである。この視点からすると、現代の〈排除〉はハートのいう「差異的包摂（inclusion differencielle）」の戦略として考えることができるだろう。

この点について、アンダークラス概念がレイシズムと微妙なかたちで交錯していることがきわめて重要な意味をもっている。アンダークラスは貧困者を犯罪化することによって、その〈排除〉を正当化する機能を有するわけだが、一方、そこにひそむあからさまな人種的バイアスを隠蔽するという役割も果たしている。そもそも先述した「アンダークラス」概念を普及させることに一役買った『タイム』誌の記事は、黒人ゲットーの記事だったのだが、あけすけにいってアンダークラスという概念が照準を合わせるのは、アメリカ合州国においては基本的に都市の貧困な黒人、あるいはとくにラテン系を含んだエスニック・マイノリティなのである。[20]「アンダークラス問題」という人種的含意のないみかけのもとで、じつはそこにレイシズムの継続がみてとれるわけだ。

そうはいうが、現代社会はさまざまな残存する悪しき慣習はあるものの基本的に脱レイシズムの方へ向かっているといわれてはいないだろうか？　奴隷制廃止、公民権運動、南アフリカのアパルトヘイトの撤廃など、ひとは現代化のプロセスを脱レイシズム化と同一視しがちであった。だがレイシズムの後退あるいは非在のみかけの下で、「その外延においても強度においても現代世界において事実上深化してきた」。問題はこのみかけの脱レイシズムの下での深化というプロセスが、レイシズムのその形態と戦略を変更させながら〈排除〉という機能を相変わらず果たしているのではないか、という点である。マイケル・ハートも次のように述べている。現代においてはもはや「差異は法のテキストに刻み込まれてはいないし、他者性の賦課はなにものかを〈他者〉として指示するまでにいたるのではない。〔ポスト主権国家時代の政治単位としての〕〈帝国〉[21]は差異を絶対的な観点から考えはしない……それはけっして人種的差異を自然の差異としてではなく、つねに程度の差異として措定する。つまりそれはそれを決して必然的なものとしてではなく、つねに程度の差異として措定する」(hardt, 1998, 369)。これはレイスを生物学的にではなく、文化の差異として把握するネオラシスム〔ニューレイシズム〕の図式と一致する。このポストモダンなレイシズムにおいては、他者はあくまで「相対的他者」である。それはよりリベラルで、より本質主義的ではない。つまりレイスは人間の本性的性質ではなく、文化的に構成されたものでしかない。特定の集団は、当該社会の規範にそぐわない場合もあるが、劣位にあるわけでは必ずしもない。各々固有の価値を有しているのだから、それは尊重すべきである(「アンダークラス」も彼らのふるまいは文化なのだから、それを尊重すべきである。無理に介入し主流社会への統合を試みることはムダである……)。しかしこの発想は〈隔離〉を強力に基礎づけることにもなる。レイスやネーションは文化的に形成されたものでありながら、無理に交わったり混合させたりすることは危険なのだから。「セルビア人とクロアチア人、フツ族とツチ族、アフリカ系アメリカ人と韓国系アメリカ人は分離されて留まるべきである」。

ハートのいうこの「強度・程度の差異」を付与し、他者を相対化するものは、これまでの論脈からすると、リスク概念であり、また保険数理的テクノロジーであると捉えることもできる。相対的他者とは保険数理的他者のことではないか。そこで人間や集団を細分化するときの「通貨」となるのがリスクなのである。この点は、排除という概念がイメージさせる一見して単純明快な操作と、多元主義、あるいは逸脱集団の不鮮明さという複雑性のむすびつきへの解明の糸口を示唆してくれる。絶対的〈他者〉を排除する場所——共同体という「世界」の外、あるいは主権国家の外——を喪失したグローバル社会において、すなわち、人間やモノ、文化の越境的な動態の中で他者の形象が不鮮明になる状況において、〈排除〉という操作がいかにして可能か、あるいは〈排除〉の強度の深化があるとすればそれはいかにして可能か、ということである。[22] この問題がハートのいう「差異的内包」というヤングの議論との見かけ上の違いと交錯する場所である。ヤングは逸脱的他者への近代と後期近代社会の各々の捉え方についてこう特徴づけている（Young, 1999, 16）。

	近代	後期近代
社会	包括的	排除的
規模	マイノリティ	マジョリティ
価値	絶対主義	相対主義
支持基盤	コンセンサス	多元主義
示差性	明確	不鮮明／連続体／重なり合い／交差
形成される防御壁	透過的	規制的
閾	寛容	不寛容

この図式は〈排除〉を軸にして次のようにも表現できるだろう。

それは包摂か排除かというオン／オフ・スイッチとしてはあらわれない。むしろそれは社会を通してあらわれる変動する過程である。というのも、排除は、富裕層の信用格づけから被監禁者の危険性の程度にいたるまで、勾配を描きながら貫通しているからだ。……この社会のイメージはインサイダーの中枢部とアウトサイダーの周縁部というものではなく、むしろ海岸のように傾斜を描くポジションをあてがわれる砂浜のそれである。砂浜のトップにはカクテルをすする特権階層がいる。その一方で下っていくと、海にはまってしまい絶大なる努力によってのみ助かるか、あるいは生き残れそうもない人びとがいる。だがその砂浜は、スーパーリッチかアンダークラスかにきわめて鋭く隔離された世界を排除するわけではない(65)。

主権や国境が相対化し、その意味を根本から変容させているいま、境界線は「もはや主要にはすべての政治的〝共同体〟の縁にあるのではなく、あらゆる場所に位置している」(バリバール)。それは多文化主義の愛好する境界の揺らぎと交わりの光景を世界都市に現出させているが、他方そうした光景の現出を支えているものが、〈隔離〉の防疫線があらゆる場所に張り巡らされる「セーフティ・ネット」なのだ。リスクという融通無碍な通貨がいたるところ、いたる局面に、しなやかに流通して生成するなだらかな平面。その平面上で、一見通約不可能にみえるきわめて多様な〈排除〉の実践が生起している。警官による不審尋問、ホームレスの排除のような比較的古典的な物理的排除から、ゲート、公共の場の監視カメラ(CCTV)、寝ることのできない公園のベンチ、座れないように巧妙にデザインされた「広場」、さらにはアクセス停止されたクレジット・カード、あるいはネット接続するパスワードの拒否、クレジット・カードそのものの発行の無資格などなど。そしてそのような複数の次元で張り巡らされた〈隔離〉の毛細血管状の線を、ポストフォーディズムにおける階級動態がもたらす〈分解線〉がさらに太い線で重層決定している(Mollenkopf anc Castells, 1991, 415)。

明日の世界で、位置探知用の腕輪を付けた受刑者と、トイレに立った時間を給料から差し引く「インテリジェント」社章を付けっぱなしの自由人とで、なにが違うというのか。少なくとも冷蔵庫や自動販売機などに近づくのを在宅受刑者の腕輪は妨げたりしないが(23)……。

4　ポスト・ノワールの時代？

クリントン大統領が提唱し、一九九四年連邦法とカリフォルニア州で最初に実施された法に、「三振法(three strikes, you're out)」というものがある。当時のカリフォルニア州知事は、この法案を通過させた後に、すぐに「two strikes, you're out」法案を示唆している。三回は多すぎる、というのだ。この「三回は多すぎる」という知覚が可能になる理念のポイントがある。ワン・ストライクの前に捉えよ、ということである(Davis, 1998, 66)。

この荒唐無稽にみえる発想は、現実離れした「権力者の妄想」ではおそらくもはやありえない。権力の「妄想」は、それを「妄想」にとどめていた技術的障害をじわじわとクリアーしつつある。その「妄想」が向かう先、そこはある意味でセキュリティが完全に実現をみる場所なのだ、とすることができるだろう。しかしよく考えてみると、それはわたしたちの願いではなかっただろうか？　暴力や恐怖から解放されること、「暴力を終わらせる」ことは。しかし、セキュリティをめざす権力にとって終わらせるべき暴力とはなによりもまず、みずからに本性的につきまとっていた「抵抗」のはらむ力だった（フーコーのいうように「権力は抵抗なしには作動しない」）。それゆえ現代のセキュリティの装置は、かつてなく人間のあいだに発生する摩擦に敏感になる。それはなによりもまず、反乱、ストライキ、ひいては法、人権、あるいは「政治的なもの」に敵対する（だからここでの意味での〈セキュリティの上昇〉はニューライト、ネオリベラリズムの台頭のなかに刻まれているのだ）。さらにすすんで権力はそうした力を能うかぎり「犯罪」として（長期間のブランクを経てふたたび）「問題化」しはじめた。

ヴィム・ヴェンダースの映画『エンド・オブ・バイオレンス』は、この「暴力の終焉」という現代社会総体のはらむ傾動とその矛盾を鋭く知覚し、イメージ化している。この作品において、一見平和な小高い山上の天文観測所は、じつは、街中に張り巡らされたＣＣＴＶ――とりわけ黒人街が照準されているようだ――と衛星による監視を統合し操作する覆面監視センターである。主人公の映画プロデューサーはある日、二人組の男性に誘拐されて人気のない川のほとりで殺害されそうになるが、ぎりぎりのところで命拾いをする。この誘拐者自身がどこからともなく発射された銃弾によって殺害されてしまったからだ。事件は未然に予防されたわけである。さらにこうしたしかけに不安を感じて告発しようとした覆面監視センターの責任者自身が、どこからともなく発射された銃弾によって射殺される。

このフィルムを強引に「ＬＡノワール」の流れのうちに位置づけて、その九〇年代ヴァージョンとして考えてみるとその特異性が浮かんでくる。たとえば、『大いなる眠り』をはじめとするチャンドラー原作の諸作品、あるいは七〇年代の『チャイナ・タウン』などが典型的に表現していたようなノワール都市、ロサンゼルスは、公共空間の明るみと暴力の胚胎する私秘的暗がりという対照——「陽光かあるいはノワール」——を時間的・地理的空間に沿って配分していた。それにたいして『エンド・オブ・バイオレンス』の描くロサンゼルスは、「陽光かあるいはノワール」という既知の対立によって分割された空間に、もうひとつの空間が重なりつつある場所であった。明暗や距離を貫通して作動することで、「現実の」陰影やさまざまな襞をはらんだ空間に向かって、ある現実性をもった抽象的な平面を折り重ねる権力である。フィルム・ノワール的な明暗の対照を描くことはこの権力が描きつつある平面上では根本的に不可能なのだ。『エンド・オブ・バイオレンス』のラストでは、権力による殺害のくわだては公共空間の明るみによって抑止された（昼間の湾岸の娯楽場では殺害者は目標に手だしができなかった）。それは権力がもはや作動域としてはさほど重要だとみなしていない、ある古い対立の空間に立ち戻ることによってしか、その暴力を抑止しえない、わたしたちの無力の表現でもあったのかもしれない。

さらに問題は、その戦略がディズニーランドには「暴力がない」という論理を逆手にとったものでしかないということだ。ここには現代の困難なひとつの逆説がある。暴力の抑止は、クリーンな海沿いの娯楽の場で解消された。それはわたしたちを安堵させる。だがその安堵は同時に、恐怖からの解放の願いが、公共空間を「浄化」する動きに統合されたことにほかならない。**暴力、恐怖からの解放の願いは**、微細な差異をはらんだコンテクスト、思想的質に由来したものであろうと、セキュリティの装置の回路を通してのっぺりとした安全への要求として吸い上げられてしまう。そしてセキュリティの装置は、みずからの相貌を変容させながらどこまでも肥大化していくというわけだ。

公共空間の「浄化」によって、たしかに一方では、公共空間の明るみからは暴力が消えていく。理論上はそうだ。だがセキュリティの論理による「暴力の終焉」は、現実上では最大の暴力を——「警察の蛮行（police brutality）」、「失踪者」の大量生産（消滅のテクノロジーによる）、組織されない予測不可能な暴力、ひたすら自滅へ向かう暴力などなど——付随するという逆説をわたしたちはいま、その限界において目撃しつつある。現代においてわたしたちの存在に影をおとす「ノワールなもの」とは、最大の明るみ、光のことなのだ。あるいはより正確にいえば、明るみ・暗闇という対立を乗り越えてしまう「秘密の光」であり、「暗がりのスキャナー」なのである。

この世界は、過剰露出した世界はもはや全面的な監禁場であるというポール・ヴィリリオの不吉な予言を忠実にたどっていくようである（そしてヴィリリオは過剰露出による監禁と労働力のフレキシビリティも含む移動の過剰な自由が対応しているということをすでに一九七〇年代に指摘していた）。かつてのパノプティコンのまなざしは、具体的・物理的な装置や人間につねに受肉されつつ、残酷であるが同時に温情主義的な色合いを帯びていた。だがいまパノプティコンはあらゆる人間的要素を剝ぎ取りはじめた。そのまなざしはわたしたちにはよそよそしく、わたしたちのささやかな反抗にはとりあってもくれない。セキュリティとその排除の暴力の循環を断ち切り、そのような暴力からはまったく遠いセキュリティの空間を切り開いていくことは可能

なのだろうか？　まさにここにこそ、わたしたちの「自由」の発明が賭けられているはずだ。(24)

註

(1) 組織的犯罪処罰法は、没収・追徴の保全について、公訴提起後にとどまらず、起訴の前であっても、検察官あるいは警部以上の警察官の請求によって、裁判所から没収保全命令や追徴保全命令を発することができるようになっている。この点については海渡（一九九七）も参照せよ。

(2) たとえば『アエラ』「刑事と公安の融合は可能か」（一九九五年六月一九日）をみよ。この記事では元警察庁長官後藤田正晴の談話が寄せられている。それによると、

終戦から最近までは革命勢力の暴力的行動を監視、取り締まることには公共の秩序維持の観点から意味があった。だがイデオロギー対立はほぼ解消し、新しい国際的犯罪や薬物事件、右翼と境目のない暴力団などが公共の秩序をおびやかす。それに対応せにゃいけません。組織のあり方の検討は（警察庁の）城内前長官の時代に手をつけ、国松長官も警備、刑事警察の改革に努力していた。警備・公安は警察庁が全国的にコントロールできるが刑事警察はそうでなかった。今後は刑事警察の対象であっても、事件の性質によっては警察庁が指揮・調整にあたり、平素から広域的連携を行い、運営を変えていくことが必要でしょう。

ここでは「公共の秩序」なるものが主要になにを介して定義されるのか、その変容が端的に表明されている。政治、イデオロギー的「破壊行為」というよりは、主要には犯罪行為に向けられるのである。この発言では、「国際的犯罪」「暴力団」「薬物」というかたちで、「麻薬二法」「暴力団対策法」そして「組織

的犯罪処罰法」という九〇年代の新たな治安立法の対象がリストアップされているが、たとえば組織的犯罪処罰法におけるマネーロンダリングの取り締まり、あるいは物議をかもした「盗聴法」にあらわれるように、それは住民の生活全体をカヴァーするものである。グローバリゼーションによる不可避の「境界の揺らぎ」は「市民生活」全般にわたって危険にさらすことになる。それゆえ警察はより広く（国境や自治体警察の境界を超えた連携）、より深く浸透し（地域・生活に根ざすこと）、「公共の秩序」をあらゆる場所で防衛しなければならない――「ボーダーレス」という用語は九〇年代の『警察白書』のキーワードでもあるが、この認識は、九〇年代の警察による文書で絶えず強調される構図である。この地点で（警察庁の地位強化を介して）刑事警察と警備・公安警察がいわばたがいに貫入をしはじめるのだ。こうした動向は、「公共の秩序」をゆるがせにするあらゆる事態を〈危機〉として把握し、その総体を「危機管理」というシェーマで捉え返していこうという七〇年代の後半から描かれたヴィジョン（総合安全保障政策）とマッチしている。

このことと関連して次の点は銘記されるべきだろう。地下鉄サリン事件の一年前には「生活安全警察」を掲げた、警察法の大きな改正がおこなわれている。そこで注目すべきは、生活安全局が新設されたことである。従来、犯罪の予防や保安のための警察活動を統括していた警察庁刑事局保安部が独立し一つの局に昇格したのである。それにともなって、その掌握する範囲は「犯罪、事故その他の事案に係わる市民生活の安全と平穏に関すること」という項目が加えられることで飛躍的に拡大している（小林、一九九八、一三四―一四五）。また「広域犯罪」化への対応がことさらに問題化されているという点もあげておこう。八四年のグリコ・森永事件では、「警察庁指定一一四事件」、すなわち「広域事件」として警察庁刑事局が指揮権を握ることによる公安警察的手法の押しつけが現場の混乱を招き事件解決を逸してしまったという批判は――警察関係者も含め――根強い。だが警察キャリアたちは、その失態を警察庁の介入・指導・監督の不足として捉え、マスコミの論調もそれに歩調を合わせることになった。キャリアはみずから招いた失態を好機に変え、戦後の自治体警察につらなる伝統が積み上げてきたノンキャリアのヘゲモニーのもとにある刑事警察の特定の領域の切り崩しを押し進め、諸自治体警察の警察庁への一元的包摂を実現させようとする。この傾向は、キャリアたちの権限拡大への——さらにその後の冷戦の崩壊によって警備公安警察の地盤沈下の予測とともに刑事警察への支配力を強化したい——欲求とあいまってさらに九〇年代には深化していくことになる（小林、一九九八、八八—一二六）。

そこにはキャリアの権益保持、拡大のみにとどまらず、権力の戦略のシフトをみつめるべきだろう。そこではもしかすると警備公安警察と刑事警察のどちらに比重があるかという捉え方ではもはやみえてこない、日本近代警察が戦後もその底に秘めていた「行政警察」化への衝動が、現代の権力テクノロジーの再編成とともに質を変えて実現へと向かっているともみることができるのではないだろうか。この点については最近の斎藤貴男氏によるすぐれた一連の報告をみよ。

（3）「セキュリティ」という概念の由来とその思想的含意については市野川／村上（一九九九）における市野川の発言が参考になる。

（4）これについてはDillon（1996）が哲学的テキストに内在しながら、刺激的な考察をおこなっている。

（5）おそらく一九九〇年代で、批判的社会理論全般に世界的な規模でもっとも影響を与えた書物のひとつが労働運動史の研究者であったマイク・デイヴィスのロス論である。この著作は、フーコー以降の権力分析のひとつの立脚点として機能しつつ、研究者サークルをはるかに超えて社会運動やサブカルチャーにも圧倒的な影響力をもった。やや誇張していえば日本の九〇年代の知的領域の最大の欠落は、マイク・デイヴィスのインパクトを受け止め損ねたことに求められるかもしれない。

（6）「彼の描き出すイメージは社会学よりは、サイエンス・フィクションによって馴染みの深いものである」（Rose, 250）。このローズの表現には否定的なニュアンスはないことを付け加えておく。

（7）フランスの郊外ゲットーとアメリカ合州国シカゴのインナーシティ・ゲットーを比較したものとして、Wacquant（1995）は役に立つ。また、マチュー・カソヴィッツ『憎しみ』（一九九五）はパリの郊外ゲットーを舞台にした映画であり、いまフランス大都市でなにが起きているかを知るために有益である。

（8）　多くの論者が、このような動向は現代資本主義の動態のうちに刻まれているものであり、この二極化の傾向自体がグローバル化しまた持続していくことは、よほどの意識的な変革の作業なしには不可避であると論じている。警告的に最悪のシナリオを提示しているスーザン・ジョージは、こうした現状とエコロジーの問題を所与の条件として、現在の世界レベルで主流化してしまったネオリベラリズム政策を貫徹させながら、支配層の側からそれらのあいだで生じる矛盾を解消するためには、事実上の「ジェノサイド」しかありえないとしている（George, 1999=2000）。たしかに「アンダークラス」論やそうした知的布置を支えにして遂行される脱福祉国家政策は、事実上の「ジェノサイド」の一環ともみなしうるのかもしれない。ただし、序章でふれたようにこの人びとの労働をめぐるヒエラルキー化、二極化する不平等化の現象についてはおおむねコンセンサスがあるにしても、その解釈についてはさまざまに異なっている。セルボーンのように、先進資本主義国の「ブラジル化」――排除された貧民、不安定な大量の中間層、搾取的な金持ちのあいだの分割システム――と捉える（バウマンもこの立場と近い）人びともいれば、ボトムとトップを切断してしまいがちなそのような論調にたいして、ひとつの機能的に統合された経済の動態のうちに把握することを対置する議論もある。重要なテーマだがここでは立ち入る余裕はない。とりあえずByrne（1999）が参考になる。

またここで注意を促しておきたいが、「社会的排除（social exclusion）」は八〇年代からヨーロッパで、社会理論や社会政策、行政の領域で浸透した言葉であり、この概念を通してポスト工業期の貧富の格差、失業、人種差別などの諸問題が把握される。Madanipour et al.（1998, 22）は以下のように定義している。「社会的排除は多次元的プロセスであり、そこでは多様な排除の様態がむすびつきあっている。意思決定・政治過程への参加、雇用や物的資源へのアクセス、共通の分化的諸過程への統合などなど。それらがむすびついたとき、特定の近隣住区において空間的表現をみる排除の先鋭的形態があらわれることになる」。なお、わたしが本書で〈排除〉を用いるとき、このヨーロッパでの用法を意識してはいるものの、より抽象的で幅広い活用をおこなっている。

(9) この発言はサンデルのかねてよりの主張の延長にすぎない。「[レーガンの] もっとも強力にアピールする部分は、共同体的価値……家族や近隣、宗教や愛国主義の……を喚起するところにある。レーガンは最近ではすっかり後退したかのようにおもわれる、大きな意味に満ちた共通の生活への生活様式への渇望を掻き立てたのである」(Sandel "Democrats and Community,") [Negri and Hardt (1994) からの引用]

(10) これについては次の点が注意されるべきである。「重要なポイントは彼らが自分たちの街路へのアクセスを遮断する必要があるかどうかではない。問題は彼らがそうしなければならないと感じていることだ」(Blakely and Snyder, 1997, 42)。

(11) この恐怖とアイデンティティの連関が現代のアフリカ系アメリカ人文化やそれをめぐるポリティクスにはきわめて明瞭にみてとることができる。これについては拙稿 (一九九七) を参照せよ。

(12) 日本においても、おそらくニューマンとその発想の浸透に影響されてのことだと推測されるが、警察庁報告『八〇年代の警察』では、七〇年代警察の一つの主要な路線であった市民と警察の連携強化路線、CR (コミュニティ・リレーションズ) 戦略――これを大日向純夫は「民衆の警察化」の現代におけるさらなる深化の過程として捉えている――の拡大としての都市そのものの警察化が提唱されている。そこでCR的なものは、「安全な社会のための基盤づくり」と名を変えて大きく拡がるのである。そこでは都市工学などの協力も得つつ、都市の改造をもふくみながら、「環境改善」による犯罪防止をめざすより大胆な戦略を打ち出すことが目標とされている。

(13) Davis (1992=2001) 第五章を参照せよ。「ドラッグ戦争」は、現代都市と都市の治安問題一般のみならず、現代の戦争を考える際にも重大な示唆を与えてくれる出来事である。「ドラッグ戦争」の詳細な記述と評価についてはデイヴィスのものをはじめいくつかの文献が出ているが、ジェシー・ジャクソンによるあとがきを付したLusane (1991) が重要である。そこであきらかにされているように、「ドラッグ戦争」は国境をまたいでアメリカ合州国の軍事・警察力が行使されることを可能にする支点として機能した。このプログラムにもとづく活動は、国内では警察力、海外では軍事介入として現象するわけだが、それを考えるならば、この「戦争」が湾岸戦争をはじめとする九〇年代の一連の戦争の形態を予期するものであるとみることもできるのではないか。この本では次のように指摘されている。「国内や海外でドラッグ戦争に取り組む政府は、その武器を圧倒的に有色人民にたいして向けた。ユーザーと取引業者の大多数は白人であるという事実があるにもかかわらず、黒人、ラテンアメリカ系住民、そして第三世界の人びとこそが、市民権、人権、国民主権をもろともしないこの最悪に過剰なプログラムによって危害を被っているのだ……合州国政府は、合州国諜報部と主要な国際取引ネットワークとの共謀をごまかすためにドラッグ戦争を活用した。これまで、反コミュニスト外交政策という目標は、CIAやその他の機関が、非合法ドラッグをアメリカ合州国へと密輸することを黙認の口実として利用されている。ブッシュ政権やメディア独占体が故意に回避するひとつの重要な問いはこうだ。CIAはマーク済みのドラッグ商人の仕事を手助けすることで、アメリカ合州国のドラッグ危機をエスカレートさせているのではないか？〃／冷戦の終焉によって外交政策のレトリックも変わった。新しい国際的な人類の敵はコミュニストからドラッグ・ディーラー、テロリストあるいは麻薬テロリスト（narco-terrorist）へと変貌をとげた。合州国企業のために市場をこじあけまた防衛すること、そして第三世界の解放運動にたいして低強度／高殺傷の軍事・政治戦略を行使することが、海外への合州国の介入の真実の動機でありつづけている」。さらに、低階層エスニック・マイノリティのコミュニティへのインパクトについて次のように指摘している。「経済的破壊、公共の腐敗、イデオロギー的教条主義、海外侵略、恥知らずの差別。こんな状況をみるならば、なぜ社会の解体が高次化しているかわかるはずだ。わずか数年前ですら、多くの黒人、ラテンアメリカ系住民、そして貧困者の近隣住区へのドラッグの浸透を妨げていたあるいは限界づけていたコミュニティの価値への関心は、ますます生き残りのための個人主義、唯物主義に取ってかわっている」（Lusane, 1991, 4-5）。個人主義・唯物主義とは、ゲットーの若い黒人たちの表現のなかで九〇年代あたりから顕著になったエートスを想起させるが、ヒップホップはこの「ドラッグ戦争」の一方の当事者の側からの戦争の記録でもある。拙稿（酒井、一九九七）は、ヒップホップ・カルチャーとの関連でこの「ドラッグ戦争」にふれている。

(14) 犯罪原因論の衰退については日本でもさまざまに論じられている。とくに、西村春夫他著『犯罪学への招待』第四・五章「犯罪原因論は終焉したか?」(日本評論社、一九九九年)を見よ。また脱原因論を軸とする「新しい刑罰学」の一つの典型的文献として Floud, J. and Young, W. (1981) があげられる。この「新しい刑罰学」あるいは「統計数理的」犯罪学(ないし犯罪政策)の特性を分析したものとして重要な文献は数多いが、なによりも Feeley and Simon (1992) をあげねばなるまい。この論文は犯罪学のみならずさまざまな社会政策ひいては権力の戦略全体の動向を先鋭的に捉えたものとして頻繁に参照されることになる。ここでは詳細は避けるが、そこで整理されている「新しい刑罰学・行刑学」の変容の三領域を紹介しておく。①新しい言説の登場。かつての臨床的診断と応報的な審判に確率とリスクの言語がますます取って代わっているということ。そこでは意図、心的状態よりは行動への関心が支配しているが、さらに行動の場としての個人も退場しつつあり、それよりも「人口」の諸セグメントをコントロールすることが主要な焦点となる。②システムにとっての新しい諸目標の形成。「累犯」を減少させるというような目標ではなく、システムにとってのダメージをいかに制約し、最小化するかが問われる。③新たなテクニックの配備。コストの低さに主要な関心をおく監禁やコントロールの形態や、リスクを固定し分類する新しいテクノロジーのうちにあらわれる。電子モニタリングや危険人物の空間への配分の技術。

(15) これについては渋谷(一九九九a)も参照せよ。またこの論考自体が渋谷望との対話や教示に多くを負っている。

(16) もちろん規律テクノロジーが用いられないわけではまったくない。逆にその強度を増大させている場合すらある。だがその位置や機能はかつての「規律社会」のものとは大きく異なっている。

(17) このような刑務所と刑務所の外の装置とのサーキットを構築することで「非行者」という言説的形象が形成されるという作用をフーコーは議論している。それゆえこの点についてはフーコーは必ずしも射程に入れていなかったわけではなく、さらなる検討が必要である。Foucault (SP) 第四部をみよ。

(18) この装置の開発はニューメキシコ地方裁判所のジャック・ラヴ判事がコミックの『スパイダーマン』を

読み、ヒーローによる電子ブレスレットの使用に触発されておこなわれた。ここでもSFと現実の相互浸透をみてとることができるだろう。ただし、その後ラヴ判事自身は、日本企業がこの電子ブレスレットとテレビ・モニタリングを組み合わせたセットを提供したときに、みずからのアイデアのはらむ「オーウェル的危険」を感じ公に懸念を表明しはじめた(Lyon, 1994, 42)。また注意しておきたいが、アンダークラスの処罰と電子監視が密接に関係があるのはイギリスであり、合州国の場合は電子監視には監視対象者に対して特定の課金があるので、貧しい人びとにはあまり適応されないという傾向がある。これについてはLyon (1994) が詳しい。またイギリスとアメリカの実状については、藤本(一九九六)を参照せよ。

(19) 虹彩とは、「眼球の角膜と水晶体の間にある輪状の薄い膜のこと。中央の孔が瞳孔であり、虹彩中の平滑筋の伸縮によって瞳孔の開きを調節して、眼球内に入る光の量を調節する」(インターネット版『大辞林』より)。その皺の形状は人によって異なっており、そのためにバイオメトリクスにおいては指紋、網膜、顔貌、DNAとならんで重要な役割を果たす。日本においては、たとえば一九九九年から消費者金融大手の武富士がATMに虹彩を用いた照合システムを導入している。「事前に虹彩を登録、つまり画像処理技術によってデータ化しておけば、あとは現金が必要な時にカードを挿入し、ATMの前に立ってカメラ部を目で見るだけ。自動フォーカスで虹彩部がズームアップされ、二秒ほどでコンピュータが本人かどうかを識別する」(瀧井、一九九九、一一七)。

(20) 合州国では一九八〇年から九五年までに、刑務所人口は五〇万人から一五〇万人へと三倍に激増しており、そのうちの約半数(七五万人以上)がアフリカ系アメリカ人である。ここにアンダークラスとレイスの重なり合いが明瞭にみてとれる。詳細については次頁の図を参照せよ(Young, 1999, 36)。ちなみに「刑法により統制された」とは、収監されている状態のみならず、パロール(仮釈放)、プロベーション(保護観察)中の状態であることも意味している。現代のアフリカ系アメリカ人のおかれた状況についてはこれも枚挙にいとまがないが、マルクス主義の立場からのMarable (1983) やその一連の作業がとくに有益である。

刑法に統制された合州国人口（一九九五年）

	収監人口	刑法により統制中の人口
人口全体	一三五人中一人	三七人中一人
黒人男性	二四人中一人	一三人中一人
二〇歳代の黒人男性	九人中一人	三人中一人

(21) 現代の資本制の変容と権力テクノロジーの変貌が織りなしつつある布置を、〈帝国（Empire）〉というフレームを設定しながらここでハートは分析しようとしている。この試みは、Negri and Hardt（2000）で壮大な規模で展開されることになる。

(22) これはまた別の機会に論じたいが、フーコーはあるときやや戯れじみて、規律テクノロジーの発明（より正確には、このテクノロジーが主要な権力テクノロジーに昇格する事態）を近代化にともなうヨーロッパの地理的外部の喪失とむすびつけたことがある。もちろんここに一義的な因果性が存在するわけはないのだが、みかけ以上に深い意味がある。ここでのフーコーは「追放」あるいは排除を地理的な外部のイメージとむすびつけているわけだ。ということは資本制の展開による初期近代以来の「グローバリゼーション」は、規律という「閉じ込め」の技術を不可欠にするということになる。ところが現代の「グローバリゼーション」はかつてない強度をもって空間的外部を抹消しつつある。そしてそれと同時に排除、あるいは「追放」がせりあがっているということになる。これはフーコーが、少なくともここで念頭においている図式とは必ずしもしっくりはこない事態であり、フーコーも依拠していた時‐空図式では把握できないものではないだろうか。この点については次章で考えてみたい。

(23) ドニ・デュクロ「テクノロジーに狩り出されるプライヴァシー」『ル・モンド・ディプロマティーク(日本語版)』斎藤かぐみ訳(http://www.netlaputa.ne.jp/=kagumi/)

(24) セキュリティと権力の作用とのむすびつきを解きほぐす重要な作業として Balibar (1998=2000) 第五章「「(……) 安全と圧制に対する抵抗」」がある。またそれにたいする応答として水嶋(一九九九)、松葉(一九九九)も有益である。バリバールは『人権宣言(人間と市民の諸権利の宣言)』を取り上げながら、そこにいわばセキュリティの両義性を読み込んでいる。バリバールによれば、『人間宣言』での「人間の自然で奪うことのできない権利」のひとつとしての「安全」が sécurité (安全保障) ではなく sûreté (安全) であることに着目し、前者を国家の視点、後者を公民の視点にふりわける。その上で、安全保障を、「市民が自分たちで設立した国家から安全を受け取るときに、安全が変容したもの」(Balibar／三七) と位置づけている。バリバールは安全という権利を、それが蜂起によって、日常的な行使によって市民がみずからに与えた権利と考え、安全を圧制への抵抗の相関物とする。こうなると、つねに市民の安全の権利とそれを確保するための抵抗権によって、国家による安全保障(セキュリティ)を、われわれは試練にさらしたり変革したりできるし、せねばならないということになる。この視点はきわめて有益なものであるが、検討は別の機会にゆずりたい。

＊この論考は、一九九九年八月一日に九州大学でおこなわれた「セキュリティ&ポリス研究会」での討論に触発されており、またそこでの討論内容が反映されている。毛利嘉孝氏をはじめ、上野俊哉、水嶋一憲、挽地康彦、森山達矢氏らのコメントあるいは的確な批判に深く感謝したい。また澤里岳史氏にも不明な点を丁寧にあきらかにしていただいた。記して感謝したい。

第五章　恐怖と秘密の政治学

権力はなにも創造しない。それは取り込む（co-opt）のだ。（Internationale situationniste／10）。

それに死者だって、感情があればの話だけど、生者に利用されて悪い気はするまい。理解はできなくても、見ることはできる死者。こいつらは、おれたちのカメラなんだ。（Philip K. Dick）。

1　A Scanner Darkly

ロサンゼルスはオレンジ郡保安官局の捜査官、フレッド（コードネーム）は、覆面麻薬関連の秘密警察官（undercover cop）。実際に日常生活を送りながら秘密捜査をおこなっているフレッドは、しかし、一体その日常生活を誰として生きているのか。警察内でも把握されていない。というのも覆面捜査官の顔は、警察においては（フレッドという人間としては）つねに薄ぼんやりとしているのだから。印象の薄い顔の人間が選ばれるということではない。スーツにしかけられたある装置によって、物理的に顔がぼやけているのだ。その装置とはどのようなものなのだろうか？　当局から支給されるスーツにしかけられた装置にはメモリ・バンクが埋め込まれていて、そこにはさまざまな人間の数百万におよぶ人相が蓄積されている。その無数の顔のイメージは、装置によってシャッフルされ、目まぐるしく組み合わせを変容させている。そのイメージがレンズを通して投射されることで、着用者の顔の可視性は低レベルで維持されるわけだ。つまりそのスーツを着用すると彼の顔は靄がかかったようにぼんやりとして、もはや同定不能になるというのである。捜査官たちは、文字どおり（エレクトロニックな）覆面をしているわけなのだ。(1)

スーツをぬいだフレッドはヒッピー風の身なりでろくでもないジャンキー生活を送るロバート・アークターとして、自堕落な若い麻薬常習者たちと生活をともにしている。脳を破壊し「緩やかな死《スロウ・デス》」へと常習者を導く、いま巷に爆発的にはびこる「物質D」と名を与えられた「合成ドラッグ」の供給源をつきとめるためである。他のドラッグと異なり物質Dの供給源は一つしかないはずだ、とアークターは見込みをたてている。物質Dは化学合成されたもののようであり（としか明かされていない）、その工場は一つだろう。連邦政府の実験によると、化学式を知っていて、工場を作るだけの技術力があれば作るのは簡単である。しかし、それも理論上の話であり、現実に作るとなるとコストは莫大にかかる。とはいっても物質Dが人気なのは、それが市場競争において他のドラッグを寄せつけないほど安価だから。販売網もきわめて広い。麻薬消費都市の近くに一つは拠点があるはずだ。にもかかわらず、いまだに一度も関係者はあげられていない。その理由は暗黙のうちに理解されている。この供給組織は地方や国のレベルでの法執行機関の上層部にまで食い込んでおり、その実態を示唆する情報が発見されるやもみ消されているから、ということだ。このように秘密捜査官の活動の場所は、権力機関と非合法機関の癒着する状況にあり、それは彼の活動を混乱させる——行動の理由、追求目標の曖昧さ——理由のひとつである。

逮捕するまでもない取るに足らない末端の常習者連中は見逃し・泳がしておいて、彼らの足どり・連絡網を物質Dの供給ルートをたどりながら、供給源にまでいたること、これがひとまずアークターに下された任務である。しかし彼は、ジャンキーたちと生活をともにするなかで、自分が追求しているはずの当の人間たちと徐々に見分けがつかなくなっていく。物質Dの常用者になって脳が破壊されていくなかで、観察者は被観察者、警察官は犯罪者と重なっていくのである。ある日、フレッドは上司からある命令を受ける。それはなんとアークターを監視せよ、というもの。フレッドはすばやく、自宅に盗聴器や監視カメラを仕掛け、モニターや録画・録音器材を備えた近隣のアパートに秘密裏に設置された監視所でみずからを監視しはじめる。ところが自分で自分を監視するというこの奇妙な状況がアークターの脳の疲弊を加速させてしまった。フレッドはみずからを監視するなかで、犯罪者と警察官という相反するはずのアイデンティティの分裂を自己の内部に刻み込んでしまい、人格を崩壊させていくのである。

アークターの悲劇はここで終わるわけではない。このストーリーには決定的なその先がある。最後にひとつのどんでん返しである。捜査の手がかりとして利用していたはずの末端の売人の女性は、実は、彼を監視するFBIの覆面捜査官だった。監視も人格崩壊もそれもこれも、監視のたくらみの手順のうちに埋め込まれていたのだ。すっかり記憶もアイデンティティも喪失したアークターは、スパイ活動やその活動にともなうドラッグ常用による人格崩壊をも込みで、エージェントとして働かされることになるのである。どういうことだろうか。アークターは、もっとも深刻に精神を破壊された人間のみが迎えられる更生施設に送られることになる。だがこの更生施設は、じつは、裏でドラッグを栽培しているフロント組織なのである。要するに、彼は、おとりとして、エージェント／生きた監視カメラとして投入され、最後まで活用されるわけだ。

2　〈管理支配《コントロール》の収益率の低下〉

P・K・ディックによる自滅していく覆面捜査官を主人公にした小説、『暗闇のスキャナー（A Scanner Darkly）』の出版された一九七七年は、秘密工作（covert action）が、アメリカ合州国において国内の犯罪捜査・取り締まり活動において日常的に活用されるようになった時代である。とりわけ麻薬捜査における覆面作戦は、従来の街頭の個別のチンケな売人相手中心から、組織のネットワーク全体を網にかけることに重点をおく方向へとシフトした。この著作は、作者の意図からもドラッグ小説として読まれているわけであるが、同時に登場人物の形容する（当時からすれば）近未来のアメリカ、すなわち「警察ファシスト国家」の支配の作動をテクノロジー的・制度的な面と、それが主体に与える効果の面から作成された地図であるとみなしうるだろう(2)。

監視する自分を監視することによって自己を崩壊させてしまったアークターの姿からもた

らしうる（少なくとも彼自身の身に起こった現象についての）結論のひとつを一九八八年のギィ・ドゥボールの『「スペクタクルの社会」への注解』（以下『注解』）（Debord, 1992=2000）におけるギィ・ドゥボールの言葉を用いて、管理支配《コントロール》の収益率の低下と呼ぶことはできるだろう。

　このタームは、マルクスのいう「利潤率の傾向的低下」を想起させるし、またそれがドゥボールの意図であろうが、マルクスによれば「利潤率の傾向的低下」とは次のような資本の力学を指示している。資本蓄積そのものから結果する資本蓄積の衝動に対立する否定的効果である。資本蓄積は大規模になるにつれ、労働生産性の上昇と相対的剰余価値を生産する技術革命に依存するのであり、そのかぎりで平均的な社会的資本の平均的な有機的構成（資本の可変部分――労働力の価値――と不変部分――生産諸手段の価値――との比率）は不断に上昇する傾向にある。それによって、投下総資本の比率のなかでの剰余価値あるいは利潤の割合は低下する。唯一価値を創造するはずの「生きた労働」は「死んだ労働」に支配され、それによって、資本蓄積の衝動に根ざす資本の行動は、価値の源泉をみずから食い尽くしていくわけである。まさに「支配の利潤率の低下」がもたらされるのは、おそらくこの「転用」先である『資本論』における「利潤率の傾向的低下」がシステムの完成によるものであったように、ドゥボールによれば、「万人の絶対的管理支配《コントロール》への野心によって導かれ」ることで、監視が「みずからの発展が生んだ困難に遭遇する」（XXX, 108／一一七）地点にまで高次化されて、のことである。

　ドゥボールは、六七年に刊行された『スペクタクルの社会』以降、一九七〇年代から進行したスペクタクル社会の高次化と強度の増大が、西側の「分散したスペクタクル」と東側の「集中したスペクタクル」という二つの「継起的でありかつ競合する」スペクタクルの形態の統合を帰結し、「統合されたスペクタクル（le spectaculaire intégré）」段階の社会へいたるという。そこには、基本的に『スペクタクルの社会』やシチュアシオニストの諸テキストでみられるような革命的展望はまったく影をひそめてしまい、暗い悲観的な色が強く影をおとしている。そこには、「祝祭」「漂流」「生の復権」などといったかつて有効であったオルタナティヴはもはやすっかり取り込まれて（co-opt）しまった、という認識が前提にあるようだ。ドゥボールにおいて統合されたスペクタクルはその「完全性」によって特徴づけられている。しかし、重要なことは、この「完全性」が「脆さ」と裏腹である、というドゥボールの認識である。「現状を指摘するにとどめる」という『注解』の思惑は、『資本論』でのマルクスのそれと似ていないだろうか。すなわち、資本の運動に内在した分析を、ひとまずシステムをあたかも自律的運動体として扱いながらそのシステムに内在する根底的矛盾を取り出すことによって、はるかに広大な闘争への展望を開こうとした営みに。ドゥボールは次のようにいう。統合されたスペクタクルは、その絶対的管理の野心をどこまでも追求しようとしているのであるが、それはまた、みずからのその妄想的野心ゆえに自分のなかに矛盾を生みだし、かつ深刻化させてしまう、と。絶対的な次元へと管理・統制が上昇しようともくろみ、みずからを完成へと導き、その極端にまで行き着こうとしなければ、監視による支配の事態ははるかに危険なものとなるだろう、そうドゥボールはいうのだ。管理支配《コントロール》の収益率の低下をもたらす絶対的管理は、いわばみずからの外部を消去しながら、自分の自律した複雑性とそれによる重みを支えきれなくなる。

管理支配《コントロール》がほとんど社会空間総体にまで拡がり、その結果、その要員と手段とを増大させると……いずれの手段も、いまや、目的となることを熱望し、そうなるべく活動する。監視はみずからを監視し、自分自身にたいして謀略をたくらむのだ（112／一二二）。

まさに、アークターが自分自身を監視し、また、女性捜査官によって監視されていたように、である。いまや社会は、秘密工作・謀略のネットワークを全面的に張り巡らせることによってのみ維持される。

こうした「管理支配《コントロール》の収益［率］の低下」なる現象は次のようなかたちでもあらわれる。ドゥボールがあげるのは、蓄積される一方の大量の個人情報とそれを分析するために必要な時間と諜報部員のあいだがつりあわない、という矛盾である。「データの量は膨大にあるために、それらを段階ごとにまとめざるをえない。多くは償却され、残ったものも、それを読むにはまだあまりにも長い時間がかかる」（108／一一七）。ドゥボールによれば、**監視**（surveillance）と**操作**（manipulation）とは、必ずしも同義ではなく、監視の強度が上昇し、データの量が膨大になるにつれ、肝心の操作という目標の達成が困難になる。それで、大成長の見込めない同産業部門の企業の競争のように、それは利潤のシェアを争い合う。一方を発展させると、他方は損をするのである。[3]
また、こうした争いはゲームでもある、とドゥボールはいう。ライヴァルをどう出し抜くか、無力化するか、のゲーム。監視、セキュリティ、捜査を取り扱う私企業もあるし、多国籍企業ももちろん自分専用の諜報部を保持している。また中規模程度の国有企業も、それぞれ国家レベル、あるいは国際レベルで、おのおの固有の利害を追求して策略を練る。こうした諸々の組織は、エージェントを操りながら、おのおの独立した利害を追求しあうわけである。ドゥボールがあげるように、原子力部門のグループは石油部門のグループと、両者ともに同じ国家が所有しているものであれ対立することもある。ある産業のセキュリティ・サービスは、足元のサボタージュの脅威と闘いながら、ライヴァル企業を窮地に追いやるためにそれを組織することもある。[4]「こうして、これらの機関がそれぞれ、国家理性を担う者たちの周囲できわめて巧妙に同盟し、みずからの利益のために、一種の意味／方向性を欠いたへゲモニーにあこがれている。意味／方向性は認識可能な中心とともになくなってしまったのだ」（110／一一九）。システムは完成へ導かれると同時に、その存在を安定させるはずの中心を見失っていく、というわけである。「こうして、既成秩序のための数かぎりない陰謀、秘密の問題や行動のネットワークをつねにいっそう錯綜させながら、また、経済、政治、文化の各領域で統合のプロセスをいっそう早めつつ、ほぼいたるところで、複雑にもつれあい、闘い合っている」（110／一一九—一二〇）。映画『エネミー・オブ・アメリカ』で、国家安全保障局（NSA）［註3参照］に追われる「文民」二人組が追尾を回避することができたのは、N

SAとFBI（そしてマフィア）の複数の組織の差異を逆手にとって、それらのあいだの摩擦を最大限に高めることによってであったことをおもい出せばいいだろう。

あらゆる社会生活の領域で、監視、情報操作、特殊任務者の溶解の度合いがますます上昇していく（110／一二〇）。

それによって、謀略はほとんどあけっぴろげのものとなる。「腐敗」はもはやバナルなものとして蔓延するのである。ドゥボールがいうには、六八年以来、**社会はもはや愛されようとすることをやめた**。それは恐怖されることを好むようになる。そして、もはや無垢なるものであることを装わないシニカルな社会において、謀略がオープンなものになるにつれ——統合されたスペクタクルのひとつの特徴は秘密の支配である——、各々のエージェンシーはたがいに干渉しあい、悩ませ合うようになる。「こうしたプロの陰謀者／共謀者たちは、理由を知ることなくたがいにスパイしあうし、ときにたがいを確実に知ることなく共同行動する。誰が誰を観察するのか？　誰のために？　本当のところは？」。かくして誰もがエージェントとなり、たがいに共謀し合うが、結局そこから意味は蒸発してしまう。監視者はもはや自分がなにをしているのか、なんのために行動しているのか、総体的なパースペクティヴを喪失してしまうのだ。まさにアークター捜査官のように、である。「自分が騙されているのではないか、操作されているのではないか、誰も確信が持てないし、また操り手も戦略が成功したかどうか理解する場合もめったにない」。そして全体のパースペクティヴ、中心を欠き、統御できない肥大化する秩序を抱えたままのシステムを束ね、作動させるのは恐怖にほかならない。こうしてシステムは、裡に軋轢《あつれき》を──致死的かもしれない──はらみながら、「脆い完成（perfection fragile）」をみることになる。

監視しなければならず、さらに監視者を監視しなければならず、さらに監視者の監視者を監視しなければならない、というように監視は折り重ねられていくのだが、しかしそもそもそれはなんのために必要なのだろうか？　社会はつねに危険に脅かされており、それゆえ防衛しなければならないから、という回答が帰ってくるかもしれない。しかしどんな危険なのだろうか？　監視や虚偽によって防衛されるべき空間は、その内実への懐疑をあらかじめ封じることによって自律した存在になっていくのだ。ドゥボールのいう「管理支配《コントロール》の収益率の低下」がもたらされるのは、システムがみずからを「情動であふれた社会的摩擦の場」から抽象し、円環として閉じようと努力をするからである。ドゥボールがいうように、社会が「統合されたスペクタクル」の段階にいたるにつれ、「どんな社会も批判と変形を受け、改革や革命の対象になりうるという、二〇〇年以上にわたって世の中を支配していたあの不穏な考え」にはけりがつけられた（VIII, 37／三七）。重大な箇所であるから、多少長くなるが引用しておきたい。

みずからが民主主義的であると公言する社会は、統合されたスペクタクルの段階に到達するとどこでも脆い完成を実現したのだと認められるようである。その結果、その社会は、脆いものであるがゆえに、さまざまな攻撃にもはやさらされてはならず、おまけに、それまでの社会には決してみられなかったほど完璧であるがゆえに、もはや攻撃不可能となるのである。それが脆い社会であるというのは、みずからのテクノロジー的拡張をうまく支配することができないからである。だが、それは統治するには完璧な社会でもある。その証拠に、統治することを渇望する者はすべて、まさにそうした社会を、同じ手法を用いて統治して、それとほぼ正確に同じようなかたちでその社会を維持したいと望んでいる。いかなる政党あるいは政党の一部も、なんらかの重要な事柄を変革するのだとはもはや単に主張すらしようとしなくなったことは、現代のヨーロッパにおいてははじめてのことである。商品はもはや誰からも批判されなくなった（36–37／三六―三七）。

統合されたスペクタクルの特徴は、スペクタクル社会がついにそこで「完成」をみるというところにある。しかしそれは、批判の欠落によってのみまとまる脆い完成体なのである。脆い完成体――これがドゥボールの『注解』における統合されたスペクタクル社会論のすべての鍵である。

3　秘密と欺瞞――秘密捜査員《アンダーカヴァー・コップ》

ところで、ドゥボールが統合されたスペクタクルとしてあげる五つの特徴のうちのひとつである、「一般化した秘密」は、この奇異な書物である『注解』のなかでもとりわけ目を惹くものである。ドゥボールによれば秘密はスペクタクルの背後に存在し、「スペクタクルが陳列／提示するあらゆるものの決定的補完物」、そして「そのもっとも重要な作用」である、とまでされる。「われわれの社会は秘密の上に構築されている」。それは統合されたスペクタクルの社会を構造的な「腐敗」――システムだから「腐敗」ですらない――が覆いつくしている、ということでもある。[5]『注解』では、このスペクタクル社会における秘密の作用にかなり力点が置かれている。統合されたスペクタクル社会における過剰な視覚的明るみのなかで、それと同時に、暗い澱みが蔓延するといえばよいだろうか。フレッドのぼんやりとした顔は、スペクタクル社会における「秘密」のアレゴリーなのだ。

ではそのアークターの事例へと返ってみよう。七七年からさらに、秘密工作はもはや犯罪捜査において日常化し凡庸なものとなる。[6] 八八年には、秘密捜査員《アンダーカヴァー》の手法の急速な拡大とその背景にある監視の変容（「新しい監視（new surveillance）」というタームがそれによって広まった）に幅広い研究者たちの注目を向けたある著作はこう述べている。「ここ十年で、アメリカ合州国における覆面工作は、大きく変貌を遂げた。それは規模において拡大し、新たな形態をまとっている」(Marx, 1988, 1)。まず量、規模については、移民帰化局、国税庁のような法執行機関から林野部のような非‐法執行機関にいたるまでに裾野も拡がりつつあるといわれる。たとえば「もっとも権威ある強力なアメリカの法執行機関」ＦＢＩでは、それまで秘密工作は日常的に用いるにはあまりにリスキーであり、コスト高である、と認識されていたが、エドガー・フーヴァーの死後まもなく、七二年にFBIは覆面エージェントを活用しはじめる。秘密捜査は「アメリカの法執行の兵器庫のなかの突出しかつ洗練した一部となった」。FBIの秘密工作活動への予算の要求額も、最初にそれがなされた七七年の一〇〇万ドルから八四年には約一二〇〇万ドルへと跳ね上がっている(5)。

量的拡大は質的変容をともなっている。マークスによれば、その第一の特徴は標的の拡大、多様化である。大ざっぱにいって、それは社会のほとんど総体にまで対象を拡大した。それはホワイトカラーの犯罪にまで標的を拡張させ、そのため、企業の重役、銀行家、小売りやサービス業の人々、労働組合の指導者、判事や警官、検察官を含む公務員などにまで網の目が拡がるのである。また先述したように、七〇年代終わりから麻薬取締局は逮捕の数よりも、質を重視しはじめる。つまり、街路での売買よりも大規模の供給網により注意をはらうようになる。また、貿易違反の疑惑のある外国企業、ハイテク、軍事装備の輸出なども標的に含まれるようになる。さらにプロ野球も秘密操作の対象となり、ファンを装った捜査官の監視にファンはさらされるようになった(8)。

第二の特徴。目標の拡大である。というより、目標は「制限なし/目標に開かれたもの(open-end)」となる傾向にある。伝統的にみて、かつての秘密操作の範囲は比較的制限されていた。つまりその目標はある限定された範囲で以前に生じた犯罪を犯したのではないか、と信じるに足る理由がある特定の人物あるいは複数の人物を逮捕するためのものであった。ということは捜査は、犯罪という出来事のあとで事後的におこなわれたのである。だがいまや、彼や彼女たちは、そうした物理的因果性の作用する外の平面に働きかける傾向にある。

これについては、FBIによる「史上最大の産業スパイ事件」の一つ、シリコンヴァレー作戦、コードネーム「アブスキャム」(7)の事例は参考になる。七八年からFBIはある捜査を開始した。FBIはAbdul Enterprises Ltd. なる架空の会社を創作し、捜査官はアラブ人実業家などに扮し、選び出された役人に特別の恩恵とひきかえに金銭やそれ以外の報酬を与えた。ビデオに撮られた会合によって、一人の上院議員と四人の下院議員が収賄と共同謀議を含む嫌疑で起訴され有罪判決を受ける。この事例が重要なのは、それが目標を途中で変更したことである。もともと盗まれた芸術作品と有価証券の探索ではじまった捜査は、途中で目標を変更し、政治腐敗の捜査として終了した。上院調査委員の一人はこう述べている。「アブスキャムは事実上、地理的範囲において無限定である。捜査されるべき人物、捜査されるべき犯罪行為についても……それは事実上、以下のことについてのライセンスとして機能した。複数の特別捜査官に虚偽の身分を名乗ること、虚偽のビジネス・フロントを作ること、そしてそれによってどのような犯罪活動がこの国中で認めうるのか、あるいは発展されうるのか、をみいだすことについての」(9)。

ここでマークスは広大な海で大網と優良な餌でおこなわれる釣りにたとえている。どんな魚が釣れるかはわからない。しかし餌を放っておけばとりあえずなにかはひっかかる。しかも人は知らないあいだに、餌に、つまりエージェントにされることもある。このアブスキャムの例では、まったく知らない間にスパイにされた人物が重要な役割を担うことになるが、こうした事例は増大しつつあるのである。「法執行作戦の一部であることを知らない密告者／情報屋（informer）の活用は増えているが、それは新しい秘密捜査モデルの重要なファクターである」（10）。これは犯罪が生じてから反応する古典的な犯罪捜査のみならず、従来のより照準を絞り込んだ覆面工作と明確に対照される。マークスはこう述べている。

〝彼は不正であるか〟という問いは、〝彼は不正を犯しうるか?〟という問いにとって変わるだろう。ランダムな高潔度テストに等しい作戦もある。進行中の犯罪活動への介入というより、明確な容疑の土台から離れて、犯罪活動を作り出すための努力がここにあるのだ（11）。

ゲイリー・マークスはこの動向を、アメリカの建国の理念が許容する警察活動からの決定的離反を示している、と指摘しているが、そもそも秘密工作・覆面警察的手法はヨーロッパ、とりわけフランスで開発されたものである。つまり日本の警察制度も近代化において重大な影響を被った大陸的ポリツァイの伝統の方にふさわしい手法なのだ。フーコーの『監獄の誕生』でも、規律権力を構成していた当時の権力装置の複合体、つまり司法装置と監獄の装置のあいだを秘密警察官あるいは「密告者《たれこみや》」が循環していた(8)。しかし、マークスによれば、合州国における秘密工作的手法の拡大は、逆に国際的インパクトを及ぼしている。これは、かつての秘密工作との質的変容を示唆しているといえる。つまりかつての単独の逮捕をおこなう孤独な捜査官という典型的な秘密工作員モデルに、「複雑なテクノロジー、組織的フロント、多人数の逮捕を含む、高度に協力的な活動チームによる活動がとってかわっている」。グローバリゼーションの裏面で進んでいるアンダーグラウンド経済のグローバリゼーションに対応しながら、それは、国際的なチームによるものとなるだろう。「協力捜査やモデル、資源、指導の供給を介して、合州国は秘密／おとり的捜査活動を世界中に浸透させている」(15)。それによって、皮肉にもヨーロッパはアメリカ的洗練を施された秘密工作活動を再導入しているのである。

　秘密工作の特徴をゲイリー・マークスは、公然活動／秘密活動、欺瞞的／非欺瞞的の二つの対立軸を設定して次のように整理している。

1、公然活動＋非欺瞞的：おおかたの警察活動。たとえば制服警官によるパトロール。

2、公然活動＋欺瞞的：警察の身分が知られている人物による策略。コロンボ刑事が被疑者に対してよく使うような――証拠が見つかったふりをして証拠となる行動をさせるなど――トリック。あるいは警察の遍在を見せかけるためのテクニック。たとえばモニターも録画もしていない見せかけだけのビデオ・カメラ。

3、非公然活動＋非欺瞞的：受動的監視。隠しカメラ、送信機、テープレコーダー。捜査員による尾行。デモ集会などでの発言の傍聴など。

4、非公然活動＋欺瞞的：秘密捜査。

秘密捜査とは、秘密活動でありかつ欺瞞を行使することである。そしてこの特徴によって、現在のその活動には、従来の監視が、微妙だが決定的な変貌を遂げていることを明瞭に読みとれる。彼らが活動するのは、もはや従来の可視性・現実性の平面ではない。それが秘密であり非公然の活動であることの含意である。そして彼らが欺瞞するのは「不在の効果」をもたらすためである。つまり、**出来事の進行の外に立つのではなく、監視者たちはみずから出来事の進行に巻き込まれることによって、いわば時間を逆転させ、現実の空間自体を歪曲する奇妙な要素として作用する**のである。まさにドゥボールのいう「監視、情報操作、セキュリティ活動の溶解」であり、監視はこの溶解によって、その素朴さを喪失している[9]。まさに時間・空間感覚を喪失し人格崩壊へといたるアークターの不幸はここからはじまる。

たとえば、ある人間がいて、犯罪の意図を抱き、犯罪をおこなう。刑事警察はこの行為の連鎖を逆向きにたどっていく。刑事ドラマでよくみられるように、出来事の後の現場、すなわちゼロ地点から足で稼ぐ骨折り仕事で、人的・物的痕跡をたどりながら時間を遡っていき、犯罪者にたどり着き、そして逮捕となるのである。たしかにその論理からすれば（青島刑事のいうように）**「事件は現場で起きている」**のであって**「会議室で起きているのではない」**。

他方、秘密工作にはこの論理は当てはまらない。アンダーカヴァー・コップたちは出来事が起きるのを待っていないのであるから。「捜査は犯罪行為の以前あるいはその最中に進行中ということもありうる。それは犯罪者からはじまり、その後に犯罪の証拠書類の提出ということになることもある。犯罪者の発見と犯罪と逮捕はほとんど同時に起きるかもしれない」(12)。秘密捜査官たちはつつましく世界の外から(つまり「市民生活の」外から)、事後的にやってくるのではない。彼や彼女たちは、世界の中核に忍び込み、原因と結果の因果的時系列をみずから攪乱する特異点として作用をはじめ、**犯罪空間と非犯罪空間という外部と内部の境界を溶解させ、またその溶解を促進させる**のである。その「欺瞞」は、もはや真理という参照点から飛翔をはじめている。ジャン・ボードリヤールの七七年のあの著名な論文タイトルは「シミュラークルの歳差運動」であった[10]。歳差運動とは天文学用語で、因果秩序の原理的可逆性を示唆している。いわばそこでは結果が原因に先行するのである。とすれば覆面捜査のひとつの特性はここでボードリヤールがシミュラークルと呼んでいるものによくなじむ。シミュラークルにおいては、「地図が領土に先行する……地図そのものが領土を生み出す」のであり、いわば会議室が犯罪を生み出すのである。会議室で案出されたモデルは、まさに犯罪という出来事の「磁場」をつくりだす。ボードリヤールのいうように、「事実にはそれがたどるべき道筋はなく、事実はモデルとモデルの交点で生まれ、一度にすべてのモデルからたったひとつの事実を生むことさえ可能だ」(二三)。

　秘密捜査官が特異点としてふるまうことで描出される新たな平面。警察活動を介して徹底的に「抽象された」新たな実在の平面と呼ぶべきだろう。「捏造」「欺瞞」の位相もそれによって、はっきりと変容する。ギィ・ドゥボールがかつて述べたように、「……スペクタクルの具体的存在様態とは抽象化にほかならない……」(テーゼ29; 30／三〇)が、「スペクタクルと実際の社会活動とを抽象的に対立させることはできない。この二極化はそれ自体、二重化されている。現実を転倒するスペクタクルは現実に生産されている。同時に、生きた現実のなかにもスペクタクルの凝視が物質的に浸透し、現実は、スペクタクル的な秩序に積極的な指示を与えることによって、おのれの裡にその秩序をふたたび取り込むのである……」「現実に逆転された世界では、真は偽りの契機である」(テーゼ9; 19／一六―一七)。

4 「捏造の世界化と世界の捏造化」――内‐植民地化と統合されたスペクタクル

【1】 統合されたスペクタクル

とはいえこうしたドゥボールの六七年のヴィジョンが徹底して実現するのは、社会が統合されたスペクタクルの段階へと到達してのことである。八八年のドゥボールによれば、現段階でふり返ってみると、六七年の段階ではスペクタクルによる社会の掌握はそれほど明確に達成されたものではなかったのである。「この間に、この［ヘーゲルの逆転の］原理はあらゆる特定の領域を、例外なしに浸食した」(XIII, 71／七五)。アンセルム・ヤッペはドゥボールを「古い時代の最後の声であると同時に新しい時代の最初の声」と形容したが(Yappe, 1999)、ここでドゥボールは「新しい時代」へと完全に足をふみ込んだようにもみえる。かつて集中されたスペクタクルは粗野であった。「社会の縁辺の大部分はそれを逃れた」。拡散されたスペクタクルとなると、逃れうる部分は小さい。だが今では逃れうる部分は「存在しない」。『注解』においては、統合されたスペクタクルにおいて、拡散したスペクタクルに集中されたスペクタクルのテクノロジーがいかに変形されて機能しているか、すなわち統治テクノロジーとしてのスペクタクルの分析に主要な力点がおかれている。九二年の緒言ではこう述べられている。「いまや、統合されたスペクタクルの統一的実践が〝世界を経済的に変化させた〟と同時に、〝知覚を警察的に変化させた〟」(9／七)。ドゥボールも指摘しているように、この指摘は、『スペクタクルの社会』のテーゼ105における集中的スペクタクルの分析の修正である。「……スターリニズムは、もはやイデオロギーは武器ではなく、一個の目的である。もはや異議を唱えられることもない嘘が常軌を逸した威力をふるう。現実も目的も、同じような全体主義的なイデオロギーのなかに解消される。それがいうことのすべてが、存在するすべてである。……ここで物質化されたイデオロギーは、供給過剰の段階に到達した資本主義のように、世界を経済的に変化させはしなかった。ただ、それは**知覚を警察的に変化させたのである**」(101／一〇八―一〇九)。つまり、

・「世界を経済的に変化させた」＝拡散されたスペクタクルの要素
・「知覚を警察的に変化させた」＝集中されたスペクタクルの要素

『注解』は、この二つの分岐していた要素が統合的スペクタクルにおいて融合した状況を、「知覚の警察化」の方に力点をおいて分析したものであると整理できる。秘密警察、秘密工作など、「一般化された秘密」の特徴記述に力が割かれているのも、統合されたスペクタク

ルの社会が、かつては東側の政治体制が得意とした（とされた）支配テクノロジーをみずからの中核に備えはじめた状況とみなされていると考えることもできる。

だが九二年の緒言が付け加えるように「この場合の警察とはそれ自体、完全に新たなものとなった警察である」（9／七）。ドゥボールは『注解』では次のようにいっている。「集中した側面をみるならば、その指導的中心は今や隠されたものとなってしまった」。それ以上の言及はないが、集中と同時に進行する、脱中心化とその背景にあるハイテク化がここで示唆されているとも考えられるだろう。集中的スペクタクルの拡散的スペクタクルに統合されて被った変貌がこのドゥボールの言葉から導き出されるべきなのである。

集中されたスペクタクルを代表するのはロシア、かつてのドイツである。そして拡散されたスペクタクルを代表するのがアメリカ。統合されたスペクタクルのパイオニアはフランスとイタリアである、とドゥボールはいう。そしてこの「新たな形態の台頭」をこれらの国に共有された多くの特徴に帰属させている。しかし統合されたスペクタクル社会への転換というドゥボールの時代認識の変遷は、とくにイタリアの経験が大きな範型を構成しているといってよいだろう（「イタリアは世界全体の矛盾を集約している」）。一九七九年、ギィ・ドゥボールは『スペクタクルの社会』のイタリア語版第四版の序文にこう書いたのだった。

より重苦しく、より説得力のある証拠や実例など、この本にとって必要ではなかったとわたしにはおもえるなにかを付け加えてきたのは、実際、スペクタクル社会そのものの方だった。われわれは捏造（fabrication）がより高密度になり、あらゆる日常生活の土台の次元でふきだまっているじめじめしたもやのような、もっとも微細な事象の構造になり果てているのを眺めてきた（Debord, 1992=2000, 132-133／一四三）。

テロリズムを契機にした「緊急事態」あるいは「例外状態」が、「捏造の世界化、世界の捏造化」を完成させ、社会の新しい段階への移行を一挙に可能たらしめた。統合されたスペクタクル、左右の政治家、官僚、企業家、マフィア、メディア、警察、テロリストなどが——内部に矛盾をはらみながらも——一体となって、「既存の秩序」維持のために共謀する。「人間と自然の諸力を技術的、かつ、〝警察的管理〟によって絶対的統制へといたらしめよう」とする権力の思惑の途上で。しばしば引用されるある映画のセリフのように「なにも変わらないためにはすべて変わらねばならない」のである。権力は緊急事態のなかで、もはや「反駁できない」欺瞞のテクノロジーを「もっとも高度に展開した地点で反省する機会を得た」。つまりそこでは権力はスペクタクルを高密度に動員することで、「真実」とのむすびつきを考慮することなく作動する技術を会得したのである。そのとき国家は嘘をつくが、「あまりに完全に真理や真実らしさとのそのコンフリクト含みのむすびつきを忘却したために、むすびつきそれ自体が抹消され刻々と取り替えられる」。ドゥボールはこうも述べている。「それは信じられるように意図されてはいない」。ディスプレイ上で点滅する情報は、「後になったら忘れ去られるべく意図されている」、と。情報メディアはこうして欺瞞の装置として完成する。信じられるべく意図されてないのだから、もはやそこでの情報には「反駁の余地はない」。そして『注解』ではこのことが「世論を消滅させた」としている。もちろん「世論」なるものが消滅し、圧制が敷かれたのではなく、むしろそれはメディアの操作によるシミュレーションとして抽象化することで、人びとは「世論」がある気にさせられた上で(「むすびつきそれ自体が取り替えられる」)抹殺されたのである。[11]

ドゥボールはすでにイタリア語版序文で「工業生産の性質そのものにおいても統治技術においても、スペクタクルの力の利用が惹き起こしつつあった実質的変化」を論じているが、[12]『注解』はフォーディズムからポストフォーディズム段階へと移行しつつある工業生産の性質の変容との結びつきで統治技術の変容を追尾したとみなしうる。それはたとえば、次のような見解に示唆されている。

プロモーション/管理のネットワークが、知らないうちに監視/情報操作のネットワークへと流れ込む……(XXVIII, 99/一〇八)。

影響力のネットワークや秘密結社がいたるところに作り出されるのが目にされるのは、生産の方向づけにおけるヘゲモニーの一部を国家が所有し、あらゆる商品の需要がスペクタクル的な情報-扇動において実現された集中化に深く依存し、分配の形式もそれに適応しなければならなくなる時代にあって、経済的取り引きを利益のある仕方で操作するための新しい諸条件がそのことを強制的に要求しているからにほかならない（XXVI, 94／一〇二）。

グローバル化によって企業はほとんど全方位的に競争をおこなわねばならないが、そのためには情報テクノロジーを活用して、情報収集活動を拡散させると同時に高度な集中によって管理することが必要となる。その要請に対応しながら、現在膨張する一方の信用調査産業──住民のデータをあらゆる場所からかき集めて巨大データベース産業となっている──においては、監視テクノロジーや情報テクノロジーの発展とともに、**軍事・警察的諜報活動と商業的情報収集、情報操作、監視活動が、メビウスの輪のように通底しあい、そしてその互いの特性を溶解させている**。たとえばフランスのピックアップ社という信用調査会社は、グローバルな企業間競争が要請するスパイ活動を組織し、二五カ国に情報提供者のネットワークを形成した。この会社は、当該国出身のジャーナリストや調査員などを使い、現地企業のテクノロジー開発を監視させ、情報収集し売り込もうとしている。ポール・ヴィリリオはこうした例を眺めながら、情報革命とは「全面的密告革命」であるとしている（Virilio, 1998＝1999／八二）。また、アメリカの最大の巨大クレジット会社ＴＲＷは、そもそも先端兵器や諜報機器の分野で主導的な位置を占めていた、もとは秘密主義的色彩の強かった企業である。さらにアメリカでは地下組織、準地下組織の合法すれすれ、あるいは非合法に監視装置を開発・販売したり個人情報を収集し売買する情報再販業者「スーパービューロー」と呼ばれる企業が増殖している。それらが、公式の（ＣＩＡの大幅な協力を得ていた実質上の）「国内諜報活動支援機関」であった法執行援助局(LEAA)の資金大盤振舞いによって生まれたという事実は興味深いし、また、その産業には元警察官、CIA、軍人などが多く参入している点もここまでの文脈で重要である(cf. Rothfeder, 1992=1993)。

【2】最小国家の幻想

「プロモーション/管理のネットワークと監視/情報操作のネットワークの流れ込み」という点を、もう少し異なる視点から捉え返してみたい。「イタリア語版序文」と同様に、七〇年代終わりのイタリアの状況に触発され介入する意図をもって書かれたもう一つのテキスト、多くの部分でドゥボールのそれと共振しあっているポール・ヴィリリオの七九年の『民衆的防衛とエコロジー的闘争』をはじめとする議論を補助線としてみよう。ヴィリリオはドゥボール自身もあげていた「統合されたスペクタクル」のひとつの特徴、「テクノロジーの発展」というポイントを軸に考察しているともいえるからだ。

抑止の論理とその背景にある運搬・情報テクノロジーの高次化によって(これは予防の論理ともつながってくる)戦争/平和の区別が消失したという認識を前提に、彼はすでに七〇年代の多国籍企業の支配の進展にともなって台頭したリバタリアニズムやそれを理論的背景にしたネオリベラルによる「最小国家」の提起を、「速度体制のヒエラルキーの解体」による「政治的領野のミニチュア化」として把握していた。つまりネオリベラリズムは――核抑止というコンテクストと接合しながら――社会総体を軍事力に差し向ける手続きである兵站学による社会の支配を深化させ完成へと導くのである。この「政治的領野のミニチュア化」は、ドゥボールのいう「捏造の完成」のひとつの内実を示唆しているようにもおもわれる。ヴィリリオによれば、最小国家の「最小」はある意味で欺瞞的である。それは「速度」という変数による世界像の劇的な変容をみないかぎりで「最小」なのだから。ヴィリリオによる次の指摘は重要である。

リベラリズムはつねに自由の幻想を移動性／流動性の幻想に等置してきた。かつてニクソン大統領はかんたんにいってのけた。わが国は近隣諸国に対して決して帝国主義的野心など持ち合わせていない、ただ世界に新しい生活様式を提供したいだけなのだ、と。これは自由市場を信奉するエコノミストたちのいう〈最小国家〉がすでにくり返している類の光学的幻想の一例である。この国家が最小にみえうるとしたら、その帝国が不動の領土的身体のそれでなく、つねに積極的だが不可視で秘密のコミュニケーションの身体の、中心化されミニチュア化された管理の帝国であるかぎりのことだ（Virilio, 1978, 89–90）。

これがネオリベラリズムを現代の主要な統治術たらしめている「政治－技術的」前提である。ネオリベラリズムをただたんに経済学の問題のみならず倫理学の問題に帰してしまうことの大きな問題はこれだ。ヴィリリオはこうも述べている。空間はネオリベラリズムの統治術においては地理のなかにではなく、司令室、多国籍企業のオフィス、管理棟などのような

「エレクトロニクス」のなかにミニチュア化されているのである。「ジスカールデスタン大統領やバール首相が最近はじめた構造改革のすべての意味がここにある。つまり公共サーヴィスの概念がメディアから消失したことの。産業マネジメントが軍事エンジニアに委ねられ、……国家は国営企業への信頼を拒絶することでかつては公共利益や公共善のためにあったものに〝収益性〟なる観念を押しつけた」(Virilio, 1978, 86)。ヴィリリオはつづける。「こうして、ラテンアメリカのモデルにしたがって、彼らは国家の所有物を、経営／搾取にかんしては銀行と独占体の手に、規律と抑圧にかんしては国防軍(armée territorilale)の手に委ねたのである」。つまり自由化・規制緩和の可能性の条件としての社会総体の軍事化である。ヴィリリオは一九七三年にNATOが提示したプランとその「近代社会への脅威についての委員会」に注目している。ヴィリリオによればその目標は「人間と商品の循環をあまねく精密に計画化すること(planification)」である――ヴィリリオはモロ誘拐事件への七八年のNATOの直接介入をこのプランの延長上にみている。ヴィリリオによればこのNATOのプランは、それによって「空間的連続体においていまだ文民と軍人に分かたれたものを完全に兵站的なものに仕立て上げる」ことにある(13)。

国家／公共サービス――［分解／消失］――プロモーション／管理のネットワーク

＝銀行・独占体――監視／情報操作のネットワーク＝国防軍

この双方のネットワークが相互に「流れ込む」のである。ヴィリリオは、こうした軍事組織による世界総体のモニタリングと、その後のネオリベラル的社会(世界)再編の先鞭を切り開いた日米欧三極委員会による「民主主義の統治能力報告」に「奇妙な一致」をみいだしているが、この点はきわめて重要だ。ヴィリリオにおいては、絶対的脱局域化と軍事化・技術‐兵站化とが表裏一体のプロセスである、ということは強く認識されるべきであろう。「脱局域化は局域化よりもより土地を占めるが、それは全体主義的様式でそれを占める」。**絶対的ルーツレス状況は絶対的隷属と裏腹**なのである。公共サービスという観念においては「伝達は根本的なものではない」とヴィリリオはいうが、いずれにせよそれはかつての――土地や生産用具を武器に変えて支配層に対峙した農民のような――民衆的抵抗と同じく「場所(locale)」に基礎をおいている。ネーションという範囲で生産された富を国家や地方政府が配分するプロセスには、歴史的に確立された社会・経済・政治的諸勢力が参与し、そこでは「紛争‐交渉」の過程という「政治的なもの」の残滓がいまだ棲息しえたであろう。ネーションの人間・情報・物資を銀行・独占体あるいは多国籍企業と軍隊が分担して運営・管理するというリストラクチュアリングは、こうした「場所」に根ざすコントロールのメカニズムを回避することが目標とされている。グローバルに循環する資本、秘密裏に移送される情報、国民の知ることなく決定される世界規模の政治‐軍事的権力、経済的取り決め(MAIやWTOをめぐる批判をみてみよう)などなど。こうみると統合されたスペクタクルの段階の社会とは、フレキシブルな総動員体制であるともみてとれるのではないか。「それは文民社会総体を軍事的セキュリティのもとに、あるいは言い換えれば、いわゆる軍事裁判／軍事的正義（justice militaire）のもとに追いやることだ」（73）。

のちにヴィリリオは『純粋戦争（Pure War）』において、福祉国家からポスト福祉国家へのプロセスを「内‐植民地化」（endo colonization）として位置づけている。「最小‐国家が意味するのは、おもうに、貧困化です。より正確には内‐植民地化です」（Virilio/Lotringer, 1997, 98）。ヴィリリオからいわせるなら、現代はもはや「植民地主義」「帝国主義」の時代ではない。世界の征服の拡張の時代、それは「外‐植民地化（exo-colonization）」の時代である。それにたいして、いまは「強度と内植民地化」の時代である。「植民地化されるのはみずからの住民だけです。みずからの国の文民（民間）経済が低成長に追いやられるのです」。この内植民地化がもっとも典型的にあらわれるのは（とりわけ当時の軍事独裁の）ラテンアメリカ諸国であり、当時の東欧諸国である。その経済的低成長と軍事組織の突出をおもいだせばよい。だがまたレーガニズムもアメリカへの内植民地化の適用である、とヴィリリオはいう[14]。まさに東西冷戦後にはっきりとあらわれたように、そこで軍隊と警察は融合し合って一種の「超内務警察」のような機能へと転換していく。ここでヴィリリオは福祉国家と内植民地化の国家、すなわち「運命‐国家」（「不可避性の国家」とも言い換えられる――核の不可避性、テクノロジーの不可避性など）を時間の二つのあり方を参照しながら比較対照している（「ヨーロッパに、そしてある程度アメリカにも六〇年代に存在した福祉国家は、合州国において運命‐国家とわたしが呼ぶものにとってかわっています」）。このヴィリリオの区分でいえば、「最大国家」たる福祉国家とは、外延的・歴史的時間で特徴づけられる時間性を有している。それは時間と空間の展望のうちに書き込まれており、歴史を持続として捉える国家である。たしかに福祉国家において人は、進歩的歴史観とパラレルな個人の漸進的発展の持続のうちにあると想像できる。ところが運命 - 国家はまったく違う。それを特徴づける時間は、内包的／強度としての時間・緊急事態の時間である。延々とくり返される競争と勝ち負け、そして消費の快楽の時間。**市場と個人主義的快楽とセラピーとあとはポリスによる管理**。「捏造の世界化／世界の捏造化」という統合されたスペクタクルの完成はかくして達成される。つまり、快楽とポリス的管理のあいだはメディアによるスペクタクルが埋める。持続の喪失は人々から反省する時間を剝奪し、その上で、反省に類する行為は、メディアの情報循環がわたしたちの外部で勝手にやってくれる。「反駁可能性」はあらかじめ先取りされ上演される——喧嘩したり同意したりディベートしたり告白したり、など——ことによって、「反駁不可能性」は支配する。

反省とはひとつにはメディアの循環とは異質な時間性に基づく「対話」であるだろう。「もはやアゴラは存在せず、一般的な共同体も存在しない……仲介的団体や自律的機関の成員だけから構成される共同体、サロンやカフェ、一企業のみの労働者に限定された共同体すら存在しない」（VII, 34-35／三四）。こうして人は「騙されやすく」なるどころか「騙される」ことに慣れ切ってしまい、新しい〈出来事〉を創造する契機を失っていく。「歴史の消滅とともに民主主義も消滅する」と『注解』は指摘している。忘れられるべく、しかしなにかに参加した気になるべく——たとえば「イエス」のキーの一押し——、提示されるメディアのスペクタクルの目まぐるしい点滅は、持続あるいは歴史と同時に、民主主義を忘却させる、というのである。

5 パノプティシズム再考——人工衛星と恐怖のエコロジー

【1】パノプティコンvs.スペクタクル

ミシェル・フーコーは一九七五年に「現代はスペクタクル社会ではない」(『監獄の誕生』)と決然と言い放ち、自分自身の統治テクノロジー論に着手した。周知のように、フーコーはパノプティシズムを、シチュアシオニストたちのスペクタクルという問題設定とは無縁の概念として提示したわけである。(15) ここでのフーコーの問題意識は、従来、欺瞞、歪曲という「人間」の実定性を前提とする問題設定との連関の強かった権力というコンセプトを用いる際の力点を、権力と真理、あるいは機能としての生産のむすびつきの方へと移動させることにあった。臣民の視線を中心の見世物的示威に集中させることで、威嚇、あるいはより一般的にいって囮、欺瞞として作用していた王権的権力の特性を前近代のものと位置づけ、不可視のまなざしの監視のもとでの主体の積極的生産こそが近代に支配的な権力行使様態としたのである。スペクタクルとパノプティシズム、この対照は、ドゥボールの『注解』がいわば「捏造/欺瞞としての権力の統治テクノロジーの一覧」とでもいうべき相貌を呈している事態を眺めてみるとますますあきらかになるようにも感じられる。

しかしフーコー自身も強調している点だが、ベンサムのパノプティシズムには、スペクタクルの、あるいは「欺瞞」の次元が不可避に存在している。つまりパノプティコンが有効に機能するためには、中央の監視塔に具体的に人が存在している必要は必ずしもない。というよりむしろ、そこはベンサムのいうように「完全な暗闇（utterly dark spot）」でなければならず、人が存在するかどうかがつねに不確定であるがゆえに――ランプがちらちらとすることがまなざしの存在を示唆する――、被監視者は監視のまなざしにとりつかれてしまう。しかも、そこに人がいることを具体的に知ってしまえば、恐怖は消えてしまうのである。それをミラン・ボゾヴィッチは、ベンサムのパノプティコンについてのテキストを解説しながら「想像的非実体の現実的効果」と呼び、神の効果に類比させている。つまり人が神を愛するのは、不在であるがゆえにであり、神は不在であることによって人に効力を及ぼす。ボゾヴィッチはベンサムが亡霊／幽霊（spectre）に怯えていた、という事例を引き合いに出している。化け物、吸血鬼、悪魔などと同じく、亡霊は、ベンサムの存在論においては同様に想像的非実体と規定できる神と同機能を果たしている。ベンサムにおいて神は、「土体の想像力によるフィクション」であり、非実体なのだ。しかし神と同じく亡霊は、非実体であるにもかかわらず、ではなく、であるがゆえに現実に効力を及ぼす。ベンサムは亡霊の存在を信じていない、だがにもかかわらず、ベンサム自身が述懐するように、彼はそれを生涯を通じて、病的なまで恐怖した。もちろん、これはベンサムのみならず、わたしたちの日常によくある経験である。いまや、本気で亡霊を信じている者などかぎられているはずである。しかし、わたしたちはたいがい皆、亡霊を恐怖する。しかもよくあることだが、いわゆる「霊体験」

がある亡霊の信者よりも非信者の方が、より亡霊の影に怯えるものである。それればかりか、恐怖を祓いのけようとして亡霊の存在を否定すればするほど、恐怖の強度は増すばかりのようでもある。「われわれはもっとも耐え難いことは、亡霊の存在をうまく否定し去ることができることではないか、とすらいいうる」(Božovič, 22)。とすればわたしたちは、恐怖によって亡霊を愛しているといえるのではないか。

恐怖とはむしろこのように、非実体を実体化させる作用を果たす感情である。ドゥボールは「管理支配の収益［率］の低下」の現象について、次のように述べている。「結局のところ、その主要な矛盾は、それが不在の実体、すなわち社会を転覆させようとしていると想定されているものにスパイし、侵入し、圧力をかけている、というところにある」。かつての東西対立の時代、スペクタクルの二つの主要な機能によって分割されていた時代よりもはるかに、統合されたスペクタクルの時代は「不在」の度合いは高くなった。しかし、それであるがゆえに、この亡霊はどこまでも果てしなく増殖しつづけている。それに比例して恐怖は高じている。危機はいまや「汎‐危機(omni-crisis)」となった。その恐怖こそが、「不在の実体」を生産する。ひとは恐怖とともにそれを愛し、かつしがみつくのである。なぜだろうか?「現在の幸福」とされるもののためである。そしてそれは、〈他者〉に脅やかされているもの、危機に瀕しているものとしてはじめて確信される「不在」なのだ。

かつては、陰謀を企てる相手は既成秩序以外のものでは決してなかった。今日では、既成秩序のために陰謀を企てることが、大きく発展しつつある新種の職業となっている。スペクタクルの支配のもとでは、その支配を維持し、その支配者だけが順調と呼びうるものを確実にするために、陰謀が企てられる。この陰謀は、スペクタクルの支配の働きそのもののの一部なのである（XXVIX, 99-100／一〇八）。

先述したように、ドゥボールは現在の社会が愛されることをやめ、恐怖されることを好むようになる、という。なるほどポスト福祉国家の時代の社会は、公共サービスで「国民」のほぼ総体の「同意」あるいは「正統性」を確保しようとは必ずしもしなくてすむ（社会科学における「正統性」をめぐる議論が、いま後退してしまったのは、その反映だ）。「商品に反対する」行動や思想はもはや「情報操作／偽情報（disinformation）」としてあらかじめ退けられているのだから。「統合されたスペクタクルの最大の野心は秘密工作員を革命家へ、革命家を秘密工作員に転換させること」（IV, 25／二三）であるとして、これをもっと一般的な水準でいえば、システムの批判者をシステムの共謀者、システムの共謀者をシステムの批判者とすること、システムの防衛者に仕立て上げることで、「真の批判」をあらかじめ「拡散的（divergent）」批判に置き換えること[16]、といえよう。だからこそ、「第三の道」の系列に位置するクリントン、ブレア、シュレーダーは、イタリア首相の口から「社会主義」という言葉がでるや失笑し退けたのである。その失笑は単純に社会主義がもはや「ナンセンス」であるという想いからだけではないだろう。それは、「既存の秩序」に疑惑を誘発してしまうことを回避し、忠誠をあらためて誓った身ぶりなのである。「第三の道」が「ラディカルな中道」を僭称していること、「敵なき経済学、政治学」を知的な支えにしていることを想起してもよい。それは、既存のリベラル・デモクラシーの秩序を、それ以外のものはありえないとして設定することで、それを称賛することからはじめない一切の批判をあらかじめ封じ込め、かつ排除する身ぶりなのである。あらかじめ境界設定された世界のパースペクティヴを共有し「対案」を用意しない「大人ではない」人間の戯言など聞く必要もないというわけだ。前章の〈排除〉という現象は、あきらかにこのような知的な言説の傾向と対応している。

未曾有の「対案主義」がいま、この社会を支配している。注意してほしいが「対案主義」とは、いわゆる「オルタナティヴ」の提起一般のことではない。「対案主義」の問題点はここにある。つまり「対案主義」は、自己イメージに反して、みずからが想定する敵よりもはるかに不寛容なのだ。まず「なんでも反対」と嘲笑される勢力や主張が、いかなる水準であれなにがしかのオルタナティヴを描いていないことはそうはない。そもそも原則的にみればそれがなければ、批判も不可能だからだ。もっとつっこんでいえば、フーコーがイラン革命に際して強調したように、世界は知識人にはおもいもよらぬオルタナティヴな理念に充ちている。特定の理念が破滅的な危険をもたらしたりすることはあるし、それは慎重に分析され、批判や警告されねばならない。だが世界は、そうした諸理念をざんげによって一掃したり、その複数の失敗でもってみずからの正しさが確認できるような、狭隘な選択肢しかない貧しい場所ではない。「世界を信じる」とはそういうことではないか。「なんでも反対」する「古い」左翼勢力という劇画化は、こうした無数の理念（「対案」といってもいい）の場を「現実的でない批判」として無へと追放するふるまいのことだ。対案主義とは特定の範域、ドゥボールの言葉では「支配者だけが順調と呼ぶ」ものに逆らうことのない「対案」を出すか、さもなくば沈黙か、をせまる恫喝のことである。そして「対案主義」にとって「冷笑」あるいは「嘲笑」は強力な武器だ。なぜ八〇年代から九〇年代の知的言説あるいはテレビの討論番組には「嘲笑」であふれているのだろうか。嘲笑が守る「センス」と「知能」がそれだけで知にとって有意味であるようなふるまいがここまで許容された時代がかつてあっただろうか？「嘲笑」は議論の争点にあげる以前に、そして議論の内実を検討することなしにある主張や人間を退ける身ぶりなのであり、「予防的反撃」である。その攻撃は爆撃対象だった「左翼」をほとんど無力化し、細々とした防戦的論調に追いやりながらも、にもかかわらずさらに攻撃をつづけている。勝ち続けなければ不安であるかのようなのだ。

【2】パノプティコンの変貌？

ドゥボールは『注解』で、現在ひんぱんに用いられるようになった「情報操作」というコンセプトの作用を分析している。それはもともと社会主義圏で公式に使用されていた用語であり、それが輸入されて欧米で日常的に流通するようになったらしいが、手短にいうと、特定の言説を敵対するまたは競合する権力が流した意図的に捏造されたデマであるとフレーミングするための記号である。ドゥボールによれば、そのコンセプトが活用されるのは、経済的あるいは政治的権威を一片でも分かち持っている人びとが、既存の秩序を維持するためにである。たしかにちょうど『注解』と同時期に公刊された元軍人によって書かれた情報操作についての警告書は、かつての反植民地運動や当時の反原発運動の主張をソ連による情報の歪曲を被ったものと退けている（Deacon, 1986=1988）。ドゥボールによれば「情報操作」なるコンセプトは「つねに反撃的役割を負っている」。したがって情報操作は、「公式の真理に対立する」ものであるが、ここで重要なのは、「情報操作」がたんに「公式の事実」と対立する「ストレートな虚偽」ではない、ということである。そうではなく「偽情報は不可避にある程度の真理を含んでいる。だがそれは狡猾な敵が慎重に操作しているものでもある」。では「狡猾な敵」とはだれか？　近過去の東西対立の記憶のおかげで、いまだ統合されたスペクタクルの資本主義は、「官僚主義的全体主義が根本的な敵でありつづけている」と信じることができる。社会改革の「危険な情熱」である。まさに、資本主義の根本的な欠陥を指摘し、消費社会の快楽、自由市場、緊縮財政、社会支出の削減に反対する人々は、社会主義者ならずとも全体主義的野心を有した「危険な敵」となる。とすれば要するに、情報操作とは、「この社会がその信者に与える空前の幸福を混乱させ、脅威を与えるものすべて」のことである。だからドゥボールがいうには、情報操作の境界を公的に確定すればそれは効果を減少させてしまう。むしろそれは境界を確定することによって、みずからの「情報操作」性、あるいはより一般的には「完全性」を問わなくするための否定的な操作なのであり、ゆえにそれは融通無碍で汎用性に富んでいなければならないのである。

ところでこの「反撃」は、事実上のあらゆる攻撃を超えはじめる。ドゥボールがいうように、スペクタクルの権力は、行為のみならず思想からも否定性をひきはがすことで、「前もって」攻撃を封じる予防的反撃をおこなっている。それはもはや攻撃という「出来事」に先立ち攻撃そのものを封じる反撃なのである。シチュアシオニストの基本的発想が、権力はなにも創造せず、ただ〈出来事〉に反応し、それを取り込むことしかできないということにあるとすれば奇妙なことだ。反撃は一体なにに対するものか？ ヴィリリオは七八年にこう述べている。「統治することは、かつてなく予-見することである。いいかえれば、より早く行き、先んじて見てしまうことである」(Virilio, 1978)。

それと対応するように、パノプティコンという形象も、みずからの姿をメタモルフォーズさせつつ、ますます亡霊じみたものと化していく。**幻想の作用によって、ではなく現実的に**である。いわばリアルな非実体なのだ。秘密工作の増殖の背景にある「新しい監視」の要請は、時間空間の壁を超えること、であった(Marx, 217-218)[17]。要請に応じるにはもっと抽象化することが必要なのだ。もちろん、現実的には「アイディアに留まった」パノプティコンはもともと抽象的な「図式」であった。「……それは理想的形式に縮約されたある権力機構の図解［であり］……、抵抗や摩擦などのあらゆる障害をまぬがれるその作用は、建築並びに視覚的効果の純粋な仕組みとして表すことができる」(Foucault, 1975=1977／二〇七)。それをジル・ドゥルーズにしたがって「抽象機械」と呼んでもいいだろう。しかしその潜在的な抽象的〈図式〉が実現する場合には、かつては建築・空間という具体的存在を必要とした。かつての規律権力にとって建築物とは、みずからが定在するには不可欠の「素材」であったのだ。パノプティシズムにおいては、王の崇高な身体にかわって、建築が不在の王の場を占める、というより正確にいえば、それこそが権力の場所を占める。建築、空間こそが、規律権力を主要なテクノロジーとする社会の中心へとやってくるのであり、それは権力それ自体なのである（cf. Ewald, 1992）。

パノプティコンの作動には、もともと亡霊が必要だった。建築・空間編成自体が亡霊あるいは「神」を生み出すべく構築されているのであるから。ボゾヴィッチのいうように、もしパノプティコンが建築されるのを眺めれば、その過程の末尾には、建築物だけではなく、同時に想像的実体である「神」も生み出されるだろう。とすれば、想像的非実体たる神が生産されるためには特定の編成の建築が必要となるわけである。ベンサムはこう述べている。「［中央塔の］番所は心臓であり、それがこの人工身体に生命と運動を授ける」。人工身体、「生きる実体」。パノプティコンとは、監視者の「不在の身体」に亡霊的機能を授ける彼の声とまなざしによって、生命を与えられる「生ける身体」である。ボゾヴィッチはここで興味深い指摘をおこなっている。「監視者はこの人工身体に自分自身の身体よりも密接につながっている。一方で監視者の彼自身の身体はいわば麻痺している……が他方で、ランプが生み出すまなざしと会話用チューブの助けを借りて（それは人工身体の動脈と神経を表している）、彼は人工身体を完全に統御している」（Božovič, 20）。

こうした監視‐人工身体は、具体的・物理的身体であるという限界を有していた。みずからの身体よりも監視者に密着した人工身体は、どうしても物理的定在を抱えざるをえず、これではとても小回りはきかない。またその限界は、パノプティシズムの衝動である「完全な透明性」によって均したい社会的領野、貫通したい物質的身体を、もぐらの「巣穴」のような閉域によって区分せざるをえず、それが不可避にはらむ陰影に紛争の火種を残してしまうのだ。たとえば組織労働者の職場での、そして近隣住区での集合性は、ボスのコマンドにたいする抵抗力の源泉でもあった。また監獄は同時に、囚人の集合性による犯罪世界の形成も意味していた。狡猾な近代の権力は、それもこみで統治の戦略に組み込むことに成功もしてきたわけだが、もちろんそれは集合性のはらむ危うさを抱え込まざるをえないというリスクと裏腹である。たとえばマルコムXの軌跡に典型的にみられるように刑務所は革命家の形成の場でもあったのだ（cf. 渋谷、一九九九b）。

しかしいまや、建築・空間という物理的身体と〈魂〉はむすびついている必要はない。これが従来の制度の安定性、あるいは権威の分配と重層の構造が危機にさらされているひとつの理由である（家庭－父－地域、学校－教師……）。それはテクノロジー的なレベルからはヴィリリオにならってこういえる。監視・情報テクノロジーの高次化によって、監視術が科学的土台を「幾何光学」から「波動光学」へと取り替えつつある、それが可能にする遠隔監視のテクノロジーによってパノプティシズムのボディは受動的光学器械から能動的光学器械へと変貌を遂げたということ。そしてそれにコンピュータ処理によって開かれた膨大なデータベースの活用がともなっている（Virilio, 1998=1999／一八―一九 ; Lyon, 2001; Marx, 1988）。「政治的領野のミニチュア化」の急速な進展の背景にある動きがこれだ。そもそもその設計図や完成予想図をおもい浮かべれば、パノプティコンの建築的骨組みが一種の遠近法的視覚装置を範型としていることがわかるだろう。だが「波動光学」をみいだしたパノプティコンはちょうどモーフィングによるイメージの自在な変容のように、従来の堅固な量塊をみるみるぐにゃりと溶解させはじめた。亡霊はとりつく身体を必ずしも必要としない。あるいは抽象的図式は具体的定在をみいださねば作動できない、ということはない。かつて父、教師、工場監督者たちの、その物理的実体特有の過小——かけひきできたり、まぬけだったり——のために、わたしたちは権威的審級を抽象化してみずからの内側に統合し、主体を組み立てた。

他方、現実的非実体と化しつつある監視の光は、具体的定在を必要としない。かつての権威の審級はここではよろめいている。このことが統合されたスペクタクル段階の社会が「秘密」によって支配されているということとむすびつくのだろう。基本的人権というコンセプトがシニカルな否定にさらされるのも、ひとつにはこうした個人が守るべき空間といったイメージすらなし崩しにしてしまうまなざしが非合法の色合いをつねに帯びてしまうものだからではないか。合法・非合法の差異とはいま、いったいなにを指すのか？　パノプティコンのまなざしは、建築・空間のような具体的・物理的定在によって生産される幻想であることがますます少なくなっていく。それゆえパノプティコンのまなざしは、わたしたちの身体にとって焦点をむすばなくなってきた。つまりかつてのまなざしのように、それと相関的に人間の存在の生地を構成するものとは必ずしも特徴づけられない。そのかわりこの人間の

〈魂〉には関心を寄せないドライなまなざしは、微小なレベルと超大局的なレベルから特徴づけられるだろう。ひとつにはそのまなざしは、わたしたちの身体を細部にわたって微分・分解してしまって、さらにその破片をひとつの身体のまとまりに統合・積分するということをしない。たとえばバイオメトリクスは監視の単位を身体のパーツにまで還元して、それだけで人間の流れを制御することを可能にした。その一方で、人工衛星という巨大な「目」。すでに数十センチ単位の解像度を有した人工衛星が得た情報は民間に解禁されている。ということは軍はそれよりも高解像度の目をみずからに留保しているということだ(18)。

【3】「脅威の深遠な曖昧さ」

ジョセフ・ナイらは、九六年に(ジョゼフ・ナイ、ウイリアム・オーウェンズ「情報革命と新安全保障秩序」「中央公論」九六年五月号)、二一世紀へむけての途方もない安全保障秩序の構想を示している。人工衛星を核として全世界に「情報の傘」をかぶせ、監視・管理の対象におくというものだ。その物理的土台はすでに完備されつつある。ナイたちは誇らしげに米国の優位性をあげてみせる。ISR(inteligence collection, surveillance, and reconnaissance／情報収集、監視、偵察システム)、アドヴァンスト・C4I(指揮統制、管理、コミュニケーション、コンピュータ処理)、そして湾岸戦争の際広く知られることになった精密誘導技術。これらの分野における急速な進歩をいま米国のみが、統合し、活用できる。軍事能力の「質的変化」をもたらすこうした動きを具体的に支えているのが、NSAが世界にめぐらせた「大きな耳」、スパイ衛星群とそこからの情報を中継・分析するための施設群（藤岡、二〇〇〇）。エシュロン・システム[19]。そして九六年末には国防総省のもとでの国家画像地図局の設立[20]。「大きな目」がそれにつけ加わる（Virilio, 1999=2000, 36）。

それにしてもなぜ「いまなにが起きているかについての情報」をかくも妄想的なまでに追求する必要があるのか？　「広い地域においてなにが起きているかをリアルタイムで掌握する」（三五八）ことへの執着を正当化するものはなんなのだろうか？　「脅威」があるため、と報告はいう。ではそれはいったいどのような脅威なのか？　なんだかわからないという脅威である。これは決して冗談ではない。なにが起こっているのか、その脅威の種類やレベルをあいまいにしか把握できないことが脅威だ、と、このポスト冷戦の極東軍事戦略を描きだしたクリントンの政権の元・国防総省国際問題担当次官補はいうのだ。これは「深遠な曖昧さ」だ。「この［核の傘という］枠組みは、ソ連による侵略という脅威、つまり、国際関係上の中核問題にたいするごく論理的な対応だった。だがいまや、その中核問題は脅威の種類とそのレベルにまつわる曖昧さにあり、この曖昧さを取り除き明確にすることが、協調の基盤づくりとなる」（同）。この「深遠」なほどあいまいな脅威は、自由化、規制緩和によってわたしたちが日常的に経験する脅威、恐怖とうまい具合にむすびついている。

序章で、シニシズムとニューライトの関連について述べたが、ルールを無条件に肯定しながらも軽蔑し戯れる現代のシニシズムは、じつは恐怖をその動力としている。かつてヘーゲルは『精神現象学』において、（死の）恐怖を労働の前に、つまり労働の以前の奴隷による従属の次元に設定した。しかしポストフォーディズムの現在においては、恐怖は労働の全過程につねに現前している。周縁的労働者や失業者などといった「負け組」はもちろん、「勝ち組」もうかうかしていられない。ついこのあいだ勝ち取った特権的地位はつねに「新人」に脅かされている、周期的イノヴェーションはいまの自分の立場をつねに危うくする、ついていけなかったら終身雇用から契約社員へと格下げだ、いま手がけているプロジェクトでへまをやったらやっと獲得したポストを失うかもしれない。だがこうしたインセキュリティの恐怖、不安は、ひとをますます従属へ、ボス（システム）に愛されたいという欲求へ駆り立てる。バーコードを身に装着してトイレのような生理的欲求に費やした時間すらチェックされ賃金から削減されるような途方もない「脱組織型監視」（デヴィッド・ライアン）を耐え忍ぶようなメンタリティは、ここから生まれる。そしてそれは、かつてなく（意識の上では）孤立した労働者のルサンチマンをうまく操ってわたしたち自身の要求になる場合もあるのだ。無能・無気力の奴よりもわたしのほうが本当は愛されるはずだ、だから見て［監視して］ほしい、もっと詳細に探ってほしい、評価してほしい、つねにチェックしてほしい……というわけである。不安や恐怖はここでは、そうした状況への抵抗よりも、履歴書送り、つまり就業への準備や、絶え間のない管理への要請としてあらわれるのだ。

ぼんやりとしたスキャナー、秘密捜査官、くり返しになるがそれは、秘密の支配する統合されたスペクタクル社会のアレゴリーである。しかし、この社会は「完成」にかぎりなく近いが、同時にかぎりなく「脆い」。社会的必要労働時間の減少とともにどこまでもインチキくさくなっていく「価値」生産（いまの公共事業をみよ。「穴を掘って埋めろ」というケインズ主義の格言はその喜劇性を剝き出しにしている）は、強度の恐怖によってのみかろうじて実現していると もみなすことができるはずである。古くからいわれるように恐怖政治はむしろ政体の弱さの表現なのだ。それゆえそれにたいして抗うことは、ひとつには恐怖と愛のループから身を解き放ちながら、秘密を少しずつ探り、恐怖のネットワークを掘り崩していく営みになる。わたしたち自身、その営みのなかで秘密に満ちた存在になっていくにしても、それは恐れてはならないだろう。

スパイ、覗き魔、ゆすり屋、匿名の密告者など、秘密を垣間見ようとする者はすべて、その後の目的に関係なく、暴かれるべき秘密に劣らず秘密に満ちているのだ。常に女性や子供や小鳥が、秘密裏に秘密を知覚する。きみたちの知覚よりも鋭敏な知覚が、きみたちには知覚しえぬものを、きみたちの箱に隠されたものを知覚する。秘密を知覚する立場の者には職業上の秘密があると予断してもいい[21]。

註

（1）さらに付け加えれば、『暗闇のスキャナー』以前の作品『流れよわが涙、と警官は言った』は、六〇年代後半の人種・学生闘争が昂じた結果、隔離と排除によって彼らを締め出した収容所国家として現代アメリカを描きだしていた。ディックは現在にひそむ複数の線のひとつを、ほとんど妄想に近い想像力でもって膨張させ、リアリティと共振させたのだ。この点についての鋭い指摘として野崎（一九九五、三五）を参照せよ。

（2）映画版の『踊る大捜査線』では、警視庁公安部の捜査官たちの顔にはつねに暗い影が落とされていて、本来、合同捜査本部でチームを組む「身内」であるはずの刑事部の警察官たちにもそのアイデンティティを明かすことはなかった。これはこの作品のテレビ版からの一貫した基調であるキャリア制度批判の流れの延長上で、日本警察において刑事警察との摩擦を引き起こしているひとつの要因である警備・公安警察の秘密主義とそれに付随するエリート主義を皮肉りながら視覚的に表現したものである。それにしても、まさに「スキャナー・ダークリィ」としての警備・公安警察の本性を絶妙なかたちで表現したものであるといえよう。

（3）たとえば世界中に諜報ネットワークを張り巡らせているアメリカ合州国の秘密情報機関ＮＳＡは、初期には外交官や軍部の暗号化された無線通信の解読に取り組んでいたが、六〇年代から、指向性無線通信と衛星による傍受技術の開発によって、その監視能力を上昇させた。しかしその処理が追いつかず、膨大なデータが活用されないまま捨てられるという状況が生じたといわれる。だが他方、情報処理速度の改善と情報連結の技術向上はこの矛盾を解消しつつある。ちなみにＮＳＡとは、一九五二年に発足した機関で、外国、および米国と外国との信号（電話・電気通信・無線）情報を傍受や盗聴し、暗号解読と解析をおこなうことを主要な任務とする。六万人のスタッフをかかえ、海外二〇カ国に五〇の傍受・盗聴基地を有している。なおＮＳＡの全貌は最近までヴェールにつつまれていたが、近年ではいくつかのレポートが出版されている。日本語で読めるものとしては、Bamford, J. 1982, *The Puzzle Palace: A Report on America's Most Secret Agency*, Houghton Mifflin（滝沢一郎訳『パズル・パレス——超スパイ機関ＮＳＡの全貌』早川書房、一九八六年）がある。

(4) この点については Virilio (1998=1999) 他を参照せよ。またマークスは八八年の時点で次のように指摘している。「よくある産業スパイを超えて、企業は秘密工作員を雇って競争相手の企業を非合法活動に巻き込んだり、あるいは妨害工作員を侵入させてその活動を混乱させようとする可能性はある。私的セクターにおける秘密工作活動が上昇していることを、いくつかの資料は示している」(Marx, 1988, 226)。

(5) レン・ブラッケンによる以下の評をみよ。「この本全体があきらかにもっともな理由から秘密のマントで身を包んだ男による秘密についての論文なのである」(Bracken, L. The spectacle of secrecy, http://www.ctheory.com/r-spectacle_of_secrecy.html)。また、ブラッケンは『注解』のドゥボールをマキアヴェッリと重ね合わせているが、これは正当であろう。また『注釈』では陰謀論が擁護されており、誤解を恐れずにいえば「陰謀論」復権の書とも考えられるだろう。だがそれによってこの書物は「陰謀」を新たな位相から捉えかえすことを促している。興味深いことに、ドゥボールは次のように述べている。陰謀史観が一九世紀に反動派のものであったために、いまだ異議申し立てをおこなう者たちは陰謀史観をすべて反動派のものとしておもい込んでしまっている。「彼らは自分たちの時代の現実の実践を決してみたくないとおもっている。なぜなら、そうした実践は、彼らの冷たい希望にとって、悲しすぎるものだからだ。国家はこのことに気づいていて、それをもてあそんでいるのである」(Debord, 1992=2000/八八)。また近年、「陰謀論」をめぐってさまざまな議論がかわされている。たとえば Jameson, F. 1992, *The Geopolitical Aesthetic: Cinema and Space in the World System* の第一章 Totality as Conspiracy を参照せよ。

(6) ちょうど七〇年代から学生運動の「過激化」に対応するかたちで日本でも警備・公安部門が加速して肥大していくが、日本では、警察の公安活動が九〇年代の警察法改正を境に質を変容させながらもさらに深化・拡大している。また、〝民活〟政権であった中曽根内閣が同時に、元内務省・警察官僚中曽根を筆頭に、官房長官に後藤田正晴、秦野章法務大臣を据えた、〝警察・内務省〟政権であったことも注意しよう。この時期、内閣直属の秘密警察機能は強化されている。

(7) Abdul + scam (=詐欺、おとり) のこと。なおこのアブスキャム事件にかんしての詳細なレポートとしては Greene（1981=1982）をみよ。

（8）フーコーが『監獄の誕生』第四部であげている人物フランソワ・ヴィドックは興味深い。ヴィドックはフランス警視庁創立当時の刑事であり、特捜班を創設して指揮した。だがその一見栄えあるキャリアの影では、もともとチンケな犯罪者にすぎなかった。彼は刑務所でつかんだ囚人たちの情報を警察に売ることで、警察官として出世の道を歩み、めざましい成果をあげながら新しい「予防的」警察テクノロジーの先駆者となる。ところが、やがて、強盗事件に荷担したとのかどで解任されることになる。そこで彼は私立探偵社の先駆けとなった私立捜査社を設立するのである。この、ヴィドックのキャリアは探偵小説、ハードボイルド小説という大衆文化の一ジャンルの成立を深部から支える権力編成を暗示している。また一八四八年の二月革命に参加して臨時政府の協力者となったという点も興味深い。最終章をみよ。

（9）覆面工作が捜査官にもたらす心理的インパクトについては、Marx（1988, 159-179）を参照せよ。

（10）日本語タイトルは「シミュラークルの先行」。

（11）ブラッケンによれば現在ではモロ誘拐・暗殺事件やその背景にあるテロリズムが、「モロがみずからの所属する党のメンバーによって殺害されたこと、六〇年代後半と七〇年代のイタリアの〝テロ〟が極左グループへ侵入し、それを軍事化した右翼活動家によるもの」と認められている。ドゥボールは一九七九年の「イタリア語版第四版序言」［（Debord, 1992=2000）所収］で、支配層の上層へと簡単に侵入できたことを誇る赤い旅団に、当然それが「かまし」でないか疑うべきであるとしているが（「操作者は操作されている」）、ドゥボールは『注解』では一貫してモロ誘拐・暗殺を、ベルルスコーニなどの大物政治家もメンバーとして抱えていた秘密テロ組織P２の仕業としている。モロ誘拐・暗殺をめぐる夢幻的ともいえるスペクタクルの暴威のなかで巧みに作動した数々の陰謀については、伊藤（一九九三）を参照せよ。この「緊急事態」「例外状態」がバナルなものになり日常化し、イタリアの特性を超えて普遍化していくという観測が、のちの統合されたスペクタクルの社会への視角につながっているだろう。この点は序章と強くむすびつく部分でもあるので引用しておきたい。

イタリアは全世界の社会的矛盾を要約し、よく知られているやり方で、ただ一国の中に、ブルジョワ的階級権力と全体主義的官僚主義的階級権力との抑圧的〈神聖同盟〉を混ぜ合わせて実現しようとしている。この〈神聖同盟〉は、すでに、あらゆる国家の経済と警察の連帯において、全地球上で公然と機能しているが、その点についてもまた、イタリア流の議論と決着がないわけではない。今のところ、プロレタリア革命への移行において最も進んだ国であるイタリアは、同時に、国際反革命の最も近代的な実験室でもある。前 - スペクタクル的な古いブルジョワ民主主義から生まれた他の政府はみな、あらゆる堕落の騒々しい中心でいかに平静さを装おうとも、また、自分のいる泥の中でどれほど穏やかな威厳を示そうとも、イタリア政府を称賛のまなざしで見つめている。それは、彼らが今後、長期間にわたって自分たちの国で適用すべき一つの教訓なのである（Debord, 1992=2000, 142-143／一五四）。

また『注解』で「マフィアは現在の企業家のモデルである」とドゥボールはいうが、イタリアに典型的にみられるマフィアなどによるアングラ経済とオーバーグラウンド経済の融合はまた、ドゥボールも指摘しているようにアメリカの音楽産業にもあからさまに進展している。これについてはローニン・ローによる報告をみよ（Ro, 1998）。

(12) これについてドゥボールは『注釈』で、分業の終焉について語っている。リジッドな生産からフレキシブルな生産へ。金融業者は歌手にもなり、弁護士は警察のスパイともなり、俳優は大統領になる。こうしたフレキシビリティは、しかし「パロディ的な」ものだが、「この分業の終焉はどのような本物の能力も消滅させる一般的な動きと軌を一にしているだけに、いっそう歓迎される始末だ」。

(13) ヴィリリオは最近の著書で、この計画について再度ふれて次のように述べている。「四半世紀前、わたしがこの文章を書いた時期は冷戦の最中であったが、この千年紀末、ポスト産業社会の大移動の時代に、その焦眉の今日性を再び見出すことになろうとは夢想だにしていなかった――一方には、コソヴォからの難民の流出、他方には、地中海東岸・南岸の諸国からの移民。慢性的な部族間紛争を背景にした何百万人ものアフリカ人の流出についてはいうまでもないだろう。さらに、市場の世界化の時代にあっては、企業の雇用の脱地域化が不可欠となる」(Virilio, 1999=2000／四二)

(14) ヴィリリオと聞き手のシルヴェール・ロトリンガーは Pure War の一九九七年版では、その時点での新たな対話を付け加えている。そこでロトリンガーは、アメリカにおいて事態が好転したかとのヴィリリオの問いに次のように応じている。「福祉国家の解体はつづいています。セーフティ・ネットはほどけつづけています。人びとはふんどしを引き締めています。少なくとも自分のふんどしは。でも軍事予算にはたずなをゆるめるのです。その内植民地化は絶頂に達しています」(165)

(15) フーコーは八〇年代にも「記号、速度、スペクタクル」をキーワードにした分析にはまったく興味がないと言い切っている(「構造主義とポスト構造主義」)。

(16) マークスはアメリカの文脈で、かつては否定的なものであったものが肯定的なものへと変貌した、近年における「情報提供者／密告者」の価値転換を観察している。さらに「生き残り」という名目でいかにグローバル資本主義に愛されるかを画策する巨大労働組合にせよ、愛されることはもはやシステムの重要な仕事ではなく、ほとんどわたしたちのみに課せられた仕事となった。

(17) マークスは「新しい監視」の特徴をいくつか列挙している。それはまず、1)距離、暗闇、物理的障害を超えること。2)時間を超えること。その記録は蓄積され、引き出され、結合され、分析され、伝達される。3)低い可視性、あるいは不可視性。4)主要な関心は予防である。5)しばしば非自発的であること。つまり対象者の予想しないうちに、あるいは気づかないうちに対象者についての情報が収集される、などなど。

(18) 米国の最先端の軍事用偵察衛星の解像度は現在、五センチから八センチ程度の自動車のナンバープレートの識別が可能だ、とされている。今日では解像度八〇センチまでの画像写真は原則的に商業向けに解禁されている(藤岡、二〇〇〇、五二)。

(19) エシュロン・システムとはアメリカ合州国とイギリス、カナダ、オーストラリア、ニュージーランドの情報機関による秘密協定によって運用されている衛星盗聴ネットワーク。人工衛星と世界一四箇所の盗聴基地をむすんでいる。衛星通信、ケーブル通信の傍受で得た膨大な量の国際間通信を巨大なコンピュータ・ネットワークの検索にかけ、情報機関が関心をもつ情報だけを選別し、暗号解読・翻訳して、五カ国で共有する(藤岡、二〇〇〇、六一)。

(20) 国家画像地図局(National Imagery and Mapping Agency)は、ヴァージニア州フェアファクスにおよそ千人の人員をもって編成された機関。最初はペンタゴンやCIAのための航空・衛星写真の処理・配信を目的としていたが、二年後には、グローバリゼーションという背景もあって民間映像の特権的中継地点となるべく、「商業映像の流通管制」に携わっている(Virilio, 1999=2000/三六)。

(21) 宇野邦一、小沢秋広他訳、ドゥルーズ=ガタリ『千のプラトー』河出書房新社、三三〇。

最終章　現在性の系譜学へむけて——「犬」と例外状態

The most important time in history is, NOW, the present.
"B Boys will B Boys" by Black Star

1　幽霊犬

ジム・ジャームッシュ監督、一九九九年の映画『ゴースト・ドッグ』からはじめてみたい。発端はこのようなものだ。八年前、街で白人の若者にリンチされて息の根をとめられようとする寸前の若い黒人男性をあるマフィアの男（ルーリィ）が救う。そんな事件の四年後、その黒人の若者はプロの殺し屋、ゴースト・ドッグとして、肩に鳩をのせて（！）彼の前にあらわれる。この中年マフィアは、個人的な契約をむすび、その後、殺しを彼に依頼することになる。

ストーリーは以下のようなものである。自分の娘とできてしまったひとりの構成員の殺害をボスに求められたルーリィは、いつものようにその仕事をゴースト・ドッグに依頼する。すでに凄腕の殺し屋になっていたドッグは慎重にことをすすめ殺害に成功するが、連れ出されているはずのボスの娘がなぜか部屋にいてその現場を目撃してしまう。殺害を目撃されては仕方がない。ボスは、ドッグを消すことを命じる。いち早く身の危険を察したドッグは、先んじてそのマフィア組織を壊滅させる。

この映画の魅力はそれが描く世界のディテールにある。まずドッグはニューヨークのインナーシティにあるビルの屋上に組み立てられた粗末な小屋で寝起きをしている。屋上には鳩の大群が寝起きをしているのだが、その鳩たちとすっかりなじんでいるドッグは、「つなぎ」のためにその鳩たちを伝書鳩として利用している。マフィア組織は高齢化がすすんでいて、みな迫力を欠いた腹の出た中年以上ばかりで、ポロシャツ姿で連れ立って歩く姿はとてもマフィアにはみえない。さらに不景気らしく金もない。ニューヨークの事務所も、家賃を滞納していて、いつも大家にどやされている。また孤独なドッグの「ベスト・フレンド」は、公園でアイスクリームを売る「不法」ハイチ移民の黒人。彼はフランス語しかしゃべることができず、たがいに意味はわからず会話をしている（それでもおおよそ通じている）。そして公園で出会った本好きの黒人の少女。街路のラッパーたち。

鳩の大群と生きるドッグは、『葉隠』をつねに携帯しくり返し熟読しては、その断片を生きる規範にしている。とはいってもドッグがビルの屋上で居合抜きとカンフーが入り乱れた奇妙なトレーニングをおこなうシーンをみても明瞭だが、それはあくまで自己流である。しかしそれを彼は、みずからの生（と死）のその都度の方針のよりどころとなるスタイルに仕立て上げている。そもそもルーリィとの関係も、『葉隠』に触発された「主君と家来の関係」である。もちろんそれはルーリィのあずかり知らないことであり、ドッグが勝手に「家来」としてふるまっているだけなのだが。実際には彼らの関係は友情のようなものによってつながっているとしかみえない。しかしドッグはその関係を、「主従」の関係として解釈して生きようとするのである。だから「家来」たるドッグは、マフィア組織を壊滅させながらも仲間から裏切られ消されようとするルーリィを救う。他方、ルーリィも、マフィアの流儀にしたがって「おとしまえ」をつけようとドッグと「決闘」しにやってくる。しょせんルーリィも自分も「オールド・スクール」の人間でありこういう生き方(死に方)しかできないのだ、このように「ベスト・フレンド」に言い残してドッグはルーリィに撃たれるがままになる。「主君への忠誠」を貫いたというわけだ。

2　ゼロトレランス政策

ドッグに撃たれて瀕死の仲間を車で運ぶ途中に、警官に制止されて止まらざるをえなかったときの次のルーリィのセリフには、街路を生き抜いてきた者が不可避に感受せざるをえない洞察がはらまれている。「街にはポリがいないのに、郊外に出たらゲシュタポ野郎がウヨウヨ、同じ国とはおもえねえ」。老いたマフィアは「同じ国」が、「ゲシュタポ」の配置、行動の様式によって二つに分割されているというのだ。どういうことだろうか？　九九年のニューヨーク、それを考えてみる必要があるだろう。

一九八二年、『アトランティック・マンスリー』誌にある論文が掲載された。「近年の犯罪学の領野でもっとも影響力をもった論文であることは確実」(Young, 1999, 127)であり、その後のアメリカ大都市の都市政策・犯罪政策にも多大な影響を与えることになる論文である。ジェイムズ・Q・ウィルソン（James Q. Wilson）とジョージ・ケリング（George Kelling）共著による「Broken windows」[1]である。そこで主張された内容の要約は難しくない。警察は「無秩序」を生んでしまうささいな「生活の質（quality of life）」にかかわる違法行為であっても取り締まるべきだ。そうすれば暴力犯罪（violent crime）も減少をみせるだろう。「無秩序と犯罪はたいてい密接にむすびついている。それはいわば前者が後者に発展するという関係にある。社会心理学者や警察官は同意してくれるだろうが、ある建築物のひとつの窓が割れていてそのまま放置されていたならば、やがてすべての窓が割られることになるだろう」（Wilson and Kelling, 1982, 31）。ウィルソンたちはここで、「生活の質（quality of life）」に焦点を当てることで、明確に犯罪を無秩序とむすびつけた。街路でのちょっとした秩序を乱す行為や粗暴な行為（incivilities）にたいして寛容であってはならない。そんなささいなふるまいを街路から一掃し、攻撃性のある「物乞い（beggars）」、ホームレス、「売春婦」、酔っ払いなどなどに処罰を与えねばならないし、それが街の安全性に必須である。「犯罪は無秩序の帰着点」なのだから。また彼らはこう指摘している。人びとの無作法な振る舞いが無関心なまま放置されている近隣住区は、「犯罪者の侵入を受けやすくなる」。立小便、落書き、酔っ払いにたいする法執行は取り締まりの雰囲気をかもしだし、それがレイプや殺人のような凶悪犯罪を妨げることにつながる、というのである。犯罪と無秩序はここでなだらかな連続線を描くのだが、この発想が「ゼロトレランス政策」に多大なる影響を与えることになる。incivility はすでに

「生活の質」にたいする犯罪であるという「割れ窓（broken windows）」テーゼ。それは「アメリカ流の民主的警察国家の発展において新段階を切り開いた」（Parenti, 1999, 72）。ジョック・ヤングはこのゼロ・トレランスというコンセプトには六つの構成要素があるという。

1　犯罪と逸脱にたいする寛容の度合いを下げること
2　これを達成するために懲罰的で、いくぶんかはドラスティクな手段を用いる
3　かつてのレベルと想定された体面《リスペクタビリティ》、秩序、礼儀正しさ《シビリティ》を回復すること
4　無作法《インシビリティズ》と犯罪のあいだの連続性を認めること
5　犯罪と無作法とのあいだには関連があるとの信念。無作法が放置されれば、さまざまなかたちで犯罪が生まれるということ
6　このアプローチの発想源としていくども言及されるのが、ウィルソンとケリングの「割れ窓」論文であること

このウィルソン、ケリングの「割れ窓」哲学を実践に移したのが、ジュリアーニ市長のもとでニューヨーク市警本部長に就任したウィリアム・ブラットン（William Bratton）である[2]。ボストンでのアグレッシヴな予防的取り締まりの指導ぶりに目をつけたケリングは、彼をニューヨーク市交通警察に誘い、その新しい職場でブラットンは「この国で最初のゼロ・トレ

ランス／QOL・ポリシングを全面的に展開する」(Parenti, 72) ことになる。そこで彼は大胆な警察組織の変革を試みた。まず警察官の士気を高めるべく、日本式のフラットで脱中心化された経営哲学を導入した。犯罪率低下の「純利益・純損失」に焦点を合わせるビジネス・スタイルを導入し、早朝ミーティングなどなどで部下のやる気をたかめた。「ブラットンはコップランドにポストフォーディズムを持ち込んだのだ」(71)。そうして士気たっぷりの警察官をしたがえて、ブラットンは「地下鉄奪還」へとのりだす。だれから奪還するのだろう？　その第一の主要な敵はホームレスであった。激しい追いたて作戦にたいして、市当局はホームレスを「まるで清掃すべき目障りな落書き《グラフィティ》のように扱っている」という抗議の声があがるが、公式の統計による地下鉄での犯罪数の低下の「実績」によってそうした声もかき消される。(3)　地下鉄奪還作戦で「成功」したブラットンは、九四年に就任したジュリアーニ市長のもとでさらに市警察のレベルでゼロトレランス取り締まり《ポリシング》を実行することになる。目標は「地下鉄奪還」から「［都］市の奪還」へと拡大するわけである。

ジュリアーニとブラットンのコンビは、さっそく「生活の質・包囲網」を敷く。「ならず者」に占領されたニューヨークを、ふたたび「奪還（retake）」する、というコンセプトのもと、それはあからさまな抑圧的様相を呈することになる。ではどのような都市の奪還戦略がはじまったのか。いくつかあげてみよう。ジュリアーニ＝ブラットン・ブロックの作戦の第一幕を飾ったのは、「窓ふき屋（Squeegee operators）」、すなわち交差点で停車中の車のガラスを洗ってチップをもらう人びと（ほとんどが失業したアフリカ系アメリカ人である）への攻撃だった。

ジュリアーニ市長は、彼らは長年にわたって「人びとに嫌がらせし、おびえさせてきた」として、激しい取り締まりにかける。それによって彼らをほとんど追放するや、次にマンハッタンの橋の下などの掘っ立て小屋を駆除して、貧困者を中心から離れた地域へと追い払う作戦に着手。さらに勢いにのって、学校をサボってうろつく学生を駆り集める作戦。売春やポルノグラフィは、当然「生活の質」ポリシングのターゲットになった。それは取り締まり強化や新しいゾーニング法によって、都市の周縁へと追い払われる。またジュリアーニ市長は、電話会社ナイネックスに圧力をかけて、市の八四〇〇台の公衆電話を改造させた。外からかけられないようにするためである。ドラッグ取引のインフラに打撃を与えようというのである。こうした変化がドラッグ取引に効果があったかどうかはそれほど重要ではない。問題は「いまや不便な生活状態におかれた人間たちに戦争の雰囲気を伝えること」である。「改造された公衆電話は、公共空間や社会関係を軍事化するためのひとつの方法なのであり、微妙なやりかたでドラッグ戦争（War on drugs）のモチーフを日常生活の脚本に取り込むように強いるのである」(Parenti, 1999, 79)

この取り締まり政策は世界的な広がりをみせるが、[4] それはこの政策の驚くべき「成果」、その犯罪率の圧倒的な減少ゆえである。殺人は九四年から九七年のあいだに六〇％以上減少し、ニューヨークの犯罪の総数も四三％減少している。

だがそれと同時に、警察の蛮行（police brutality）にかんする不満の声も、九四年以来六二％上昇している。ジュリアーニ市長が就任した九四年の前半だけでも四六％の急上昇をみせているのである。実際に、あらゆるふるまい——特定エスニシティの人間や地域の——が、処罰の可能性をはらむようになる。階段でビールを飲むことはできなくなった。音楽を大音量で鳴らしたり、歩道を自転車で移動することが罰金か逮捕の対象になる。駅の自動改札機を飛び越えると、一晩拘留されることになった。さらにそうした取り締まり強化の尖端には、警察によるエスニック・マイノリティの殺害の急激な上昇がある。これについて、ある人権擁護団体の報告では、九六年にはその団体に持ち込まれる争点を警察の暴行が支配するようになったという。「警察によるテロルとしかいいようのない事態が国中で生じている。そのもっとも驚くべき証明は、アフリカ系アメリカ人、ラテンアメリカ系住民、アジア系アメリカ人の若者（とくに男性）の警官による殺害の劇的な上昇である」(Daniels, 2000, 242)。

3 〈法と秩序〉——危機と批判

【1】All power to the people

ゼロトレランス「革命」は、アメリカ合州国での六〇年代終わりからの「法と秩序」政策の延長線上にあるといえる。(5) 「法と秩序」政策は、一九六〇年代の危機にその端を発するのだが、当初それは、とりわけ都市暴動や市民運動の高揚にたいする状況対応的、すなわちさし迫った「危機」にたいする緊急措置的なものであり、パレンティの言葉を用いれば多分に「反革命的」な性格を帯びたものであった。だが、当面の危機管理手段を超えて継続・定着した「法と秩序」アプローチはいまではそれほどあからさまに政治的ではない。ゼロトレランス政策の全米のみならず国際的な拡がりは、それが一時的な「危機管理」の手段をはるかに越えて、通常の管理形態として定着しつつあることを示唆している（Parenti, 91）。ロン・ダニエルズは、この通常化した「法と秩序」政策の近年の特質を、「人種別プロファイリング（racial profiling）」と警察の軍事化に求めている（249）。「警察の蛮行」の持続あるいはさらなる常態化、また警察力の行使様態の「軍事化」という現象は、一方で「資本の蓄積」の変容に対応する「人間の（非？）蓄積」の一形態という戦略的意義を有している。パレンティは「法と秩序」アプローチの通常化を、ポストフォーディズム的蓄積体制の進行とそれを促進するネオリベラル経済政策が形成した「新しい過剰人口」（Parenti, 91）の管理と封じ込めと位置づけている。現在を「危機に触発されたリストラクチュアリング」から「リストラクチュアリングに触発された危機」への移行と特徴づけうる（Soja, 2000）とするならば、「法と秩序」政策はリストラクチュアリングのコアをなしている「インセキュリティ」の戦略へ再コード化されているのである。その戦略のなかで従来の貧困地域、ゲットーの空間の意義も大きく変貌しつつある。「ハイパーゲットー」（Wacquant, 1997）あるいは「ジョブレス・ゲットー」としばしば表現されているその変貌は、かつての階級横断的で連帯とアイデンティティ形成の場、闘争の主体の形成の場であったゲットーのはらむ「対抗公共性」あるいは「サバルタン公共性」すら解体させつつある、といわれるのである（cf. 酒井、一九九七）。

他方、それらの現象は従来の延長線上にある。警察と黒人ゲットーの関係は、抽象的にいえば後述するように「剝き出しの生」が主権と直面する場であり、より具体的にいえばコロニアルな関係が国内に向かって折り畳まれたものと表現できるかもしれない。たとえばアメリカ合州国の黒人ゲットーでは、住民や活動家が警察を「占領軍」にたとえることが一つの伝統をともなっている。ロビン・ケリーは、ゼロトレランス政策のもとでの警察の蛮行という状況を説明しながら次のように述べている。

警察の存在をもともと構造化していた植民地的関係は事実上なにも変わらないままだ。配属された近隣住区とほとんどなんら有機的なむすびつきもない占領軍と同じく、こうした大都市の警察部隊はかつての帝国の軍隊となんらかわることなく活動している。つまりあらゆる植民地臣民が疑わしいということだ。有名人の貧しい都市コミュニティのためになることこそ第一の任務と考えたり、コミュニティに雇われているといった意識を持っている警官はめったにいない。黒人やラテン系の警官ですらそうだ。警察は国家あるいは都市のために働いているのであって、彼らの仕事は犯罪化された人口総体を抑えつけ、ゲットーのカオスを壁のなかに封じこめ、さらにもっとも手の焼ける主体たちを整列させることである。彼らは永続的な戦争状態のなかで活動している（Kelley, 2000, 49）。

またある活動家の報告もみてみよう。「インナーシティ・ゲットーで育ったわたしたちは警官への恐怖、疑惑、不信を膨らませていった。というのもあまりにしばしば、彼らは、わたしたちのコミュニティを恐怖に陥れ搾取する、腐敗した占領軍のようにふるまったからである」(Daniels, 245)。[6]

こうした「占領軍」としての警察というイメージを隠喩以上の洞察と戦略に引き上げたのは六〇年代終わりから七〇年代のはじめに多大な影響力をもったアフリカ系アメリカ人によるラディカルズ、ブラック・パンサー党であった。パンサー党はフランツ・ファノンの深い影響のもとで、都市の黒人地域のなかでの警察力の行使がファノンが描いた植民地権力の作動様式と同質のものであると主張した(Cleaver, 1968; Seale, 1997; Fanon, 1961)。パンサー党は警察との敵対をことさら前面に押し出し、内戦的な分裂にまでその対立を高次化させることで、国内におけるゲットーの位置の特異性——植民地的性質——を公の明るみに引きずり出したのだった。

フーコーは七〇年代に考古学から系譜学へ、権力と知の織りなす装置の編成の分析の方へと足をふみ出し『監獄の誕生』を執筆したが、それはまさにニクソン政権のもとでのバックラッシュ、「法と秩序」の怒号が渦巻く時代、警察力の野放図な動員と強化が許容された時代の雰囲気のなかでのことである。第二章でふれたが、フーコーはのちに、テロリズムとそれがもたらす戒厳令的雰囲気のなかで、「今後はセキュリティが法を凌駕する」と表現している。ここには比較的ゆるやかな福祉国家における法のノルム(セキュリティの装置の側にある)による「植民地化」と、警察が体現する多かれ少なかれ「暴力的」なノルムによる法の宙吊り状態が同じ地平で捉えられているといっていいだろう。ベヴァリッジとカール・シュミットを同じ地平においてみる必要があるのだ[7]。

ところでパンサー党の闘争と弾圧が象徴するような時代状況は、フーコーの権力論の構想のなかに拭いがたく刻み込まれた。ダニエル・ドフェールの「年譜」によれば次のような事実に気づくことになる。六八年にフーコーは、ブラック・パンサー党の文書を読んで感銘を受け、のちの系譜学における権力観をすでにそれと重ね合わせているということである。「かれらは、マルクス主義的な社会理論から解放された戦略的分析をくりひろげている」。また監獄をめぐる闘争に加担するなかでパンサー党員である受刑者ジョージ・ジャクソンの闘争と惨殺に関心をよせている（Defert, 1994=1998, 33／三二）[8]。まさに「法と秩序」のラッシュが打ち砕こうとしていた闘争や問題化の場にフーコーは積極的に加担していたのである。

パンサー党は理論においても実践においても、主流のマルクス主義をはるかに超えて、闘争の新しい主体を発見しようとしていた。あるいはマルクス主義のいう階級よりはるかに流動的で境界がはっきりしていないという意味では「非主体」といった方がよいかもしれないが[9]、それをパンサー党は「ルンペン・プロレタリアート」と名指していた。ブラック・パンサー党の「国内植民地」の闘争は、ファノンが第三世界の革命の主体として（農民とともに）措定した「ルンペン・プロレタリアート」の議論に深く影響されていたのである。パンサー党の戦略は、おおざっぱにいって、アフリカ系アメリカ人の都市蜂起を第三世界の独立闘争のうねりのなかに位置づけ、黒人ゲットーを「国内植民地」と想定して闘争を構築するというものであった。ファノンは次のように述べている。「蜂起が都市における槍の穂先を見つけ出すのは、この大衆、このスラム街の民衆、このルンペン・プロレタリアートの内部においてである。ルンペン・プロレタリアート、部族を離れ、仲間を離れた、この飢えたる者の群れは、植民地原住民のなかの、最も自発的かつ最もラディカルな革命勢力を構成している」（Fanon, 1961=1969／七四）。アメリカ大都市の黒人ゲットーを「国内植民地」（あるいは「ネオ植民地（neocolony）」）と措定することは、同時に闘争の主体を「ルンペン・プロレタリアート」に設定し、戦略を構築するということに帰着する（Cleaver, 1968=1969; Seale, 1997）。じっさいに、ある論者が指摘するように、この「国内植民地論」には空間と人口、搾取の関連でアナロジー以上のものがある。ゲットー化された／植民地化された地域は社会的／世界的剰余の共有から排除されているのであり、そこはむしろ永続的・準永続的超過搾取、失業、低開発の場、そして合法・非合法の暴力の集中する場となる（Singh, 1998, 79）。このヴィジョンは、後述するようにネーションをある仕方で二分して捉えることを強いているのである。

このパンサー党に代表される先進国都市蜂起は、権力分析を「内戦」のイメージに根づかせようとする系譜学当初の試みにつながっていくだろう（Defert, 38／四四）。ルンペン・プロレタリアートを端緒にして延びていく連帯と、その軌跡が生成する、ある「（非）主体」の構築は（「すべての権力を人民に」（All power to the people））、一〇〇年以上の長期持続によって沈殿したある戦略の効果である「階級組成（class composition）」の硬い線分を解きほぐし、しなやかな戦略の次元で衝突する。それゆえに権力とそれにたいする抵抗は、不可避にいわば絶え間のない「内戦」のような様相を呈することになるのだ。[10]

ブラック・パンサー党が闘争の端緒的な主体として設定した「ルンペン・プロレタリアート」はフーコーの語彙の体系でいえば「非行者（délinquant）」にきわめて近接しているといってもいいだろう。フーコーが「マルクス主義的」と形容した分析が戦略的ではないのは、階級の存在を歴史の法則にむすびつけるタイプの分析だからである。他方、黒人ゲットーを足場にして、（半）永久的失業者、ギャング、ポン引き、ハスラー、「売春婦」などなどの「あいまい」な集合体を抵抗の主体として想定せざるをえなかったパンサー党は、比較的大きな単位（セグメント）である階級それ自体の輪郭を生成する権力の戦略に直面せざるをえず、まさにこの戦略の水準で支配の形態と対峙したのである。マルクス主義は、より戦略的な目標に従属せざるをえない。[11]第一章でも指摘したように、フーコーはこうしたファノンやパンサー党がルンペン・プロレタリアートとみなした層を「非行者」のカテゴリーにほぼ重ねながら、プロレタリアートとルンペン・プロレタリアートの区分を、はっきりと権力の戦略の帰結として捉えていた。その際、規律権力のテクノロジーは、よりマクロな階級にかかわる戦略上にコード化されている。つまり規律権力は、ブルジョアジーの戦略のもとで、「危険な階級」から「体面のよい《リスペクタブル》」統合された労働者の層を切り分けていく重要な役割を果たす。「……プロレタリアートがあって、そのあとにこうした周縁的存在がいるといってはならない。la plèbe［平民／下層民］全体の塊のなかに、プロレタリアートとプロレタリア化されていない plèbe を分け隔てる断絶がある、というべきでしょう。警察、司法、刑法体系といった諸制度は、資本主義が必要としているこの断絶を絶えず深く刻んでいくために用いられる一連の手段のごく一部なのではないか、とおもうのです」(1972b, 334／二九五)。だからとくに六八年五月以来の新しい闘争が攻撃目標にした体制は、ある権力の戦略の帰結としての階級組成総体であって、階級を闘争主体として設定することからはじめることは、新しい諸闘争の衝動が権力の戦略の効果――階級組成のうちに封じ込められたコンフリクト――をはるかに超える場所に向かっているその推力を誤解することになる。フーコーは六八年五月とその後の社会的闘争の活性化のひとつの大きな動力を規律権力への抵抗にみていたが、その闘争が、一九世紀にはじまった規律テクノロジーを活用した戦略が帰結し、長期の持続を描いている階級組成を、もう一度、解きほぐすことにつながるというヴィジョンがあっただろう。まさにアメリカ都市の状況にファノンを接ぎ木したブラック・パンサー党の「戦略的分析」のヴィジョンもここにあるといっていい。パンサー党にとっての政治的戦略としての犯罪の重要性は、規律にかぶさった主権の行使が(警察を通して)つねに行使されている――低強度の紛争状態にある――ゲットー地域の状況において重大な意味を持っていた。「今日、わたしたちが実際に目にしているのは、プロレタリアートのある一部と、周縁的な住民のうちの未統合の部分とがようやく関係を修復し、ふたたび手をむすび合う姿である、といってよいでしょう」(1972a, 303／二五〇)。このように解きほぐしてみえてくるある集合性、それがフーコーにとって近代社会において抵抗や闘争がつねにやむことのない力の源泉をイメージさせる場所であるようにおもわれる。フーコーが、プロレタリアートとルンペン・プロレタリアートとに分かつことができない場所に歴史的にみいだしていた実在は、のちにより抽象的に（あいまいに）語られる不思議な運動を確信させる源泉なのである。つねに周縁へと吸い込まれていく「脱中心的運動」であるような（社会学的実在ではない）不思議な「plèbe［平民／下層民］的部分」――〈la〉plèbe ではなく〈de la〉plèbe[12]――。この発想は、のちにみるような集合的存在性――統治に抵抗する「統治される者」だろうか――による全面的蜂起へのフーコーの確信（「人びと［人民］は蜂起する、これは事実だ」）と反響しあってはいないだろうか。

【2】法か秩序か――永続的現在としての危機

さて、こうした時代状況が『監獄の誕生』全体に影を落としていたにしても、それがもっとも顕著に露呈する部分は「非行性」をめぐる議論である。「非行性」という非物質的実在を生産する、司法装置と監獄の装置の二つの異質な装置の交わる空間に着目したフーコーの『監獄の誕生』第四部の主張には、「法と秩序」の怒号が影をおとしているのである。それは「法と秩序」のありそうもない複合体のことなのだ。このことを追求するためには「レモンとミルク」と題された書評が手がかりになる。このタイトルは、紅茶を注文する際「レモン・ティー」か「ミルク・ティー」か、という問いにたいする応答が念頭におかれている。「法と秩序」というスローガンはまるで「ミルクとレモン」を両方とも一緒くたにお茶に入れるようなものである。フーコーは司法装置の機構を、「無茶苦茶な歯車、なにも伝導しないベルト、顔をしかめさせるギアだらけのあの機械仕掛け」と形容している。「うまくいかない」ものすべてがあって、結局は「うまくいく」。いわば「無秩序が〝秩序〟を生む」（1978g, 697／三三〇）。司法の無秩序はあるものを生み出す。それが「社会秩序」である。

一八世紀や一九世紀が望みえたこととは反対に、法権利という建築物は、それと同時に秩序の機構であることはできない。〈法と秩序（Law and Order）〉、これはたんにアメリカの保守主義の標語であるのではない。交雑（hybridation）によって産まれた怪物である。人権のために闘っている人びとはこのことをよくわかっている。そのことを忘れている者たちに、フィリップ・ブーシャは憶い出させるだろう。ミルクかレモンか、というのと同じように、われわれは法か秩序か（la loi ou l'ordre）、といわなければならない。この両立不可能性から、未来のための教訓を引き出すのはわれわれである（698／三三一）。

さらにフーコーは晩年にも、同様の点についてポリツァイが体現する近代的政治合理性と関連づけながら、次のように述べている。個別化しながらかつ全体化をはかる権力のもとだからこそ、「なぜ法権利と秩序の二律背反が、近代の政治的合理性を可能ならしめるのかがわかる」（1988b, 827）。「定義上、法権利はつねに法律システムに帰属しています。他方、秩序は行政システム、国家の特定の秩序［治安］に帰せられます」。しかしそうだとしても、「法と秩序とを和解させることは不可能なのです。なぜなら、そうしようと努力してみても、国家の秩序のなかへの法の統合という形式においてしかおこなわれえない」（233）から。つまり法と秩序の和解の努力は、法の秩序への従属としてしかあらわれえないのである。このようにフーコーは、「法と秩序」との自明視されたカップリングを、その系譜を遡行することで解きほぐそうとしている。この点はフーコーの当時の理論的転位を刻み込んだ場所として重要である。より詳細には後述するが、この法と秩序の二項の両立不可能性を抵抗の足がかりにせねばならない、という発想は、フーコーの当初の権力論からストレートに導出されたものではなく、権力論から統治性論への動きにともなって明確になったものであるとおもわれる。その動きにとって、フーコーのリベラリズム論は重要な意義を有しているだろう。そもそも法と秩序の二律背反を先鋭化させるのは、リベラリズムである。絶対主義の運動は、ハイエクを参照するならば、中世初期的な「法の支配」の破壊過程であり、それはまた主権のもとに法を従属させる動きであった(Hayek 1960=1987; 1978=1986)。フーコーは近代の政治的合理性を「全体的かつ個別的に」というかたちで整理していた(1981a)が、そのタイトルを与えられた講義ではリベラリズムについての言及は「過剰統治批判」としてカントらに若干ふれられただけで、ほぼ省かれている。近代の政治的合理性は司牧権力が近代の主権国家へと統合されるその契機を形成のメルクマールにしている。主権のもとに統合された司牧権力、その体現者がポリツァイ、ポリスなのである。多様な利害や性向を有した諸個人を全体として統合することは、司牧権力が国家理性やそれが個別の主体[臣民]の人口についての包括的で詳細な知や既成のプログラムへと翻訳されたポリツァイ学を介して主権にコード化されることによって可能になる。

だからポリツァイの体制においては、「法と秩序」とはほとんど一致している、あるいは少なくとも先鋭的にそれらの隔たりが問題化されることはなかったということができるだろう。「国家理性」はいわば統治的合理性を主権の枠組みのなかで捉え返したのであり、そこでは、主権と統治は無理なく共存するものと考えられていた。第一章ですでにふれたが、ポリツァイ学にとっては国家は統治されるべきものについて適切かつ詳細な知、そして自分自身についての知を有することができ、その基礎上で国家は、自身の利害に沿ってこの現実を、法や規律によって方向づけ、かたちづくるように働きかけることができる。このような統治の対象にたいするパラノイアックな支配への「妄想」がポリツァイ国家の実践を規定していた。国家理性論やポリツァイ学においては知と統治、法と秩序は直接に統合していたわけである。しかしそれは「夢」でしかない。フーコーが述べるように、法と秩序はすでに一七世紀、一八世紀には「夢」であった。しかしその齟齬は法治国家におけるように政治的に先鋭的に問題化されるのではなく、機能的な齟齬、すなわち主権者の形象とむすびついた法、布告、命令は、資本制が推し進める動態にとっては不都合なものになった、というような仕方での齟齬なのである。そこでポリツァイの主権やそれにかかわる手段——法、布告のような——から権力テクノロジーは自律しなければならない。その自律を後押しするのがリベラリズム的な合理性なのである。通常、絶対主義体制から近代法治国家体制への移行については、警察国家から立憲国家ないし法治国家へ、という構図が描かれ、切断が強調されるが、フーコーの立場は、切断と連続性をみいだすものである。あるいはリベラリズム講義において、フーフーコーは連続性のうちに切断の局面を刻み込むといえる。

だが少し後戻りしてみよう。本書は、七〇年代の「危機の時代」から出発した。ジョージ・ジャクソンの暗殺も、その後のアッティカ刑務所暴動も、「法と秩序」の怒号も、経済危機、政治危機、文化の危機などなど全般的な「危機の時代」の雰囲気のなかで、そしてその雰囲気を醸成するなかで生じた出来事である。しかしフーコー自身は、「危機」をシリアスな分析的タームとしては認めていなかった。フーコーは「危機」という概念が政治的立場の左右を問わず流行を示していた時期に、「危機」という概念について興味深いコメントをおこなっている（「政治とは、別の方法による戦争の継続である」（1975a））。

フーコーにとって流行をみせている「危機」概念は、現在にたいする分析の道具の不在を糊塗するための口実でしかない。それに危機は、弁証法的「矛盾」の概念と密接不可分である。矛盾によって発展した過程が、危機をやがて収束する、などなど……。しかしそれは誤りである。むしろ、危機とは「永続的な現在」であり、西洋近代において人びとは、危機をなまなましく感じとりながら生きなかったことはなかった。危機は根本的に異質な二つの特定の時期のはざまを指すのではなく、むしろ日常と、そして近代全体と関連づけて位置づけなおされる。「事実、人は力関係－変容に立ち会っています。しかし、危機というこの観念によって、人は単にこの変容についてではなく、別のことについて語るのです。人は歴史における強度の限界点に狙いをつけ、この歴史において、戦争が政治の継続である、のではなく、政治が別の方法による戦争の継続なのだ、ということを念頭におく」ことが必要なのである。

ここでのフーコーは、戦争をモデルにして権力を捉えることを提起する七六年講義の内容を予測させる語彙で語っていることがわかる。政治とは絶えざる戦争状態である、ということで、フーコーは通常状態と危機、例外状態とを対置させる発想を退けているわけだ。これはホッブズのいう自然状態、「万人にたいする万人の戦争」を髣髴とさせる。ではフーコーはホッブズ主義者なのだろうか。

J・A・ミレールの次のような問いにフーコーは、典型的にホッブズ主義的（ニーチェが加味された）な回答を示している。ミレールは次のように問う（「ミシェル・フーコーのゲーム」）。「要するに、きみにとっては対立し合う主体とはだれなのですか」。それにたいするフーコーの回答は次のようなものである。「これは仮説にすぎませんが、万人が万人に対立している、といっておきましょう。即座に与えられたかたちで、一方がプロレタリアート、他方がブルジョアジーといった主体は存在しない。だれがだれに対して闘っているのかというと、わたしたちはすべてがすべてに対して闘っている。そして、わたしたちのうちで、つねになにかがわたしたちのうちの別のなにかにたいして闘っているのです」。さらに、最終要素は個人でいいのか、と問いただすミレールに、フーコーはこう答える。「そう。個人なのです。さらに部分個人（sous-individus）でさえあるのです」（1977c, 311）。

しかしフーコーの意図は、政治と戦争を短絡して、社会の総体を戦争の永続的行使の場として捉えることにある。だからこの戦争は、現実の戦争でなければならない。それにたいしホッブズの戦争は、「理論上の戦争」であり「哲学者の戦争」である。ホッブズのいう万人の万人にたいする戦争は、じつのところ戦争に政治が基礎づけられていないということを示している。つまり、政治は戦争の中断、戦争の停止でもってはじめて設立されるのである。ホッブズという思想家にとって、戦争は停止しうるものであり、戦争状態を終わらせることが政治権力の課題となる。さらに、この戦争の終わりは決して一方の他方にたいしての勝利でも征服でもない。逆に、この戦争は決して出口をもつことができないのであり、それゆえ政治的支配を戦争、つまり力関係のうえに基礎づけることは不可能である。それにこの支配の根源には他のものが、すなわち法律的行為、社会契約が必要である[13]。したがって契約と主権の哲学的‐法律的（philosophico-juridique）伝統のなかにホッブズは捕らえられている。

フーコーはすでにニーチェの強力な影響下にある『監獄の誕生』で潜在的に展開されていた権力の戦争モデルを練り上げる過程で、その起源を西洋近代における諸人種の戦争の言説に求めながらひとつの挫折に出会うことになる。第二章で眺めたように、七六年の講義のひとつの目標は、戦争の仮説の系譜学をおこないつつそれを磨き上げることにあった。フーコーは一七、一八世紀における権力を戦争モデルで考察した幾人かの人間を取り上げている。イギリスではコークやリルバーン、フランスではブーランヴィリエである。彼らは国家の歴史を、歴史的な征服の解釈に足場をおきながら書き換えた人びとであり、その特性は諸人種の戦争の言説である。その言説は、主権国家に奉仕する歴史的言説に表象／代表される権力の単一的把握、王を頂点とした社会体の大いなるヒエラルキーとして描く言説にたいする最初の「対抗‐歴史（contre-histoire）」である。フーコーが講義で示唆していたそれらの言説においては、自然法のフィクションや法の普遍主義に抗して征服の歴史が押し出される。社会の起源にあるのは戦争であるが、征服の歴史が描きだす抗争はホッブズの社会契約論のように主権に収斂して懐柔されることはない。自然権の移譲による平和の確保などという道筋はフィクションでしかないのであり、社会はつねに二人種間の戦争によって貫かれているのである。歴史のとぎれることのない横糸としての戦争という観念は諸人種の戦争というかたちであらわれ、（以後、すべての社会的戦争のかたちが参照するマトリクスとなる）社会体を二元的対立図式として捉える方法を提示する（DS）。

この講義は、第二章で述べたように「対抗‐歴史」がやがて歴史の核心に組み込まれ、生‐権力の線に捕捉されて「国家人種主義」へと転換するという道のりを辿り直すことになる。フーコーはしかし、権力論におけるひとつの挫折に遭遇し、後述するように戦争モデルそのものから脱却しなければならないと考えるようになる。だがここではフーコーが、政治を戦争の延長と把握することで危機と常態が、あるいは例外状態がつねに通常状態であるようなタイプの分析をもくろんでいたことを確認するだけにとどめたい。わたしはこのような発想の背景では、いくつかの具体的な場面が想定されていたようにおもう。それをたとえば次のような場面にみてみたい。

4　イヌの例外状態

　かつてハンナ・アーレントは（Arendt, 1951=1972）、民族 - 領土 - 国家の三位一体から放り出された「難民と無国籍者の大群」の排出という第一次大戦後の状況をふり返りながら次のような指摘をおこなっていた。大量の無国籍者、亡命者の出現による例外状態においては「無国籍者の監視に当たる警察の権力領域の異常な拡大」があった。そこで警察は「自分の行動指針となる規定を自分で定めたり、人びとに直接命令し支配する権限を握ったりするようなことが許されたのは、西欧ではこれが初めてだった。亡命者の件については警察は法の一執行機関でも他の政府機関の下に立つ機関でももはやなく、完全に独立して行動することができた。法と政府からのこの解放の意味は、国内の無国籍者の増加が警察の権力領域を絶えず拡大させるにつれ、ますます重大化した。亡命者が新たに国境を越えてくるごとに、国家のなかのこの見えざる国家の人民の数は自動的に増加した。**見えざる警察国家**が数の上で大きくなればなるほど、法治国家ではなく警察国家に住む人間が殖えれば殖えるほど……国全体が警察国家の支配下に陥る危険性が当然に増大した」（二六七）。

　アーレントはここで「西欧で初めて」と述べているが、それは少なくともミスリーディングだろう。上掲引用での「国家のなかの見えざる国家」としての警察国家というアーレントの言い回しはとても示唆的なのだが、法治国家が例外的状況において警察国家に移行するというのではなく、法治国家には警察国家という「見えざる国家」がつねに折り重なっているのだ。ポリツァイの政治的合理性をリベラリズムが内側から、それに連続性と切断を導き入れた、とするならば、ポリス国家は法治国家とは重なり合っている。ということはつまり、通常状態があって例外状態の時期があって、というのではなく、通常状態は例外状態をはらんでいる、あるいは通常状態が例外状態と折り重なりあう場が存在する、ということである。

例外状態、緊急事態としてあらわになる空間は、まさに「法と秩序」の空間、より正確にいえば法（法律的システムに属する）が秩序（セキュリティの装置が関与する）に統合・吸収されてしまう場であるとも定義できる。「公安」の維持を名目にして、警察が自在に法を形成しながら動き回ることのできる場、積極的に法や命令をみずから形成しながら取り締まりをおこなう剝き出しの生と主権が直接に向かい合う場であり、国境のなかに引かれた国境である。

わたしたちは第一章でふれたハイエクの議論との関係で、この事態を次のように整理できるのではないだろうか。フーコーは「西洋において法権利（le droit）は王の命令（la commande）の法権利である」としていた。他方ハイエクは、命令（commands）と（抽象的規則としての）法律（laws）とを厳密に区別しながら、他方で、法律と命令とを連続性においても捉えていた。法律はその内容を特定化するにつれて、しだいに命令へと移行していくというのである（Hayek, 1960=1987／二六―二七）。絶対王政は、ハイエクにすれば法を主権者のもとでの命令に再編する動きのことだろう。それは立法権力と執行権力が一つにむすばれるようなものであり、リベラリズム以降の近代社会は、そうしたむすびつきを例外状態以外には許容しない。

だが警察は、その起源（ポリツァイ）ゆえに、その立法権力と執行権力の融合する契機を内包している。警察がその対象を――とりわけ緊急事態、例外状態においては――ほぼ無限に拡げるのはそのためだ。リベラルとしてのハイエクの（親密な）敵、カール・シュミットはこの区分を逆向きにたどる。シュミットにとっては「例外状態」とは、法律が命令に置き換わる状態であり、この命令にこそ主権者の本来の持分がある。シュミットにとってフーコーとは異なり、法ではなく、この命令こそが主権とハイフンでむすばれるべきなのだ。(14)

例外状態と通常状態は、フーコーの『監獄の誕生』においてはある人物形象において重なっている。それは「密告者」「たれこみや」、いわゆる「警察のイヌ［走狗］（le indic）」の形象である。フーコーが先ほど紹介した「レモンとミルク」で「無秩序からの秩序の形成」としていたものは、この「走狗」の誕生のことでもあった。この「イヌ」の形象は、ここでは永続的緊急事態を表現するのにもっとも適している。

だが、このイヌはいわゆる「無法者《アウトロー》」なのだろうか？　そうともいえるが、問題は少々複雑である。厳密にいえば近代社会に「無法者」は存在する余地がない。このイヌはある意味では、法の中心にいるのだ。だが矛盾したことに、それは法の外にもいる。彼、彼女らはいわば、排除・追放されながら内包される、つまり**「法の外で法に捕らえられる」**のである。(15)

フーコーはこのテーマをさまざまな機会にいくども蒸し返している。「監獄」は失敗であり、矯正するどころか、累犯者、犯罪世界を生産している。法は監獄の論理を語らないし、監獄は法の論理を語らない。しかしこれらの異質な二つの作動様式を有した領域が貫入する、という見取り図がそこで描かれた。これは必然性を偶然の遭遇の反復に還元する系譜学の所作の模範的事例としてしばしば引証される部分である。この法律的なものとノルム的なものの交雑する場所に「非行者」と対象化される人間が生産され、権力の戦略のなかに組み込まれる。法律違反者であり、かつ異常性をはらんだ人物、という二つの異質な人間を併せ持った複合的身体。フーコーはここで、あきらかに『監獄の誕生』の主要な対象であった権力のミクロ物理学からは溢れ出す領域にまで手を伸ばしている。(16)

フーコーは次のようにいう。かつて古典主義の時代には、「悪人」は社会のなかに溶け込んでいた。というのも暴行、盗み、詐欺などの犯罪は日常茶飯事であり、ふつうは大目にみられているか、あるいは捕まって迅速な裁判によって死刑・終身刑・追放刑になるという具合である(1978b)。一八世紀末には、失業者、「乞食」、徴兵忌避者などを糾合した「不特定な群」が、しばしばおそるべき反乱をおこなうようになる(SP, 324-325／二七五―二七六)。しかし監獄の誕生とともに「悪人」は閉鎖的な集団を形成しはじめる。「ムショ漬け」生活のなかで囚人たちは結束を固め、出所したあともたがいに支えあうからである。監獄はじつは、「犯罪者軍団のための徴募機関」なのであり、それによって「成功した」。というのも、その「失敗の成功」を通して監獄は、「犯罪者集団」を社会総体から孤立させ、さらに「非行性」を危険のない低水準のものに抑えることで、違法行為を管理することに成功し、秩序を生み出すのであるから。監獄は失敗して成功した。(17) この成功は、巨大な経済的・政治的利益をもたらすことになるが、それはフーコーによれば次のようなものである。まず経済的利益。性の収税吏、売春による利益からの天引き、売春の組織、麻薬取引での途方もない金。そして支配階級のウラの仲介人。次に政治的利益。犯罪者が多くいるほどその恐怖で警察の取り締まりを受け入れるようになること、そしてスパイ、スト破りという政治。ここでは警察と犯罪社会がたとえばデュー・プロセスのような、「秩序」の論理の野放図な作動をくいとめる法手続きが、少なくとも「通常状態」のようには機能しない場で融合しあう。フーコーは一八四〇年代ごろ（『監獄の誕生』の分析はこのあたりまでである）に犯罪社会と警察機構との共謀関係がはじまったことを指摘している。危険地帯はつねに「非行者（délinquant）」が配置される。それによって無法《アウトロー》は権力とむすびつく。すなわち「社会統制における警察機構との共謀。脅迫と取引きのシステム、そこではちょうど一つの円環を描くように、両者の役割は融合しあう」（1975c, 730／三四一）。警察官はこの「無法空間」においては、犯罪者の相貌と重なり合う。警察のイヌ、それは**警察官－[である]非行者**（policier-délinquant あるいは非行者－[である]**警察官**（délinquant-policier））以外のなに者だろうか？

この「警察官－[である]非行者」なる、「法と秩序」の「交雑」が生んだ形象をもっとも明確に代表しているのがフーコーの参照するフランソワ・ヴィドックである。その『回想録』（Vidocq, 1966=1988）が、その後の文学や風俗にも多大な影響を与えた[18]一九世紀前半の「怪物的」な人物も、最初はちょっとした「悪童」にすぎなかった。「古い型の違法行為」にふける「悪人」である。「騒ぎ、冒険、……詐欺、喧嘩、決闘、兵役志願と脱走、売春や賭博やすりや、やがては大がかりな強盗団などの環境との交渉」（SP, 330／二八〇）。ヴィドックはこうした悪行三昧のなかでいくどとなく投獄と脱獄をくり返す。そうこうするうちに脅迫者から逃れる必要にせまられ警察の保護を求めるべく、彼は警察のスパイとしてみずから監獄へ収監される。すでに犯罪社会ではその名声をとどろかせていたヴィドックは二一カ月ものあいだ監獄にとどまり、情報をたっぷりと仕入れ、それを警察当局に密告した。興味深いことにその後ヴィドックは警察官になり、それからすでにナポレオンが創設していた秘密政治警察をモデルにしてパリ警察内部に犯罪特捜課を立ち上げ、一八一〇年から二七年まで特捜班長として活躍する。ヴィドックのモットーは「犯罪と闘えるのは犯罪者のみ」「泥棒を捕らえるのは泥棒だ」というものであるが、こうしたモットーを掲げるヴィドックの犯罪捜査史における一大イノヴェーションは、犯罪世界のなかに直接に警察官が潜入する方法、つまり秘密工作（undercover）的手法を確立したことにあるとされている（Marx, 1988, 18）。ヴィドックはやがて、形成されつつあったパリの地下世界の中核に入り込み、特捜班長としてめざましい成果をあげるのだが、その成功に一役買っていたのは変装や——彼は変装の名手であった——、抜群のパブリシストとしての能力であった。ヴィドックは地下世界の不安と恐怖をたくみに操り、神出鬼没のヴィドック班長としてその「ウラ世界」に秩序を導入しコントロールしたという。

フーコーはこのヴィドックにふれながら次のように述べている。

……その重要性の根拠は、非行性が、それを制圧する一方でそれを協力して活動する警察装置にとって客体ならびに道具という多義的な地位を、ほかならぬ彼のうちに明瞭におびたという事実に存している。ヴィドックは、他の違法行為と分離された非行性が権力によって攻囲され、裏返しにされる、そうした契機を明示している。こうして警察と非行性との直接的で制度的な結合がおこなわれる。犯罪行為が権力機構の歯車のひとつに化す、憂慮すべき契機である（SP, 330／二八〇）。

先ほども示したように、「危険地帯」に「非行者」がつねにみいだされるということは、それが権力の空間的な戦略とも交差しているということである。フーコーが指摘するように、彼らの出自はたいてい最下層の庶民階層である。ゲットー、スラム、賭博街などなど——そこでは警察は、賄賂、陰謀、暴力の行使をそれ以外の地域よりもはるかに野放図におこなうだろう[19]。その人口やあるいはその非行人口を抱えた空間の住人にとっては、国家はかぎりなく警察国家に近接したものとしてたちあらわれる。そしてその国家は内側の国境をつねに抱えているのだ。「犯罪は一種の内向きのナショナリズム（nationalisme interne）の役目を果たしている」（1975c, 730／三四一）のである。

5　「あなた方は現在を軽蔑する権利はない」——批判と自由

フーコーは、数年後には先述した「戦争仮説」を放棄するが、そこには次のようなジレンマがあった。戦争のモデルによって政治を捉えることで、フーコーは征服と服従の喧騒を

「平和」のとき、「通常状態」のうちに永続的にとどめようと試みたわけだ。これはバリバールがいうように、「戦略的な現在の膨張」(Balibar, 1991, 37) であり、そこでは「いま」において条件と変革が短絡するのである。それによって、従属と自由とを不可分の要素として考えることを強いられるが、この自由はあたかも他者の諸力の領有、征服、服従のうちにのみあるかのようである。つまり、フーコーは権力の戦争モデルによって、ある性質をはらむ人間間の関係をすべて、支配の関係として把握するという危険をおかしている (Pasquino, 1986; Lazzarato, 2000)。

フーコーが戦争モデルから「統治」のモデルへの通路・移行を展開したのは、このジレンマへの応答としてである。先述したように「全体的かつ個別的に」という八〇年の講演ではフーコーは、ポリツァイ、ポリスの実践を近代の政治的合理性としてあげるのみであり、リベラリズムについてはカントについて「過剰統治批判」のテーマがふれられているだけではほとんど言及がない。統治性論が七八年、七九年講義におけるリベラリズムの検討を通して練り上げられ、〈自己〉、倫理のテーマに着地点をみいだしたあと、リベラリズムへの着目も、その役割を終えたかのようなのである。法か秩序か、の「両立不可能性」を説いて秩序の論理の凌駕にたいして法権利の擁護、「法の支配」を強調するのならば、リベラリズムを支持すればそれですむ。だが「例外状態」からはじめるフーコーにとって、リベラリズムはその両義性を、すなわちポリツァイ的合理性による「悪魔性」をはらんでいる。たとえば、ネオリベラリズムというかたちをとったリベラリズムの回帰は、同時に「法と秩序」の怒号をともなっていた。それは決して偶然ではないのだ。

フーコーが『監獄の誕生』で非行性の形象として示したのはヴィドックだけではない。同じく犯罪者の英雄、ラスネールと、さらに重要であるのは、フーリエ主義者の新聞『ラ・ファランジュ』での裁判の記録に登場する無名の人物（ベアス）である。家族もなく居所も定まらないまま放浪罪の嫌疑をかけられた一三歳のこの若者は、「裁判所が法律違反として定めるあらゆる違法行為を……生きいきとした力の肯定」であるとくり返し表明する。「つまり放浪のかたちとしては住居の欠如、自立のかたちとしては主人の欠如、自由のかたちとしては労働の欠如、昼と夜の時間割の欠如」（二八七）。フーコーは、「法と秩序」の融合する支配の状態にたいするひとつの抵抗として、しばしば犯罪が「政治的道具を構成する」こともある、としている。実際、それはかつて労働運動のなかでも争点であった。フーコーは一八三〇年代から四〇年代にかけての労働運動をふり返っている。この時点ではじつはまだ権力の戦略はそれほど成功しておらず、「非行者と民衆層とのあいだの全面的な断絶を手に入れるどころではなかった……非行性およびその抑圧が一八三〇年代から一八五〇年代にかけての労働運動のなかでは、重要な賭金と考えられていた……」（二八四）。博愛運動家による記述（おそらく当時のマルサスをはじめとするリベラリズムの言説と同じく）は、貧困―浪費―怠惰―酩酊―悪徳―盗み―犯罪という、それこそincivilityと犯罪の連続線の仮定でもって社会改良を語る。だがそれにたいしてフーコーが紹介する民衆新聞は、「犯罪行為の政治的分析」を対置する。非行性の原点は、（インモラルな）個人にではなく社会にある。「身体の退化」「精神の退廃」というみずからに向けられた攻撃――「階級の人種主義」――は、むしろ下層民を搾取して事実上殺害する金持階級に向けられねばならない。そうした反撃のなかにあってフーリエ主義者は、史上はじめて「犯罪への積極的な価値付与」をおこなう政治理論を磨き上げた。犯罪こそは、弱さ、病気というよりも、昂然と開き直るエネルギーである、と。それゆえパンサー党の黒人解放闘争がそうであるように、犯罪とは「社会で展開される戦いの中心で発する怒号」(二八六)として扱われるのである。[20]フーコーにとって自由を構想する場合、もはや統治の積極的な実践形態でもあり、市場を絶対的な参照点とし、ネーションの正道をみずからの作動域とせざるをえないリベラリズムの消極的自由ですら、そこにはとどまりえないものだ。「法と秩序」の危険な融合にたいして「法の支配」を掲げるのでも不十分なのであり、問題はその先、「未来のための教訓を引きだす」ことであった。ではフーコーはその先をどこにまなざしていたのだろう。

(a) 批判と現在性《アクチュアリティ》

じつはこの問題は、字義通りの「未来」ではなく、むしろ近代性/現代性(モダニティ)の問題と関連している。カントの『啓蒙とはなにか?』を、フーコーは晩年には複数の機会に取り上げているが、この『啓蒙とはなにか?』という小さなテキストはフーコーにとって、西洋文化におけるある新しい人間と役割、つまりジャーナリストとしての哲学者が生成した契機を記していた。ジャーナリズム、それは徹底的に現在性《アクチュアリティ》に関与し、現在性にとどまる態度である。現在性を過去や未来によってではなく、いわば「膨張」させることによって変革につなげる態度というべきだろうか。フーコーがカントにこだわったのはそこなのである。つまりカントによる啓蒙の定義の特異性は、それが目的とも起源の問いとも無縁の場所において、「徹底的にネガティヴな仕方」でAusgang（脱出、出口）としてそれを捉えているからである。啓蒙とは、カントにとってわたしたちを「未成年」の状態から脱却させる過程である。「未成年」の状態とは、理性を使用するのが妥当な領域において、誰か他人の権威を受け入れてしまうような、わたしたちの意志の状態のことだ。要するにこれは、**統治を受け入れるがままにする意志であり態度**のことである。問題は、啓蒙を、そしてそのための不可欠の手段としての――統治、権威を受け入れないがための――「批判」を、**いかなる目的も全体性も参照しない現在性に根づかせること**である。

　このようによく知られているようにフーコーは、カントを手がかりにしながらモダニティを、歴史の一時期ではなくてひとつの「態度」、エートスとして捉えていた。それは「現在性《アクチユアリティ》」にたいするかかわり方であり、特定の人間たちに意志として選択されている。フーコーはさらにボードレールを手がかりにして、「モダニティ」を、たんに断片化した世界を受け容れるだけではなく（遊歩者ではなく）、この「現在」の瞬間に永遠のなにかをつかむ態度である、としている。ボードレールにとってコンスタンタン・ギースが現代の画家であるのは、彼が現実を巧みに描写するからではない。むしろ逆に、世界を変貌［変形（transfiguration）］させてしまうからなのだ。だがその変貌は、「現実的なものを無効にするものではなく、現実的なものの真理と、〈自由〉の行使との間の困難なたわむれ／ゲーム」(1984a, 370)に属するものである。あるもの、ある事象はそれ以上の「なにか」をはらむものになる。「現代性の態度にとっては、現在のもつ高い価値は、その現在を、そうあるものとは異なるように想像する熱情、現在を破壊することなく現在がそうあるかたちのうちに、現在を捕えることによって、現在を変革〔変形 (transfermer)〕しようとする熱情と分離しがたい。ボードレール的な現代性とは、ひとつの鍛錬である。現実的なものへの高められた注意が、その現実的なものを尊重すると同時に侵害する自由の実践に直面するような」(370)。

フーコーの引用するボードレールの言葉、「あなた方は現在を軽蔑する権利がない」は興味深い。ここでフーコーはモダニティのエートスを借りながら、「現在」を膨張させている。現実的なもの、つまり服従の状態、条件の総体は、同時に、根本的な変革と「いまを共有している」(バリバール)。フーコーがみずからをジャーナリストと定義するのも、この現在性の把握にもとづいているのである。来日した際の禅僧との対話で、フーコーは知識人の立法的、予言的機能を否定しつつ、そうした機能を知識人が果たすときはきまって悲劇的結末を迎える、という (1978e)。そうではなく哲学者にとっての問題は、**なにが起こりうるかではなく、なにが起きているのか**を語ることなのである。必然性を偶然の遭遇の反復へと分解してみせる系譜学とは、この現在を膨張させるための作業に埋め込まれている。「空虚な生地のうえに理解可能なものを出現させ、必然的なものを否定せねばならず、**現に存在するものは、可能なあらゆる空間を充たすにははるかに不十分であると考えねばなりません**」(1981b, 167)。

この「現在」の膨張は、服従からの解放や現在の条件の変革を、どこか遠くに設定するような事態に陥らないためにも必要なものである。またこのニーチェの反響するカントを経由した「現在」の把握によって、古典古代世界への回帰が、なぜか現在の軽蔑とむすびつかない不思議な、そして生産的な「ノスタルジー」[21]となるのである。

（b）「批判とはなにか？（Qu'est-ce que la critique?）」

一九七八年五月、ある哲学者の会合でフーコーは「批判とはなにか？」と題した講演をおこなっている[22]。権力の戦争モデルから統治性へのシフトを非常によく示しているだろう、それゆえ法＝権利的なものにたいする七〇年代初期の積極的役割の拒絶からの態度変更もよく浮き彫りになっているテキストである。フーコーはおそらくこのあたりからカントの『啓蒙とはなにか』を手がかりにしはじめるのだが、ここでは啓蒙を「批判的態度」として定義づけられる。啓蒙と批判をある仕方でむすびつけるカントには、「批判的態度」の伝統がある。「近代西洋には……現存するもの、ひとが語ること、ひとが知っていること、ひとがなすこととの特定の関係、社会、文化との関係、そしてまた他者との関係で、思考する、語る、行為する方法があった、つまり批判的態度と呼びうるものがあった」（Foucault, 1992, 36）フーコーによれば、これには日付があって、一五―一六世紀にさかのぼる。「歴史的にそれは、社会の統治性化[23]」からはじまる西洋に種別的な態度である。のちの「啓蒙とはなにか？」講義との差異はここにある。つまり、批判が「統治性化」との関連で強調されているのである。

まず、統治性化の過程について、次のように要約される。キリスト教的司牧が発展させた、「救済と服従」の関係性が確認される。すなわち、各個人がそれがどの年齢であろうとどの身分であろうと人生のはじめから終わりまで、あらゆるその行動において、統治されねばならないし、統治に身を委ねねばならないという発想、つまりだれかに全面的に服従することで救われるという関係性にかんする発想の発展である。この統治術は、実践としては長期にわたって、修道院の生活や特定の集団のうちにとどまっていた。ところが一五世紀から宗教改革の前夜までに、統治術は爆発する。その爆発は二点にわたっている。ひとつが「世俗化」、この統治術のテーマの市民社会への拡大。第二に、子供、貧民、家族、軍隊、都市、国家など、多様な領域への統治術の増殖。そのうえで、統治性化が、批判の生成と並行した過程として捉えられる。統治性化は、「いかに統治されないか?」という問いと切り離すことができない。「統治する方法をめぐるこの大いなる不安、統治する方法の探究のうちに、次のようなやむことのない問いかけを標定することができます。〝いかにしてこ、このように統治されないか〟という問いかけです」。そしてこのようなみずからへの批判をはらんだ統治性化の過程のうちに、「批判的態度」が位置づけられるのである。この時代に生まれたこの批判的態度とは、「道徳的でありかつ政治的な態度であるような一種の一般的文化的形態、思考様式などなどであり、それをわたしは単純に、統治されない術あるいは、こんなかたちでは統治されない術、あるいはこのような犠牲をはらってまで統治されない術［と呼びます］」(38)。

このような批判的態度はもちろん、真空で存在するわけではないので歴史的係留点をもつのだが、フーコーはそこで聖書、自然法学、科学をあげている。たとえば科学において批判的態度は次のようにあらわれる。「……「統治されることを望まない」ということはもちろん、……権威が真理として述べることを真理として受け入れないということです。あるいは少なくともそれを権威が真理であるとするから受け入れるのではなく、そうすることが理にかなっていると考えるから受け入れるということです。ここでは批判は、権威との対決のなかで確実性の問題のうちに係留点をみいだしています」。ここで権力と真理のみならず、主体の三つ巴——後年にいたって重要性を上昇させる——が考慮されはじめていることに注意をしよう。「……批判の核心は、本質的に、たがいにあるいはそれぞれがむすばれあった、権力、真理、そして主体の関係の束からなっています。もし統治性化が実際に真理にむすびついた権力の諸機構を通して社会的実践に現実において個人を服従させる運動であるとすれば、そうです！　批判とは、主体がみずからに、真理にかんしてそれが権力に与える諸効果や真理の諸言説にかんして権力を問いにふす権利を主体がみずからに与える運動といえるでしょう。とすれば、そうです！　批判とは自発的不服従（l'inservitude volontaire）の術であり、反省された不従順であるのです。批判とは本質的に、一言でいえば真理の政治と呼びうるものの働きのなかで、主体の脱服従を保証するものなのです」（39）。

(C) 統治される者の権利

さて以上のフーコーの議論からしても、ちょうど同時期に「法(law)」なのか「秩序(order)」なのか、とポリツァイ批判をおこなう古典リベラリズムをおもわせるニュアンスで問うフーコーが、法を秩序が呑み込むという趨勢のなかで「法」を選択することはあきらかだが、それはどのような「法」なのだろう？ あいかわらず自然法なのだろうか？ ハイエク的な自生的なルールの体系としての nomos —— thesis ではなく —— だろうか？ フーコーは本書でもふれたドイツ赤軍の弁護士クラウス・クロワッサンのフランスからの強制送還に反対したさいに、フランス政府を激しく糾弾する文書を公にしている。クラウス・クロワッサンの強制退去の裁定をくだす裁判 —— 傍聴席が五〇人ほどしか入場できない法廷で、しかも私服警官とおぼしき若者で埋められていた —— の「喜劇的な」様子を取り上げながらフーコーは、一方でそれがたんなる「茶番」にとどまることのない「現実」であることを強調している。なぜ、現実と呼ぶのか？ それは法ではなく「〝秩序の側〟(aux ordres) にある」のに。こう自問しながらフーコーは、次のように答えている。「一人の人間がこの裁判でみずからの自由な実存、したがって、みずからの生を賭けてきたからこそ、わたしはそれを現実と呼ぶ。なぜ現実と呼ぶかといえば、法律 (la loi) や真理といった虚構ではない武器でもって、しかも、見事に戦ってきた弁護士が何人かいたからこそである」(1977e, 361/五〇一)。ここでは、まず秩序と法が区別され、さらに loi と droit にニュアンスの差異が刻まれている。ここでは、積極的な仕方で loi と droit が言葉づかいとして区別されている。この現実的な法律上の戦いで賭けられているのはクロワッサンの権利（un droit）、そして彼の弁護士たちの権利である。しかしその権利は、彼らが弁護している人びとの権利の本質的だが従属したほんの一部分にすぎない。より主要な権利とは、普遍的な人権なのだろうか？　そうではない。「人権よりももっと明確で、もっと歴史的に決定されている。その権利は各行政区域民の権利よりも、市民の権利よりももっと広い範囲のものである」（362／五〇二）。この権利をフーコーは「統治される者の権利（un droit qui est celui des gouvernés）」と呼んでいる。フーコーは国外逃亡した政治犯の保護の変遷をなぞっている。かつて一九世紀より普通法に関連する事案については送還するが、政治については送還しないということがコンセンサスであった。しかしその政治の基準はあいまいである。おおよそ政府を転覆させる陰謀の事例については隣国は政治保護を認め、統治者の暗殺については送還していた。なぜ前者には保護が認められたかというと、謀議は明日には体制に転化しているかもしれないからである。他方、一九世紀末になると権力奪取も政府の置き換えもめざさないアナキストの「策動」の恐怖によって政治保護は大きく制限されることになる。だが二〇世紀になると、多様な出来事、おびただしい「政治的暴発」のうねりが、政治保護の拡大をもたらしていった。ここ数十年の新たな政治保護の実践の特徴をあげながらフーコーは、それが一九世紀的な「将来の統治者」をめぐる保護ではなく、「〝永久の反対派〟（perpétuel dissident）」（364）をめぐるものに変容しているという。「〝永久の反対派〟、みずからが生きるシステムにたいして全面的に対立し、使える手段でもって異議を表明し、そのために起訴されている人びと」。「政治保護の実践は、権力奪取ではなく、生きる権利、自由である権利、出国する権利、迫害されない権利、つまり統治［政府］にたいする正当防衛に集中している」。フーコーにとっての自由がここで示される。「自由にしても庇護にしても、いわば付与されるということはない」。しかしそれは、未来の勝利の日に獲得されるものでもない。「めぐりあわせ、不意打ち、迂路をへてあらわれる」。それから、「批判とはなにか？」で提示された批判の定義——統治されまいとする意志——がくり返される。

歴史にたいして一発お見舞いしてやらねばならない。統治者同士のあいだに張られている罠が統治される者——これ以上統治されたくないと望んでいる、あるいはとにかく、この場所で、こんな風に統治者から統治されたくないと望んでいる人たちの権利が開かれるのならば——そうしめたものだ。（1977e, 364-365／五〇五）

さらにこの「統治される者の権利」という言葉は、数年後にフーコーが起草したある声明にあらわれる。「われわれはここにたんにプライヴェートな個人として集まった」。どのような集まりというのだろうか？　集まって語る理由は、「いま起きていることを耐えることが難しいという点で一致した」人間たちによる集まりである。この集まりはおおよそ以下のような内容の声明を掲げている。

1、独自の権利と義務を有した国際的なシチズンシップが存在するのであり、それはあらゆる権力の濫用にたいして、その濫用者が誰であろうと、犠牲者が誰であろうと、抵抗して発言すべく要求する。結局、**われわれは誰もが統治される者のコミュニティのメンバーなのであり、それゆえに相互の連帯を示すべく要求されている。**
2、統治〔政府〕は社会の福祉に関心があると宣命しているがゆえに、統治〔政府〕は、みずからの決定が悪化させ、みずからの無頓着が生みだしもする人間の不幸を、損得問題として放り出す権利をもっていると自認している。人びとの苦難の証言／証拠を統治〔政府〕の目や耳につねにつきだすことは、この国際的シチズンシップの義務である。苦難、それにたいして統治〔政府〕には責任がないなどということは真実ではない。人間の苦難は政体の沈黙せる残りかすであってはならない。それは立ち上がり権力を保持する者に語りかける絶対的な権利を基礎づけている。
3、わたしたちはあまりにしばしば個人に提示されている分業を拒絶せねばならない。つまり個人は憤激し語る、そして統治〔政府〕はそれを考慮し行動する、というような分業を。なるほどそうだ。よき統治〔政府〕は、統治される者の聖なる憤激を、それが詩的なものにとどまっていたらば、尊重するということはたしかだ。おもうにわれわれは、語る者、そして唯一語ることができる者、語ることを欲する者を統治する者にあまりにひんぱんに振り分けられすぎたということを認識する必要がある。経験は次のことを示している。われわれに提示された純粋で単純な憤激という劇場的役割を拒絶できるし、拒絶せねばならない、ということ。アムネスティ・インターナショナル、地球の友などはこうした新しい権利を創造するイニシアチヴである──プライヴェートな個人が国際的政策や戦略に有効に介入する権利。個人の意志は、統治がみずからのために独占しつづけようと試みている現実のうちにみずからの場所を創造すべきである。この独占は、じわじわと、そして日々、統治［政府］からもぎとるべき類のものだ。

「このように統治されまいとする意志」にもとづく批判は、いまや（「新しい難民の時代」に、あるいはより一般的にグローバリゼーションの時代に）「新しい権利」という「投錨点」をもつことになった。それはシチズンシップといわれているが、クラウス・クロワッサンの送還の際の文書でみたように、国籍や事実上の市民権のような資格が必要なわけではない。というよりも「統治される者」であるという事実こそがシチズンシップの根拠であれば、わたしたち万人がすでに分かちもっているものなのだからである。さらに重要なことは、この権利は、統治と統治される者のあいだの関係を変革する支点であるということである。だがそれはテクノクラティクな「対案主義」ではなく、さまざまな立法機関、行政機関などとの交渉のなかで統治する者と統治される者とが区別できなくなるまでにいたるようなゆるやかなプロセスを開始するものと考えられている。「権利」やさらに「自由の慎重な行使」は、フーコーにとっては結局、最終的に自然であれ市場であれ、なんらのできあいのモデルの参照によって繋留できない力によってつねに引きずられているかぎりで存在するものである。ヌーヴォー・フィロゾフのような人びとは、この「権利」をヒューマニズムへの回帰として古典的なリベラリズムの枠に封じ込めようとするのだろう[24]が、それはいわば構成された政体（代表制のような）にあまりにしばしば人びとの自由の行使を封じ込めようとする通常のリベラリズムをはるかに超えていく提案であるといえる。

（d）「蜂起することは無益なのか？（Inutile de se soulever?）」

ではフーコーにとって「統治される者の権利」の開け放ちの繋留するイメージが市場でも自然でもないとしたら、それはどこにあるのだろう？　フーコーはリベラリズム講義の年の七九年五月、イラン革命への態度を総括するかのような重要なエッセイ、「蜂起することは無益なのか？」を『ル・モンド』紙に寄せている。フーコーがイラン革命をどう把握していたかがもっともよくあらわれている発言を引用しておこう。まずフーコーはあの出来事は字義通りの革命とはいえない、という。「あれは、立ち上がり、ふたたび立ち向かうやり方なのだ……これはわれわれ皆に、ただしとりわけ彼らに、あの製油所の労働者、諸帝国の果ての国の住人にのしかかっている恐るべき重み、全世界の重みを取り除きたいとおもう、素手の人々の蜂起なのだ。／これはおそらく、惑星規模の諸体系にたいしてなされたはじめての大蜂起であり、反抗のもっとも現代的な、またもっとも狂った形式だろう」（1978i）。すでにこの年の一月一一日には国王が国外に逃亡し、蜂起の中心的目標は達成されていた。二月一日にイランに戻ったホメイニ氏のもと、「イスラム教による統治」の名の下に暴力的な処刑が開始されていた。フーコーはみずからへの批判も意識しながらこう問いを投げかけている。

既得のものにせよ要求されるものにせよ、あらゆる形態の自由、そしてひとが活用するあらゆる権利は、それがどんなささいな事象についてのものとおもわれようと、おそらく、最終的な投錨点を、〝自然権（droits naturels）〟よりも堅固でかつ身近にある地点のなかにみいだすだろう。もし社会が生き延びつづけているとすれば、つまり行使されている権力が〝至高の絶対〟ではないとすれば、それは次のような理由によるのだ。あらゆる服従や強制の背後に、脅しや暴力、説得を超えて、生がもはや取り引きできない、権力がもはや手出しできない、絞首台や軍隊を前にして、人びとが蜂起するとき《モメント》の可能性がある、ということ（1979b, 791）。

ここではっきりしている。フーコーにとって権利あるいは自由とは、自然権などの制約をはるかに突破して反乱・蜂起を内包するものなのである。だから「わたしのために反乱せよ、万人の最終的な解放はそこにかかっている」、このようにいう権利は誰にもないが、他方で、「蜂起しても無益だ、どうせ同じことになるから、などという人にはだれであれわたしは同意しない」ということになるのだ。だれもシニカルになる権利はない、圧倒的な事実を前にしては、「問いは開いておこう」。

人民は蜂起する。それは事実だ（On se soulève, c'est un fait）。そして主体性が（偉大な人間のではなく、それが誰であれ）歴史に命を吹き込むことで、歴史のうちにあらわれるのはこうしたやり方でなのだ。囚人は不正な刑罰に命をかけて抗議する。狂人はもはや監禁され辱められることに我慢ができない。人民はみずからを抑圧する体制を拒絶する。だからといって囚人の罪が消えるわけではない、病が癒えるわけでもない、そして約束された明日が保障されるわけでもない。さらにいえば誰も、彼らと連帯しなければならない義務があるわけではない。これらの混乱した声の方が、他のものよりもよりよく歌っているとか、あるがままの真理を語っているとか、それを発見する義務もない。そんな声が存在する、そしてその声は黙らせようと襲いかかるすべてに抗っている、その声に耳を傾け、その真意を探ろうとする分別［感覚］（un sens）があるのだから、それで充分だ（793）。

フーコーのイラン革命にたいする態度は、一年前の知識人の機能についての発言の延長線上にある。フーコーはそこで知識人を予言者でも立法者としての機能もやめねばならないとして、次のように定義している。

しかしわたしは、自明性や普遍性を破壊する知識人を夢みるのです。現在の無気力と束縛のただなかで、にもかかわらず脆弱な地点、亀裂、諸々の力線を標定し、そしてそれを指摘する者。やすみなく自分の位置をずらし、現在へあまりに注意を向けるため、明日、自分がどこにいてなにを考えるかも正確には知らない者。移動するその都度の場所で、革命のために生命を危険にさらす覚悟のある人びとだけが応えられるとわきまえながら、犠牲を払ってまで革命を起こすだけの価値があるか、どんな革命なのか（それはどんな革命なのか、どんな犠牲が出るのか、とわたしはいいたいのです）と問いを発することによって協力する者。わたしはそういう知識人を夢みるのです（1977a, 268–269）。

フーコーにとって批判とは、こうした全面的であることが、つねに慎重な力の行使であるような、とても矛盾したようにあらわれる形成を促進することとである。フーコーの知識人と闘争との関係についての見解については、さまざまなかたちで表明されているフーコーの革命についての見解を考察せねばならないが、もはやその余裕はない。とりあえず次の点だけ指摘しておこう。「蜂起することは無益なのか」でフーコーは、革命について、「蜂起を馴致するもの」として機能する場合もあると述べている。さらにカントの『啓蒙とはなにか』についての（先述したものとは異なる）八三年のコレージュ・ド・フランスの講義からの抜粋（1984d）で、カントとフランス革命のかかわりについてこう位置づけている。（『諸学部の争い』での）カントにとって重要だったのはフランス革命という出来事そのものよりも、それに熱狂する周囲の人間たちであった。カントの興味を惹いたものは、革命の行為ではなく、むしろそれに必ずしも参加しなかった人間たちにとって革命がはらんだ意味である。つまり進歩への熱狂である。というのもこの熱狂は、万人の自由な選択、政体の再構成可能性に開かれたエートスの形成の証なのであるから。フーコーにとって問題は、蜂起とそれがはらむ集団的力を、それが抑圧、テロルへの転化に陥らせずに維持する積極的な方法であり、そのための機能のひとつを革命に熱狂するエートス、批判のエートスの形成に求めたのであった。「権利」を集団の力の発現であるかぎりで、フーコーは武器にする。まずこの「自然」やい**かなる境界によっても限定されることのない膨張する集団的力は、フーコーにとってそれ自体、絶対的に肯定されねばならない地平**である。この点がもっともあきらかになるのは、イラン革命について受けたインタビューでのデモ行為にたいする興味深い見解である。デモンストレーション（manifestotion）を（客観的な社会的矛盾のような）つねに目的にむすびつけるべきではない。デモンストレーションがみずから以外を目的としない、そんな契機を捉えねばならない。つまりデモンストレーションは、人びとの集団的力の端的な発現として、示威として字義通り捉えられねばならない。「人民［人びと］は倦むことなくみずからの意志を示威《デモンストレーション》しているのです」（747）。まさにそんな「現在」の力の発現を捉えうるのがジャーナリストなのだ。ジャーナリストは、この現在にはらまれた肯定すべき地平の開示に立ち会い、伝達する者となる、そうフーコーはイラン革命のルポのなかで述べている。

> 現代世界は……人びとや事物を揺り動かす、生まれ動き消滅しふたたびあらわれる理念であふれている。そしてそのことは、知識人のサークルや西ヨーロッパの大学に限ってのことではなく、世界規模でみられることである。なかでもそれは、今日までの歴史が決し

て、語ったり聞かせたりすることに慣れてこなかった少数派や民族にみられる。／この地上には、知識人たちがしばしば想像するよりも多くの理念がある。そうした理念は、〝政治家〟たちがそれについて考えうるよりも活動的で、強く、抵抗力があり、情熱的である。理念の誕生に立ち会い、その力の爆発に立ち会わなければならない。それも、そうした理念が言い表されている出来事において、理念のために、理念に抗してであれ理念のためにであれおこなわれる闘争において、立ち会わなければならない（1978h, 三五九）。

テクノクラート的な「対案主義」とは、知識人・政治家しか理念を提示できない、あるいはもっと悪いことに「世界」をあらかじめ縮小して捉えてしまって――耳を傾けねばならない、ときには驚くべき「理念」であふれているなどとはおもいもよらない――、しかもそれに気づかない場合もある――かつてのマルクス主義の最悪の部分とあまり変わらない――おもい込みに根ざしているがゆえに、フーコーにとっては問題にならない。「［爆発する理念］それは世界を導く理念ではない。だが、まさに世界が理念をもっているからこそ（そして多くの理念をたえず産み出しているからこそ）、世界は、世界を指導する者たちや世界にこれをかぎりと教えを与えようと欲する者たちによって受動的に導かれるものではない」。

だからフーコーがいうように、知識人は戦略家ではない。というか、フーコーにとって戦略家ではないことこそが、知識人の意味なのである。フーコーはこの知識人の態度を「反戦略的」思考モデルと呼んでいる。「反乱の単独性・唯一性を尊重し、普遍的なものを権力が侵害するときには決然とした態度をとる」(794) 者。統治される者のその力の解き放ちを促進しながら、その集団の力(フーコーは蜂起の集合的意志と呼ぶ)の行使が抑圧的なものに転化しないために問いを投げかけることに、系譜学あるいは知識人の役割がある。まさにその作業が批判なのである。フーコーは批判について、カントの否定的な定義(理性の使用の限界と条件の確定)から一歩進めて、積極的な働きにならねばならないとしている。すなわち「必然的な制限のかたちで行使される批判を、可能的な乗り越えのかたちで行使される実践的批判へと変えること」が問題なのである。

といっても、フーコーの晩年の論調はペシミスティクでありながら、同時にそれがシニシズムへと転落することをきわどく回避する困難な足どりのような印象を受ける。ドゥルーズがいうようにイラン革命などの政治的コミットにたいする(これまでの友人もふくむ)批判が効いて、みずからの発想をさらに効果的に推し進めるために練り直す必要を感じていたのかもしれない。いずれにせよ、バリバールがいうように、条件と変革を「いま」に共在させることで「現在」を膨張させるにしても、それでもフーコーはたしかに強いジレンマにさらされつづけるのである。「蜂起することは無益か」ではのちにいくどかくり返される主張がうかがえる。「ある人間が他の人間に行使する権力は、つねに危険に充ちている。権力は本性的に悪であるといっているわけではない。固有のメカニズムをともなった権力は、無際限であるということだ(とはいえ権力は万能だというのではない。その逆だ)」。こうした権力の無際限の行使に抵抗するためには、リベラリズムによる権力分立の装置では十分に役に立たない。「それを限定するためにあるルールは決して十分厳格なものになったためしがない。権力が掌握するあらゆる機会から権力を手控えさせるという普遍的な原理は、十分に厳格であるとはいえない」。そしてこう続けられるのである。「権力にたいして、ひとはつねに神聖な法と制約なき権利をつきつけなければならない」と。支配の状態はあらゆる場所で、ある過剰な力――「平民／下層民」的な部分というかつての「修辞的技巧」で示唆されているもの――によってプレッシャーを与えられつづけている。だがフーコーはのちのドレイファスとラビノウによるインタビューでは同様の議論につづいて次のように述べている。「要するにわたしがいいたいのは、すべてが悪いということではなく、あらゆるものが危険にさらされているということであって、このことは決して、悪いということと同じではない。もしすべてが危険な状況にあるのだとしたら、わたしたちはいつだってなにかをしなければならないわけでしょう。ですからわたしの立場が行きつくところは無関心ではなく、過激でペシミスティクなアクティヴィズムです」。両者に共通する態度としては、極端なペシミズムと極端なオプティミズムのありそうにない同時存在といえるだろう。この態度には逆立ちしたアントニオ・グラムシがある、すなわち「理性のオプティミズムとの意志のペシミズム」である。

問題はここから先である。蜂起という出来事にその最終的実在性を求められた自由は、集団的力の剝き出しの発現でもあるともいえるだろう。だが問題は、そうした集団的な力を抑圧・圧制への転化に抗しつつ積極的な生産的原則へと転換させつづけることは可能なのだろうか？　いまや「街路」の思想家であるフーコーにとって、「内戦」の例外状態を生きうる場にすることが問題だった。晩年のフーコーはイラン革命の際の態度と似たようなものをゲイの運動にたいしてもとっている。

もちろん、わたしはゲイ・コミュニティの他のメンバーたちと規則的に連絡をとりあっています。わたしたちは、話し合い、おたがいに心を開く方法を模索しています。しかし、わたしは考えを押しつけないように、計画やプログラムを押しとどめてしまわないように気をつけています。わたしは発明に水をさしたりしたくないのです。ゲイたちが、みずからの個別の状況にふさわしいものを発見しながら、関係のあり方を定める・統御するのは彼ら次第だということを信じることをやめさせたくないのです。[25]（1982c, 334）

フーコーにとってゲイの身体は、つねに微小な水準で「例外状態」である。統治化とその戦略のなかに位置づくノーマル化に抗して、身体を例外状態におくこと。それは正常化と不可分の関連にある欲望ではなく、決して主体の形象を描かない快楽に依拠しながらそれを可能なかぎり脱主体化（脱欲望化）することである。フーコーにとってそれは「意志」と関連づけられる場合もある（「わたしたちは懸命にゲイにならねばならない」）。自由は「統治性化」に抗するわたしたちの可能性にある。このことは、つねに「例外状態」が常態として思考されようとしていたことと関連しているだろう。かつてのプロレタリアとルンペン・プロレタリア、労働者と「非行者」の連帯というヴィジョンは、つねに主権による内的境界線を刻み込まれた抽象的人権、シチズンシップを拒絶し、具体的な（闘いの轟きを内包させている）「統治される者の権利」を支点にした新しい闘争の見通しとしてあらわれたのである。

蜂起という自由であるが、それをいわば下から例外状態をそのままに開放的な場へと転形させるためには、自由は思慮深く行使されねば、つまり反省されなければならない。**倫理とは「自由のとる反省されたかたち」**である。まさにこの倫理とそれに相関する「自己」こそが「永久の反対派」を、「無制約の権利のつきつけ」を、統治のテクノロジーに対峙しながら、内在的に創造へと展開していくのである。とはいえ統治の根本的拒絶と自由な発明の空間の創造が、フーコーには不可分なものとしてあらわれるとしても、その「生存の美学」の危うさは、「統治される者の権利」に内包された「闘いの轟き」を喪失してしまうかもしれないところにある。ただただ審美的な達人的生き方のすすめとして晩年のフーコーが解釈されることはあるし、それはフーコーの晩年の歩みに内在した危険性でもあるだろう。しかも、とりわけ権力テクノロジーの決定的な変容にさらされつつある現在においてはその危険は増しているといえる。いずれにせよ、わたしたちは次の点は深く心にとめておく必要がある。フーコー自身、確信をもって解決策を提示したわけではない。むしろフーコーに学ぶべきは、充分な成果をあげたと周囲からはおもわれようとも、決して歩みをやめず困難なジレンマにさらされながらきわどい道をたどっていった、ということだろう。それがわたしたちに、際限なく問いを開きつづけるという作業を促すことになるのだ。

そのこともふまえながらここまでのむすびとして、問いを提示してみたいとおもう。それは「現在」の問いである。フーコーは最晩年に、支配と権力を区分して、それを「状態」と「戦略」に振り分けた。これまでフーコーの権力概念に混乱があったのは、権力ではなく支配の状態こそが否定されるべきであるということが明確にされていなかったからである。そして統治は、戦略の力動性、可動性、匿名性を、支配状態へとコード化し、従属状態を生成・維持するテクノロジーである、とあらためて位置づけなおされる。つまり統治は、権力の行使が（その力が権力であるかぎり）つねに自己の自己への折り畳みを経由し、あるいはその契機に働きかけざるをえないという事態を前提にしている。統治はしたがって、自由と支配との交わる場で作動するのであり、自己から自己への力と他者から自己への力の行使の双方にまたがる作用なのである。だから問題はこうなる。比較的リジッドな支配状態へと可逆性・可動性に充ちた戦略の場を仕切り編成する統治のテクノロジーを、他者によるものから自己による自己への働きかけとして手段として力点移動することである。ハーバマスのように透明なコミュニケーションのユートピアに権力のゲームを溶かし込むことではなく、「自分自身に法権利の諸規則を、統御《コントロール》の諸技術を、そしてまた倫理、エートス、自己の実践を与えること……このことによって、これらの権力のゲームは最小限の支配でもっておこなわれるようになるでしょう」（1984f, 727）。

だがそれで十分なのだろうか？　これまでさんざんみてきたように、統治術としてのネオリベラリズムの席巻は、自己の統御の強化と支配の強化とを切りむすんではいないだろうか？　フーコーは一九八三年の社会保障についての対話で、問題を（社会）保障、セキュリティと依存あるいは従属の分かちがたいむすびつきを断ち切り、保障＝セキュリティと自律をともに確保することである、としていた（1983a）。これは「自己の配慮」という問題設定を、人文科学の真理のゲームから切り離して（古代ギリシア、ローマに回帰するという動きをともないながら）、独自の存在性を与えるという試みと並行している。だがいま、「資本の蓄積」の変貌が、「人間の蓄積」をも大きく変貌させていることにともなって、「自律」とセキュリティは最悪のかたちでたがいの関係を再編成しつつある。それがフーコーのこの諸帰結を別の方向に向かって発展させることを余儀なくしているのではないだろうか？　とりあえずわたしたちの問いを次の二点にまとめておこう。

（1）フレキシビリティの昂進：自己から自己への働きかけに力点を移動させることで自由の持分を拡大しながら、支配の状態を転覆させる、というフーコーのヴィジョンは、現在、権力の戦略にコード化されつつあるようだ。支配の状態を緩和させつつ自由の持分を拡大しながらポジションの逆転可能性。いわばポストフォーディズム的な「人間の蓄積」（『監獄の誕生』は産業資本主義の資本蓄積に対応した「人間の蓄積」の探求だった）は、支配を緩和させながら、さらに上位の水準で支配する。固定した、少なくとも長い持続を有したアイデンティティは要請されず、むしろ身体は幅広い可動性や匿名性のなかに置かれるのである。「状態」であることをますますみずから拒絶する「支配」。

（2）排除の問題：世界市場による「間接的で委託された絶滅」の実践。使い道のない過剰人口の排除[26]。本章の冒頭でふれた「法と秩序」政策の常態化は、こうした「新しい過剰人口」の形成に対応している。これについては第二章、第四章で眺めてみて、ある程度フーコーの問題設定のなかに位置づけようと試みてきた。しかし、フーコーの統治性が、生にかかわるとすれば、それはバリバールのいうように「フーコーが理論化しようとした意味でのあらゆる権力関係の対極に位置する」（Balibar, 1997=1999, 42／一九三）ものである。この「破壊および死のための死という次元で行使される剝き出しの力」をどう位置づけ、それにふさわしいどのような抵抗があるのか、それはわたしたちの課題である。

6　自由の新しい地平へ

最後にもう一度、ゴースト・ドッグに返ってみたい。ドッグの生きる空間はまさに例外状態が日常であるような場、例外と日常が折り重なる「危機」の場であった。そんななかで剝き出しにさらされた生を生きるゴースト・ドッグは、『葉隠』を介して、エートス、――ふるまいの作法、方法――を身体に与えながら、そこをかろうじて生き延びることのできる場に変貌させていた。帰属という鎧を失った剝き出しの生は、小さな『葉隠』の本のみを手がかりに、タフな警官に包囲されたニューヨークの街路をさまようのである。

ドッグの奇天烈な「武士道《ブシドー》」にはユーモアがあるが、それはむしろ「深刻な生」のステレオタイプなイメージを変えるものだろう。スタイルとは豊かさではなく貧しさの相関物なのであり、みずからの生にスタイルを与えるということは、決して余裕のある人間のオプションではない。むしろ剝き出しの力にさらされた生のさしせまった身ぶりなのだ。

ところで最初にふれたように『葉隠』による実践は、彼を奇妙な関係性・社会性のなかに投げ込むことになる。本好きの（黒人の）女の子、リストラ寸前の冴えないマフィア、言葉の通じないハイチからの不法移民、街路のラッパーたち、そしてなによりも鳩の大群……それはひとつの「公共性」である。だが、「人間以下」の存在のあいだの、それも偶然だけに委ねられた、犬にふさわしい公共性だ。権力の戦略といえば、鑑札をつけて（プロファイル）して監視して追い払う、あるいは殲滅する、それでおしまい。だから彼らは、[27]鳩がドッグと「主君」とを仲介するように、それに屋上での鳩とドッグの親密な関係のように、土地から追放された状態でむすびつくしかないのである。そのむすびつきは、とてつもなく脆い。権力が脆さを隠したり、それを強みに変えるだけの余裕を持つのと正反対に。

ゴースト・ドッグのおかしな公共性はどのような強さを持ち合わせることもなく、孤独なドッグの、どこまでも孤立するしかない倫理（なにせ自己流「武士道」だから）が促した彼の死によって崩れさってしまった。日常的な危機状態のただなかでいわば「死を定点から線に変えた」ビシャのヴィジョンを身をもって生きるしかないドッグは、『葉隠』を通してその線をかろうじて自己の構成と鍛錬の糧に変えてしまうのだ。だが、どのような太い生の支配の線にもふれることのないがゆえに栄光のかけらもないドッグの死——事実上の自死——は、美的ではあるが、「犬」死にであることは間違いない。わたしは少なくとも「犬」死には避けたい。
だから問題はこうなるだろう。この脆さ（にもかかわらず、ではなく）ゆえに強い、そしてあらゆる許しがたい力の行使を可能なかぎり最小化できるまでに膨張する、そんな公共性をどうしたら構成できるのだろうか？（とりわけ主体のいまのあり方にかかわる）事実へと凝固した地層をつねに中断させるがゆえに、奇蹟（アーレント）の色を帯びる〈活動〉の内在的力としての自由。「人びとは蜂起する。これは事実だ」、これがフーコーのリベラリズム論の手前にある揺るぎない命題であるとすれば、自由はアーレントの課した制約も食い破ることでリベラリズムのパラダイムが知らない地平へとわたしたちを運んでいくであろう。

註

（1）その後、若干の修正を加えてWilson（1985）に再録される。Wilson, J. Q., 1985, *Thinking about Crime* [revised edition], Vintage.
（2）ウィルソン、ケリング、またブラットン自身も「ゼロトレランス」というタームを否定している。Young（125）を参照せよ。またブラットン自身の回顧についてはBratton and Knobler（1998）をみよ。
（3）一九九〇年の第一・四半期から一九九四年の第一・四半期までに、地下鉄での凶悪犯罪は四六・三％低下している（Parenti, 74）。しかしこの統計自体について、また、ゼロトレランス政策と犯罪率の低下の相関関係など、「成果」についてはさまざまな疑問が提示されている。詳細についてはYoung（1999,

121-147）を見よ。

（4）この政策は、批判の声もあったにもかかわらず、メディア戦略の成功もあって世界的にアピールし浸透をみせることになる。イギリスのブレア政権への影響については、Stenson（2000）を参照せよ。

（5）なお、日本ではポリツァイ的統治方法の天皇制のもとでの強い支配もあって、「法と秩序」はとりわけ融合しやすい。ゼロトレランス政策のような発想と実践はつねに日本警察を支配しているといえるし、またそれによって従来の「犯罪率の低さ」がもたらされていたのかもしれない。

（6）またエリス・キャシモアらはイギリスの文脈で、インナーシティへの現代の取り締まり《ポリシング》の行使を、一八世紀から一九世紀前半にかけて「取り締まり《ポリシング》の実験場」であったアイルランドの植民地支配にみている（Cashmore and McLaughlin, 1991, 29）

（7）日本においてはこの「矛盾」は、憲法学における「公共の福祉」論に明確にあらわれる。樋口陽一の指摘にあるように、ドイツ国法学においては、福祉国家（Wohlfahrtsstaat）という観念は、反立憲主義・反法治主義の脈絡で意識されてきたが日本ではこの警戒が希薄であり（樋口、一九九四、一三七）、「福祉」にたいする楽観的見方によって、戦後憲法解釈学においては憲法12条とくに13条を介して、「公共の福祉」による制約が明示されている項目（22条一項と29条）を超えて人権一般が「公共の福祉」の制約に服するという解釈が通説となったという（一三四）。さらに樋口は、一九五〇年代から六〇年代における日本の改憲の主張が福祉を名目に掲げていたことに注意を促している。（1）国家権力への拘束を核心とする立憲主義の要請を否定――あるいは、少なくとも相対化――するために、国家の福祉機能を対置するという発想、（2）権力への拘束という立憲主義の要請を、「幼稚ナル社会」の、いわば時代おくれのものとして位置づけ、それに対抗する主張のほうを現代的なものとして示す手法（一二四）がみられた。

この「公共の福祉」論が問題になるのはもう一つ、警察の文脈である。つまり「警察権の限界」を設定するという困難な問題である。いまふれた憲法論的な問題は、ここにおいては「公安」の名のもとによる基本的人権の侵害の問題としてあらわれてきた。それは戦後一貫して提起されてきた課題であるが、「公共の福祉」のなかに「公安」概念をすべりこませることによって（奥平、一九七九、一五）「警察権」は膨張していった。奥平康弘は、「国家的公安が設定されるときには、「公安を害した行為」が取締られるのではなくて、「公共を害す惧れのある行為」が対象である、という。つまり既遂ではなくて、未遂である。かくて、公安概念のアイマイさに加えて、その惧れという媒介項の介入のために、取締りの対象は人間の行為の外形にとどまらず、行為の原因に及んで、遂には行為にひそむイデオロギーにまでいたらなければやまない。……そして最後に、公安の維持という本来消極的な作用でしかない警察機能が、いつのまにか、新しい公安の創設という積極的な作用へと転化する危険が指摘される」（一八）。

(8) フーコーはドゥルーズらとともに、ガリマール社の「耐え難きもの」叢書の一冊としてアメリカ当局を告発する本、『ジョージ・ジャクソンの暗殺』を公刊している。またジョージ・ジャクソンが「非行者」から「革命家」へと変貌を遂げていく過程については、Jackson, G., 1990, *Blood In My Eye*, Black Classic Press; 1994, *Soledad Brother: The Prison Letter of George Jackson*, Lawrence Hill Booksを参照せよ。

(9) そもそもマルクスの『ルイ・ボナパルトのブリュメール18日』での著名な「ルンペン・プロレタリアート」の（軽蔑的）規定も、「はっきりしない、ばらばらになった、あちこちとゆれ動く大衆」であり、輪郭の明確な他の諸階級からの剰余、「あらゆる階級のこれらのくず、ごみ、かす」とされていた（村田陽一訳「ルイ・ボナパルトのブリュメール18日」『マルクス＝エンゲルス全集　第8巻』大月書店、一九六二年、一五四―一五五）。

(10) こうしたパンサー党の分析と戦略以前に、晩年のマルコムXは、新しい闘争の主体とそれにふさわしい新しい「権利」をニューヨークのゲットー地域とアフリカとを横断しながら模索していたことは銘記されるべきである。『自伝』に加えてBreitman（1967=1993）をみよ。

(11) パンサー党の当時のリーダーの一人、ボビー・シールの次の言葉を見よ。「ルンペンプロレタリアのアフリカ系アメリカ人たちが、ブラック・パンサー党のイデオロギーをこぞって掲げているのをマルクスとレーニンが見たなら、彼らは墓のなかでひっくりかえるだろう」（Seale, 1997, 4）。

(12) ジャック・ランシエールによるインタビューの際の有名な発言である。「〈la〉plèbe［平民］はおそらく存在しないが、〈de la〉plèbe［いくらかのplèbe性］は存在する。諸々の身体や、諸々の魂のなかに、いくらかの平民性はある。それはいくらか、諸個人のなかにも、プロレタリアートのなかにもあるし、ブルジョアジーのなかにもある。……こうしたplèbeの部分は、権力関係の外部というよりは、その限界であり、その裏面であり、その跳ね返りなのである」（1977i, 421／三八八）。この権力の求心力にたいしてつねに遠心力として働く運動としてのplèbe的部分を縮減する方法のうちのひとつが、plèbe的なものをplèbe的なものとして活用するやり方、つまり「非行者」を活用するやり方なのである。

(13) フーコーのホッブズ論はもっと詳細に検討される必要があるだろう。ひとまず七六年講義（DS, 75-96）を参照せよ。またホッブズ研究者によるフーコーのホッブズ論の検討（Zarka, 2000）も参考になる。Pasquino（1993）は批判的な検討である。

(14) 主権・法・秩序の関連についてはカール・シュミットの検討が必要となるだろう。とりわけ『政治神学』（Schmitt, 1922=1973）、また詳細な主権の思想史としては『独裁』（1964=1991）をみよ。

(15) Foucault（SP, 三〇一）をみよ。またここでの議論はAgamben（1995）の全体を参照している。Agamben（1996=2000）もみよ。

(16) この点については、道場（一九九九）も指摘している。

(17) 「監獄と警察は一対の装置を形づくるのであって、自分たち二つの力だけでそれらは、各種の違法行為の全領域のなかでとくに非行性に差異を認めて、それの孤立化と活用を確保する。さまざまの違法行為のなかに、監獄＝警察という組織は御しやすい非行性を切り取るのである」（SP／七九）。

(18) ヴィドックの『回想録』の最初の二巻は一八二八年一〇月に出版されているが、ヴィドックがバルザック、ユゴー、ウジェーヌ・シューをはじめ、当時の作家たちや世論にもたらした影響は多大なるものがあった。ルイ・シュヴァリエ『労働階級と危険な階級』（Chevalier, 1958=1993）第一部「テーマとしての犯罪」の全体を参照せよ。『回想録』は犯罪小説、探偵小説、ハードボイルドという一連の大衆文学の流れの源泉にあるといえるだろう。

(19)　近代における腐敗や陰謀が、たまたまの偶然や単なる妄想、あるいはスリルのあるフィクションの素材ではなく、権力の構造のうちにしっかりと刻み込まれていることはここで指摘できるだろう。こうした権力の裏面の動きを経験的知と想像力でもっとも鋭敏に描き出したのはいわゆる「暗黒小説」のすぐれた作家たちである。拙稿（二〇〇〇）は現代における「暗黒小説」のすぐれた作家ジェームズ・エルロイの作品を取り上げながらそれを検討した。

(20)　もちろんフーコーは、こうした見方を素朴に表明する現在の犯罪美学には懐疑的である。それはたいがい、犯罪が法の体制のなかに組み込まれ、「非行性」がコード化されている事態を無視するものであるからである。たとえば 1975f (275-281) をみよ。

(21)　「古い時代の美しさは総じて、ノスタルジーの源泉というよりその結果＝効果です。その美しさは当のわたしたち自身が創作したものである、そのことをわたしはわきまえています。しかし、この種のノスタルジーをいだくことはとてもよいことなのです。ちょうどあなたに子どもがいるならば、あなた自身の子ども時代とよい関係を切りむすぶことがよいことであるのと同じように。ある時代についてノスタルジーを抱くことはよいことです。ただし、**それが現在にたいして反省的で積極的な関係を維持する方法であるかぎりで**、ですが」(1988a, 780)。

(22)　この講演録は一九九二年にはじめて公にされた。フーコー自身にも編者によってオーソライズされていないために、*Dits et Écrits* には収められていない。

(23)　フーコーはここで統治性化を、「一五世紀以来の人間の統治術の爆発」と表現して、その爆発の二つの意義を示唆している。まず統治術の源泉である宗教からの離脱、「世俗化」。そして多様な領域への統治術の散種がある (37)。

(24)　「ダダ以後の前衛理論家たちの唱えるテロ的な過激主義」から決別したことをもってフーコーのプロフィールを描きだした、アンドレ・グリュックスマンによるフーコー死後の追悼文（Miller／三三二）をみよ。

(25) あるいは、「……プログラムや提案という考えは危険です。あるプログラムが登場するやいなや、それは法《ロワ》となる。それは発明の禁止となるのです」(1981b, 167)。

(26) これについてはとくに驚くべき、スーザン・ジョージ『ルガノ秘密報告：グローバル市場経済生き残り戦略』(George, 1999=2000) をみよ。

(27) 連絡手段としての鳩の使用は、コミュニケーションの方法であり同時にコミュニケーションを遮断する方法だ。この点については、Deleuze (1990=1992) の、アントニオ・ネグリとの対話におけるドゥルーズの発言をみよ。

補章

『自由論』韓国語版の序文

本書を構成する最初の論文が「現代思想」誌で発表されたのが一九九七年である。本書の公刊が二〇〇一年。したがって執筆から、およそ一〇年以上たったわけである。

本書を公刊したあと、筆者の予想を超えた反響があった。これは意外であり、驚きでもあった。というのも「あとがき」に記しているように、本書を構成する諸論文がテーマにしているさまざまな主題、ネオリベラリズム、国家、セキュリティ、暴力、排除、階級分解、ポストフォーディズムなどといった主題は、日本の知的言説の世界ではほとんど流行しておらず、それどころかしばしばこうした「ハード」な主題を語ること自体が「時代遅れ」とみなされていたからである。たとえば、一九九五年に列島を震撼させたいわゆるオウム真理教事件のあいだ、筆者の眼にもっとも重大に映ったのは、本書の言葉でいえば「セキュリティの上昇」であった。つまり、そこではメディアによるスペクタクルの席巻とともに演出された「例外状態」のなかで、セキュリティの名のもとに「通常状態」では困難であるようにおもわれていた基本的な諸権利の侵害や切り縮めがやすやすとおこなわれたのである。しかし、その当時、知的言説の主流は、この事件にあたっても消費社会における若者のアイデンティティの危機というような、「アイデンティティの政治」の文脈の方に力点をおきすぎているようにみえた。そうすることで、セキュリティの過剰や、ましてや、そこに権力のあたらしい配置をみる論調などは、ほとんど脇に追い払われたのである。

ところが、二〇〇一年の本書公刊直後に起きた9・11の「同時多発テロ」と小泉純一郎政権によるネオリベラリズム改革の劇的な進行は、否応なく、日本社会を国際的文脈に接触させ、知的言説の世界もこうした諸テーマにかんして重い腰をあげ対応しはじめることになる。すでに古びているとみなされていたセキュリティのようなテーマが、今度は、驚くべき繁殖をはじめたが、それでもなお、ネオリベラリズムや「排除」などといったテーマについて、公的な言説世界に浸透するのに時間がかかった。しかし、一定の浸透をみせたあともなお、日本社会総体と知的言説の世界の内向きの傾向はとどまることはなかった。「ネオリベラリズム批判」は「格差問題」とあわせて語られ、「一億総中流社会」を「達成」したとされる日本の戦後社会への懐古的な肯定をともなって、その処方箋としてナショナリズムが称揚されるようになったのである。ネオリベラリズムの問いは俎上に上げられるやいなや、資本主義総体やネオリベラリズムと呼ばれる知的編成にともなう権力行使の変容を根源的に問う方向に足をふみだす動きにはほぼつながることなく、むしろそうした志向性は、ナショナリズムという亀裂なき社会の幻想によって封じ込められたのである。二〇〇〇年代前半、靖国神社への公式参拝を強行するだけではなく、独特のスペクタクルの操作能力によるアピール力をもって、アジア近隣諸国にすごんでみせた小泉純一郎の政権の時代に深化した権威主義的ポピュリズムによるナショナリズムの扇動とマスメディアの熱狂は、おそらく、リベラル・

左派の深い「トラウマ」となったようにみえる。いわゆる「格差の拡大」と世界的な金融破綻による「ネオリベラリズムの減価」にともなう小泉政権への反省の雰囲気のなかにあっても、ポピュリズム的ナショナリズムにどこまでも寄りそわねばネオリベラリズムの批判もできないような萎縮した空気が蔓延しているのはそのためであろう。「ネオリベラリズム批判」を、ネーションや世代への帰属、すなわち「アイデンティティの政治」の問題に封じ込めたいという強力な雰囲気があるのだ。おそらく、日本のリベラル・左派の知的言説が、かくも緊張を欠落させたまま——たとえば、日本の植民地主義の歴史、あるいは現在では、グローバリゼーションにおける日本資本主義の位置との対峙の欠落——ナショナリズムと密着するのは戦後において、はじめての事態であろう。

本書が理論的に参照している知的源泉のひとつが、ミシェル・フーコーの権力論あるいは統治性論である。現在生じていることを理解するためには、すでに知られているフーコーの主著——『狂気の歴史』、『臨床医学の誕生』、『言葉と物』、『監獄の誕生』、『性の歴史』——の織りなす縦の線では不十分であろう、というのが発想の前提であった。それはいまからふり返れば、フーコーの思考の運動性を理解することに帰着した。フーコーの主著以外のさまざまなテキスト——ジュディット・ルヴェルのいう「主要著作」とは区別された「周縁的テキスト」——を集成した〝Dits et Écrits〟が刊行されていたこと、一九七〇年代後半のコレージュ・ド・フランスの講義が断片的に公刊されていたこと、また、一九七〇年代後半にフーコーの周辺にあって、「福祉国家」あるいは「社会的なもの」の分析をすすめた研究者、とりわけフランソワ・エヴァルド、ジャック・ドンズロ、ロベール・カステルらの著作、そして、あたらしい学派を形成しつつあるようにみえた英語圏の統治性学研究の仕事が参照となった。わたしのモチーフは、このような断片的なテキストを、いま生じている事態にぶつけながら、断片的なテキストに潜在するものがみえてくるのではないか、それと同時に、現在の事態の輪郭もなにがしか浮上してくるのではないか、というものであった。つまり、フーコーの思考の運動性を追求するという意味でのフーコー論というより、より正確にいえばかれの思考圏を主軸においた権力論であると同時に、いまなにが起きているのかを考察する、という二重の試みであった。

しかし、この一〇年で、当時はいまだ断片的にしか眼にふれることのなかった一九七〇年代後半におけるフーコーのコレージュ・ド・フランス講義が続々と刊行され、とりわけ重要な、一九七八年の講義録、*Sécurité, territoire, population*, Seuil/Gallimardと、一九七九年の講義録*Naissance de la biopolitique*, Seuil/Gallimardがともに二〇〇四年に公刊された。それによって、当時、わたしたちが断片からあれこれ類推するしかなかったことも、かんたんに確認することができるようになった。さらに、権力から倫理へとテーマが移行したとされる一九八〇年代のもろもろの講義録の刊行は、それまで主要著作である『性の歴史』第二巻と第三巻から与えられたイメージを覆し、「一九八〇年から一九八四年に至るフーコーの晩年は、驚くべき概念化の加速の場、さまざまな問題系のほとばしるような増殖の場であった」（「講義の位置づけ」（廣瀬浩司／原和之訳『主体の解釈学』筑摩書房）とフレデリック・グロのいう実験的な思考の全貌をあきらかにしはじめた。十五年にわたる講義の掉尾をかざる『真理の勇気』へとなだれ込むその思考の過程は、本書では積極的な意味としては論じることのほとんどできなかった「自由」をめぐる考察を大きく前進させてくれるとおもう。

おそらくこうしたテキストがすでに十年前に公刊されていたら、わたしのこの本のかたちは大きく変わっていただろうし、わたしたちが夢想するしかなかったこれらのテキストにアクセスできる今日の読者は、本書が手探りではじめた考察にさまざまな拡がりや深みをつけ加えることができるだろう。

本書が参照したテキストはそれだけではない。おそらく日本のみならず多くの社会がそうであるように、フーコーの思想は、「マルクス主義の失効」という文脈で導入されてきた。そしてそれには正当な理由もあった。しかし、さらに、一九八〇年代をへて冷戦崩壊後の状況にいたると、フーコーの思想をはじめとしたポスト構造主義の理論は「資本主義批判の失効」へと、おそらくはフーコーたちの意図とはべつに拡大解釈されてきた。ところが、ネオリベラリズムの展開とともに変動をみせる世界情勢によって、こうした拡大解釈には、（「反スターリニズム」に淵源をもちそれとふれあう）批判的な意味が失われてしまっていた。すでに支配的イデオロギーに呑み込まれていたのである。イタリアのオペライスモないしアウトノミアの伝統が、マルクス主義の流れのなかでおこなっていた生産様式あるいは社会構成の分析、あるいはマイク・デイヴィス、あるいはピエール・ブルデューの影響下にある都市論者たちの生産してきたテキストが本書においてさかんに参照されているのはそのような意図においてである。

もうすこし個人的な経験にふみ込んでみるなら、一九八〇年代、筆者たちが大学生であった時代に、フェリックス・ガタリとジル・ドゥルーズの著作とともに、これもまた断片的に紹介されていたアントニオ・ネグリやイタリアのアウトノミア運動に共感をよせ、触発され、励まされる経験をもった人間はかなりいるはずだ。本書の第一章は、そうしたわたしたちの経験にひとつの形を与えることをも目標としていた。

とはいえ、それだけではない。本書に書き込まれたすべては、どのように抽象的な形態をとっていても、あるいは、たとえどこが舞台になっていても、一九八〇年代から一九九〇年代にいたる、わたしたちの経験によって強く刻印されていない箇所はない。一九八〇年代には、国鉄の分割民営化、ネオリベラリズム的教育改革（「臨教審」）、全斗煥来日、在日外国人の指紋押捺、昭和天皇の沖縄訪問、図書館のコンピュータ・ネットワーク化、日米安保の変質、昭和天皇の死去、一九九〇年代には、ＰＫＯ法の成立（日本の安全保障政策の転換）、外国人労働者の増大、野宿者の増大とその排除、オウム事件とそれ以降のセキュリティの上昇、オルタナティヴな生き方をめざすネットワークの拡大、労働のフレキシブル化、ナショナリズムの上昇など。本書公刊以降、あたらしい現象もあるが、基本的にはこうした傾向の延長線上におかれないものはほとんどないとおもう。筆者にできることは、そうした経験を認識の糧にして、さらに経験へとさしもどすことぐらいであった。

というわけで、本書は出来上がった。なにが起きているのかもよくわからず、乏しい経験や知識を総動員してようやく手探りで闇のなかを歩きはじめた、よちよち歩きの赤ん坊というところだ。

そんな、しばしば混濁した幼い世界認識でも、なにがしかの意味があると韓国の友人たちはみなしてくれたらしく、このたび韓国語訳の公刊のはこびとなった。『暴力の哲学』につづいて二冊目である。なんということだ！　著者にとって、これほど幸せなことがあるだろうか。この、考察の試行錯誤を反映して文体もいたずらにややこしい未熟な本に着目し、熱意を傾けてくれた訳者たちには、ひたすら感謝するしかない。率直にいって、権力、デモクラシー、自由などといった課題は、それらに真剣に取り組む情熱をとうに喪失したようにもみえる日本社会のわたしたちに、この隣国の友人たちになにか伝えるべきものがあるともおもえなかった。日本語のことわざでいう「釈迦に説法」である。

しかし、なにかを考えることやそれを取り巻く経験は、一見したところ共通にみえる課題や状況のなかにも文脈の差異を必ずしのばせており、それがしばしば、創造を促す源泉となるのだろう。かんたんにいえば、「この手があったか、こう考える手があったか、そんなことやってもいいのか」というようなことである。やはり問われるのは、どこにいようがいまいが、いまあるものとはべつの、なにかを創りたい、あたらしいことをはじめたいという意志であり好奇心であり、それこそがはじめて、他者との差異を創造性の源泉へと変貌させうるのだろう。

なにを隠そう、韓国の友人たちから教えられたことなのだが。

補論1　鋳造と転調

「アメリカン・ドリーム」の発明以後、もはや夢をみることは不可能だ。

――Michael Taussig

1　二つの地図

一〇年単位で時代を区切って意味づけることにどんな正当性があるのかはよくわからないのだが、一九九〇年代は、八〇年代のバブル期を前後してすでに生まれていたもろもろの要素が、本格的に展開し、配備されていった時期であるようにおもわれる。しかし、その時期の大半は、現在からしてみるならば、どこへ向かうかわからない過渡期、あるいは中間地帯にあることの緊張が彩っていたようにみえる。

ここでは九〇年代の最後の年、一九九九年に放映されたあるテレビ・ドラマをとりあげてみたい。述べたような九〇年代のとりわけその後半にみなぎっていたように（わたしには）感じ取られた緊張とその緊張をもたらしている力の編成と変動を、この作品はよく示唆しているようにおもわれるのだ。一九九九年のこの作品はある意味で、一九九〇年代の、とりわけその後半がはらんだある種の緊張感をピークにまでもっていく圧縮の力をはらんでいたように感じるのだ。

それ以降、二〇〇一年九月一一日を明確な一つの転回点として現在にいたるまで、この緊張感は一種の弛緩状態へと解消されていったようにみえる。緊張感を生みだしていた捉えきれないあいまいさが、ある程度、輪郭をはっきりともち（たとえば小泉純一郎人気などのように――これは頭のてっぺんからつま先まで、脳と身体の深部から、ネオリベラリズムによってわたしたちの存在がかなりのあいだ支配されることが決定したことを意味しているだろう――だ）、とりあえずの帰着点をみいだしていったといえばいいのだろうか。

というわけで、そのとりあげてみたいドラマとは一九九九年にTBSで一一回にわたって放映された刑事ドラマ『ケイゾク』である。このドラマは放映当時はそこそこの視聴率であったが、その脚本（西荻弓絵）や演出（堤幸彦ほか）、俳優の質の高さ、テレビ・ドラマの楽しさの粋を集約したとでもいうべき高い娯楽性によって、熱心なファンを獲得し、放映以後も人気は衰えず、その後、一回完結のテレビ用続編とさらに映画編が制作された。このドラマには、とくに七〇年代と九〇年代のアニメからテレビ・ドラマ、映画にいたるさまざまな引用が織り込まれている。このこと自体、九〇年代という時代を貫いて、七〇年代の意匠の引用が好まれたことを示唆しているが、また、そこからは引用の断片によって九〇年代的（？）な知覚の編成を磁場として引き寄せているともいえるだろう。

さて、このドラマの物語をもっとも特徴づけるのは、オモテとウラの二つの系列から構成されている点である。基本的に一話完結のエピソードに、それらを横断したエピソードを絡ませることで同時に連続性をもたせるという技術は珍しいものではない。しかしこの『ケイゾク』における構成がきわだっていたのは、ウラの連続的な線がやがてオモテの一話完結の点によって構成された線を覆って支配していく、さらには歪曲していくそのあり方である。そこに、ここでは、都市的な空間の経験を構成する条件の差異がひそんでいるのではないか、と仮定したいのである。

それでは、主要にオモテの物語が展開する空間的経験を「空間1」と、主要にウラの物語が展開するそれを「空間2」とにひとまず分類してみよう。第一話から第七話までが主要に展開する空間1は、一つ一つが完結した物語から構成される。そして第八夜から最終回である第一一話まではすでに第一話から潜伏していたシリーズ全体をつらぬく連続的なウラの物語が表面に躍りでる。この物語が主要に展開する空間を空間2としておこう。

この「刑事ドラマ」は、警視庁の地下にひっそりと設置された第一課第弐係が舞台である。(1) そしてそこには、オモテとウラの物語において、それぞれ主要に活躍する二人の主人公がいる。まず第一に、第一話において、その第弐係に配属されてやってきたのが、キャリアの研修生である柴田純（中谷美紀）である。天才的な推理力によって未解決事件を次々と解いていくこの新米刑事デュパン、ホームズの流れに属する近代的探偵型刑事であるといえよう。そしてもう一人の主役が、第弐課のなぞめいた若手刑事である真山徹（渡部篤郎）。彼は警察内でも厄介視されたアウトロー的存在であり、ハードボイルドの流れに属すると規定してよい。

　空間1を特徴づけるのは、事件と解決という一話で完結する物語の閉じたサイクルと並行したその空間の閉鎖性である。たとえば、第一話（「死者からの電話」）では、東京と四日市という広範囲の空間にわたってアリバイ工作が仕掛けられるが、最終的には柴田刑事の天才的推理力によって、論理的に接合させられる。第二話（「氷の死刑台」）では、まさに氷を貯蔵する倉庫という密閉空間が犯罪の繰り広げられる舞台である。第三話（「盗聴された殺人」）も、マンションの部屋と廊下の空間性を利用したトリックが展開される。第四話（「泊まると必ず死ぬ部屋」）は、そのタイトルの通り、泊まると死んでしまうという噂のある古い民家の一室が舞台である。第五話（「未来が見える男」）はビルディングの数階にわたる上下の空間を利用した犯罪。第六話（「史上最悪の爆弾魔」）は、マンションの一室で起きた爆殺事件。学校とマンションの二つの点で起きたもの。第七話（「死を呼ぶ呪いの油絵」）についても、画廊とその近隣の空間のなかで展開する。

　たとえば第一話の東京と四日市をはじめとして、もちろん犯罪をめぐる空間は一定の幅を有しているのだが、しかしそれは基本的に閉じられた空間である点とそれらをつなぐ線によって構成された平面であり、探偵＝刑事である柴田は、その平面に入った亀裂を縫ってまわる。あるいはより正確にいえば、それらの点と線の総体が閉じた空間を構成するのは、この探偵的な刑事の捜査によるパフォーマティヴな効果なのであるが。不可解な殺人事件によって開かれた亀裂、そして警察の捜査によっても閉じることのできなかった亀裂は、この探偵

＝刑事によって縫合される。この閉じられた空間のパラダイムはもちろん密室である。(2)

この前半の物語においても、なんらかのかたちで犯罪現場の密室的性格を利用したトリックはひんぱんに登場する。たとえば第二話にははやくも冷凍倉庫という密室が犯罪の場所となる。冷凍倉庫の扉を閉めたときにはなかった死体が、数時間後に扉を開けられたときに突如としてあらわれるのである。事件の概要を知り「ワンダフル」とうっとりとした目でつぶやき叱責される柴田刑事は、そのあとも密室がらみの犯罪空間においてこそ抜群の冴えをみせるのだが、その一方で、前半部分において、真山刑事はその意図をあかされないまま、ある区役所で働く青年をストーカー的につけねらいながら街路をうろつき回っている。柴田刑事のフルネームである柴田純という名が『太陽にほえろ!』のGパン刑事の本名からとられたことはよく知られているが、真山と街路との関係性は、『太陽にほえろ!』における刑事たちとの関係性とはまったく異なっている。ある意味で、探偵的な柴田刑事と『太陽にほえろ!』の警察とは同一の平面にあるといってもいいかもしれない。警察は閉じた空間をその活動の前提に据えているがゆえに、閉じられた空間がある過剰を刻印していること、その過剰によってはじめて閉じられた空間になることを見逃してしまう。たとえばそのことを示す典型的な事例が特別編（「死を契約する呪いの樹」）にあらわれる。みずからも殺害されてしまった、脅迫され望まぬまま共犯者となっていた少女が真の殺人者によって強制的に撮影を強いられたある殺害現場の写真には、ダイイング・メッセージが残されている。しかしその真の殺人者は、少女こそが殺人犯であり、それゆえに自殺したものと印象づけるため、その少女の死体の周囲に殺害現場の写真をおいておくのである。ところが、それらの殺害現場の写真はその一部が破れている。そこにはみずからの名を示すダイイング・メッセージが写っていたのであり、犯人はそれゆえにその部分を破り捨てたのである。柴田は、その破れた空白の部分に、ダイイング・メッセージと、真の殺害者の存在の痕跡を感じとるのだが、さらにもう一つひねりが加えられている。その写真は少女によって、あえて裏焼きされたものだったのである。それに欺かれ、真の殺人者はダイイング・メッセージからみずからの痕跡を払拭できなかったのだ。

このエピソードは、二重の入れ子構造によって複雑なものになっている。まず真の殺人者は、殺害現場の写真によって、欺こうとするが、さらにその彼も、殺害された少女によって欺かれる。破られた写真と裏焼きされたダイイング・メッセージは、破られた写真によって警察は欺かれ、さらに写真の裏焼きは犯人を欺いてしまう。シニフィアンとシニフィエの一致のおもいこみを利用した犯人は、今度は、みずからがそのおもいこみによって欺かれてしまうのだ。これについては、ラカン派ならば、証拠というシニフィアンからシニフィエである犯人（の行為）が演繹できると信じるがあまり、欲望の存在が無視されているからだ、とするだろう。シニフィアンをどう読むかは、シニフィアンによっては演繹不可能なのである。たとえば、写真が裏焼きされたことに気づかないのはその写真が「現場」を忠実に表象しているものというおもいこみのゆえに、欲望の次元が見落とされているからだ。それゆえに証拠から犯人を演繹できると信じる疑似実証主義的なパラダイムにある警察の目はすりぬける。

他方で、デュパンやホームズのような初期の近代的探偵以来、シニフィアンとシニフィエを混同することなく、証拠は証拠の読み方を示すことはないという信条をもって、ひたすら欲望をめざす、みずからも欲望する探偵的存在である柴田刑事は、そのオモテの警察（捜査第一課）の目をすりぬけこぼれおちてしまい、書類として堆積している「例外的」事件をさらに解決してまわる。むしろ柴田の存在こそが、警察を補完して、謎として残された「染み」としての未解決の事件に回答をあたえ、未解決の事件として生じた空間の亀裂を縫合してまわるのだ。空間1は、柴田の存在そのものがその存立を保証する空間にほかならない。

さて、空間1と空間2、この二つの空間の経験は、もちろん諸セグメントによって形成される閉域の折り重ねられていたフォーディズム的な都市空間から、貨幣のフローの支配によって短期間で変容を示すポストフォーディズムの空間への変容と重ねることもできるかもしれない。柴田が優位性を示す系列においても、もう後者の空間による侵食を通しての捕獲を免れることはできない。従来、男性が主要に占めていた探偵のポジションを占めているのが「奇矯な」（ジョアン・コプチェク）女性であるというのも、もはやパロディとしてしか存在しえない「本格」的探偵ものとそれを支えていた都市空間の経験の消滅の、その徴候ではないだろうか。

たとえば一九九〇年代において、一九九二年に制定された暴力団対策法がどのような効果をもったかについてしばしば指摘されていることは、都市のなかに埋め込まれた、多様な力関係によって形成されていた多様な調整装置の解体と、それゆえの都市の空間性における混乱である。いうまでもなく、そこにはグローバル化の線が貫通している。たとえば、それは日本のやくざの抗争に、依頼された殺しのためだけに入国し、仕事を終えたらすぐに自国へと帰っていく――したがって警察には捕捉不可能な――新しいタイプの殺し屋のイメージとしてあらわれている。(3)『ケイゾク』の少し前に放映され高い視聴率を獲得し、この作品にもなんらかの影響を与えているはずのすぐれた刑事ドラマである『踊る大捜査線』にもこの変容は反映している。『踊る大捜査線』において、故いかりや長介演じるベテラン刑事は、戦後の自治体警察の影を帯びた刑事警察の理念的存在であるようにみえるが、もはや彼の居場所は失われていくばかりなのである。

空間2の論理は、物語内部だけに作用しているのではなく、一話完結と一話で完結せず、そして完結させたそのそばから、さらに特別編、映画編（『ケイゾク／映画編 Beautiful Dreamer』監督　堤幸彦）へと延長していく物語の形式としてもあらわれた。もちろんこのような延長は売れる商品だから、という側面がなくてはありえないのだが、しかしこの終わったようなそばから、一見、むりやりに「ケイゾク」していく展開は、このウラの物語の衝動をきわめてよく表現しているようにおもわれるのだ。

以下では、この「ケイゾク」について、黙示録的終末ではなく、あるいは、そうではなく「終わりのない日常」なのだ、といった見地でもなく、なぜカタストロフではなく死ねない生、あるいは死んでるのか生きてるのか不分明な生の継続なのか、という事態のいわば唯物論的基礎をかいまみてみたい。それはわたしたちが、あるいは空間2というノワール的空間がすでに「転調（modulation）」を旨とする力に捕獲されているのだから、と捉えてみたいのだ。というのも、「転調」の空間こそ、まさに「なにも終えることはできない」という性格をもつのであるのだから。

ここで、権力について、一般的な「他者の行為に働きかける行為」という定義をとってみよう。権力とは、いずれにしても他者の行為をコントロールする行為であり、コントロールする力である。しかしおそらく空間1から空間2への転換にはこの力のあり方の変化が背後にあるようにおもわれる。その転換を閾として、開かれた可能性のなかからある選択をなすように仕向けられた行為が、あたかも主体性と相関して開かれる可能性の領野を喪失した地平にあらわれる、すなわち憑依のようなおもむきを呈するようになる。つまりこの力がもう主体性という地点を通過しないで、それ以前の地点へと、すなわち潜在性へと直接に可能性の領野を短絡して通過していくようにもみえるのだ。そこの転回をここでは、力がその主要な働きを「鋳造（moulage）」から「転調」へと移行させるという点に焦点を合わせて捉えてみよう。

空間1：鋳造
空間2：転調

鋳造と転調という力の作用は、すでに示唆したように各々、質を異にする空間性を生みだすが、鋳造は個別的、離散的に作用し、閉じられた、あるいは監禁的空間を形成するのに対し、刻一刻とみずから形態変貌しつづける鋳造(un moulage auto-déformation)の作用である転調は、むしろ開かれた空間を形成するのである。(4)

2　ふらつく身体

真山と柴田は二つの異質な身体性をもっている。二つの身体とも、各々、ふらふらしていることでは共通している、つまり、ある種の「だらしなさ」を共有しているのである。柴田はジェンダー的要素をもちろんふくんだ「規範」をあからさまに逸脱している。勤務時間についても通勤途中に、通勤以外の事柄に没頭するあまり道草を繰り返すおかげで、ほとんど毎日のように遵守することがない。他方で、本来の勤務には最低限の力しか支出せず、ふらふらと重心の定まらない姿勢で、ストーカーのように私的なターゲットにしつこくつきまとい、街をただよい歩く挙動不審の真山についてもいえる。

しかし、各々の「だらしなさ」は質において異なっており、それは外からの力への応答と逸脱の方法において分岐している。たとえば、柴田は、頭をめったに洗わず臭いを漂わせており、洗うとしても石鹸を使っている(映画編)し、消費についても現代におけるそのノルムからははるかに逸脱している。たとえば、本には名前を書き込み、東大入学時に購入した大学のロゴ入り時計をいまだ愛用し、小学校の教材である地図をいまだ活用するという物持ちのよさなどは、現代に望ましい消費の習慣をもつ身体ではない。このような彼女の逸脱は、逸脱させるのはどんな力なのかを、逆に示唆している。すなわち彼女に圧しつけられているのは身体を特定の規範に向けてかたち取ろうとする力、いわば身体的な記憶に作用することで習慣をかたちづくろうとする鋳造的な力である。ホームズをはじめとした探偵＝刑事の「奇矯さ」は、ひとつには彼らが、こうした身体的習慣のもつ反復性とそれに加えられたわずかな歪曲やぶれからあるアイデンティティを特定する、つまり反復の流れを切断する立場にあることにかかわっているだろう。もう一つ付け加えるならば、彼女は、身体や消費にまつわって形成されている習慣に対して可能性の領野を維持し、そこにおいて選択する主体としてかかわっている。

他方で、真山は柴田のような身体上の習慣についての逸脱を示すことはない。その身体のふらつきは、決して、外から身体へと働きかける力への抵抗からではなく、むしろ、その働きかけられた力のゆえに生じたブレ、あるいは精神に働きかける力とその反動ないしは抵抗によってブレているというようにみえるのである。それは身体に作用する力に対する圧力と反動によるふらつきというのとは異なっている。注意すべきは、この物語において、真山のふるまいには、ある精神的な一撃とそのダメージがつきまとっていることがつねに喚起されているという点だ。徐々にあきらかになることだが、真山はビデオに撮影されていた妹の強姦とその直後の自殺した身体のイメージの断片によるフラッシュバックに頻繁に襲われ、それによってめまいを起こし、しばしば時間を錯乱させる。それによって、なにかが精神的な記憶として取り憑いているようなのだ。つまり、ここではやはり他者からの力が身体にも作用しているにしても、それは身体における「無形的／非物体的（incorporelle）」レヴェルに、なのである。真山のふらつきは、この非物体的レヴェルで生じている揺さぶりの結果なのだ。

しかし、この二つの異質な要素はきっぱりと二つの身体に配分されるわけではない。空間1が空間2に侵食されるのと並行して、柴田も真山を捉えていた力によって徐々に捕捉されはじめるのだから。『特別編』で、柴田は、もう一つの力にすでに捕らえられている。それは第一話の冒頭での真山の登場シーン――真山によるカラスの殺害をほのめかすシーン――での位置と柴田の位置が照応関係におかれている場面をみればはっきりとする。シリーズの最終回で死んだはずの連続殺人者《シリアル・キラー》（朝倉〔高木将大↓野口五郎↓不明の人物〕）がいまだ生きていることが示唆されるあと、夜の電車のわきで柴田が一瞬のあいだ錯乱し、そのあいだに無意識のうちに猫を殺害したことを、キャメラはその殺害のシーンそのものは捉えずほのめかすシーン。あきらかに柴田のこの動物殺しは、連続殺人者による暗示によるものであるが、逆に捉え返すならば、真山による動物殺しもある種の精神的な暗示あるいは一撃による派生的行動であることを示唆するものなのだ。

3　観察と露出

一見した印象とは異なり、柴田の私生活がほとんど不明である――そもそも物語はそれに無関心である――のに対して、真山の私生活はすべて剝きだしになっている。すなわち、柴田は古典的探偵のようにいまだ「観察する者」であり「見る者」なのである。空間1において、私的領域と公的領域はいまだ分割されているのだが、しかし空間2ではすでにこの分割線は蒸発してしまっている。真山刑事の身体のふらつきは、ふれたようにあきらかに精神的一撃、ということはトラウマによるものである。考えてみれば、トラウマとはまさにもっとも内密なものが外的なものに衝突する場所であるともいえるが、真山はこの物語のトラウマへの関心を通してすべてを剝きだしにさせられるのである。実際、シリーズにおいてはトラウマ的なものとは無縁であった柴田も空間2を支配する力によって捉えられはじめる特別編以降、トラウマ的な過去をしばしばほのめかされるようになる。

金田一耕助を参照したと推測される柴田刑事の頭と手の関係によって表現される外見への無頓着さは、視線のエコノミーにおける彼女の位置を示唆しているだろう。それに対して、柴田の無頓着さを気にかけ、指摘せずにはいられない真山には（「おまえ、頭、臭いよ」など）、基本的にスタイリッシュで、たしかにどこかナルシシスティクな雰囲気がつきまとう。実際のところ、真山は、自己認識においては、追う者であり監視する者としてふるまっているしそうおもい込んでいるのであるが、みごとに「見られる者」であり、すでに視線を投げかける前に視線によって貫かれた者なのである。真山の見る行為、監視の行為は、近代警察が非合法の領域に押し込めている衝動、すなわち復讐によって動機づけられている（ように少なくとも最終話までは描かれている）。そのために、警察さえ（あくまで公式的には、である——事実、第三話において真山たちは、依頼者＝犯罪者にそそのかされて容疑者のマンションに盗聴器をしかけるわけであるから——）被らざるをえない〈他者〉の）監視を免れているはずだ。つまり彼の視線は、江戸の街を暗躍する仕事人のように、見られることなく見る立場に、すなわち、窃視症的立場におかれねばならない。しかし、第九話で、真山は自室からいつものように望遠鏡で向かいのマンションの一室の連続殺人者を観察していると、その被観察者は真山に嘲るような笑いをみせながらその視線を向け返すのである。おまえはすでにまなざされているのだ、というわけだ。その瞬間、真山は錯乱状態に陥り、夢とも現実ともつかない「夢うつつ」(half awake)の状態で、高架下のトンネルまで朝倉を追跡し、ボウガンで殺害する(という幻想に陥る)。ある意味では、すでに第八話(「さらば! 愛しき殺人鬼」)のこの地点から、物語はこのような夢うつつの状態によって侵食されている。柴田の大学時代からの友人で朝倉の恋人でもある女性(西尾まり)は、朝倉の暗示によって、柴田にもその罪をなすりつけながら、それと同時に、柴田をひきつれながら次々と殺人をくり返し、この第八話の結末では、この信頼しきっていた友人こそが真犯人であることを見抜いてしまった柴田に謝罪をし、そしてこのところ自分が自分でないような感じがすること、だれか他者によって操られている感じがすることを告白しながらビルから飛び降りる。この悲劇的で衝撃的な結末からこのドラマのトーンは大きく変貌していくのだが、その異様さは、この自殺がまさに自殺でありながら強制されたものであるという印象によってきわだっている。この回から、真山は警察の内にありながらはっきりと警察に追われその存在を消されようとする立場――警察内部の不祥事を処理する秘密部隊であるＳＷＥＥＰによって――となる。

マンションの自室の裏窓から望遠鏡によって向かいのマンションの殺人者を観察している、

という設定はいうまでもなくヒッチコックの『裏窓』を彷彿とさせるが、観察している人間が観察される対象からまなざし返されるという展開も、『裏窓』と同じである。かつてスラヴォイ・ジジェクは、『裏窓』を分析しながら、裏窓からしょっちゅう覗き見をしているジェームズ・スチュアートが、まなざす対象から、殺人者によってまなざし返された瞬間のうちに、欲望から欲動へのギアチェンジの契機をみいだしていた(5)。ここにおいて、覗く者は、不透明で鏡映的イメージを与えることのないまなざしによって剝きだしにさらけだされることになる。そのとき、スチュアートの眼を引きつけていた謎めいた窓の向こうの深みは失われ、スチュアートはみずからが「絵画のなかの染み」へと転落し、そのスムーズな平面の背景のなかに溶解してしまうみずからの致死的な模倣の衝動(ここでの文脈でいえば)にさらされることになる。それまで観察されていた殺人者は、「汝の望むものはなんなのか?」という問いを体現する者となることで、ジェームズ・スチュアートに、みずからの認知されざる欲望、まのあたりにすることが自己の解体であるような欲望に直面するように強いるのである。

同じように、真山もまなざし返され、一瞬、錯乱を起こすことで、そのナルシシスティックなポーズがまなざしに対する危うい防衛だったことも判明する。観察している部屋には当の観察される者によって盗撮機が取りつけられていることがあきらかになり、まなざしているはずの真山はすでにずっと一貫してまなざされる対象であったことがわかる。そして、その朝倉のまなざしは、その連続殺人において、そして日常のふるまいにおいて、なにを求めているのか不透明な衝動を抱えた底なしの空洞にほかならない。朝倉と対峙するとき、真山はみずからの期待する意味をみいだすことのできないまなざしの空洞にさらされると、必死で頭をふって防衛をはじめるのである。朝倉のまなざしは、その瞳のなかにわたしを映し出すような鏡の性格を一切もっていない。そのような空洞を抱えた眼こそ、まなざされた者の存在を攪乱し、暗示を作動させるのである。この真山が観察する側ではなく、まなざしの対象と化してしまう第九話冒頭の決定的なモメントにおいて、物語全体の空間が移行したことをはっきりと示している。これまでは、その存在の孤独をほのめかすものであった真山のがらんどうの部屋（これはコプチェクのいうようにノワールの空間の特徴である）の金魚鉢は、そのなかの金魚は妹が縁日で買ってきたもの、妹の存在の痕跡であったことが示唆され、そこから真山が追跡し監視する連続殺人者とは、みずからの妹をレイプし自殺に追いやった張本人であることが想起される。ただし、この記憶は曖昧である。その後、真山をしばしば襲う記憶の断片では、妹が朝倉たちを誘い、交接に悦びを感じている場面、さらに真山がその妹をレイプする場面などがフラッシュバックする。これは朝倉の暗示による混乱であることも示唆されるが、このような記憶の錯乱は、妹を殺害した人間を監視し、そして法で裁くこととみずから認識されている真山の欲望を、あきらかに問いにふし、突きつけ返している。おまえは一体、なにを望んでいるのか、と。真山は、次々と謎の死を遂げていく朝倉のレイプ事件の共犯者たちを殺害した真犯人ではないかとして警察内部で疑われている。その疑いにおいて、真山こそが快楽殺人者とみなされているのであるが、実際、真山は殺人の衝動についてしばしば冗談めかして語り、ときに衝動的な暴力を発揮してしまうわけである。「俺はなにもやってない。なにか証拠があるのか、刑事なのに殺すのか」「ああ、殺すよ」。真山の行為は、暴力にかかわる際のその恍惚とした表情からも、あきらかに、二重の線によって規定されている。法的な次元での欲望と、その場その場での暴力や性的ファンタジーを享楽している欲動と。

4　擬態、暗示、記憶

空間1における犯罪者たちが、各々、動機と目的をはっきりともって警察を欺こうとする人びとであったのに対して、空間2で活躍する犯罪者は基本的にはただ一人の犯罪者、つまり「快楽殺人」をくり返す連続殺人者である。あのアメリカ合州国史上最悪の殺人者といわれるテッド・バンディ(6)は、スナップ写真のひとつひとつで、まったく印象を変えたという。バンディは「完全にカメレオン的な人物」であった。「完全な非人格性 nonpersonality への自己放棄こそが連続殺人者の署名であり、このマイナス人間の固有名詞である」(7)。マーク・セルツァーによれば、多数の研究が、連続殺人者の多くにこうした特性なき特性が存在することを指摘している。連続殺人者は決してアウトローではない。彼らは異常に正常（abnormally normal）なのだ。たとえば一九八三年に逮捕されたイギリスの連続殺人者デニス・ニルセンは、軍隊と警察に所属したあと公務員として職務をこなしていたが、みずからを「職業的に完璧な人間」と認識していた。彼は退職の年齢に逮捕されることを夢想していた。それはまさに、彼の公的生活のなかでの「他人―の―親密性（stranger-intimacies）」（これは彼が公務員としてとりわけ統計学化／情報化された人間を扱う職業にあることを意味している。人口の統計学化／情報化は独特の仕方で見知らぬ者のあいだの親密性を生みだす）と私的生活における「他人殺し（stranger-killing）」（（serial killing）という名のつく以前は英語圏では連続殺人はこのように呼ばれていた）とを同じコインの裏表として考えることだ。[8]ニルセンは「民主主義の機構」に身を捧げており、その献身は過剰なまでに進んでいく。「わたしの親友は海、空、河、木……である。わたしは自然環境と一体なのだ」。このニルセンの空想についてセルツァーは次のように分析を加えている。「〈自然〉との直接の縁組みの夢は他者たちの不分明のマスとの直接の融合、個人を犠牲にしたマスとの完全な融合の夢である……」[9]。こうした融合の形成する内的経験をセルツァーは「個人のなかのマス（mass in person）」と呼んでいる。連続殺人者は、その非人格性（nonpersonality）によって、マスを招き入れ、マスのざわめきのなかにみずからを解き放つのだ。

さて、まさに区役所職員である公務員の（オリジナル？）朝倉も、まさにこうした連続殺人者を特徴づける「非人格性」の系譜を正確に継承している。そしてこの「人格性」をもたない「がらんどう」であるということは、それによって、人格がたえず変容をくり返すための前提なのだ。実際、朝倉はなにをどうやってそんなことをなしとげたのかは不明だが、物理的に顔まですげ変えてしまい、べつの人物へと、しかもみずからを追うべきはずの官庁のトップ、すなわち警視庁の管理官（野口五郎）になりすましているわけだから。そして映画編では、またべつの人間に乗りかえた朝倉は、万人との融合への願望をしきりに語るのである

――「なぜ、一つになれないんだ！」(10)――。

マーク・セルツァーも指摘するように、連続殺人者のイメージはおそらく近年におけるわたしたちの社会で「愛好される」一つの中心的フィギュアであることはまちがいない。とりわけ一九九二年の『羊たちの沈黙』が一躍、表面化させ、かつ促進剤ともなった九〇年代における連続殺人者ものの氾濫の末尾にこの『ケイゾク』は位置している。この「個人のなかのマス」によって錯乱した連続殺人者という形象は、まさに転調という作用にまったく捉えられてしまった九〇年代のわたしたちの身体あるいは精神と共鳴している。連続殺人者のイメージは、わたしたちに潜在的にすでに生じている出来事に対応する個別化の一つの範例にすぎないのではないのか。もはや一つの仕事に、一つの職場に誇りをもち、一生をかけて勤め上げる、かつての国鉄労働者のような一本気な労働者イメージをいまやだれが理想としてもちうるだろうか？　もっと柔軟に、もっと変容して、そして順応せよ、これこそが八〇年代にとりわけ消費に即して目新しいメッセージとしてあらわれ、九〇年代に主体性総体をおおう支配的コマンドとなった要請にほかならない。

ラカンも『精神分析の四基本概念』で引いているロジェ・カイヨワの「擬態」についての意見によれば、擬態を生みだす模倣の衝動は、適応あるいは自己保存などといった機能をはるかに超えている。(11)擬態という現象には、まるで「空間の誘惑」が働いているかのようなのであり、他者との、そして物理的背景や文脈への個を犠牲にした「過剰同一化」、有機体とその環境の区別の溶解である。この現象をカイヨワはジャネによる「精神衰弱」の記述に引き寄せて、貪欲な空間の包囲、個の境界を貫通した侵食として捉えている。そのとき「身体はそれ自身が空間になったように、物を置くことのできない暗黒空間になったように感じる。身体は似ている。何かに似ているのでなく、ただ単に似ている」。[12] ただ単に似ている——人称性以前のこの模倣の衝動、模倣すべき目的、めざす鋳型に拘束されないたえまのない変容、このいわば「頭を欠いた」模倣衝動こそが連続殺人者をドライヴする衝動なのだ。[13]

朝倉の模倣とそれによる変容は、最終話（「死の味のキス」）において、もともとの朝倉自身を真山に撃たせるというアクロバットを可能にする。SWEEPから追われながらも、朝倉を追いつめ、拳銃を突きつけた真山に対峙する朝倉の顔はまったくべつの複数の若者の顔に二重写しにされ、真山はまたもやめまいを起こしてしまう。すでに顔をすげ変えてしまった朝倉の顔をもつその別人は、助けを乞いながらも、同時に暗示にもかかっているがゆえに真山を挑発する（「殺せ、殺せ！」）。しかし、一瞬のスキに何者かがこのニセの朝倉を殺害してしまうのである。この場面は、連続殺人者が連続的転調のうちに捉えられ、同時にその転調として作用する力を操作している存在であることをきわめて鋭く捉えているといえる。

空間1を主要な活動の場とする柴田は、物語が空間2によって徐々に支配され、真山そしてそれまでは脇を固めていた同僚たちが表舞台にあらわれるにつれその本領を発揮する機会も減り、脇の方へと退いていく。すでに朝倉が警視庁管理官に入れ替わっていたことを発見し、それを証明し、真山を救うのも、ふだんはうだつのあがらない、ただ穏便に退職の日を待ち望むだけの、かつての熱血刑事「ゴリさん」の変わり果てたすがたであるとほのめかされる係長（竜雷太）なのである。第八話からシリーズの最終話にいたるまで、朝倉の仕掛けた暗示が感染していくかのように異様な暴力は拡散していく。柴田と真山のまえでは、ときには彼らの手を実際に借りながら親しい友人や同僚、容疑者たちが、彼らを陥れるかのように、トランス状態のなかで次々とみずから死んでいくのである。このような感染と暗示に支配された空間2が空間1を覆い尽くすにつれ、すでにその冴えを活用する場をほとんど失い、右往左往し、書類を調査中に刺され昏睡状態に陥ったりしてしまう柴田も、最終話のラストにいたって、その居場所をすべて失ったかのように、朝倉の変転した身体である警視庁管理官の手によって殺害される。

ここにいたって転調の特性が一つあきらかになる。それは、遠隔性の作用なのだ。空間2の特異性を構成する転調の作用のうちには、「遠隔操作」、すなわち、「遠くからの暗示（suggestion à distance）」(14)がある。連続殺人者がめざすべき形態なき模倣の衝動に捕獲されていたように、転調の作用は、このような模倣の衝動もうごめく人称性の閾以下に拡がる（情動である）潜在的領野へと働きかける。空間2において、感染、暗示、模倣といった現象が前面に躍り出ることに注意しなければならない。そもそも、鋳造は相対的にリジッドなノルムに向けて潜在性を方向づけるが、転調は潜在性をダイレクトにコントロールするのであり、「現実の変容すべてを取り込むことのできる、順応性ある「開かれた」管理」なのである。(15)しばしば遠隔的に作用する暗示——たとえば、特別編で朝倉は冒頭から電話でだれかに暗示をかける——に捉えられた空間2での登場人物たちの身体のあり方については、服従（assujettissement）

というよりは隷属（asservissement）と捉えるべきだろう。おそらく、服従と隷属は、それぞれ鋳造と転調にほぼ対応しているのであり、先ほどふれたように、柴田と真山の身体性のちがいは、この服従と隷属のちがいに対応しているともいえる。(16)

ところで、このとどめをさされたかにおもわれたわが探偵＝刑事も、特別編では記憶を喪失しながら生きながらえたという設定で息を吹き返す。管理官へと転調した朝倉も同様にシリーズの最終回に真山に撃たれて死ぬのだが、特別編では、このときすでにべつの身体を獲得していて、結局、朝倉自身は生き延びたという設定になっている。このような登場人物たちのゾンビのような復活について、しかし実のところ、シリーズ最終話以降のすべてのエピソードはすでに現実ではないということもほのめかされる――特別編のサブタイトルは、Aya's Phantom である――。しかし、すでにシリーズの第八話あたりで、夢うつつの世界に移行しているとすれば、その夢か現実かを問うこともあまり意味がないかもしれない。重要なことは、ふれたように、すでに柴田の空間も空間2に侵食されてしまい、彼女自身、暗示に感染しているということである。シリーズ最終話でピストルを撃ち込まれ重傷を負った彼女は、一命は取りとめるものの、研修期間中の記憶のみを失っており、そしておそらく病室で朝倉にかけられた暗示によってしばしば操作される。

特別編のラストはおそらく一連の作品における最大のクライマックスであり、異様なまでの緊張感に包まれている。事件を解決したものの、犯人によって人質にされてしまった柴田署長（復活したのちに研修期間の記憶を喪失したまま八王子署の署長になっているという設定）は、しかし朝倉が示したある合図によって錯乱を起こした。犯人に人質にされた彼女は、この錯乱した犯人の自殺を合図にみずからも自殺の衝動に感染してしまう。そのときにシリーズの最終回とは位置が反転して、真山がみずからを犠牲にして柴田を救いだすのである。荒唐無稽なSF的手法を駆使しながらアイデンティティを変貌させつづけ、殺人というビジネスを次々とこなしていく朝倉によって、その周りの人間は多くが暗示にかけられ、記憶を錯乱させられ、トランス状態のなかで操られてしまうのだ。

この空間2において展開される物語の主要なテーマははっきり記憶である。先にふれたように、真山は、朝倉の暗示によるものとおぼしき記憶の錯乱にしばしば見舞われる。そして彼は、シリーズの後半において朝倉の犯罪の罪を負わされて警察内の秘密組織から逃亡の最中に柴田に対して、次のような哲学的なアドバイスをおこなうのである。「真実なんてのはな、本当は存在しないんだよ。曖昧な記憶の集合体で、それが真実の顔をして堂々とのさばっているだけだ。だから、その記憶の持ち主を消せば、真実なんて消えてしまう。朝倉はそのことを知っていたんだ。そして朝倉自身を消した」(17)。この真山の言葉には葛藤が内在している。そこにはたしかに真実へのシニシズムが漂っているが、それと同時に、記憶の抹殺や修正に対する怒りや、抹殺や修正がふみにじってしまう真実への執着もあらわれているではないか。この真山の言葉のニュアンスを捉えることができず、真実に対してナイーヴな姿勢を崩さない柴田は次のように応じることしかできない。「真実は必ず一つなんです」――とはいえ、考えてみれば、そもそも探偵は、このいわば問われざる真実についての真実こそを保証し、守護する者であるのだから、ここで抗うのは当然のことだが――。そんな柴田が、空間2においては事態に引きずり回され影を薄くするのに対し、まさにこの真実と記憶のステイタスが根底から問いかえされる磁場に真山は足をふみいれている。九〇年代の主要な思想的テーマの一つは、「歴史」の問題をめぐって照準された記憶にほかならなかった。「歴史修正主義」との対峙は、記憶の「修正」にかかわる抗争としてあったのである。この刑事ドラマとそれは一見、遠いようにみえるけれども、同じ磁場を共有しているようにみえる。つまり、ついに転調によってすみずみまで捉えられたわたしたちの生という磁場。なるほど、**鋳造**についても、**転調**についても、それらを強いる力が主要に働きかけるのは、生である（あいかわらずわたしたちは生をねらう力によって捕獲されている）。だが、前者のねらう生が生物学的な生だとしたら、後者のねらう生は主要に記憶としての生なのだ。[18]記憶の「修正」との闘いとは、同時に、この転調によって捉えられた空間におけるあたらしい闘いでもある。まさにゼロ年代の右翼ポピュリズムは、この転調の力によって促進される記憶をめぐる修正主義を突破口として繁殖していった。[19]そしていま、記憶をめぐる修正主義は、表向きの政治的立場は問わず、もはや常態として拡散しつづけわたしたちの生を捕獲しつづけているのだ。[20]

まとめ、あるいはケイゾク？　あるいは挙動不審者の連帯

『ケイゾク』における二人の主人公が、ともにそれぞれ質的には異なるが挙動不審者である

という点に着目したい。二人とも文字通り街頭をふらつきながら漂い、幻想に突き動かされ、あるいはそれに抗いながら、外の力に無防備にさらされつづけている。彼らは各々、強いられた暗示からの覚醒を、「夢うつつ」(half awake)、あるいは白昼夢の状態のなかから、それにみずからの特異なペース、特異な時間性を与えることによってみいだしながら——「おまえとなんか一つになれるか」——、「悪しき状況」のなかを生き延びるのである。抗う者たちは、かくして挙動不審者となるのだ。

終わりに次のようなある人類学者の言葉を掲げつつわたしたちも次につなげていこう。

精神的憑依はしばしば恵みの力によって憑依されることを含意し、悪しき状況を良き状況に変容させることを含意しているのです。こんな中間状態のなかに希望の場所を考えてみることは、とても興味ぶかいことでしょう。(21)

註

（1）このオモテの部隊が解決できなかった一件書類を保管し、そのおこぼれの事件の解決にあたる、地下に設置されたお荷物部署という設定は、『Xファイル』を彷彿とさせる。『Xファイル』がアメリカ合州国の九〇年代にもった意義については、Peter Knight, 2000, *Conspiracy Culture: From Kennedy Assassination to The X-Files*, Routledge. を参照せよ。

（2）この点については、Joan Copjec, 1994, *Read My Desire: Lacan against the Historicists*, MIT Press.（＝一九九八　梶理和子、下河辺美智子ほか訳『わたしの欲望を読みなさい——ラカン理論によるフーコー批判』青土社）の第七章を参照せよ。

（3）たとえば、猪野健治『暴対法下のやくざ』ちくま文庫をみよ。

（4）Gilles Deleuze, 1990, *Pourparler*, Minuit.（＝一九九二　宮林寛訳『記号と事件』河出書房新社）、242：二九四。

（5）Slavoj Žižek, 1993, *Tarrying with the Negative: Kant, Hegel, and the Critique of Ideology*（＝一九九八　田崎英明、酒井隆史訳『否定的なもののもとへの滞留』太田出版）、訳三〇六—三〇七頁。

（6）バンディは一九七〇年代に犯行を繰り返した連続殺人者である。ＩＱ一八〇といわれる頭脳と、だれもが好感をもつ端正な容姿をもち、凶悪な連続殺人者でありながら、アメリカ合州国では人気を獲得した。刑務所に収監されたのちも、三度も脱走をくり返し、そのうち二度成功し、そしてその際、殺人もおこなっている。警察によればその殺害者数は一八人ということだが、当人の弁では一〇〇人以上を殺害している。

（7）Mark Seltzer, 1998, *Serial Killers: Death and Life in America's Wound Culture*, Routledge. 12.

（8）「この途方もない典型性／一般性（typicality）は、二つの同一化あるいは過剰同一化の形態とは不可分であるようにおもわれる。すなわち主体の他者との過剰同一化と、場所との過剰同一化。一面では、「他人殺し」は他者との親密性にもとづいており、それはひるがえって統計的コミュニティにおける統計的諸個人の近接性に、マスメディア化された消費者の公共領域に生まれた透過性の論理や平等の幻想にもとづいている」(Seltzer, *Serial Killers*. 43)。

(9) ibid., 19。

(10) 製作者たちによるとここには『新世紀エヴァンゲリオン』の影響とそれに対する批判的応答があるということである(『TVぴあ臨時増刊　ケイゾク／雑誌』ぴあ、二〇〇〇)。ただし映画編については、孤島という設定が、それまで舞台を都市という環境においていたがゆえに維持されていた緊張感を弛緩させたという印象は否めない。人工的につくられた閉鎖空間が、それまで開かれた都市的環境ゆえに生まれていた開くことと閉じることの絡み合いから生まれる複雑性をやや単純にしてしまったようにもおもわれる。たとえば孤島のような閉鎖空間では空間2を支配するような幻想性が「脳内世界」(母体回帰)のような発想へと、それ(つまり『エヴァンゲリオン』的テーマ)を批判するにしても還元されてしまう傾向がある。このような発想はそれ自体ではあまりユニークなものではないが、シリーズから特別編にかけて、そうした問題設定が都市環境の生活のなかにぶつけられることで、独特のリアリティを生みだしていたようにおもわれる。

(11) ラカンがまとめているように、擬態についての適応理論は、擬態が効果的であるためにはたとえば昆虫の擬態のための変態は一挙になされねばならないこと、そして擬態によって守られているとされる昆虫もそうでない昆虫も鳥の胃のなかから同じようにみつけられることという点によって否定される。Jacques Lacan, 1973, *Le Séminaire, Livre XI: Les quatre concepts fondamentaux de la psychanalyse*, Seuil (=二〇〇〇 小出浩之訳『精神分析の四基本概念』岩波書店、九七)。

(12) Roger Caillois, 1958, *Le Mythe et l'Homme* (=一九八三　久米博訳『神話と人間』せりか書房)、一一七。

(13) Selzer, *Serial Killers*, pp. 50-51。

(14) Gabriel Tarde, 1901, *L'Opinion et la Foule* (=一九六四　稲葉三千男訳『世論と群集』未來社)の一五頁を参照せよ。タルドによれば、群衆から公衆を分かつ指標の一つが、群衆が肉体的接触による直接の暗示から形成されるとすれば、公衆はメディアを介した間接的な暗示によってかたちづくられる点である。

(15) Didier Ottaviani, 2003, 'Foucault-Deleuze: de la discipline au contrô l', in *Lectures de Michel Foucault Volume 2*. ENS Éditions., 67-68。

(16) ここでの服従と隷属の概念的区分については、ドゥルーズ＝ガタリ『千のプラトー』を参照せよ。彼らは、中世から近代化にかけて徐々に隷属に服従が置き換わってきたというが、その趨勢の逆転、すなわち隷属の回帰が生じているとして、それを「不変資本の比率のオートメーション化による増大」という文脈、つまり、「資本による実質的包摂」の文脈においている。この服従と隷属の区分については次のように整理される。「隷属とは、人間みずからが、上位の統一性による管理と指揮のもとで、人間同士で、あるいは他のもの（動物や道具）とともに合成する機械の構成部品になっている場合に現われる」。一方、服従とは「上位の統一性が、動物であろうと道具であろうと機械であろうと、外部のものとなった対象にかかわる主体として人間を構成するときに現われる」(Gilles Deleuze, Félix Guattari, 1980, *MILLE PLATEAUX*, Les Editions de Minuit（＝一九九四　宇野邦一訳『千のプラトー』河出書房新社、五一二）。

(17) このように個々人にとってもっとも親密なはずの記憶や幻想さえ他者（「資本」）によって植民地化され、創造されたものである、という設定こそ『ブレード・ランナー』にはじまるネオノワールを特徴づけるものであると指摘したのはジジェクであるが、この点からするならば、『ケイゾク』はこのネオノワールの系譜に位置することはあきらかである。Žižek, *Tarrying with Negative*（『否定的なもののもとへの滞留』）二二一―二二三。

(18) Maurizio Lazzarato, 2004, *Les révolutions du capitalisme*, Les empêcheurs de penser en rond/Les Seuil. 80-81。ラッツラットはここで、記憶や注意をその対象とする新しい権力関係を noo-politique と呼んでいる。管理の技術の総体である noo-politique は、「記憶やその潜在的力能をコントロールするために、注意を包摂しながら、脳に働きかける。記憶の転調は noo-politique のもっとも重要な機能なのである」。

(19) 右翼ポピュリズムについての分析は、最近の社会思想におけるトピックの一つであるといえる。とりわけ、Ernesto Laclau, 2005, *On Populist Reason*, Verso. の第一部では、ル・ボン、タルドらの集団心理学の理論が再検討されており興味深い。

(20) たとえば道場親信『占領と平和』(青土社)は、近年になって台頭してきた、反戦平和にまつわる知的言説のなかでのカジュアルな歴史の改変について詳細に検討している。

(21) Mary Zournazi, 2002, *Hope: New Philosophies for Change*, Routledge におけるマイケル・タウシグとの対話からのタウシグの言葉。

補論２　「しがみつく者たち」に

昨年（二〇一一）の三月一一日からこのかた、日々、やりきれなさと怒りをおぼえつつ、未来をのぞむよりは、過去へ過去へと遡行する衝動をおさえられないのは、筆者だけではないとみえて、事例はただ一つなので恐縮なのだが、自宅の近隣にある古本屋――以前より水俣病関連の書籍の棚を充実させている――の主人は、昨年の三月一一日以来、水俣病についての本が劇的なまでに売れているというのだ。

いま水俣病の「発見」から現在にいたる過程を追尾すると、この一年で起きた信じがたい出来事の数々、吐きだされた驚くべき言葉の数々の似姿がそこにことごとくみいだされるため、いやでも既視感をおさえることはむずかしい。かつて、その出来事の経緯を学ぶことが多少なりともよそよそしい時系列の後追いであったとしたら、いまはより生々しい実感をともなって追尾することができる。おそらく、水俣病についての本を求める人たちも、おなじ気持ちであり、そこから現在を理解し、これから起きることを予測し、そのためになにが問題であるのか、どう行動すべきなのか、それを、くみ取りたいのであろう。いつの時代であっても、危機的事態への直面は、わたしたちをして過去へと遡行させる。チッソや行政との闘いの過程で、あるいは、日本各地で「公害」が次々と問題とされるなかで、一九六〇年代終わりから七〇年代にかけて、人々は足尾鉱毒事件と谷中村強制収容に遡行していた。それらの出来事も追尾してみるならば、田中正造の明治天皇への直訴のような人目につく時代的色合いをのぞけば、とても既視感なしには読むことができない。問題を最初にあきらかにした県知事を左遷し、被害があきらかになっても行政は動かず、業者と癒着というより一体化した政治家も動かず、御用学者は問題を矮小化し、農民たちの抗議はメディアによって犯罪視され、田中正造ら支援者の活動は社会主義者の扇動と非難され、警察によって激しい弾圧にさらされた。鉱毒除去のための施策はまやかしで、そのまやかしをもとにした示談契約書には今後一切苦情を申し立てないとの項目があった。それでも、ふつふつとわき起こる世論に対応するために行政は御用調査会をつくるが、そこで鉱毒問題を治水問題にすりかえ、住民たちを分断し、標的となった谷中村に貯水池をつくることで目先の隠蔽をはかるべく一村まるごとの買い上げをはかる。肥沃な土のもとで営々と農を営んできた村人たちは抵抗するが、カネの飛び交う激しい切り崩しのなかで、その団結は次々と突き崩され、たがいに憎み合うことになった。本質的になにが変わっているのか。二〇一二年のいま、「真の文明は、山を荒らさず、川を荒らさず、村を破らず、人を殺さざるべし」という田中正造の一喝以上に、わたしたちのおかれたこの状況の本質を射貫いている言葉はいまだないという事情がそれを裏づけている。

それらはいまでは環境問題として一般的に括られるわけだが、もちろん、その「環境」には、密接不可分のものとして労働あるいはもっと広くいうと生業という問題がその中核にふくまれている。足尾鉱毒事件でいえば、それは関東一といわれた肥沃な大地上での農の営みの問題であり、農民と土地の結びつきの解体という出来事であった。谷中村の強制撤去とおよそ同時期、足尾銅山で大暴動が起きていることも忘れてはならないだろう。銅山における囚人をも動員した苛烈な労働と、生態学的汚染による農民の土地からの剝奪とは、進行する同じプロセスの表裏であった。水俣でもそうである。それは漁民と、海の結びつきの解体であった。またそこでも、水俣病の「公式確認」と有機水銀説によって企業責任があきらかにされた――チッソはこの時点では認めていないが――すこしあとに「安賃闘争（安定賃金闘争）」という当時「第二の三井三池」とも呼ばれた地域全体を二分する長期にわたる争議が生じ、その敗北の過程から、企業側の防波堤として動員され患者側と分断されていたチッソ労働者は水俣病患者との連帯の模索をはじめている。

偉大なる文明史家ルイス・マンフォードを信じるならば、人類が最初に賃労働なるものを経験したのは鉱山ということになる。しかし、当初、鉱山での労働は、賃労働者のものではなく、捕虜や奴隷、そして囚人のものだった。土牢のごとき暗闇に封じられ死の恐怖に耐えながら肉体を不自然な形態で酷使せねばならず、しかもその果実がありやなしやも見通しがたいという鉱山の労働は、かれらの知るあれこれの労働に比較して、あまりに非人間的なものであったからだ。

よく知られているように、江戸期、佐渡金山の労働には無宿人が用いられていたし、その過酷さは人をして震えさせた。足尾銅山では、明治初期から囚人が労働力として用いられ、古河に経営が引き継がれて以降もその活用はつづいた。三池炭鉱では、一八七三（明治六）年から一九三〇（昭和五）年まで囚人の労働力が投入されていた。一八八八年に三池炭鉱は、三井に払い下げられるが、この年でもいまだ、全労働力の六九％を囚人労働が占めている。坑口には監視役が鉄砲をもち、逃亡者を発見したら、即座に鉛の弾を撃ち込むよう指示されていた。監獄から一束に鎖につなげられて頭に籠をかぶせられ地中へともぐる、かれらのその異様な光景は、ある世代の大牟田の人々の記憶に昏い強い刻印を残していた。

それもふくめて、鉱山の労働はこれまでの人類が知らなかったいくつかの特徴をもっていた。まず、述べたような労働における人間的要素の無視がある、次に近隣環境の破壊や汚染への無関心、そして生産過程への集中による生態学的・（教会などの）精神的環境からの隔絶である。これらの要素はすべて相互に陥入しあっていた。たとえば、隔絶によって構成された地下の人工的環境――わたしたちがここでいう「環境」の誕生――は、昼夜を知らぬ長時間労働を生んだ。これらの特徴は、わたしたちの知る産業労働の特質そのままである。鉱山労働は近代資本主義の初発の発展にむすびつき、それに対して膨大な富による基盤とそして動力を与え、さらには資本主義的開発のパターンを提供した。マンフォードはこの近代資本主義の発展の文脈に、長期にわたって形成されたわたしたちが機械の部品のように全体に組み込まれる支配の仕組みと、それに服従する態度、すなわち機械的隷従をみているが、その古代王権の土木工事に淵源を求める壮大な歴史的展望はここでは措いておこう。やがて、それらの条件はほとんど変わらぬままに、賃金労働者が奴隷や囚人に取って代わるのである。

わたしたちは、佐渡の金山はいうまでもなく、近代以降、長崎の高島、端島（軍艦島）、崎戸のような隔絶した島――鬼ヶ島とか監獄島と呼ばれていた――の炭鉱でこそ、自由なはずの労働者がもっとも奴隷的に扱われ、その労働ももっとも過酷であったことを知っている。なぜこのような過酷さが可能であったのか。そこに、自由であるはずという前提と、奴隷同様に扱うという実態を受け容れ可能にする文脈として、外国人労働者の導入、あるいは植民地的支配と差別（レイシズム）の利用が当初からつきまとった理由がある。

わたしたちはこの文明史家の示唆にしたがって、賃労働の起源に想いをはせてみよう。わたしたちは賃労働を労働のただひとつの形態として、あるいはそうでなくとも、労働の本質を内蔵するものと認識するよう、おもい違いを日々せまられている。しかし、歴史的に賃労働のその導入は、簡単なものではなかった。多くの働く人々にそれは、耐えがたいものとして経験されていたのである。賃労働によって、かれらは、われらのものではない場所で、われらのものではない手段で、われらのものではないモノをつくるために時間を他者の自由に貸し与えねばならない。土、海、川、すなわち「世界」から切り離され、形成された「環境」のうちに投げ込まることを前提としている。それは正確に、みずからの労働を「抽象的労働」へと変態させることであったが、そのことは奴隷主が奴隷を購入するさいに目当てとしているものと同じであった。なぜなら、この前提こそが買い上げた労働力をその目的がなんであろうと自由に使いこなす権利を奴隷主に与え、購入された側には労働と隷従をむすびつける基礎であったからだ。ほとんどの社会で、当初、賃労働が「賃金奴隷制」として捉えられたのはそのためである。奴隷制史家がつとに指摘するように、奴隷貿易のもっとも活発な場所は、自由の哲学をもっとも謳歌した場所でもあった。奴隷労働こそ、近代的自由、抽象的自由の観念の裏側につねにひそんでいた薄暗い闇であった。

わたしたちは日本資本主義の発達史において、その軌道を猛烈な速度で通過する蒸気機関車の蹴散らした線路脇に積み上げられた一筋の主題があるのに気づくだろう。そこに浮上してくるのは、土に、海に、川に「しがみつく者たち」という光景である。谷中村において、札束と暴力による切り崩しにめげずとどまり、ついに強制収容で住居を破壊された残留一六軒であるが、そのあと洪水のなかにあっても掘っ立て小屋に寝起きし土地にしがみつく最後の村民の姿は、かれらに最後まで寄り添い、移住地を探して奔走する田中正造にすら戦慄を与えた。また、水銀による汚染がわかっていても魚を食べつづける「栄華」と呼ばれたみずからの生業の歓びを手放さない漁民たちは支援者にもとまどいを与えた。そして、ある人はまた、強制収容に抗して築かれた砦に「日本農民の名において収容をこばむ」と刻んだ三里塚の農民たちのことも想起するだろう。現在進行形で、原発建設をめぐって祝島の漁民たちは長いねばりづよい抵抗をつづけている。そしてなによりも、わたしたちはその現代史を強制収容の歴史として刻む沖縄を忘れてはならない。あげていけばそのリストは果てしないはずである。おそらく、より無名ではあるが、おなじようにわが土、わが海、わが川から立ち退きをこばむ人々の長い列がある。日本の近代史にはいま現在にいたるまで、この「しがみつく者たち」の長い列——悲嘆にくれ、怒りや憎しみにかられ、あるいはあきらめ、途方にくれるその姿が埋め込まれている。そして、すでに土も川も海も喪失し、賃労働者へと変態（その変態が正規、非正規、失業の前提である）を遂げたわたしたち都市市民には、その「しがみつき」はおのれの損得もわからぬ愚直な頑迷牢固とみなされ、今にいたるまで嘲笑されてきた。しかし、ここになにが賭けられていたのだろうか。鉱山労働が、当初、囚人のように、すでに大地や海、川から切断され、支配する者の意のままになる人間によっておこなわれたということからすれば、それは、奴隷、囚人、すでに「世界」を喪失した者の持ち分だったということになる。もしそうするならば、賃労働者（あるいは賃労働の失業者）たる現代都市の民たるわたしたちの多くは、農民、漁民の末裔ではなく、奴隷や囚人の末裔ということになる。土も火も海も川も、わたしたちの生活からはほとんど切断された。かわりに与えられたのは汚染まみれの「環境」であった。汚染の実態を隠蔽しつつ、陰に陽に圧力をくわえながら人々の移動のハードルをあげ、避難を食い止める所業は、そのおなじ歴史の裏面である。

炭鉱労働についての話を出したのは、昨年の福島第一原発事故以降、原発労働者に一定の眼がむけられ、その実態の一端があきらかになるにつれ、想起されたのがそれであったからだ。石炭は、初期日本資本主義発達史そのものの動力であり、炭鉱労働はしたがって日本資本主義そのものを支える場であり、資本主義そのものの範型も提出しながら、特異なものとして展開するという歴史をもった。福岡は遠賀川流域の筑豊地域は、かつて豊富な炭鉱によって、石炭という日本資本主義そのものの動力を提供していた地域である。昨年、それ自体驚くべきことだが日本最初のユネスコ世界記憶遺産に選ばれたのが元坑夫の山本作兵衛によって描きつづけられた膨大な数の炭鉱の記録絵画である。戦後十年もたっても戦前の「圧制ヤマ」の労働や生活を執拗に描く山本作兵衛は、みずから述懐しているように、当時からその情熱を不可思議なものとみなされていたが、わたしがしばしば筑豊を歩いてつねに感じるのは、この過酷で残酷な日本資本主義の要石であり捨て石であった労働とそれにつきまとう暴力や差別の屈辱に対する、わたし自身のどの経験からも測定不可能であるような深い憎悪や嫌悪とともに愛ともみまがうような執着をともなう情念である。それは、おそらく戦後思想史の一つのピークを形成する、炭鉱の暗闇から生まれた記録文学や思想の作品群からも、山本の作品それ自体からも感じ取ることができるものだ。

よく知られているように、一九五〇年代はじめの朝鮮戦争による特需をピークに、炭鉱から石油へのエネルギー転換の国策によって炭鉱は閉鎖があいついだ。それは、大油田の発見やそれに伴う世界的な産業の高度化などという動向に重ねて、日本資本主義が、みずからに内蔵した土台が同時に強度の諸矛盾の集積する危うい闘争の基盤であることから逃避し、その動力を海外に求めるという利点ももっていた。石炭から石油への転換点のちょうどその時期に、日本でも、アイゼンハワーの「平和のための原子力」宣言とその文脈にある冷戦的核管理政策にともなう、原子力エネルギーの発電への応用が開始されている。それは、厳密な産業的要請にもとづくものではなく、国家とその軍事的野心に直接につながっていたが、そのことは、近代資本主義の非市場的構成をよりよく示唆するものにおもわれる。

原子力発電は、鉱山とは異なり、その立地は自然条件よりも、より多く社会的条件に左右された。つまりその立地は、戦後日本の不均等発展を直接に反映し、その相対的に「弱い環」に集中した。だが、労働の非人間性、隔絶、汚染といった特徴は、鉱山からそのまま引き継いでいる。したがって、それはやはり、立地周辺の人々の生業を、土、川、海から引き剝がすかたちですすめられたし、いまも、そのようにしてすすめられている。発電所の内部では、必然的に生命の危険をともなう安全性への配慮の乏しい過酷な労働であるために、使い捨ての不安定労働にゆだねられ、幾重もの下請け構造が構築され、「暴力団」による手配がおこなわれピンハネがあり、困窮者を集める、事故は隠蔽など、という構造がみてとれる。建築は、地方の困窮につけこみ、住民の抵抗を札束と暴力で分断し、たがいの不信と憎悪を持ち込んだ。原発労働者には、廃坑になって職を失ったかつての炭鉱労働者が多く活用された。ここにもまた既視感がある。

しかし、一方で、いくつかの果敢な記録からの表面的な印象にすぎないのだが、労働過程をみると、対照もきわだっている。そこに炭鉱労働者が怨みや歓び、欲望を刻んだ幾多の唄も踊りもなく、また、上野英信が克明に記録した地中のなかで、ほとんど裸に等しい男女のかわす猥雑な馬鹿話に崩れるような高笑いも聞こえてくることはない。堀江邦夫が福島第一原発で働く元坑夫の言葉を書き留めている。その元坑夫がいうには、それまで炭鉱で落盤やガス爆発、幾度も死ぬ目にあってきたが、もっとも怖ろしい経験は原発労働のものである。なぜなら、そこは落盤を予知する背中に落ちてくる土砂の加減、ガス爆発を知らせる臭いや振動がない。危険の深度を触知するものがなにもない。しかも、現場では放射能のために飲食はもちろん、大小便も、汗をぬぐうこともできない。そこでは、じぶんたちがなにをしているのかもわからない、みずからの身体になにが起きているかもわからないのである。そこでは労働は、「世界」のみならず、炭鉱における「環境」すら喪失しているのだ。しかし、それは、危険や過酷さにおいて飛躍的な断絶があるにしても、考えてみればわたしたちの多くの働くあり方そのもののことかもしれない。たしかに、わたしたちの働く場をみわたしても、わたしたちのものであるような唄も、高笑いも、濃密な共有の感覚もそこにはない。

こうした原子力発電が範型となる時代の社会や労働の種別性をこまやかな分析にふすのは、ここでの手に余る（その点については、たとえば矢部史郎『原子力都市』［以文社］などを参照してほしい）。そこに歴史的な断絶や飛躍があるとしても、いずれにしても、わたしたちは歴史的な反復の罠に捕らえられたままである。もちろん、一つ一つの出来事は、そのかけがえのなさをもっている。福島第一原発の事故は、その汚染の規模や災厄の範囲がほとんど見通しがたいほど深く広いであろうという点でもきわだっている。それがもつであろう世界史的な意味も考察しなければならない。しかし、おそらくわたしたちの経験と記憶のうちにかすかに刻まれているなにかが、その執拗なくり返しを認めるようにせまってくる。3・11以降、あらためておもい知ることになったこの長い既視感から浮上してくるのは、わたしたちの生に対して主導権を握っている者たちのわたしたちの生への恐ろしいほどの全般的な無関心であり、それを白日のもとにさらけだすしばしば稚拙である嘘や隠蔽をしてもひるまない無神経さと残酷さである。この心性とそれをやむことなく生産するこの社会の仕組みは、田中正造を幾度も怒りと嘆きに七転八倒させたものと本質的に変わらない。ここからすれば、生の権力とは、生の政治とは、なんと人を誤った道に導いてしまう概念であることか。

炭鉱労働は、もう一つ、資本主義の核心にまつわるおもい込みを形成した。厳しい営みによってしばしば巨大な富を形成する稀少であるモノを採取するこの仕事は、労働過程において支出された労苦が、金銀、石炭のように稀少性にもとづく価値を生産するのだ、という神話、つまり、価値を稀少性と労働にむすびつける近代に固有の思考の型を生みだした。それで想起されるのは、一九世紀の後半、ただ労働のみが富と文化を生産するとドイツ労働者階級がその綱領に書きつけたとき、カール・マルクスがそれをいましめたことである。この発想は一見したところの「親労働者」的みかけとは異なり、ブルジョアジーのものである、とマルクスはいう。自然を越えた創造力を労働に付与することは、なにかを隠蔽している。すなわち、みずからの労働力以外の財産を所有しない者は有産者になりあがった者たちの奴隷になるしかない、という事態がそれによって隠蔽されるというのだ。かれは、『資本論』第一巻において、賃労働そして賃労働者そのものの形成史として、人間がその営みの「前提たる」大地と大地の産物を喪失し、その結果として隷従にいたる血塗られた抗争を詳細に描いた人でもあった。

そのおよそ半世紀後、おなじドイツのユダヤ人哲学者（ヴァルター・ベンヤミン）は、そのマルクスのいましめから出発して、未来というものの罠について警告した。過去の世代の憎しみによって養われず、自然の搾取を労働の成果と取り違え、技術的進歩と未来に解放のイメージを託する者は、必然的にコンフォーミズムひいてはファシズムにたどりつくと。その戯画を、わたしたちは国家企業と一体化し、原子力発電に猛進することになった労働者階級(労働組合)にみることになる。過去の世代の線路脇に積み上げられた憎しみこそ、現在の危機の深度をあますところなくわたしたちに触知させ、現在の危機をたえず低く見積もるようせまる圧力、ふたたびくり返しの連関にわたしたちを挿入する圧力から、わたしたちを逃れさせ生きのびさせるであろう。

資本主義には記憶も過去もない。しかし、それは「小さな物語」をたえず生み出しながら、その都度、過去と未来を生成させ、記憶を捏造し、おなじものを、あたらしい装いでもって永遠にくり返すのである。3・11以前であろうがそれ以降であろうが、このくり返しの地獄を脱却することなしに、わたしたちの未来はどこにもない。

統治、内戦、真理――『自由論』への一八年後の自注

――『自由論』は公刊が二〇〇一年ですから、すでに一八年たちました。それ以降、さまざまな変化、あるいは連続性があるとおもいます。

いまふり返るならば、この本にはおおまかにいって二つの線があるようにおもいます。一つは、ミシェル・フーコーの作業の意味を理解しようとつとめながら、それとともに現在を理解するための道具にしていくこと。二つは、マルクスのラインで、これはとりわけポスト・オペライスモのマルクス派に依拠しながら、力への応答としての権力、抵抗への応答としての支配秩序といった理論的立場を明確にすること。つまり、「抵抗が先立つ」というフーコーのあいまいな言明を、より明確にして、より強く分析の支点とすること。当時は、「ニューライト」とか「ポストフォーディズム」という概念も鍵概念として使用していますが、基本的には、統治術ないし権力行使の様態としてのネオリベラリズム論であり、それを資本主義分析という重しをつけながら（マルクス的契機です）おこなうという構成になっているようにおもいます。

読み返すと、とにかく強迫観念のようにさまざまのテキストや文脈をくり出していて、ほんとにつらくてかなわないのですが。これは『現代思想』というような商業出版で公開性の

高い場が強いる緊張もありました——とりわけ、当時三〇歳そこらの「若手」にとって、こうした場はおそらくいまよりはるかに敷居が高かったとおもいます——が、切迫感といってもいいようなものもあったとおもいます。あとがきにも書いてますが、この時代、とにかくネオリベラリズムというタームすら日本語圏では、ほぼ浸透していませんでした。でも、そうみなされて世界的に分析されている状況は、この日本にいるわたしたちにとっても切迫していると感じられました。つまり、批判的知の系譜に属する非日本語圏のさまざまの論説においては、ネオリベラリズムはもはや欠くことのできない中心的テーマで、さらに、そこでいわれていることは、まさに自分たちのいまの経験を解き明かそうとしているようにみえたのです。本文中にいっているから、くり返しませんが。いまおもえば、なにかをいうにも文脈が日本語圏ではほぼ不在なわけですから、一つのことをいうにも、文脈から自分で構成しなければならないという条件があったとおもいます。つまり、コンテキストをつくりながらテキストを作成しなければならない、ということで、手数が増えるのは仕方がなかったというのでしょうか、そういう状況もあったとおもいます。

——フーコーがネオリベラリズムを論じていることも、ほぼ知られていませんでした。

そうです。本文でもあげていますが、統治性をめぐるフーコーの議論については、日本語圏では重田園江さんなどの研究としてわずかに出始めたばかりでした。まさに、この『性の歴史』第一巻の公刊された一九七六年からの数年、フーコーにとって「危機」といわれた時代に、「権力から倫理へ」というかたちで要約されていた変貌のなにかがあったわけです。

いまでは公刊物も充実していてわかりにくいとおもいますので、当時のフーコーをめぐるテキストの公表の状況に少しふれておきます。フーコーの主要著書以外の、生前にすでにほぼ公刊されていたテキスト、インタビュー、小論文、書評、講義概要などを集めた『言われたことと書かれたこと（Dits et Ecrits）』はすでにすべて刊行されていましたが、『思考集成』というタイトルを与えられた日本語訳はⅦ巻まで、つまり一九七八年まででした。コレージュ・ド・フランスの講義録は一九七六年のもの（『社会は防衛しなければならない』）のみで、まだ翻訳はありませんでした。ですが、概要とたとえば一九七六年の最終講義とか「統治性」と題された重要な講義の断片については、すでに読むことが可能でした[1]。それに、英語圏では活性をみせはじめていた統治性研究があります。講義と同時並行でおこなわれていた演習の出席者ら、フーコーの当時の共同研究者たちの論考などで構成され、コリン・ゴードンによるすぐれた序文を付して公刊された『フーコー効果[2]』のインパクトは大変なものがありました。さらにそれが、『経済と社会（Economy and Society）』誌を中心にして、ネオリベラリズム的転換という政治状況と、アルチュセール以降、つまりマルクス主義の退潮のもたらす空白、あるいはマルクス主義そのものの空白を埋めていく、という理論的状況の交錯する地点で進められていったようにみえていました。もちろん、この動きにも絡んではいますが、フランソワ・エヴァルドやジャック・ドンズロのようなフーコーのこの時期の共同研究者たちのテキストです。

こうした入手可能なテキストに手当たり次第あたりながら、この時代、フーコーがなにを考えていたのか、そして、それがどのようにわたしたちのこの現在に切り込んでいける武器たりうるのかを試していたということがいえるとおもいます。もちろん、いまでもそう変わりませんが当時は、わたしも未熟者でしたし、とにかく、必死だったとおもいます。まあ、読めば一目瞭然とはおもいますが……。

──現在は講義録はすべてフランス語では公刊されていますが、なにかそれで変わったことはありますか。

そのまえに、この断片をあれこれあさって考えるのは、なにか本当に刺激的でもあったのですよ。すりきれるほど論じられて確固たる地位のあるテキストを正面から論じるのも重要ですが、考えてみたら、こういう周縁的なものをあさるのが好きなんだと、あらためて読み返しておもいました。

そこで、なにがこうわくわくさせたのか、ジュディット・ルヴェルがいってたので、すっきり整理できたような気がしました。彼女はこういってます。『言われたことと書かれたこと』からコレージュ・ド・フランス講義録にいたるまで、フーコー死後の出版物がますますはっきりさせたことがあって、それは、フーコーの残したテキストが、いわば「二つのエクリチュールの体制」によって構成されていることである、と。

ルヴェルは、この「二つの体制」をスピノザの『エチカ』になぞらえています[3]、スピノザにおいて『エチカ』という一つの書物を構成する二つの系は、フーコーにあっては「主要著作」と「周縁的テキスト」というふうに分類されます。つまり、かたや『狂気の歴史』、『言葉と物』、『監獄の歴史』、『性の歴史』であり、かたや『言われたことと書かれたこと』に収められたエッセイ、インタビュー、他者の著作への序文、会合の記録などであり講義録です。この周縁的テキストは、主要な著作のための思考の実験場でもあるし、またその主要著作が出版されたあとは、それについて根本的な批判をくり広げる場ともなります。

この二つのエクリチュールの体制のあいだには矛盾がつねにはらまれうるのであって、あるいは端的にいって、主要著作と周縁的テキストのあいだにはずれや亀裂、矛盾がそこかしこにみられるのであって、そこから、ある運動が生まれます。つまり、この二つの体制の交錯には、フーコーみずからが設定したあるパラダイムの内側から、その当のパラダイムを打破する契機がたえず生じてくることがみてとれるのです。その「不連続性」の事例には事欠きません。たとえば、一九六〇年代です。この時期において、考古学的記述がいかなる外在性も許さないある種の閉域を想定して記述するものであるのに対し、その同時代には、ブランショ的なマトリクスによる「外」への訴えかけが周縁的テキストにはまとわりついているのがみてとれるのです。あるいは、もう一つの事例は、一九七〇年代の、『監獄の誕生』の公刊のあたりの時期にみられるおなじようなゲーム、つまり、『監獄の誕生』の核心に位置する規律と、その直後の周縁的な諸テキストにあらわれた、よりグローバルな権力技術を示唆する「管理《コントロール》」ないし「調整《レギュラシオン》」のあいだのずれです。管理《コントロール》が、規律の延長上にあると同時に規律に還元できない固有の存在をもった支配の技法としてあらわれるわけです。このように考えてみるならば、一九七五年二月刊行の『監獄の誕生』と一九七六年一〇月刊行の『性の歴史』の第一巻の狭間に位置している一九七六年の講義『社会は防衛しなければならない』は、このずれが強いる移行のただなかにあるテキストであったわけで、規律権力論がどのようにして生政治論ないしは統治性論へと展開していかねばならなかったのかをよく示しています。

ジュディット・ルヴェルは、さらにべつの場所で「フーコーが経験と実践から出発して、それを概念化するのに対して、ドゥルーズとガタリは戦争機械を発明して、それを実験する」というふうに述べているのですが、フーコーは、たとえば、まずもってなにか概念をたててそれから展開するということはないのですよね。大量の史資料と格闘するなかから、みずからの探索の範囲を確定して、そこから概念を導出して、仮説としてのその概念を通して以前の範囲を脱出して、あたらしい領域をみいだすとその概念は捨てられたり副次的なものになったり、というように。なにか地道で迂遠にもみえますが、しかし、そのスピードが速いんで、フーコーはつねに到達点に満足できず、そこから脱出しようとしていたのだな、ということは実感できます。「自己の離脱」なんていう文句は、フーコーにおいては本当にそうなんですね……。わくわくというのも、こうした分析の運動そのものに興奮していたのでしょうし、さらにその運動そのものに、『自由論』では、なんとか手がかりをみつけようとしていたのだとおもいます。

——ネオリベラリズムはこの統治性の概念枠組みで分析されていたわけですね。

そうです。いま「統治性研究」と呼ばれている研究の動向が、この時期にすでにかなりの蓄積をみせていました。

この「統治性（gouvernementalité）」概念こそ、いま述べた、フーコーの思考のダイナミクスを表現するものです。というのも、「統治性」の概念が主要にあらわれるのは「周縁的テキスト」であって、「主要著作」にははっきりとあらわれないのですから。「主要著作」の次元では、後期のフーコーは権力から倫理へとむかったとされていましたが、その過程には、まさにこの統治性の概念をブリッジにしながら、高密度の思考の実験が展開をみせていたわけです。いまではその全貌がみえつつありますが、当時の入手可能であった「周縁的テキスト」だけでも、創造的ななにか実験のようなものがあるのだということはみえてきていました。いまでは講義録もあらわれ、その全体像に近いスケールで見渡すことができますが、統治性研究は、断片的についやされた「周縁的テキスト」から、移行のうちに折り畳まれたいわば襞をさらにもう一度、折り拡げて、一つの分析的パラダイムを形成したわけです。

しかし、統治性の概念は、フーコーがみずからの思考をべつの次元へむかわせるために機能させられ、実験的に活用されている概念という傾向がほかの概念よりも強いのです。したがって、このようなフーコーの過渡的ダイナミズムを理解しないまま、統治性概念を完成された鍵概念のように据えることには危うさがつきまといます。要するに、過渡的でその意味の変貌によって多義的なニュアンスを負わされた概念を、すでに完成された概念のように扱うことで、過重なものになってしまうということです。だから、統治性研究総体に疑義がむけられるのにも無理はないとおもうし、このような批判がかなり的を射ている場合もあるとおもいます。

その批判にはあとで戻りますので、ここで『自由論』以降の公刊物をふまえて、少し整理しておきたいとおもいます。

統治性は、『監獄の誕生』からコレージュ・ド・フランスの一九七六年の講義『社会は防衛しなければならない』をはさんで、『性の歴史　第一巻　知への意志』の公刊、そして一年のサバティカルをはさんだ一九七八年の講義においてはじめてあらわれました。リベラリズムの統治的合理性論として展開された一九七八年と七九年の二つの講義録はまだあらわれていませんでしたが、先ほど述べたような断片的テキストを通して、その公刊よりかなり以前から、リベラリズム、ネオリベラリズムの権力分析として、すでに絶大なるインパクトをもたらしていました。

『性の歴史　第一巻』のあと、「主要著作」にはもはや近現代はあらわれませんし、『言われたことと書かれたこと』に所収された、原則的に生前に公刊されたテキストにも、統治性と(ネオ)リベラリズムといったテーマはほとんどあらわれません。したがって、ますますこの権力論の延長上にいまだ位置していたネオリベラリズム論を批判的に活用する余地があらわれるわけです。

リベラリズム、政治経済学という知とともにあらわれる統治性は、人口の概念の発見とその概念の周囲に配備されるセキュリティの装置にかかわる、統治術でありつつメタ統治術という特別な地位をもっていました。それは統治の反省された統治であり、統治の自己批判、

「過剰統治」、統治しすぎることにつねに配慮をおこない、慎重さを信条とする統治とされます。後期フーコーの独特の用語法でいうと、リベラリズムにおいては、市場が「真理陳述(verdiction)」の場となり、その周辺に統治の自己批判、自己制限がおかれる。より少なく統治するための術、それがリベラリズムの統治的合理性といわれるのです。一九七九年の講義では、ネオリベラリズムの統治術が、古典リベラリズムとその大枠は共有しながらも、内的な不連続性をもつ、というかたちで分析されています。

――ネオリベラリズムの研究はどのような展開をみせているのでしょうか。

　これもまたあとでふれたいとおもいますが、フーコーの統治性としてのリベラリズム、リベラルな統治理性についての講義は、一九七八年と七九年の二年間にわたっていますが、いまだサッチャーもレーガンも指導者としてあらわれていません。もっとも、フーコーは当時フランス大統領であったジスカール・デスタンにふれたり、さらにドイツのオルドリベラリズムを論じながら、これが多かれ少なかれヨーロッパの同時代とかかわっていることも示唆しています。しかし、いずれにしてもネオリベラリズムが実践的にも席巻し、知的にもヘゲモニーを握るという事態はあらわれていませんでした。

　実のところ、ちゃんとというかぜんぜん網羅しているわけではありませんが、二〇〇一年からのネオリベラリズム研究の蓄積は膨大なものになります。

　ここでは、マルクス派的アプローチとフーコー派的アプローチに絞ってみたいのですが、たとえば前者の代表的議論にデヴィッド・ハーヴェイのものがあります。[5]これは資本蓄積の変容のもとでの支配的階級の巻き返しという階級的戦略のもとにネオリベラリズムをおいたものです。こうしたマルクス派的アプローチはのちに述べるような利点をもちながらも、ネオリベラリズムの種別性についてあまり厳密ではなく、たとえばハーヴェイのようにそれを新古典派経済学に還元してしまう傾向もあります（それらは重なる部分もありながら遠ざかる面もあるのです）。つまりそれは総じて、資本蓄積ないし金融資本論の観点から経済学的イデオロギーとして、資本主義の特定の段階に照応するイデオロギーとしてネオリベラリズムを捉える傾向があり、政治哲学としての、あるいは権力技法として、より一般的にいえば、政治的合理性としてのネオリベラリズムという視点が希薄です。巨大な政治的プロジェクトとしてのネオリベラリズムという側面がみえなくなるのです。この傾向が、とりわけ二〇〇八年の金融クラッシュをはじめとするいくたびの失敗、そして、世界の危機の深刻化への寄与にもかかわらずネオリベラリズムが強靭である、その理由をあまりうまく説明できないという欠点にむすびつきます。

その点で、フーコーは当初より、リベラリズムとその現代的変種であるネオリベラリズムを、統治的合理性として、政治的合理性として捉えていました。さらに、そのパラダイムを構成するものとして、ドイツのオルドリベラリズムとアメリカ合州国のネオリベラリズム、さらにオーストリア学派も視野に入れていました。これは決して、常識的なものではありません。社会的リベラルといわれ西ドイツの戦後の経済政策を主導したオルドリベラルをシカゴ学派といっしょにすることは、（ある時期までの）ドイツの人間には考えられなかったという記述もどこかでみました。しかし、いまではネオリベラリズムとして、フーコーのように、シカゴ学派（＋ハイエク）のみならず、ドイツのオルドリベラリズムの両者をおくことは、多くの研究においては前提になっています。さらにいえば、近年では、それだけではない複数の出所やネットワークを強調するようになっています。ネオリベラリズムはその形成の当初より学問的ディシプリンやアカデミズム内外を横断しながら、政治的ヘゲモニーの確保を目標として、多数からなるネットワークのうちに形成された知的形成物なのです。フーコーが、このようにネオリベラリズムの複数の潮流を視野に入れることができたのには、かれがそのルーツをある程度正確に考慮に入れ、かつその言説集合体のもつ古典リベラリズムとの連続と不連続をはらむ関係性の一致に注目したからだとおもいます。つまり、一九三八年のフランスにおけるリップマン・シンポジウムを発端として、一九四七年のハイエクらのオーストリア学派、リュストウらのオルドリベラル、そしてのちのシカゴ学派らを結集したモンペルラン・ソサイエティ（ＭＰＳ）の形成にいたって本格化する、ネオリベラル・プロジェクトです。

近年のとりわけ注目すべき研究は、この国際的に拡がる知的協働としての、あるいは長期の政治的プロジェクトとしてのネオリベラリズムに焦点を合わせています。ネオリベラリズムがなんとなく定義しづらいようにみえるのは、そもそもそれがその内側に多元性や異質な潮流を抱えているからです。その多様性ゆえにネオリベラリズムなるものの存在を否定するむきもありますが、おおよその重要な研究はそれに与してはいません。

なかでも経済史家フィリップ・ミロウスキたちの画期的なモンペルラン・ソサイエティ――一九四七年創設――にかんする共同研究『モンペルランからの道――ネオリベラル思想集団の形成』(6)は、ネオリベラリズムとはなにかという定義にかんして、経験的研究をふまえ、もっとも練り上げられたもののひとつであるようにおもわれます。それは、ネオリベラリズムが多数のより糸からなるものであること、そしてその形成に、領域横断的でアカデミズム内外横断的な、多様な国籍と多様なメンバーからなるMPSの「思想集団」の貢献をあきらかにしました。このような研究は、ネオリベラルを構成する人々のあいだの重大な食い違いや不一致もあきらかにしましたが、総じて、ネオリベラリズムという統合的な知的パラダイムが存在しているという結論には達しています(7)。フーコーは古典リベラリズムと区別されたネオリベラリズムのパラダイムとして二つの潮流、すなわち戦後ドイツのオルドリベラリズムと合州国のネオリベラリズムの二つの潮流をピックアップしましたが、現在の研究はそこにさまざまのニュアンスをつけ加えているとはいえ、その一九七九年のネオリベラリズム講義の見立てを、大きく外れてはいないといえるでしょう。

ここでは、ミロウスキが一九八〇年代までにおおよそのコンセンサスにいたった――これも一時的で不安定なものですが――教義について、咀嚼しつつ紹介しておきます。

1、構築主義です。「ネオリベラリズムを「レッセフェール」のスローガンと混同すべきではない」というフーコーがここでは参照されます。ネオリベラリズムの出発点は、古典的なリベラルの教養とは反対に、あるべき社会が一致した政治的努力や組織化なしに「自然に」あらわれることはないのであって、その存在の諸条件は構築されねばならない、これが出発点におかれねばなりません。

2、この構築主義が、ネオリベラルな市場はどのようなものであるのか、あるべきかという問題を惹き起こすこと。これにはいくつかのヴァージョンがあって、たとえばシカゴ学派は新古典派経済学のヴィジョンと「非自然主義的」指向性をミックスさせたヴァージョンを提起します。しかし支配的であるのは、ハイエクのものです。価格を国家の能力を超えた情報処理の領域と捉えるハイエクのヴィジョンにかんしては、本文を参照してください。

3、1・2といった条件にもかかわらず、モンペルラン・ソサイエティのネオリベラルは、一致して、その教義を普及させるためには市場社会を「自然なもの」、人類の不変の状態として扱わねばならないとみなす。

4、国家を破壊するのではなく、その形態と諸機能を再定義することに、ネオリベラルのプロジェクトの第一の目標をおく。

5、デモクラシーへの懐疑、その統治能力についての懐疑。ネオリベラルは、みずからのデモクラシーとのどうにもならない矛盾を、政治をそれがあたかも市場であるかのように見立てること、あるいはデモクラシーの経済理論を普及させることで乗り越えようとします。たとえばそこでは、シチズンシップのような概念も、国家によるサービスの消費者以上の含蓄をもってはなりません。この点は、あとでまたふれたいとおもいます。

6、ネオリベラルは他のあらゆる美徳に自由《フリーダム》の価値を優先させるが、その自由はかれらのその枠内で再コード化されており、強力に再編成されている。要するに、かれらの自由とはきわめて狭隘な自由であるということです。

7、ネオリベラルたちは、資本は国境を横断して自由に流通する自然の権利を有しているという想定から出発する（労働の自由な流通はそのような権利を享受しない）。ネオリベラルは、その目標のため、つまり国民国家の経済的・政治的規律のための、さまざまの超国家的装置を創設しています。おもうがままにならない国民国家にネオリベラルな諸政策を押しつけるのに、WTO、世界銀行、IMFの超国家的官僚機構のはたしている役割を想起しましょう。これも資本主義的市場の形成には、官僚制度、ここでは国際的官僚制度が不可欠であることの一つの例証です。

8、ネオリベラルは、経済的資源や政治的権利にかかわる顕著な不平等を、資本主義の不幸な副産物ではなく、その理想的市場システムの必然的な機能的特徴とみなす。不平等は市場経済の自然状態であるばかりでなく、実際には進歩の最強の動力のひとつであり、それゆえ富裕者は寄生者ではなく、（手っ取り早くいえば）人類への恩恵なのです。つまり、ひとは富裕者を羨望し、模倣する／張り合うよう促されねばならないのであって、平等の要求など負け犬の酸っぱいブドウにすぎないのです。

9、企業は無謬である、ないし、少なくとも企業がまちがえたからといって責めるべきではない。世界の人びとは、二〇〇八年の金融クラッシュ以降、このことを、いやというほどおもい知らされているわけですが。

10、市場（正しく設定された）は、そもそも市場が引き起こしたようにみえる諸問題に対し、つねに解決を与えることができる。

11、ネオリベラルたちは、当初より、みずからの政治的／経済的諸理論を同時に道徳的コードとして機能させてきた。最初にそもそも、この思想集団は、ある神の祭壇を、制約なしにまつりあげてきた。すなわち、個人の自由である。それは政治的行動の道徳的原理とみなすのがもっともふさわしい。すべての道徳原理とおなじく、それはみずからを価値それ自体として受け入れることを要求している。

多かれ少なかれフーコーのフレームを用いたネオリベラリズム論には、膨大な蓄積がありますが(8)、最近の研究が一様に強調しているのが、かなり長い期間にわたって全面的危機にさらされながらも、ネオリベラリズム的統治術のみせる予想以上の強靭さです。その要因のひとつは、ミロウスキらの論じたように、ネオリベラリズムの雑多性、多面性にあります。そして、「日常的ネオリベラリズム」と呼ばれる契機、わたしたちの存在そのものに深く浸透している契機があります。たとえば、戦後からしばらくのテキストを読んでいると、なぜこの日本においてすらも、重い法人税と再分配政策が支持されていたのか、労働組合の「合理化反対」のスローガンがそれだけでアピールしたのか（いまだったらおおかた企業経営の「合理化」のなにが悪いのかわからないとなるでしょう）、理解しにくくなります。おそらく、当時のひとたちが、いまのこの無慈悲な競争原理の導入や富裕層優遇の税制をみたら、よくそれを耐えられるものだ、と感じるのではないでしょうか。わたしたちは、こうしたある意味では、ネオリベラル的合理性による世界形成を受け入れ、それとともにネオリベラルな感性を、その統治術の一環としての主体化を通して形成されてきたのです。ネオリベラリズムは、そのおかげで、いわばパラダイム論のいう「ノーマル・サイエンス」として機能しているのです。

そのようなわたしたちの経験と最近の研究とをふまえつつ、あらためて以下の点を強調しておきたいとおもいます。

1、ネオリベラリズムは「市場原理主義」でも「レッセフェールの回帰」でもない、ということです。それは、国家の介入を厭いませんし、いかなる、自然にも依拠していません。市場の形成とその維持に、国家が介入すべきことをネオリベラリズムは認めています。ところが、先ほどミロウスキによるネオリベラリズムの特徴づけの3にあるように、ネオリベラリズムは国家と市場との対立、市場の自然性をあえて装う傾向があります。国際的に展開されたネオリベラル・ネットワークには、アカデミズムの中核部隊から、ノンアカデミズムの大衆的ライター、ジャーナリスト、作家までがそろっていて、軽量級の大衆的文書では、国家と市場が対立させられ、官僚制がやり玉にあげられます。これがまた、ポピュリズム的支持を獲得するための武器なのです。

2、交換ではなく競争。古典リベラリズムにおいて、人間は交換する存在でしたが、ネオリベラリズムにおいては競争する存在となります。フーコーは古典リベラリズムと区別された固有の意味でのネオリベラリズムの統治術が生まれるためには、市場経済とレッセフェール政策のあいだの連結が解除されねばならない、そしてその解除を可能にするために市場における競争という契機が中核に据えられる必要があるといいました。その競争は市場にゆだねて放置しておけば、自然にわきあがるものではありません。

競争は、原始的で自然的な所与では全くないものとして、つまり、いわば社会の本源、社会の基礎にあって、表面に上って来させて再発見するだけでよいようなものでは全くないものとして現れました。競争とはそのようなものではなく、諸々の形式的属性を備えた一つの構造であり、競争構造のそうした形式的属性こそが、価格のメカニズムによる経済の調整を保証するもの、保証可能にするものである、とされたのでした。したがって、競争が確かに、その内的構造において厳密なものであると同時にその歴史的で現実的な存在においては脆弱なものであるような形式的構造であるとすれば、自由主義政策の問題はまさしく、**競争の形式的構造が作用可能となるような具体的な現実空間を実際に整備すること**でした。レッセフェールなしの市場経済、つまり、統制経済なしの能動的政策。したがってネオリベラリズムは、レッセフェールの徴のもとにではなく、逆に、警戒、能動性、恒久的介入といった徴のもとに置かれることになるのです(9)。

つまり、競争は市場から生まれるのではなく、積極的に国家によって、ときにはその強制によって、環境として構築されなければならないのです。したがってネオリベラルの政策はいたるところに競争環境を人為的に構築し、その競争を保証するよう作動します。そのための障害である労働組合は、もちろん、解体されねばなりません。あるいは、競争を促進する仲介役へと機能転換しなければなりません。このような競争環境が、自由の増大などとは無関係であるどころか、真逆であることをわたしたちは経験しています。民間企業はもちろん、大学であれ、行政組織であれ、競争力をつけよということがつねにつねに喧伝され、組織としても個人としても競争にさらされることが健全化を促すとみなされます。それによって、わたしたちは日々、評価にさらされ、監視され、それればかりでなく、業績報告、自己評価、点検といったかたちでみずからその評価過程に参加させられ、ペーパーワークのはてしない増大に対応をせまられています。その競争環境が、いかに人為的に大量の装置の配備でもって構築されているか、身をもって了解しているのです。あとでまたふれますが、ジル・ドゥルーズは、このようなネオリベラリズムによる競争環境の構築を管理権力の特徴としながら、次のようにいってました。「愚劣このうえないテレビのゲーム番組があれほどの成功を収めているのは、それが企業の状況を的確に表現しえているからにほかならない」(10)。わたしたちは、ゲーム番組というよりももっと直接にそのような競争的環境の構築による競争の導入を、ここ一〇年以上、たとえば、アイドルグループの変貌としてみています。かつてであれば、単独あるいは複数でも二、三名からなるアイドル歌手には多数の関係者が関与し、作品という か商品に仕立て、売れなければそれでおしまいでした。ところがいま、単独のアイドルはほとんどみあたらず、たいていグループのメンバーは大量であり、つねに評価にさらされ、いつでも替わりが用意されています。要するに、競争をたえず強いられるような状況自体を、わたしたちは娯楽とし、またそこに共感しています。こうして、ネオリベラルの心性は深く根づくことになるわけです。

3、企業。競争環境の形成と競合の導入は、企業形式の普及とかかわっています。[11] ネオリベラリズムの特徴のひとつは、企業という形象と論理を社会のあらゆる局面に導入することによって——オルドリベラリズムがそれを提唱し、シカゴ学派は「人的資本」論でさらに展開しました——、万人を労働者ではなく、たえず機会をうかがい、市場を通して適切な選択によってみずからに投資をおこない、自己責任によってみずからの生を運営する、そのような企業家として人間を形成することにあります。「ホモ・エコノミクス、それは、企業家であり、自分自身の企業家です[12]」。この点については、またあとでふれます。

4、ここはとくに強調したいのですが、ネオリベラリズムは経済現象ではないということです。日本ではいま、ネオリベラリズムを経済現象とみなし経済政策で対応できるかのような発想が、人文社会科学のなかですら、かなりみられるようにおもいます。しかし、これはマルクス派のネオリベラリズム論がしばしば実質的にネオリベラリズム論ではないということと響き合っていますが、ネオリベラリズムは当初より、リベラリズムの全般的危機に対応した古典リベラリズムにかわる政治的合理性、統治的合理性を構築するというプロジェクトに属する教義です。だから、それはディシプリン横断的であり、したがって、ネオリベラリズムの分析もディシプリンを横断して展開しているのです（とりわけそこで「社会学」がなぜ重要な役割をはたしているのかも意味があるのです）。あえて強くいうなら、ネオリベラリズムにとって「経済」は、統治ないし政治の主要ではあるが一つの手段にすぎません。だからこそネオリベラリズムの根強さ、たとえば「肉屋を支持する豚」というような揶揄のまったく届かない「日常的ネオリベラリズム」といわれるようなかたちでの根深い浸透もあるのです。

Netflix 製作の『ブラック・ミラー』というSFの一話完結のシリーズがあります。傑作秀作ぞろいなのですが、このシリーズのなにがいいかというと、現在のうちにすでに伏在する事象、精神的傾向、テクノロジー的趨勢が、わずかに狂ったとか、わずかに突出しただけで、一挙にディストピアになるというかたちで、われわれのこの時代の暗い部分をえぐりだすところです。そのなかに「ランク社会」というエピソードがあります。その世界では、人間がスマホを使って、日常生活においてみずからの遭遇する人間をことごとく評価しています。「おはよう」と、あいさつをかわしたあと、スキャンしたその人物のプロフィールにウェブ上でアクセスして、そこにポイントをつけます。このポイントが、職業や生活、居住へのアクセスなど、すべてを決定します。だから、だれもが「いい奴」にみられるために必死に競争しているというそんな世界です。家族すらもそのようにしてたえず評価しあうために、すべての人間の絆はもろいものになっています。いわば「明るい地獄」をえがいた傑作ですが、これはある意味でネオリベラリズムの統治術は企業形式を用いて競争構造を導入するという局面が、SNSというテクノロジーが開いたコミュニケーション形式を介して、自発的かつ全域的に普及している世界であるといえるでしょう。市場があって国家がそれに不適切にふれないかたちで存在するといった古典リベラリズムの発想ではなく、フーコーが一九七九年の講義で述べているように、国家があってそれが無から市場の論理を通して、つまり競争の論理の貫徹する環境を通して社会を構築するという思考実験を可能にするような思想が、ネオリベラリズムでもあります。だから、ネオリベラリズムは、原則的に世界のあらゆる領域に競争の論理を導入し、市場の論理を拡大することができるのです。しかも、そこには環境から作用するという発想もともなっています。環境そのものを構築することで、人間を統御するという発想です。これらがあいまみえる世界とはどういうものなのか、わたしたちは身をもって経験しつつあるのです。

――『自由論』刊行時点よりも、よりネオリベラリズムの論理は実感しやすくなっているということですね。こんな状況もあってか、最近では、フーコー研究も進展するなかで、フーコーとリベラリズム、ネオリベラリズムの関係性が、あらためて批判的に問い返されているようにみえます。

そうです。眼につくかぎりでは、ヌーヴォー・フィロゾーフとの関係、さらには、最近は、フランスの一九七〇年代終わりの思想的パラダイムに起きた変動とされる「リベラル・モメント」への注目が、やはりフーコーのこのあたりのリベラリズムとの親和性を問題にしています。わたし自身は、トニ・ネグリやジュディット・ルヴェルのように、フーコーはそもそもネオリベラリズムの統治術を批判的に捉えていたという立場も悪くはないとはおもうのですが、フーコーの残したテキストを読むならば、そうかんたんにいくとはおもえませんし、そこがおもしろいとおもいます。

マイケル・C・ベーレントは、フーコーと一九七〇年代後半にフランスで「リバイバル」したリベラリズムをつなぐブリッジとして三点あげています。[13] 1、あたらしい政治文化、2、国家の理論的批判、3、非規律的権力の探求です。

まず「あたらしい政治文化」という発想について。ポスト一九六八年という文脈で、フーコーはこの時期、規律社会の揺らぎとあたらしい主体性をしばしばいっていますが、フーコーも関心をもった具体的な動きとして、ピエール・ロザンヴァロンが関与していた「セカンド・レフト」そして自主管理社会主義の動きがありました。その動きが、リベラリズムの再評価という、より大きな趨勢のなかにあったのです。それにくわえて、リップマン・シンポジウムやモンペルラン・ソサイエティからの流れとはいったん切れた世代の、フランス独特のアメリカのネオリベラリズムの導入、いわば「六八年化したネオリベラリズム」の紹介があったようです。こうしたいくつかの文脈が複数合流して、フーコーのリベラリズム論の背景をなしているようです。

国家の理論的批判については、このあたりはヌーヴォー・フィロゾーフの全体主義批判と、どこで収斂したかをみいだすことができるのでしょう。たとえば、ベーレントは、フーコーにおいて国家の忌避が、当初は理論的要請であったものがやがて規範的要請にいたるまで転化して、これがリベラリズムとの合致にみちびいたといっています。これは少しふれるにとどめておきますが、こうした議論全般において不思議なことがあって、あたかも、この時代のフランスの左派の知的立場がマルクシズムかリベラリズムかの選択しかないように議論が組み立てられる傾向があることです。しかも、そこでのマルクシズムは国家主義的なものです。たとえば、フーコーが一九七〇年代前半にしばしば引用していたダニエル・ゲランとかあるいはマキシミリアン・リュベルのような知的脈絡――リバタリアン・マルクシズムとされるような潮流です――は、不在です。そして、現在においてはより重要なことですが、アナキズムも不在です。だから、既存のコミュニズムやソーシャリズムの、しかも「パルタイ」から一線を画すことが、即、リベラリズム的転回のうちに放り込まれるといった議論になるのだともおもいます。これがたんなる見落としではないことはわかっているつもりです。ここには二〇世紀の後半、というよりロシア革命と二つの大戦後の思想的文脈、すなわち、アナキズムの退潮が強く作用しているのでしょうから。プルードンとアナルコ・サンジカリズムのフランスであっても、ひとは、アナキズム的な指向性を表現するさいに、マルクシズムの語彙を借りなければならなかったのです。日本だってそうだったわけですから。たとえば、ドゥルーズやガタリといったひとたちが典型ですが、どうみてもアナキズム的傾向が強いのですが、その思想はマルクシズムのリミットのような立場として表現されています。もちろん、かれらがマルクシストであるということには、わたし自身も共感するというか教えられる、もっともな理由があるのですが。でも、ドゥルーズは「左翼政権とは自己矛盾である」とまでいったひとですからね。アナルコ＝マルクシズムという表現はありませんが、あえて政治的ポジションを表現しようとするならそうなるのでしょうか。フーコーも、みずからの立場をアナキズムにおいたことはありませんし、その理由をいくつかのところで述べています。しかし、かれのアナキズムの傾向はあきらかです。たとえば、『生者たちの統治』では、次のようにいってます。「なんだ、結局無政府主義、アナキズムのことじゃないかとおっしゃることでしょう。そういわれたらわたしはこう答えます。「わたしがよくわからないのは、なぜ『無政府主義』とか『アナキズム』といった言葉がそんなに軽蔑的に使われるのか、批判的な言説を機能させ、勝利させるためにだけこの言葉を使用すればいいだろうと」⒁。このように述べたうえで、フーコーはアナキズムの定義を二つの命題に要約しています。一つ目が、権力は本質からして悪いものである、二つ目が、権力関係が廃棄された社会を構想すること。この要約自体かなり矮小化されているともおもえますが、ともかく、フーコーはこの二つの命題に対して、それぞれ次のように述べて、みずからの立場をアナキズムと区別しています。まず、権力関係のない社会は構想の目標や終着点ではないこと、むしろ非権力や権力の容認不可能性を作業の起点におき、すべての権力が受容されている様態を疑問視することからはじめること、次に、すべての権力が悪いのではなく、すべての権力は無条件に容認可能ではなく、絶対的かつ決定的に不可能ではないということ。これは、つまり、すべての必然が可能に変転しうるということです。アナキズムとみずからを区別するとき、ふつう、国家の必然性、権力の必然性がおかれます。ところがフーコーの立場は決定的に異なります。必然であるものなどないというのですから。このような立場は、たとえば国家の必然も仮定していないわけです。

先ほどベーレントがあげていた、フーコーの国家の理論的批判の傾向は、しかし、ネオリベラリズムとの親和性としてもあらわれています。ですが、フーコーの有名な「国家嫌悪《フォビア》」というテーマをよくみてみるならば、かれがどのような立場にあったかは少し複雑になるようにおもうのです。一九七九年講義で言及されるのが、その時代の空気をなしていた国家への批判のインフレ、すなわち「国家嫌悪《フォビア》」ですが、フーコーがそれに一定の共感を示しながらも、同時に釘を刺していることが重要です。フーコーはそこで、国家嫌悪を構成する要素について述べていて、その一つが国家はその本性的な論理にしたがって市民社会を侵食していく、もうひとつが、国家の諸形態はすべて同一のものに帰せられる。そして、つまり、ここではケインズ主義的福祉国家もスターリン的ソヴィエト国家もナチスの国家もすべていっしょくたにされるのです。フーコーは、このような国家の語りのルーツを一九三〇年代のネオリベラリズム、そしてその誕生を可能にした時代的文脈に求めています。このような国家の語りは、現在にいたるまでの右翼的・リベラル的「反・全体主義」言説を構成する要素ですが、フーコーは、その議論のルーツをネオリベラリズムに求め、それに警戒を呼びかけているのです。

そしてもうひとつ。このような「反・全体主義」言説を展開したこの時代の潮流としてのヌーヴォー・フィロゾーフとの関係ですが、最近の研究では想像されている以上にその関係の密接さが強調されるようです。一九七七年のグリュックスマン『思想の首領たち』の書評「事実の大いなる怒り」では、称賛されていますし。たとえば、マイケル・スコット・クリスファーソンなどは、フーコーとヌーヴォー・フィロゾーフの親密な関係の理由のひとつを、フーコーが知的誠実さよりも言説の世界での知的前衛というポジションを求めたという動機に帰していますが⑮、はたしてそんなことでいいのでしょうか。しかし、こういう議論ではなぜか言及されませんが、一九七八年のイタリア『ウニタ』紙の記者からの著名な長いインタビューでは、次のように述べているんです。

わたしは、ヌーヴォー・フィロゾーフがなにをいっているのか、知識がありません。その著作についても、わずかばかり読んだのみです。かれらは次のようなテーゼを提示していると、いわれています。すなわち、主人はつねに主人であり、いずれにせよわれわれは罠にはめられているのだ、つまり、差異はないのである、と。かれらがそういうことを本当にいっているかどうかは知りません。いずれにせよ、これはわたしのテーゼではまったくありません。わたしの研究は、できるだけ正確であり、できるかぎり差異に過敏な分析をおこなって、それでもって、いかに事態は変わり、変容し、移動するのかを示そうとしているのです。権力の機構の数々を研究するとき、わたしはそれらの特殊性を研究しようとしています。固有の法を課す首領（un maître）という観念ほどわたしに異質なものはありません。わたしは、maîtrise という観念も認めてはいませんし、法の普遍性も認めてはいません。⑯

ここで拒否されている maître の観念は、当のフーコー自身が一年前に称賛したはずのグリュックスマンの著作タイトル Les Maîtres penseurs〔『思想の首領たち』〕を想起させないでしょうか。すでに緊張関係にあったドゥルーズがヌーヴォー・フィロゾーフを激烈に批判したパンフを公刊したのが、一九七七年六月です。フーコーのグリュックスマンの書評が『ヌーヴェル・オプセルヴァトゥール』に掲載されたのは、そのひと月前の五月です。フランソワ・ドスは、この批判の小冊子を緊急に公刊したのは、このフーコーの態度に危機感を抱いたことが理由としています。⑰さらに、ドゥルーズはこのパンフで、次のように述べています。

現実の闘争があたらしい敵、あたらしい問題、あたらしい方法を生んだからなどではなく、〈革命〉が無差別にかついつでも不可能と宣言されなければならない……。そういう事情で、きわめて差異化された様式で機能しはじめていたあらゆる概念（複数の権力、複数の抵抗、複数の欲望、そして〈平民《プレブ》〉さえも）が、あらたに一般化され、単一の権力、単一の掟、単一の国家などなどといった気のぬけた単位《ユニテ》のなかでひとまとめにされるのです。(18)

この批判の視点は、革命という言葉遣いなどを除けば、一九七八年のフーコーによるヌーヴォー・フィロゾーフ批判そのものです。このあとにドゥルーズがかれらによる革命の不可能性への固執が批判される議論の展開すら似ています。フーコーが、「かれらは次のようなテーゼを提示していると、いわれています」というかたちで間接的な参照のように述べているのは、このドゥルーズのパンフを意識しているのかもしれません。ですが、ここではこのような思想史的な細部はひとにおまかせしたいとおもいます。

重要なことは、先ほどもふれたように、講義における国家嫌悪の議論においても、この諸国家の差異の混同やその作動の単純化が批判されていることです。おそらくそれは、ヌーヴォー・フィロゾフ的リベラルやネオリベラルによる「反・全体主義」言説の批判でもあるのです。もちろん、フーコーは、べつの箇所では「反・全体主義」言説に共鳴しているようにみえるようなことも述べています。しかし、かれのそれは、この「リベラル・モメント」と交錯しているようにみえて、やはり、独自の平面、あえていえば「革命的」平面を動いているようにみえます。

ここで、その『ウニタ』紙記者のインタビューはこうつづきます。

「……なにをすべきなのかをわたしはいいませんが、それはすべきことがなにもないからではありません。まったく逆に、自分たちが巻き込まれている権力関係を認めたうえで、それに抵抗したりそれから逃れようとしたりすることを決心した人びとが、おこなったり、発明したり、作り上げたりすべきことはいくらでもあるのです。この観点からすると、わたしの探求はすべて、絶対的オプティミズムの公準に立脚していることになります。わたしは、「事態はしかじかである。諸君は罠にはまっているのだ」というために分析をおこなっているわけではありません。わたしは、それらの事態を変容することが可能になるとみなすかぎりにおいて、それらのことをいっているのです。わたしがおこなっているいっさいのことは、役立てるためにおこなっているのです(19)」。

これは『自由論』でも一部、引用していますが、すごくいいですよね。こういうところが、わたしがフーコーを最終的にはすごく信頼している理由なんです。

――とはいえ、フーコーのリベラリズム論には危うさもはらまれていたのですね。

すべて、以上のような論点をふまえたうえでも、それはあきらかだとおもいます。ここでは、その点を補足的に述べておきたいとおもいます。

フーコーの議論では、リベラリズムにおいては、市場が「真理陳述」の場となり、それの周辺に統治の自己批判、自己制限がおかれる、より少なく統治するための術、統治的合理性といわれていました。

しかし、これは多くのひとが指摘しているように、リベラリズムの統治術に支配された近代社会、そしてネオリベラリズムの統治術に支配された現代社会では、国家の強大化と官僚制の肥大化をひたすらみているわけです。ネオリベラリズムは、しきりに官僚制の肥大を批判します。しかし実体をみれば、ネオリベラリズムの統治術は、国家と官僚制の肥大を促進するいっぽうです。この逆説、「政府による経済への介入の縮減を意図する政策が、実際には、より多くの規制、官僚、警察官を生みだす結果にいたる」という逆説には、多くのひとが気づいていています。それを「リベラリズムの鉄則」として、「鉄則」にまで格上げしたのは、人類学者のデヴィッド・グレーバーです。「いかなる市場改革も、規制を緩和し市場原理を促進しようとする政府のイニシアチヴも、最終的に帰着するのは、規制の総数、お役所仕事の総数、政府の雇用する官僚の総数の上昇である[20]」というわけです。

フーコーはしかし、ネオリベラリズムの「構築主義」「介入主義」を強調しているわけですし、このような契機に気づいていなかったわけではありません。たとえば、『生政治の誕生』では、次のように指摘しています。リベラリズムの実践において、

自由の生産と、自由を生産しながらもそれを制限し破壊するリスクを持つようなものとのあいだの、つねに変化しつねに動的な一つの関係が、そこに創設されるということです。わたしが考えているような意味でのリベラリズム、一八世紀に形成されたあらたな統治術として特徴づけることのできるこのリベラリズムは、その核心そのものに、自由［との］生産的および破壊的な関係［……］を含意しているということ。一方では自由を生産しなければなりません。しかし他方では、自由を生産するというこの身ぶりそのものが、制限、

管理、統制、脅迫にもとづいた義務などが打ち立てられることを含意しているのです。……このように、途方もない法制、途方もない量の統治の介入を求める一種の吸引装置がここではたらいているのであり、これによって、まさしく統治するために必要とされる自由の生産が保証されることになるのです。(21)

しかし、フーコーはこういいながらも、とくにシカゴ学派に属するネオリベラリズムが規律権力と一線を画することに注目することで、このリベラリズムの自己破壊的側面、非自由の側面に対しては、さして重視していないようにみえます。三月二一日講義の結論とつきあわせてみましょう。

……そこにあらわれるのは、決して、徹底的に規律化された社会の理想ないし計画ではありません。理想とされているのは、個々人を包囲する法律上の組織網をノルムに関するメカニズムのようなものによって内部から中継し延長するような社会ではありません。そうではなくて、そうした地平にあるのは逆に、以下のような社会のイメージ、考え、テーマ、プログラムです。すなわち、差異のシステムが最適化されているような社会。揺れ動くプロセスに対して場が自由放任されているような社会。個々人や少数者の実践に対する容認のある社会。ゲームのプレーヤーに対して作用するのではなく、ゲームの規則に対して作用するような社会。そして最後に、個人を内的に従属化するというタイプの介入ではなく、環境タイプの介入がおこなわれるような社会。[22]

この数年の講義の聴衆は終始とまどっていたといわれていますが、それはそうでしょう。その議論がどの次元でおこなわれているのか、特定するのがとてもむずかしいのです。いま眼前で、ネオリベラリズムをフーコーが推奨しているのか、そこに好ましい社会をみているのか、それとも批判的検討にふすようすすめているのか、わからないのです。一面では、まるで言説の自己呈示と現実の距離がないかのようにフーコーはここで議論をしているようにもみえます。ここからフランソワ・エヴァルドのように、フーコーに近しいところから、ゲイリー・ベッカーを称賛するひともあらわれます。ドンズロにいわせれば、研究者によくある罠、「ミイラとりがミイラになる」というよくある例にすぎないそうですが。[23]フーコーのこの時期の議論は、官僚制的合理性にかかわる問題――マックス・ヴェーバー的問題です――を、主要には古典主義期にかかわるものとして、より現代にかかわる分析からは追い払う傾向があるようにおもいます。しかし、たとえばマルクスがフランスの官僚制の途方もない肥大化を観察したのも一九世紀の第二帝政期でしたし、それ以降も「リベラリズムの絶頂期」であるはずの一九世紀は帝国主義と資本の独占化にむかって、官僚制は極度に肥大化をつづけていました。要するに、リベラリズムの自己認識や自己呈示とは異なり、現実における資本主義的市場とその形成と維持にかかわる国家の本質的できわめて深い関係についてのフーコーの認識には、いつもの厳しさがみられないとはいえるとおもいます。

結論を先取り的にいうと、近年のこのようなフーコーへの批判的研究をふまえても、そのリベラリズム講義については、『自由論』での考察でよいとおもっています。つまり、一九七八年という時期は同時に、イラン革命をめぐって、民衆蜂起、集団的転覆、それをかれは考察し、称えていたわけです。つまり、リベラルな統治術において穏やかにみえる自由の契機というのは、フーコーにおいてはそこから激しくなにかが噴出しすべてを転覆してしまうかもしれない契機に開かれた狭い門のようなものだろう、と考えたのです。わたしはこれを同時代の二つの異質なテキストの領域を圧縮することで考えたのですが、その後、一九七八年の講義録が出て、フーコーが統治をあらためて conduire des conduits〔ふるまいへのふるまい、ふるまいの指導、操行への操行〕と位置づけなおし、その契機が同時に contre-conduits を内包しているとしていること、さらに、contre にたどりつくまえに、revolt や insurrection などの概念を検討していることから、(24)なんというのか、あらためて正しかったな、と確信したのです。

しかし、このような過渡期的な位置づけを考慮しないまま、この時期の統治性概念の水準が決定的フレームになってしまうと、統治性論はそれが対象としている知的言説の提示を額面通りに真に受けているだけじゃないか、それをそのまま無批判に引き写しているだけではないか、多少、言い直しているだけではないか、というしばしばみられる批判を惹起するのも当然かともおもいます。ある論者は、イデオロギー概念の性急な棄却がそのようなダメージをもたらしていると述べています。たしかに、たとえば、先ほどのフーコーの引用は、最近の「レインボー」を唱う「創造都市」の自己イメージに似ていますよね。多様性の開花する共生都市、といったイメージです。わたしたちはしかし、このようなイメージを掲げる都市の「ガバナンス」が、きわめてしばしばジェントリフィケーションをともなっていること、つまり、露店の追い出し、野宿者の排除、公園の「民営化」や地価の高騰、貧困層の一掃といったプロセスを抱えていることを知っています。しかも、しばしばそのプロセスは、暴力的な「抑圧」をともなっています。要するに、あの共生都市のイメージには、実際に進行している事態を覆い隠し、美化して提示するイデオロギーといった契機がないとはいえません。統治性論はネオリベラルのガバナンス論とどこが違うのだ、という批判があらわれるのも無理はないのです。

――規律の分析とはかなりこうした知的言説の扱いが違いますね。

規律の分析では、理論的テキストは実践との関係でつねに論じられていましたし、もろもろの言説と実践の複雑な融合と変異とがみごとに論じられていました。フーコーは「灰色の系譜学」とみずからの作業を形容していましたが、それは、無名のあるいは二流、三流の著者のテキスト、あるいは行政文書やパンフレットなどの実践的な「灰色の文書」を「高貴な文書」と同等に扱うことを特徴としていました。しかし、リベラリズム的統治術をめぐる議論、とりわけネオリベラルのそれでは「灰色の文書」ではなく、著名な理論家の著名なテキストのみが対象とされ、それと実践の領野のかかわりが俎上にあがりません。

たとえば、第四章であげた、「防犯空間」を提案したオスカー・ニューマンです。ニューマンの提案は、七九年講義であげられているアメリカのネオリベラリズムの犯罪政策のひとつの特徴、環境への働きかけによって、コストベネフィット計算を通し、人間の行動を統御できるという提案とパラレルなものです。フーコーは、あきらかに、それによって、より自由な、あるいは、より人間学的ではない統治（「犯罪学の人間学的意味の抹消」）の可能性を提案するものとみています。先ほどの引用でいうと、「個人を内的に従属化するというタイプの介入ではなく、環境タイプの介入が行われる」というわけです。しかし、この提案は、これも第四章でふれたように、ゲーティッド・コミュニティや割れ窓理論にむすびついて、都市の隔離的統治と軍事的そしてレイシズム的取り締まりをもたらしたのです。ところがその一方で、こういう事実もあります。ＨＢＯ制作のテレビ・シリーズ“Show Me A Hero”（日本語タイトル『野望の代償』）はごらんになりましたか？　あの『ザ・ワイアー』の制作陣による、やはり実に興味ぶかいこのドラマは、一九八〇年代終わりから九〇年代はじめにかけてのニューヨーク州のある市における住宅政策をめぐる攻防を、事実に即して再現しようとした作品です。ここでオスカー・ニューマンも重要な脇役として登場します。かれは公営住宅の「民営化」（私営化）――この問題はつねにアメリカ合州国ではレイシズムと接合しています――を食いとめ、貧困層の孤立化とレイシズムによる分断化を緩和するための建造環境を、私営化に対抗して公営住宅のために提案する学者としてあらわれます。ただし、そのような実践に移行したネオリベラリズムとは一線を画すような、このような対抗実践にも、「三振法」のような厳格な犯罪政策は貫徹しています。そして、実際、ドラマでもその不条理な厳罰政策で退去を余儀なくされる住民があらわれます。このように、ひとつの理論的実践、環境に働きかける技術は、権力のゲームのなかである幅のなかを揺れるのです。まさに、そのようなブレ幅をふくんだ装置を分析せよ、というのが、フーコーの教えだったとおもいます。あとでまたふれますが、要するに規律の後退以降に権力がどのように作動しているのかにかんして、フーコーは示唆するだけでその広大な領域をほぼ空白として残しているのです。それを、フーコーにおいては理論的目的も位相も異なる、統治術としてのリベラリズム論で代置しようとするところに無理があるようにおもいます。この点については、『自由論』ではなんとなく感じてはいながらも、あいまいだったとおもいます。

第四章「〈セキュリティ〉の上昇」においては、シカゴ学派のネオリベラリズムの推奨する環境管理的テクノロジーないし統治術が、実際には、どのような現実のなかで、どのような装置を構成しながら機能しているかがテーマとなりました。たとえば、監視です。ネオリベラリズムの統治術において、テキストの水準では、規律ほどには監視は重要な契機を構成していません。しかし、現実には、ネオリベラリズムの提案が実践に移されるとき、あるいは、環境管理型の権力が実際に行使されるとき、ニューマンの「防犯空間」という空間統治術は、現代的にヴァージョンアップした監視や監禁、規律のメカニズムとむすびついて、ゲーティッド・コミュニティや割れ窓理論の実践となってあらわれます。セキュリティの装置も、リベラリズムの人口の管理や調整にかかわる比較的おだやかな統治術という提示とは異なり、本書でみたような治安の強化、国家の暴力的「抑圧」の契機の強化というような趨勢とむすびつきうるのです。

『自由論』では、このような趨勢を「排除」という概念と関連づけてみました。本書中でも論じていますが、フーコー自身は、この時代には退けていた概念です。あえて用いたのですが、ここには精神分析的含意があります。すなわち、「抑圧」が抗争や葛藤を前提として、それとわたりあい、それを鎮圧する、あるいは規律として統合しようとするとしたら、「排除」は、抗争そのものを否定して、端的に隔離したり抹消するのです。「抑圧」から「排除」へ、という図式によって、その趨勢を表現しようとしたのです。つまり『自由論』のひとつの意図は、このフーコーが退けた概念をべつの次元で再導入してみることでした。それをとにかく、現在性にアクセスするさいの目印として機能させようとしてみたのです。本書中では検討していませんが、ここでいう「排除」をもっともよく示しているのは、ラテン・アメリカの「失踪」であるとおもいます[25]。ポール・ヴィリリオが「消滅」として論じた現象です。監禁するのではなく、人間の存在そのものをこの世から抹消してしまうのです。そして、この現象もやはり、ラテン・アメリカへのネオリベラル統治術の移植の過程で行使された、いわばその統治性の一環でした。

　このようなネオリベラルの統治実践がフーコーの系譜学の分析方法からかけ離れていることを、しばしば、それがドミナントになる時代にはなかったこと、いまだその現実があらわれていなかったことに帰する評価はよくみられます。それには一理あるとおもいます。しかし、それでも不思議なのは、実はそれに還元できない事態もあることです。つまり、シカゴ・ボーイズの「ショック・ドクトリン」のことです。チリでのクーデターとミルトン・フリードマンをはじめとしたシカゴ・ボーイズの関係は、当時、知られていなかったわけではありません。左派がその教義をとりわけ嫌っていたのは、この事実があったからなのですから。もちろん、先ほどふれた、最近の思想史的研究の示すように、フランスでは独自に「左派」寄りのネオリベラリズムが再導入されていた[26]という知的環境もあります。ですが、この実践のうちに、それとむすびあい、相互に刺激し、変形をもたらす、そのような系譜学的な知的言説をおこなっていたら、このような分析にはならなかったとはおもいます。

――シカゴ学派のネオリベラリズムが、「過剰な統治批判」の統治術であるなどとは、一九七二年のチリではだれも信じないでしょう。

あのように「原初的な暴力」とともに実践に移されていたのをみるならば、やはり、疑問をぬぐうことはできません。そして、それ以降も、そうだったのです。イラク戦争がその頂点かもしれませんが、ネオリベラリズムの導入と浸透には、権威主義的レジームと戦争、つまり暴力がつきまとっています。第四章でみたように、これが実践に移されてあらわれたのは、このような平和的で開放的なものとはとてもいえない光景でした。それが理論的にあらわれる位相と(イメージ、考え、テーマ、プログラムですから)、実践的に機能する位相は異なっているわけです。本書ではこのような契機、いわば「ショック・ドクトリン」的ネオリベラリズムと権力のかかわりを俎上にあげていたのです。

むしろ、中期フーコーの系譜学の延長で、リベラリズムをも問題にするとすれば、お手本のような著作があります。最近公刊された、フランスの哲学者グレゴワール・シャマユーの

『統治不能社会――権威主義的リベラリズムの系譜学』[27]です。この本は、経営マニュアル、CEOのスピーチ、経営者のインタビュー、エコノミストの提言などなどの「書店では買えない灰色の文書」とネオリベラルの著名人たちの言説とを対等に扱うことで、「灰色の系譜学」を実践している著作といえます。

このすぐれた本を比較するのもなんですが、多大なる共感を誘う特徴がさしあたり三点あります。

一点目、この本が現在にいたるネオリベラリズムの君臨支配を、一九七〇年代の危機、とりわけ三極委員会の『民主主義の統治能力』報告に表現される、ガバナビリティの危機への支配的エリート層、シャマユーの言葉でいえば「ビジネス」の側の反動的対応のうちにみていることです。『自由論』は、その構成をみればわかるように、ネオリベラリズムの統治、あるいは管理社会でもよいですが、その擡頭と拡大のその条件を一九六〇年代以来の下からの危機と、それへの反動的対応、「反革命」にみました。そしてその闘争が現在にいたるまで伏在していると。

二点目が、フーコーのネオリベラリズム論をとりまくあやふやな点を、フーコー自身の理論装置を用いながら越えようとしているところです。かんたんにいうと、かれはフーコー自身の用いたテキストにも系譜学的対象化を施すのであって、フーコーが「高貴な文書」のみを用いたところで、そのような文書と「灰色の文書」、そして実践的レジームの織り成す、複合や往復、矛盾と変貌をたどりながら、系譜学を実践しているのです。

以上の二点からは、実践上のネオリベラリズムの教義が、きわめてプラグマティクなものであることがわかります。「統治不能」の危機への対応として、ネオリベラリズムの教義が復活させられるとき、それは体系としてではなく、状況にアドホックに対応するための断片の総体としてあらわれるのです。たとえば、ネオリベラリズムの教義からは「企業の社会的責任」といったテーマは直接にはあらわれません。それは、企業外からのさまざまの抗議に対応するかたちで、教義の次元でのネオリベラルの反対をおしながら、実践的に形成され、ネオリベラルの言説集合体のうちに統合されるにいたった言説なのです（最初は懐疑的だったネオリベラルが、うまく使えるとわかるやＩＭＦや世界銀行といった国際的官僚機構を積極的に占領していった過程にみる通りです）。

三点目が、このすべての系の収斂する知的実践的体制を「権威主義的リベラリズム」という概念によって一括りにしたことです。こうした危機対応のなかから、「反革命」としてあらわれた実践的ネオリベラリズムは、抑圧的、強圧的要素をふくんでおり、当初よりその権威主義的要素の全面開花を準備していきます。この「権威主義的リベラリズム」の概念は、いまネオリベラリズムにかかわる研究のなかで焦点化していて、また『自由論』の方向性とも深く交わる点なので、少しふれておきます。

ネオリベラリズムと独裁的なもの、あるいはファシズムとは相容れないものとされています。ネオリベラリズムは、左右の全体主義批判を唱っていたわけですから。『自由論』でも、ハイエクとシュミットを敵対関係のうちにおきましたが、実は、ことはもっと複雑であり、その交錯にいま注目が集まっています。ハイエクはシュミットに深く影響を受けてもいました。また、オルドリベラルのリュストウとアフレート・ミュラー゠アルマックも、シュミットの国家論を支持していました。ミュラー゠アルマックなどは、ナチス党に入党したほどです（亡命したひともいますが）。どこでかれらの思想が交わっていたのでしょうか？　権威主義的リベラリズムという点においてなのです。

ドイツの資本家や経営者層は、当初、ナチスに懐疑的でした。そのかれらをナチス支持に変えた一つの契機が、一九三二年一一月に、シュミットがラングナム連盟第六〇回大会で一五〇〇人の重工業企業家を前におこなった講演であるといわれています(28)。当時の首相はパーペン——ヒトラーの政権獲得に手を貸したワイマール末期の政治家ですが、シュミットはかれを擁護しようとしたのです——でしたが、そこでシュミットは、かれの称える「全体国家」を次のように区分しました。労働組合を筆頭に、経済的諸利害、諸集団に絡めとられて肥大化した現代の国家は、ただみせかけの全体国家、「量的な」全体国家にすぎず、多元主義的であるがゆえに弱体である、しかるに、真に強力な全体国家、「質的な」全体国家は、経済から撤退して、強力な軍事的手段と大衆操作の手段によって統治するものである、と。たとえば労働組合のような組織を「切除」するには権威主義的な強い国家が必要である、というわけです。ワイマール期にはオルドリベラルたちも、まったくおなじふうに考えていました。市場経済を破壊的である集団的諸利益から切り離して、市場経済に競争的秩序をふきこんで、そのポテンシャルを解放しなければならない、そのためには国家の強圧的介入は必要である、「自由な市場と強い国家」というわけです。

ハイエクは、このようなシュミットの議論に強い影響を受けます。かれの著名な論文があって、「リベラル社会秩序の諸原理」というものですが、そこでかれはリベラリズムの系譜を二つに分けています。おおざっぱにまとめると、ひとつはヴォルテールやルソーに由来するもの。もうひとつはアダム・スミスらに由来するもの。前者はデモクラシーと親和性が高く、さらにデモクラシーは全体主義と親和性が高い。ハイエクの前提は、デモクラシーとリベラリズムは両立しないいいいことも〔ママ〕ないけど、両立する必然性もないというものです。ハイエクは、デモクラシーが国家を肥大させるし、全体主義へとむかう性向を有しているいっぽうで、権威主義政府がリベラリズムの諸原理をもって運営されることもありうるとします(29)。かれにとっては、みずからのルーツである、レヴェラーズやディガーズといった農民や都市民衆の諸勢力の要求を所有秩序を脅かすものとして鎮圧した「オールド・ホイッグ」とおなじように、デモクラシーは民衆の不当な要求によってあるべき市場秩序を攪乱させる危険な理念なのであって、あるのはかまわないけれども、市場秩序を攪乱しないかぎりにおいてなのです。そしてそれが、平常時にはデモクラシーの可能なかぎりの制約を推奨し、非常時には独裁を肯定することのできる文脈なのです。ここにあげた表は、シャマユーによるものです。この四類型において問題であるのは当然、全体主義なわけですが、リベラリズムはいずれも免れていることになっています。

	権威主義	デモクラシー
リベラル権威主義	リベラル・デモクラシー	リベラリズム
全体主義的権威主義	全体主義的デモクラシー	全体主義

ハイエクによる統治体制のタイポロジー[30]

　いまわたしたちが経験しているのは、まさにこのネオリベラルの権威主義的要素が加速しながら拡大していることです。トランプ、ボルソナーロ、エルドアン（かれのすさまじいネオリベラルな大学改革にはぞっとします）、習近平、プーチン、安倍、大阪維新の会と、世界的な極右の擡頭とネオリベラリズム政策の強化はまったく矛盾していません。ヴォルフガング・シュトレークは次のように指摘しています。

　適切にもミシェル・フーコーは、ネオリベラリズムの成立を分析するにあたり、英米ではなくドイツに焦点を合わせている。かりにフーコーがオルドリベラリズムについて、それをドイツの国家的伝統の歴史に、あるいはナチス以後のドイツの政治の歴史に位置づけようとしたのであれば、シュミットとヘラーに遡ってもよかった。そのとき彼は、資本主義の権威主義国家の経済的役割にたいしてリベラリズムのさまざまな観念が与えた影響をまとめるようなアイデアをえたかもしれない——かりに一九八〇年代のサッチャー論のタイトルを借りれば、そのアイデアは「強い国家」のための「自由経済」の必要性ということになるだろうか。(31)

シカゴ学派だけではなく、ハイエクも、チリにおけるピノチェトのクーデターとかれの独裁政権を支持しました。『タイムズ』誌に送った手紙は有名ですが、そこでかれは、ピノチェトのもとのチリがアジェンデのもとのチリよりもはるかに個人的自由があるのであって、それに同意しない人間はチリには一人もいない、といっています。(32)おびただしい人間が拘禁され、拷問され、殺害されているにもかかわらずです。かれによれば、選挙を通して政権の座についたにもかかわらずアジェンデのチリは、ラテンアメリカにおける唯一の全体主義国家であるとなるのです。

——『自由論』では例外状態というような用語で、たんに積極的ではない権力の様相を捉えようとしています。

「死を行使する権力」から「生を促進する権力」へ、というふうにまとめられるフーコーの「段階論」は、かつては、機動戦から陣地戦へ、抑圧装置からイデオロギー装置へ、生産から消費へ、といった、異質な理論と重ねられ、暴力や抑圧といった契機の軽視を促進していました。いわんや先進資本主義社会においてをや、です。このような知的言説の傾向に対して、フェミニズムやレイシズム研究の立場から批判がぶつけられてきました。フーコーのユーロセントリズムも批判の的でした。『自由論』では、ジェンダーとレイスの両者の交差する場所に立つジョイ・ジェームズの批判を参照していますが、これは代表的なひとつにすぎません。

くり返しになりますが、『自由論』の主要なひとつの目標は、ネオリベラリズムの浸透にともなう権力行使における暴力の契機の上昇、「抑圧的」側面の再浮上、一言でいえば、「例外状態の常態化」というべき状況を浮き彫りにして、それをふたたびフーコーの議論に折り返してみることにありました。「例外状態」とか「内戦」という概念に注目しているからといって、ジョルジオ・アガンベンが念頭にあったわけではありません。それはニコス・プーランツァスやスチュアート・ホールのような、マルクシストたちの当時の分析、つまりプーランツァスであれば「権威主義的国家主義」、ホールたちであれば「権威主義的ポピュリズム」、そしてマルクシスト理論の文脈では「例外国家論」ないし「ボナパルティズム」として対象化される現状分析をみながら、これは重要だと感じていたからです。とりわけ、一九七〇年代の各種の闘争のもたらした「危機」への鎮圧的対応として、レイスとクラスの重層するところで、「法と秩序」の権威主義的権力行使を、「犯罪」対策に焦点を当てて分析したホールたちの『危機を取り締まる《ポリシング・ザ・クライシス》』[33]は、当時もいまも重大な著作だとおもいます。こうした感じであれこれ考えたり書いたりしながら、あるとき紀伊國屋新宿南口店の洋書コーナーでアガンベンの『ホモ・サケル』をみつけました。頁をめくりながら、そのような文言を発見して、助けられた気がしたのです。フーコーの文脈で、主権と殺す権力とが、近代においても乗り越えられた過去ではないことが、そこではっきりと理論化されていたからです。

　しかし、すでに現実と格闘する知的言説のなかでは、当時、消費社会とコンセンサスのポストモダニズムを「地に足のついていない夢想」に叩き込むような研究も続々とあらわれていました。なかでもマイク・デイヴィスの都市研究は、衝撃的でした。[34] 当時、都市に知的関心をもっていた人びとで、その強烈なロス論に強い衝撃を受けたひとは多いとおもいます（いわゆる「ただし日本を除く」ですが）。とにかく、ギャングスタ・ラップ全盛の時代にギャングの抗争の現場にまで立ち会って、アメリカ合州国の中核部がほとんど戦場と化している実態を描きつづけ、ポストモダン都市論に対し、理論的装飾をあえて貧しくしたような「リアリズム」をつきつけたかれは、世界中でネオリベラリズムの権威主義的契機が加速的な発展をみせている現在を予測していました。かれのテキストからあらわれるのは、いわゆる先進国の都市住民への取り締まりに軍事的オペレーションがしきりに活用されながら、警察と軍事がたがいに融合していく光景でした。実際、この時代にこの趨勢を集約していたオペレーションは「ドラッグ戦争（War on Drugs）」と呼ばれていました。この「ドラッグ戦争」が、合州国のインナーシティにとどまるものではなく、ラテンアメリカに壊滅的影響をもたらしたことはよく知られているでしょう。それは国境を超えて都市と都市、あるいは特定のリージョンをカバーする、ひとつの「低強度紛争」だったのです。そしてそこに、ニューマンの環境管理型都市統治の提案も、コード化されていました。この内戦状態が、すでに世界的に拡大をみせていることはいうまでもありません。つまり、『自由論』が一つの目標にした、フーコーの理論への「内戦状態」の再導入は、まったくまちがっていなかったと自負したいとおもいます。

フーコーは一九七六年講義『社会は防衛しなければならない』で『監獄の誕生』で十全に活用された権力の戦争パラダイムを検討しながら『知への意志［セクシュアリティの歴史　第一巻］』におけるその適用を最後に、それを放棄して統治性のほうにむかいます。権力の戦争モデルは、フーコーを袋小路に追いやったとされています。あるいは、一九七六年講義で戦争モデルの系譜学がレイシズムと交差するのに不安をおぼえたことが理由であるとされることもあります。『自由論』では、『知への意志』における「反撃の拠点」をめぐる理論的動揺の問題について少し論じています。しかし、このいわゆる戦争モデルから統治性への移行をふまえながらも、もともとはブラック・パンサー党の分析に着想をえたとされている「内戦」にモデルをとったプレ統治性の権力論とその文脈を復元して、ネオリベラルの統治とされるものに重ねてみたのです。

これとおなじようなことを、最近、エリック・アリエーズとマウリツィオ・ラッツァラートがいっています。フーコーにかなり批判的な視点からですが。『諸戦争と資本』と題されていて、タイトル通り、資本主義がその破壊的契機である戦争と密着していることを理論的に分析した作業です。「諸戦争」と「資本」自体、フーコーのリベラリズム講義からは消失する二つの契機です。なかでも、かれらの次の指摘は、きわめて重要だとおもいます。

ロックとリベラルな市民社会の背後に、つねにホッブズ、国家、戦争機械が存在している。というのも、「社会」はつねに、深い分裂を維持することで統治されているからである。一九七七年にはじまって、フーコーは一九七二-三年の講義で「社会」の概念に反対して発展させた分析を退けているようにみえる。その「社会」の名によって、リベラルな統治はみずからの有用性を問いにふすと、その後のフーコーはいうようになる。わたしたちはこのような議論に立ち返る必要がある。というのも統治性は最後のフーコーがいうようには社会一般に行使されるのではなく、その分裂において、かつ、その分裂を通して行使されることをやめることはないからである。(35)

リベラルな統治性において、統治は「社会の名において」問われるとフーコーはいいます。「なぜ統治が必要なのか、なんにおいて統治は不要なのか、なんに関して統治の介入は無益ないし有害であるのか」、これは「社会」との相関で提起される問いなのです。しかし、現実には「統治性は……社会一般に行使されるのではなく、その分裂のただなかで、そしてその分裂を通して行使される」わけで、これが、一貫して（統治的）合理性の次元で動くフーコーのリベラリズム論がオミットしてしまった次元です。アリエーズたちは、べつのフーコーをそれに対置していて、それは、いまだ戦争モデルを駆使していたころ、つまり一九七二年の講義録『処罰社会』のフーコーです。フーコーは、「社会」をすでにあるもの、ないし統治的合理性の対象としてではなく、権力がそこに身を隠しながら差し出してみせる対象として浮上させています。「権力の媒体となるこの規律のシステムは、権力が行使される手段であり、しかしそのやり方は、本当の姿を隠したうえで現実を装うというものです。権力が装うこの現実、いま記述し知らねばならないもの、ひとが社会と呼ぶもの、つまりは社会学の対象です」[36]。このようにして、「社会」が浮上するのです。社会あるいは市民社会とは、『処罰社会』のフーコーによれば、財産所有者と非財産所有者に分裂しています。一八世紀の哲学者たちは、契約と（人工的なものと理解された）習慣を区別して、契約の契機を財産所有者の結合に、習慣すなわち規律を介して諸個人を「事象の秩序」、「時間の秩序と政治的秩序」に従属させることで、「社会全体」のうちでかれらを結合する、というのです。「社会科学の最初の機能は、財産所有者と非財産所有者のあいだのこの分裂を、まさに「社会的なもの」と「社会」の概念を通して、中和することである」、というわけです。このように系譜学の動く平面である分裂した抗争の領域が中和されたあとに差し出されるのが「社会」なのです。この批判は、フーコーの描いたいわば「牧歌的」ネオリベラリズムがなぜ現実にはしばしば残酷なものとしてあらわれるのかを説明しています。端的に現実は分裂しているからであり、サッチャーとはべつの意味で「社会のようなものは存在しない」からです。

もう一点、重要な指摘があります。フーコーの二年にわたるリベラリズム講義において、一九世紀がすっぽりと抜け落ちていることです。「しかし、大戦後の「社会」は一九世紀の「市民社会」とは根本的に異なっている。というのも、それはフーコーが再構成していない二重の過程の帰結であるからである。それはまず奴隷、労働者、貧民、女性が、財産所有者の「自由」――それは奴隷たちを市民的・政治的権力から排除しながら、かれらを搾取し支配する「自由」として作動していた――を後退させた闘争の帰結なのである」。そしてもう一つが、二つの大戦がもたらした「総動員体制」の帰結としての「社会」というトータルな次元です。

くり返しになりますが、ネオリベラルの統治術が、先進国途上国を横断して内戦のような状況を惹起しつつ、そしてそれにともなってみずからの望む社会の構成を広く深く構築しながら、実践において行使されているのは、結局、かれらのいうように「分裂のただなかで」なのです。ここに、先ほど述べたいくつかの欠陥にもかかわらず、マルクシストたちの分析、たとえば、デヴィッド・ハーヴェイのいう「支配階級による階級権力の回復戦略としてのネオリベラリズム」という分析が現実味を帯びる根拠があるとおもうのです。

――『自由論』では、七〇年代前半の階級にかかわる議論が重視されています。これものちにはフーコーにおいて放棄されるのでしょうか？

一九七〇年代前半には、フーコーはもっともマルクシズムに接近し、階級闘争に力点をおきながら分析をすすめています。「マルクシズムは階級闘争をいうが、階級にばかり力が入り、闘争がなんであるかを理解しようとしない」という発言もこの頃のものではなかったでしょうか。この時代のフーコーは、むしろ、多数のマルクス派よりも、すばらしく階級闘争を分析し、その重力を測定しているのではないかとおもいます。『監獄の誕生』と規律の分析は、同時代の権力動態を通して、歴史を把握し返しているようにおもわれます。先ほどの引用にもあるように、一九六八年から七〇年代のはじめにかけて、プロレタリァ本隊外の周縁からの要求や、周縁の可視性の増大は、あらためて、「アンダークラス」と労働者階級の関係性を、そして階級闘争の意味を問いはじめていたわけですから。つまり、そうした周縁には、労働者本隊にとって「階級闘争」としてあらわれるものが、「内戦」としてあらわれるのです。この二つの区分された闘争をふたたび統合することが、知的にも実践的にも問われていたのです。フーコーが監獄情報センター（GIP）をはじめたのも、政治犯として収監された毛沢東派の活動家が、普通犯とみずからを区別していたことに対する批判的意識がありました。「犯罪は下からのクーデターである」という、有名な警句を述べたのは、この時期のフーコーです。「人間の蓄積と資本の蓄積」というふうに、かれは『監獄の誕生』で要約していますが、規律権力論は、資本蓄積の帰結ないし効果としてのイデオロギーではなく、資本蓄積をそもそも可能にする次元を問い、その過程を詳細に解明することで、『資本論』をある意味では補完しているのです。『自由論』もこの時期の階級分析に着目していて、それは、すべての問題設定に通底していますが、それをとくに論じているのはとりわけ最終章です。本書内でも引用していますが、なかでもそれを縮約するような発言として、あらためてあげておきます。「……プロレタリアートがあって、そのあとにこうした周縁的存在がいるといってはならない。la plèbe［民衆／下層民］全体の塊のなかに、プロレタリアートとプロレタリア化されていない la plèbe を分け隔てる断絶がある、というべきでしょう。警察、司法、刑法体系といった諸制度は、資本主義が必要としているこの断絶を絶えず深く刻んでいくために用いられる一連の手段のごく一部なのではないか、とおもうのです」。このようなかたちでフーコーは、産業労働者階級の形成に、規律が深く関与しているとみていました。しかも、フーコーはこの規律や刑務所、監禁の必要を、資本制生産様式の浸透とそれに呼応する民衆反乱への応答というダイナミズムにおいていました。まさに、規律は階級闘争の道具であり、争点であったのです。ただし、講義録が公刊されたいま、少しニュアンスをつけ加えねばなりません。講義でいうと、一九七一年の『刑罰の理論と実践』(37)に該当します。この年の講義は、それ自体きわめて興味ぶかいものですが、しかし、翌年一九七二年の『処罰社会』では、この蜂起に代わって、民衆の違法行為が重視されはじめます(38)。マルクスがジャーナリストの時代に、それまでのリベラル左派からソーシャリストに政治的立場を転換した、そのきっかけには、それまでは慣習的共同所有のもとにあった森林からの木材の伐採が、私的財産権の確立と強化にともなって犯罪とされ、それによって多くの民衆が犯罪者となるという出来事がありました。資本制生産様式の拡大は「市民的所有秩序」の浸透にあいともなっていたわけですが、民衆のそれまでの慣行の大規模な犯罪化をもともなっていたのです。フーコーは、規律化の動因となったのはこのいまでは許しがたいものとして浮上してきた、民衆的犯罪であると位置づけ直します。その位置づけの変化にともなって、この時期のフーコー全般的違法行為のなかの一つの帰結と置き直されます。注目すべきは、民衆反乱はこのが影響を受けていたとされる、あるマルクシストの歴史家、すなわちエドワード・P・トムスンとの関係です。ベルナール・E・アルクールによる「講義の位置づけ」でも、『処罰社会』におけるE・P・トムスンとの対話が強調され、トムスンの主著『イギリス労働者階級の形成』をフーコーはよく知っていたというダニエル・ドゥフェールの証言が引用されています。トムスンのこの本は、一八世紀から一九世紀のはじめまで、つまり、産業的プロレタリアの「形成」を対象としたもので、先ほど引用したフーコーの、la plèbe［民衆／下層民］がプロレタリアと非プロレタリアの下層民に区別されていく、その過程は、まさにその「形成」の過程と重なります。しかし、この「講義の位置づけ」の見解には、少しおかしいところもあります。フーコーがこのとき退けた、というかより正確にいうと、後景に退けた、民衆蜂起や反乱という問題設定をトムスンのものとしているのです[39]。たしかに『イギリス労働者階級の形成』だけをみれば、そうなるのかもしれません。しかし、思想史的にみるならば、まさに一九七五年に、ここでのフーコーの問題設定とおそろしく交錯する著作が、トムスンらの手によってあらわれているのです。トムスンを中心とした共同著作である『アルビオンの死の木——一八世紀イングランドの犯罪と社会[40]』、そしてトムスン単独の著作である『ホイッグとハンター[41]』です。これらのいまや古典となった著作は、一八世紀のイングランドでは、資本制生産様式の形成期における犯罪の問題に焦点をあわせたものです。一八世紀のイングランドでは、資本制に即した所有的秩序の形成とともに、微罪や軽罪への厳罰化がすすみ（たとえばハンカチを盗んだ程度の微罪でも死刑になりました）、大量の絞首刑がおこなわれたのです。この現象は、それまで慣習的に共有とみなされていた土地の利用やその産物の捕獲、それまで大目にみられていた職場での横領などが、違法行為として刑罰の対象になることを文脈としています。先ほど述べたハイエクのリベラリズムの系譜は、いわゆる「オールド・ホイッグ」に由来するものです。一七世紀にホイッグは、レヴェラーズ、ディガーズのような都市職人や農民に由来する集団の権利の主張に対して、所有権秩序の擁護者としてあらわれ鎮圧しました。市民的所有秩序のさらなる深化拡大によって、そのような状況の全般化したのが、一八世紀なのです。『アルビオンの死の木』の寄稿者であり、トムスンの弟子であるピーター・ラインバウはその後、『ロンドンの絞首刑』[42]という著作で、この問題設定をさらに展開します。

このマルクシストの歴史家たちは、「階級闘争における階級よりも闘争」の解明に力を注いでいたという点で、この時期のフーコーの問題設定と交わったといえます。トムスンの有名なテーゼに、「階級なき階級闘争」というものがあります。一八世紀における産業プロレタリアの形成の前提となる闘争のことです[43]。ここにみられるのは、産業プロレタリアと資本家のようなプレイヤーがあらかじめ存在し、資本家が（国家を介して）所有する権力のもとで闘争が遂行される、というような、階級に力点をおいた階級闘争のヴィジョンではありません。階級より闘争のほうがより根源的なカテゴリーである、とトムスンはいいます。フーコーが、権力のモデルとして内戦という概念を選択したのも、そこに理由がありました。la plèbe が形成期の資本制の圧力のもとでの抗争をへて、産業プロレタリアと非プロレタリアに分岐するというフーコーの一九七二年講義から翌年の講義、さらに『監獄の誕生』にいたるまでの一連のテキストを、この「階級なき階級闘争」の解明に寄与したものと位置づけることもできるかもしれません。

ラインバウの著作は、とくにフーコーとの関連できわめて興味ぶかいのですが、それはまず、incarceration（監禁）ならぬ excarceration（脱禁？）という造語を活用しながら、フーコーとは逆に、人びとがあたらしい閉じ込めの権力から脱出する契機に注目していることです。規律と監禁の時代は、同時に、大いなる逃亡の時代であるというわけです。この本を読むと、ロンドンの労働者たちは、あたらしい規律と閉じ込めの装置から逃げだす技術を実によくみがき、そして大いに成功していたことがわかります。ラインバウはこの逃亡、反・規律の契機に注目するのです。規律の時代は、苛烈な身体的負荷と強制の時代でもあったけれども、かくもさかんに水漏れを起こしていた時代でもある。ネオリベラリズムの統治術が現実に実践と統合されたとき、このような逃亡の大らかさが可能かどうかとつきあわせてみるとよいとおもいます。さらに、もう一点あって、それはパノプティコンにかかわるおなじプロセスにかんしてです。パノプティコンが、ジェレミー・ベンサムではなく、兄のサミュエル・ベンサムの発明になることは、よく知られています。『監獄の誕生』では、その事情はほとんど無視されていますし、その発明の文脈もそれほどはっきりはしませんが。もともとの着想は、受刑者の監視にあったわけではありません。サミュエル・ベンサムは、いくつかの造船所の改修の任を負った技術者だったのですが、かれはこの労働者たちの職場の横領の慣行――麻、帆布、綱ボルト、索具、板きれなどなどの横領――を食いとめ、「市民的所有」にもとづく秩序を形成するために、常時監視可能な巨大塔を中央に建設することをおもいついたのです。かくして賃労働制度が誕生します。おもしろいのは、一九七二年の『処罰社会』では民衆の違法行為の例として「横領」がでてきますが、パノプティコンはあらわれません。他方、一九七五年の『監獄の誕生』ではパノプティコンはあらわれますが、この横領についてはほとんどあらわれません。

いずれにしても、トムスンたちの異端的マルクシズム的歴史記述とフーコーの系譜学はこの時代、問題設定においてきわめて交錯しており、そこにはあきらかに、時代的文脈、そしておそらく政治的文脈の共有もみてとれます。かれらはともに、階級闘争の歴史記述に大きな寄与をなしているといえるとおもいます。

しかし、違いももちろんあります。先ほどの逃亡におく力点という違いもありますが、それだけでなく、トムスンたちは、「市民的所有秩序」の発展するこの一八世紀における民衆の慣習行為の「違法化」と処罰化の浸透を、民衆の慣習世界の解体、モラル・エコノミーの解体との関係で捉えているのです。その闘争の動機がどこにあるのか、なにが対象なのか、なにが狙いなのかが注目され、それが資本制のあたらしい秩序と惹き起こす抗争に重点をおくのです。

規律の分析ないし系譜学が先ほどのアリエーズたちの著作のタイトルでいえば、資本と諸戦争という系列と不可分だったとすれば、リベラリズムの統治術の分析は、そうした系列から離れていきます。そして、ついに『生政治の誕生』における、単一の資本主義は存在せず、諸資本主義があるだけだ、という主張にいたりつくわけです。マルクス派にとっては、もちろん、単一の資本主義は存在します。それが地域や時代によってさまざまのヴァリアントとしてあらわれるにしても、G（-W）-G、に集約される蓄積の衝動は貫徹しています。そのような資本主義の動力にかかわる分析を商品分析の系列に属するものとして退ける傾向が、一九七〇年代後半からのフーコーにあらわれます。しかし、結局、わたしたちがその後、経験したように、世界は資本制のもとにあるかぎり、階級という重力をもった分裂的契機が失われることはありませんでした。先ほどの、フーコーにちらりとあらわれた「創造都市的ヴィジョン」になぜ、わたしたちはもはや期待をすることができないのか。不可避の分裂のうえに、真の多元性の開花することはありえないからです。

――それは第三章の「敵対の転位」の論点ともかかわるのではありませんか？

本書を構成するなかで、もっとも最初に書かれたのがこのテキストで、「ハイ・セオリー」全盛期の空気を漂わせていて、そういう点ではなかなかつらいものもあるのですが、そうですね。「左派ポピュリズム論」へと一部は展開をみせたここでのデモクラシー論の水準に、わたしはぜんぜん満足していませんし、このデモクラシーにかんする論点はさらに展開できるとおもいますが。一点だけ述べておくと、ある意味で、デモクラシーは統治性の外部だとおもうのです。これがフーコーにおいてはあいまいだとおもいます。いずれにしても、ここでの「敵対性」やそれに属する語彙は、ラカン派的なものですが、とりわけいわば「球体幻想」の根強い、分裂や外部性といったものを忌避する傾向の強力な日本においては、依然、重要な意味をもっているようにおもいます。

ここで一点、述べておきたいことがあって、「韓国語版の序文」でも書いているのですが、ある時期から一転して「ネオリベラリズム批判」が流通することによって、ある種の幻想、いわば「球体幻想」が、その批判の側にわきおこったことです。『自由論』を構成するテキストを書いていたころは、ネオリベラリズムにはほぼだれも関心を寄せていませんでしたが、国民国家批判、ネーション批判はきわめて活性化をみせていました。ところが、ネオリベラリズムへの意識の高まり、「ネオリベ批判」として感覚において普及しながらそれが「格差社会」批判として具体化をみせたとき、こんどは、ネーション肯定のバックラッシュを惹き起こしたのです。このような空気のなかでよく耳にするようになったのが「分断」です。この「分断」は、否定的なものとして現代社会を論評する、ある種の常套句です。「いまやこの日本は分断している、分断ニッポンである、なんとかしなければならない」というわけです。わたしたちとしては「分断」を問題にするとしても、たとえば、ネオリベラリズムのもとにおける「分断統治」を問題にするにしても、それは分裂をはっきりさせるための迂回でした。たとえば、原発の建設が地元の分断をもたらしたというように批判されるとき、そこでは原発の推進が住民にダメージを与えながら展開するその手法が問われているわけであり、それを通して原発を必然とする全体構造のうちにある分裂を否応なく露呈することがめざされているわけです。だから問題は分裂そのものが悪いのではなく――というか悪いもなにも根本的な「現実」なのですから――本来、利害を共有する人びととのあいだを引き裂き、たがいに争い合わせ、分裂を隠蔽する、その権力の作用が問われたのです。ところが、現在、このような「分断」と「分裂」は混同される傾向にあり、ときに、分裂そのものがあってはならないかのように、あってはならないものが特定のよからぬ人間たち（「ヘイター」でしょうか？）によって煽られているかのように、そしてそれを通して、かつてこの社会には分裂がなかったかのように幻想されるのです。このような意味でのノスタルジーが、ここまで強く回帰するのは予想外でした。たとえば、ある種の批判的スタンスにとっての現代版「青い鳥」といえよう「真の保守派」あるいは「真の右翼」へのこれもまた異様なまでの固執は、いったいなんなのでしょうか？　そこにはひとつの利得があります。それは、特定の人間、特定の勢力によってある大切なものが奪われた、と幻想できるのです。真の保守派という幻想は、それが保守する大切なものが存在するという幻想です（ここでは論じられませんが、保守とはバーク的な自生的秩序にかんする態度のことだとされてもおなじことです）。そしてその幻想は、奪われてしまったものとしてはじめて維持できるのです。「享楽」はいつも「盗まれたもの」としてしかないのであって、ラカン派のいうオブジェ・プチ・タ、対象aです。あれはあいつらが奪ったのだというと、ないものも本当にあったかのようにおもいこむことができますから。第三章で論じたように、ラカン派的水準からしても、このような幻想はデモクラシーに寄与するものではなく、その障害です。デモクラシーは、そうしたなにかが存在しないという「否定性」にとどまることでもありますから。こうした言説の望むような「真の保守派」も、真の保守派が「保守」していた秩序をもちえた過去もどこにも存在したためしはありません。資本制のもとにあればとりわけ当然です（大文字の資本の論理の分析を一貫して手放さなかったドゥルーズが、「市場とは、普遍化や均質化をおこなうものではなく、富と貧困とを産み出す途方もない工房である」といっているように）。日本の戦後史をみるならば、現状に批判的な立場に立つひとたちの多くは、執拗にこのみせかけの調和の虚偽を告発していました。もしノスタルジーを抱くとすれば、このような人びとの態度にこそむけられるべきだとおもいます。この「球体幻想」の生成にかかわる諸装置は、あとでまた天皇制とあわせて少し考えたいとおもいますが、それこそ抑圧や暴力、差別や排除、あるいは否認や捏造を生成させる源泉でもあります。そして亀裂が大きくなればなるほど、その作動は空想的になりかつ粗暴になるでしょう。だから必要なのは、さまざまな「球体幻想生成装置」をかきわけて、分裂をシビアにみきわめ、それをあちらこちらで露呈させることです。分断はいけませんではなく、どのような分断であるかをみきわめ、必要な分断を加速させねばならないのです。

――第五章と今回増補された「鋳造と転調」は、ポスト規律社会の権力に重点をおいた分析ですね。

その空白をどのように埋めていけばいいのか、統治性論ではないとして、どのようにフーコーの系譜学を継承していけばよいのか、そのありうべき方向性を提示しようとしたのが、ドゥルーズの「管理権力論」であるとおもいます。『自由論』では、規律社会から管理社会へというドゥルーズの見取り図を、自分なりに実質を与えてみること、というか、フーコー風にいうならば、その概念を機能させてみることでした。なぜ、フーコーが、主権と規律の次に位置づけたセキュリティ装置ではないのか。規律は権力にかかわる技術ですが、セキュリティは目標です。管理《コントロール》は調整《レギュラシオン》などと並んで、人口にかかわりあうセキュリティという目標にかんする技法《テクニック》です。それはさまざまの制度やさまざまな目標にむすびつくことができるのですが、規律社会と同様、わたしたちの社会においては規律を越えてその技法が全域化するのです。規律社会論は、管理社会論へとひきつがれねばならず、ネオリベラリズムはそのなかの要素にすぎない。たとえば、ニューマンの「防犯空間」という知的言説は、環境を形成し、それによって人間のふるまいに働きかけようとする実践との複合体として、どちらが自由かといった倫理的問いとはべつの問題として分析されねばなりません。管理《コントロール》権力とその装置という視点から、ネオリベラリズムも権威主義的リベラリズムも、その構成要素として現代の権力を考えることができるでしょう。ドゥルーズの管理権力についてのテキストや散らばっているいくつかのみじかい言及をみてみるならば、そこでいわれているのはフーコーの分析と共通する部分をもつ、ネオリベラリズムの統治術に属するさまざまの特徴です。『自由論』では、それを利用していますし、すべて念頭において議論を組み立てていますが、ドゥルーズの議論について、あらためて論じているわけではありません。

ドゥルーズの管理社会論において、フーコーのピックアップした要素と重なるものとしてはまず、企業です。「ところが管理社会になると、今度は企業が社会にとってかわる。そして企業は魂の気息のような、気体のような様相を呈することになる。工場でも、ボーナス［特別給与］の制度があるにはあったろう。しかし企業は、滑稽きわまりない対抗や競合やグループ討議によって生まれる不断の準安定状態のなかで、工場よりも深いところで個々人の給与を強制的に転調〔変動〕させるのだ。愚劣このうえないテレビのゲーム番組があれほどの成功を収めているのは、それが企業の状況を的確に表現しえているからにほかならない。工場は個人を組織体にまとめあげ、それが、群れにのみこまれた個々の成員を監視する雇用者にとっても、また抵抗者の群れを動員する労働組合にとっても、ともに有利にはたらいたのだった。ところが企業のほうは抑制のきかない競合関係を導入することに余念がなく、競合関係こそ健全な競争心だと主張するのである」。ネオリベラリズムの統治術にとって重要な戦略の地点となる企業と競争についてですが、フーコーがオルドリベラリズムの企業形式を論じるときのような、好意とはいわないまでも「ニュートラリティ」とは対照的ですよね。「わたしたちは、企業には魂があると聞かされているが、これほど恐ろしいニュースはほかにない」という有名な一節にあるように、ドゥルーズはこれを深く憂慮してます。

第五章「恐怖と秘密の政治学」は、ポスト規律社会について、その固有の作用について、ギィ・ドゥボールのスペクタクル社会論、とりわけその著名な書物の続編としてあらわされた著作を手がかりにして考えてみました。フーコーは、あきらかにドゥボールたちを念頭におきながら、現代はスペクタクル社会ではないと強調しました。そのさいには、規律社会は現代にまで延長している社会であり、したがってスペクタクルという視点は現代社会の分析軸たりえないという含意があったわけで、ドゥボール、ボードリヤール、ヴィリリオといったひとたちの提起にかんしては、「ゾンバルト・タイプ」の分析とひとくくりにしてフーコーは一貫して冷淡です。このような態度は、大文字の資本主義、すなわち単一の資本主義に対するフーコーの関心のますますの減退と裏腹なのかもしれません。たしかに、多くの眼がこうした生産から消費へといったスローガンのもと、商品分析あるいは大衆文化論にむいたとき、ネオリベラルの統治術の企業形式の導入による競争の全般化といった動向を重要視したのは決定的に意義のあることでした。しかし、このような、あれかこれかの態度をわたしたちも共有する必要はないとおもいます。そもそも、現代社会はもはやスペクタクル社会ではないとしてそれを古典主義期に追い払ったとき、フーコーは、規律社会を現代にまで延長している社会と仮定していたわけですから、のちにかれ自身が主張したように規律社会はすでに終わりつつある社会であるとするならば、それがおなじようにいえるのか、わからなくなるわけです。ポスト規律権力の装置という視点から捉え返すならば、フーコーが退けた系列の分析も、なかにはそのあたらしい装置の諸要素として分析に動員することもできるでしょう。

ドゥボールの『「スペクタクル社会」注解㊹』は最初に読んだときショックでした。「スペクタクル」はもちろん、「秘密」も「欺瞞」も、すべてフーコー的な語彙目録にはありませんし、こういう問題設定自体、すでに古びているとされていました。しかし、それは現代の趨勢をものすごく的確についている、ポスト規律社会のなにか重大な動きをつかんでいるようにおもいました。それをなんとかいわんとしたのが、この章です。いま読み返してみると、自分でもなにをいってんだかよくわからなくなったところもあるのですが、大枠としてはまったく現在に妥当しているとおもっていますし、この時代にはほんとかよ、と怪しく感じていたことも現実と化しているようにおもいます。これを書いたときにはいまのようなスマホがないことはもちろん、わたし自身まだ携帯電話すらもっていませんでしたし、ネットもいまほど普及していたわけではありませんでした。電子掲示板のようなものはありましたが、SNSなどそのかけらもみえていませんでした。監視テクノロジーもコンピュータの処理能力も大幅に進展をみせています。なので、少し補足が必要かなとおもいましたが、あらためて読み返してみて中核的論理についてはそうした作業はいらないと判断しました。たとえば、「軍事・警察的諜報活動と商業的情報収集、情報操作、監視活動が、メビウスの輪のように通底しあい、そしてその互いの特性を溶解させている」といったヴィジョンは、SNSでわれわれがこぞってみずから情報をさしだしている状況をみればまったくそのままだし、商業的情報収集と国家管理の境界喪失についても、ますます強化されてますよね。あるいは、たとえば、「全面的密告社会」の密告を「通報」といいかえれば、だれもが当局への「通報者」と化しているのがまさにいまの日本でしょう。「全面的通報社会」と読み直してください。そして、「情報操作」です。これも、いまでいう「フェイク・ニュース」現象と重なっているでしょうし、この言葉を「印象操作」といいかえれば、そしてこの言葉がどのように支配的政治家たちによって用いられているかを考えれば、ここでドゥボールのものとして論じた現代の趨勢にまったく該当しているとおもいます。

今回、補論とした「鋳造と転調」は、問題設定としてはこの第五章の延長上にあります。もちろんタイトルに直接にあらわれているように管理社会論を意識しています、というかそれなりに展開しようとしたものです。ここでは『ケイゾク』（一九九九年）というＴＢＳの刑事ドラマを手がかりにしましたが、この時代の空気や感覚を巧みにつかんだ傑作だとおもいます。

管理社会論を意識したといっても、ここではフーコー的な要素、つまりネオリベラリズム的要素ではありません。ドゥルーズの残した管理社会論では、「管理《コントロール》」概念のルーツとされていたのはフーコーと並んでウィリアム・バロウズでした。バロウズが管理というときは、その重心は「精神操作的」要素にあります。バロウズは二〇世紀の二つの戦争のあいだに練り上げられ大戦後に普及した精神的操作の諸技術に注目して、おぞましい管理社会のヴィジョンを描写したのです。ところが、この精神操作にかかわるいわばバロウズ的契機は、ドゥルーズの管理社会論においては、あまり表面にあらわれていません。そして、この契機は第五章のテーマともふれあっています。ドゥボールの影響もあって、そのような精神操作的局面はとても重要におもえていたのです。そこで、さらにガブリエル・タルドやその周辺の議論も参照しながら考えてみたのです。

ここにもいくつか論点があって、もし使えるようなものがあればうれしいのですが、ここで拾っておきたいのは、真理と記憶をめぐる問題です。これは、まさに「新元号騒ぎ」に揺れる現在の天皇制の再浮上のなかで、日本社会の分析にとって重要な意味をもつとおもわれるからです。

「鋳造」と「転調」という概念は、ドゥルーズの管理社会論のものであり、それぞれ規律と管理にふりわけられることで、管理権力の作動の論理が提示されます。「監禁は鋳型であり、個別的な鋳造作業であるわけだが、管理のほうは転調（modulation）であり、刻一刻と変貌をくりかえす自己＝変形型の鋳造作業に、あるいはその表面上のどの点をとるかによって網の目が変わる篩に似ている」。規律権力は、まず身体に関与しました。いわば、身体を通して精神を形成するものだったのです。たとえば「精神棒の注入」とか「髪の乱れは心の乱れ」といった典型的に規律権力的な発想は、肉体的痛みや肉体的成形を通して精神をかたちづくろうとする、鋳造の論理を端的に表現しています。それに対して、転調の作用は必ずしも身体を通しません。転調の概念は、もともとはアリストテレス以来の質料／形式の形而上学への対抗としてジルベール・シモンドンが使ったもので、ドゥルーズは『差異と反復』あたりから随所でこの概念をとりあげています。「鋳造と転調」の議論ではそうした概念の系譜をとくに意識したわけでもないのですが、それを「人称性の閾以下に拡がる（情動である）潜在的領野へと働きかける」作用として、身体に働きかけるにしても「身体における無形的／非物体的レベル」への作用として考えてみました。

ここでなにを主要にいいたかったかというと、ひとつにはいわゆる「歴史修正主義」にかんしてです。規律の時代には、身体はリアルな実在であり、そこに記憶が宿っていました。それは、資本主義に固有の時間にさらされながらも、べつの時間を身体を通して継承し、それとはべつの、あるいは規律の権力の利用する領域でもあったとおもいます。ところが、いま時間は、極度に断片化しています。「いま」に支配された、いわば「現在主義」の時間のなかに、わたしたちはあるのです。そのような時間感覚は、管理権力の前提かつ効果であり、そしてそのような感覚がまた、管理権力の作動する場でもあるとおもいます。なぜそのような事態が起きているのでしょうか。その原因として、資本主義の時間の全面的支配があげられるようにおもわれます。資本主義にとって記憶は不要です、というか、それは記憶をたえずむしろ構成します。持続は不要なのです。規律社会の空間や時間の不連続性は、それを記憶が支えていました。学校の記憶、地域の記憶、働くこととその仲間の記憶、闘争の記憶などなどです。ところが、管理社会の権力は、ひとの人生の不連続を、連続的作動によって保証する、というか操作します。マイナンバー、Amazon の購買記録、SNSなどなど。地縁あるいは労働組合のような「環境」の欠如は、こうした管理の連続性によって埋め合わせられます。ドゥルーズはこのような事態を、「規律が長期間持続し、無限で、非連続のものだったのにたいし、管理は短期の展望しかもたず、回転が速いと同時に、もう一方では連続的で際限のないものになっている」としています。記憶は不要です。こう断片化された時間と脱文脈化され個人化された主体には、資本主義の必要とする断片的な欲望と消費のサイクルにきわめて適合的なのです。そして、日本はこの作用が極端にすすんでいます。記憶はいくらでも修正可能です。今日のあからさまな虚偽も明日には忘れられ、それが責任ある立場の人間の致命傷にはなりません。このような「いま」の地平に封じられた時間経験が、恒常的に記憶を可変的なものにしているようにみえるのです。そのような時間感覚こそ、現代のいわゆる「歴史修正主義」の条件であるというのが本論を書くうえでの仮定でした。たとえば、いわゆる「ネトウヨ」あるいはそのような精神性や言説のフレームを共有している知識人たちは、たんに歴史を自由自在に「捏造」しているわけではありません。かれらは歴史学などの、その「イデオロギー」によって歪められた「真理」に知的に対抗しているとおもっているのであって、だから「エビデンス」の提示などによる実証主義的装いをとっているのです。それはある意味で「科学的」な「真理陳述」の手続きは提示されるのです。それはしばしば荒唐無稽のものとしてあらわれるのですが、しかし、その提示は素朴な自然科学的実証主義らしきもののイメージに根をおろしています。このずれ、一つの学問的ディシプリンが知的共同体とその営みの蓄積で積み上げてきた手続きや形式にもとづく「真理陳述」を無視ないし積極的に棄却していることが、しばしばみられる荒唐無稽の印象とつながっています。しかし、それは当該ディシプリンにある程度通暁している眼にとってであって、かれらとしては、メディアでそれらしい科学的装い、すなわち、素朴実証主義的な「真理陳述」のシミュラークルによって、べつの「真理陳述」の正統性を揺るがせにすればよいのです。そうした荒唐無稽を受容する心性はすでに社会に浸透していますし、そうした言説によってさらにそれが拡散し浸透するのですから。序章で「ルールへの服従とルールへの深いシニシズム」というネオリベラルの心性について述べたことが、ここでもあてはまります。真理をいっぽうではふりまわしますが、かれらには深いところでは真理に対するシニシズムがあるのです。しかし、これは右派だけのものではまったくありません。真理に対するシニシズムとある種の素朴な実証主義的科学イデオロギー（『Hapax』のいう「理系イデオロギー」です）にもとづく「真理」が裏腹になって、アグレッシヴに支配的権力と一体化するという点では、最近の原発をめぐる言説もおなじです。とはいえ、それも、二つの表現形態であって、あたかも「現在」を正当化するために、ひたすら現在にむかって「歴史」はあるかのような、いかようにも知識は操作可能であるかのような態度、「多数」にアピールすることをもって真理の代置とできるかのような態度――マーケティング的態度といってもいいとおもいます――は、とりわけ一九九〇年代からの知的言説あるいは精神性には蔓延しているものであって、その土壌で、右派による歴史修正主義も跳梁跋扈しているのだとおもいます。さらにこのような状況が、天皇制という統治術がふたたび浮上してきている理由のひとつだとおもいます。つまり、天皇制は、元号によって時間の持続を断ち切り、民衆独自、あるいは自律した各領域独自の時間の形成、記憶の連続性を妨げ、そうした持続的な記憶の欠落を、それこそ「虚偽」の歴史であるシミュラークルによって埋め合わせ、さらに社会のうちの亀裂をも幻想のうちに埋め合わせるのです。それはいまの資本主義にも管理社会にもきわめて適合的であるようにみえます。

もうひとついうと、ドゥボールのいう統合的スペクタクル、外部を喪失しているがゆえに、つまり内部を相対化する契機を一切喪失しているがゆえに、絶対であるがしかし脆いという特徴をもつそれが、日本以上に実現している場所もあまりないとおもいます。真理と虚偽、捏造がもうろうと区別をあいまいにしていく状況は、日本語圏ではとくに、さらに深化していくとおもいます。そもそもジャーナリズムや学術的言説が天皇にかんして言葉遣いを変えるというふるまい自体、真理をいくぶんかは放棄している、ないし放棄できるという態度でもあるでしょうから、そもそも天皇制はシステムとして「虚偽」と「捏造」の操作が重要なテクノロジーとなるポスト規律社会にきわめて適合的なのです。天皇家のルーツをめぐる神話が、公共の言説として堂々と復活している光景などに、それはよくあらわれているとおもいます。わたしたちは、戦前に天皇をめぐって真理を発言するというふるまいがとりわけスキャンダルとなり、それには格段の勇気が必要であったことを学んできました。いまでもそれは、あまり変わらなかったのです。とはいえ、この状況が、いま、フーコーの晩年の議論とポスト規律状況の双方に深くかかわっていることもたしかでしょう。ここではこれ以上論じるスペースも用意もありませんが、管理社会における天皇制をめぐる統治術も検討しなければならない課題だとおもいます。

――まさに「ポスト・トゥルース」として、最近いわれていますね。

序章で、イタリアの一九七七年運動につづく弾圧のなかでビフォが示した分析にふれていますが、ふたたび引用してみると、「権力構造がアウトノミアに抗して乗り出したキャンペーンはすべてが誤っている。詳細において誤りがあるというのではない。すべてだ。証拠、証言、状況のすべてが嘘なのだ。権力構造はそれを知っているし、そう白状したりもする。しかし権力構造にとって誤りがあるかどうかは問題ではないのだ。これが政府の動きの背後にあるホンネだ。政府活動のための軍事力は、莫大な量の暴力的キャンペーンを氾濫させることにある。〝シミュレーション〟にもとづくキャンペーン。攻撃の真の担い手は、裁判ではない。それはテレビ、新聞、そしてパフォーマンスである。それゆえ攻撃は政治を超えている。最終的に真理から、そして現実との照応から解放されたのだ。戦争のシナリオを際限なくシミュレーションせよ、そしてそれを大衆の想像力のスクリーンへと投射せよ——これが戦略である。まさにこの想像力こそ、現実の戦争が闘われる場所なのである……」。ボードリヤールのようなシミュラークル論の流行には、消費社会のみならず、このような一九七〇年代の運動弾圧状況に根ざすハードな文脈もあったとおもいます。そもそも、最近でもイラク戦争の開戦にかかわって大規模な虚偽が操作されたのはだれもが知ってますし、支配者のある思惑があり、メディアや知識人が関与してそれに奉仕すべく大々的に虚偽が流布される事例は、現代史においては陳腐なものです。そうしたことから「ポスト・トゥルース」論は、左右のポピュリズムの擡頭に対する中道ネオリベラルからの反撃であるとしばしば批判されます。[45] そのようにみた場合、「ポスト・トゥルース」論は、システムに対するすべての異論が「虚偽」と宣告されるとドゥボールのいう現象の最新版となります（そうした不気味な事例は、少し前の大阪の都構想の住民投票の結果にみられました。これはある意味で、EU統合をめぐる状況の日本におけるミニチュア版です。つまり、メディアと多数の発言力のある「知識人」たちが都構想に賛成の立場に立って、その拒否の結果を、みずからの利害に歪められすすむべき方向をみることのできない一部、とくに旧世代の人間の無理解に帰していたのです。大阪維新という典型的な権威主義的リベラルのくりだすあらゆる「虚偽情報」にもかかわらずです）。それに、ポストモダン思想とされるものは、日本ではとくにそうですが、真理の無効化を宣告したもの、真理の相対主義を唱えたものとして、少なくともぼんやりとしたレベルでは受け止められていませんでしたか？　まさか、それがこのように大規模に支配の戦略として実現したということで、とまどいが生まれているのでしょうか？　よくわかりませんが、しかし「ポスト・トゥルース」状況がいま生まれたのではないことはたしかです。

「真実は戦争の最初の犠牲者である」という有名な言葉がありますが、権力の戦争モデルにはこのような真理をめぐる有利な認識もあるとおもいます。というのも、「ポスト・トゥルース」的情報操作のこのような「抑圧的」機能に直面するのは、たいてい、特定の社会の周縁に属し、権力が非妥協的で、内戦的に作動する部分ですから。たとえば、ここしばらく、公園にテントをつくって寝起きする野宿者の強制的排除がしばしばおこなわれてきました。当該者や支援の活動家たちは骨身に沁みてわかっていることですが、そこでは平然と虚偽が行政によって語られ、それが流布されます。「ファクト」もなにもあったものではありません。昨日までの協調の関係を、行政は長年の勧告に応じない不当な人間たちとしてメディアに提示します。行政のその虚偽や情報の捏造をマスコミは平然と流布します。そしてそれに、その捏造された情報を根拠として発言をくりだす知識人たちがつづきます。それが現場に環流して、ますます暴力的な排除の遂行を可能とするのです。まさに戦争状態が日常化するような事態ですよね。戦争とは恒常的に「ポスト・トゥルース」状態が正当化されるような時間のことですから。イラクの人びとだってそうでしょう。パレスチナの人びとだってそうでしょう。自分たちが危うくなってからの、いまさらのポスト・ファクト、ポスト・トゥルースかよ、となるのは当然だとおもいます。それでも、ネオリベラルの権威主義的要素のさらなる強化、社会の周縁のみならず全域での内戦的局面の拡大、そしてそれに最近のコミュニケーション・テクノロジーが活用されていることが、「ポスト・トゥルース」という概念をリアルなものとしているとはいえるかもしれませんが。

最後に、補論2にかんして、もう余裕がないしおもいつきなので、わずかに示唆する程度にとどめておきたいのですが、二〇一一年のいわゆる3・12、福島第一原発事故以降の「放射「脳」」という形象をめぐる言説は、現代におけるパレーシア、スキャンダルをもって真理を語るという問題を先鋭的に提示しているとわたしは考えています（そこに『社会は防衛しなければならない』でいわれたような、「民衆の資格剥奪された知」という視点を交錯させるならば、なにかよりよくみえるかもしれません）。活動家で理論家の矢部史郎は福島第一原発事故以前から、すでに日本の都市総体の動向を「原子力都市」と特徴づけ、そこでは原子力発電につきものの「秘密と嘘」が常態化するとしていました(46)。いまの日本のこの体制を、原子力発電というモデルに集約させて、ダイアグラムを抽出できるのかどうかはわかりません。しかし、補論2でみたように、炭鉱労働の歴史をみるならば、工業時代の石炭炭鉱労働と原子力発電所での労働にはおそろしい違いがあることがわかります。それはある意味で、ネオリベラルの環境に働きかけることで行為を統御するという発想の極限的適用であり、つまり環境をすべて構築する趨勢の極限を示唆しているようなのです。その身体と精神にかかわる破滅的状況こそ、なにかいまのわたしたちの現在を決定的に規定しているようにおもえるのです。

註

（1）一九七八年二月のコレージュ・ド・フランスにおける講義録がまずイタリアの“Aut...aut”誌に翻訳され、さらに翌年、このイタリア語から英語に翻訳され、“I&C”誌に掲載される。そしてフランス語には、イタリア語からの再翻訳というかたちで一九八六年に“Actes”誌に掲載される。

（2）Graham Burchell, Colin Gordon, Peter Miller（eds.）, 1991, *The Foucault Effect:Studies in Governmentality*, Harvester Wheatsheaf.

（3）ルヴェルはこの「二つのエクリチュールの体制」は、ドゥルーズのスピノザ『エチカ』についての次の指摘と類推できる性格のものである。

「『エチカ』は、同時に二度書かれている本である。一度は、滔々と流れる大河のように、一連の定義・命題・証明・系の連続的な流れをとおして、どこまでも思考の厳密さをよりどころに大いなる思弁的テーゼを展開してゆくかたちで。いま一度は、この第一の版の底から、とぎれとぎれ火山のように噴出してくる一連の備考の不連続的な連鎖をとおして、心からの怒りをたたきつけ告発と解放に向けて実践的テーゼを立ててゆくかたちで」（鈴木雅大訳『スピノザ　実践の哲学』、平凡社ライブラリー、五四）。

（4）François Dosse, 2009, *Gilles Deleuze Félix Guattari*, La Découverte（杉村昌昭訳『交差的評伝』、河出書房新社、二〇〇九年、三二六）。

（5）David Harvey, 2005, *A Brief History of Neoliberalism*, Oxford, University Press（渡辺治監訳『新自由主義』、作品社、二〇〇七年）。

（6）Philip Mirowski, Dieter Plehwe（eds）, 2009, *The Road from Mont Pèlerin: The Making of the Neoliberal Thought Collective*, Harvard University Press.

（7）「ネオリベラルのプロジェクトが、……諸議論や諸抗争にもかかわらず、時間をかけて、なんとか共通の政治哲学や世界観の一致にたどりついてきたという事実を認めることができるし、認めるようにならねばならない」Philip Mirowski, Defining neoliberalism, in *ibid.*, 418.

（8）近年のものに絞っていくつかあげておこう。Christian Laval avec Pierre Dardot, 2009, *La nouvelle raison du monde*, La Découverte、Christian Laval, 2018, *Foucault, Bourdieu et la question néolibérale*, La Découverte、少し系譜は異なるが、Jamie Peck, 2010, *Constructions of Neoliberal Reason*, Oxford University Press. そしてミロウスキの、Philip Mirowski, 2014, *Let a Serious Crisis go to Waste*, Verso.

（9）Michel Foucault, 2004, *La Naissance de la biopolitique: Cours au Collège de France 1978-1979*, Gallimard/Seuil［以下 Nb］, 137（慎改康之訳『生政治の誕生――コレージュ・ド・フランス講義１９７８－１９７９年度』、筑摩書房、二〇〇八年、一六四）。

（10）Gilles Deleuze, 1990, *Pourparlers*, Minuit（宮林寛訳『記号と事件』、河出書房新社、一九九二年）、原文テキストは Post-scriptum sur les sociétés de contrôle, in *L'autre journal, n°1*, mai 1990（http://1libertaire.free.fr/DeleuzePostScriptum.html）のオリジナル版を参照している。

（11）「市場に従って調整される社会、それは、商品交換よりもむしろ競争のメカニズムが調整原理を構成しなければならないような社会です。そうした競争のメカニズムが、社会において可能なかぎりの広がりと厚みを手に入れ、さらには可能なかぎりの容積を占めなければなりません。……スーパーマーケット社会ではなく、企業社会であること。再構成されようとしているホモ・エコノミクス、それは、交換する人間ではなく、消費する人間でもありません。それは企業と生産の人間です」（Nb／一八一）。

（12）Nb／二七八。

（13）Behrent, Foucault and France's liberal moment, in Stephen W. Sawyer and Iain Stewart（ed.）, 2016, *In Search of the Liberal Moment: Democracy, Anti-totalitarianism, and Intellectual Politics in France since 1950*, Palgrave MacMlillan, 156.

（14）Michel Foucault, 2012, *Du gouvernement des vivants: Cours au Collège de France 1979-1980*, Gallimard/Seuil

（廣瀬浩司訳『生者たちの統治——コレージュ・ド・フランス講義1979-1980年度』、筑摩書房、二〇一五年、八九—九〇）。

（15）Michael Scott Christofferson, 2016, Foucault and New Philosophy: Why Foucault Endorsed André Glucksmann's *The Master Thinkers*, in Daniel Zamora & Michael C. Behrent (eds.), *Foucault and Neoliberalism*, Polity.

（16）Entretien avec Michel Foucault, *DEIV*, 92-93（増田一夫訳「ミシェル・フーコーとの対話」『思考集成Ⅷ 1979-1981政治／友愛』、筑摩書房、二〇〇一年、二六二）。

（17）Dosse, 2009, *op.cit.*／三八五。

（18）Gilles Deleuze, 2003, *Deux régimes de fous: Textes et entretiens, 1975-1995*, Les Éditions de Minuit, 131（鈴木秀亘訳「ヌーボー・フィロゾフ及びより一般的問題について」『狂人の二つの体制』河出書房新社、二〇〇四年、一九九）。

（19）Entretien avec Michel Foucault, *op.cit.*（『思考集成Ⅷ』、二六三）。

（20）David Graeber, 2015, *The Utopia of Rules: On Technology, Stupidity, and the Secret Joys of Bureaucracy*, Melville House（酒井隆史訳『官僚制のユートピア』、以文社、二〇一七年）。

（21）Nb, 65-66／七八—七九。

（22）Ibid., 265／三一九。

（23）Mitchell Dean, 2016, Foucault, Ewald, neoliberalism, and the left, in Daniel Zamora & Michael C. Behrent (eds.), *Foucault and Neoliberalism*, Polity.

（24）Michel Foucault, 2004, *Sécurité, territoire, population: Cours au Collège de France 1977-1978*, Gallimard/Seuil（高桑和巳訳『安全・領土・人口——コレージュ・ド・フランス講義1977-1978年度』、筑摩書房、二〇〇七年）。

（25）「チリではやがてピノチェトが人々を「行方不明」にする戦術を取る。公然と殺害したり逮捕するのではなく、反体制派の人々を拉致して秘密の収容所に連れて行き、拷問を加え、多くの場合殺害するノアが、表向きは何も知らないと言い張るのである」（Naomi Klein, 2010, *The Shock Doctrine: The Rise of Disaster Capitalism*, Metropolitan Books（幾島幸子、村上由見子訳『ショック・ドクトリン――惨事便乗型資本主義の正体を暴く（上）』、岩波書店、二〇一一年、一二四）。

（26）Serge Audier, The French reception of American neoliberalism in the late 1970's, in Stephen W. Sawyer and Iain Stewart (ed.), *op.cit*.

（27）Grégoire Chamayou, 2018, *La Société ingouvernable: une généalogie du libéralisme autoritaire*, la Fabrique.

（28）いま権威主義的リベラリズムへの注目のなかで中心的テキストとなっているのが、ワイマール期の社会民主党側の代表的法学者であったヘルマン・ヘラーの一九三三年の論文 *Autoritärer Liberalismus?* である。今井弘道、大野達司、山崎充彦編訳『国家学の危機――議会制か独裁か』風行社、一九九一年。

（29）Friedrich August Hayek, 1967, *Studies in Philosophy, Politics and Economics*, Taylor & Francis Books Ltd..

（30）Chamayou, *op.cit.*, 222.

（31）Wolfgang Streeck, 2016, *How Will Capitalism End?: Essays on a Failing System*, Verso（村澤真保呂、信友建志訳『資本主義はどう終わるのか』、河出書房新社、二〇一七年、二一四―二一五）。

（32）Chamayou, *op.cit*.

（33）Stuart Hall, et al., 2013 [←1978], *Policing the Crisis*, Palgrave MacMillan.

（34）一九九〇年の *City of Quartz: Excavating the Future in Los Angeles*（村山敏勝、日々野啓訳『要塞都市LA』、青土社、二〇〇一年）、そして一九九二年の小冊子 *Beyond Blade Runner: Urban Control, The Ecology of Fear* は、ポストモダン都市論のすべてを破壊するようなインパクトをもっていた。

（35）Éric Alliez, Maurizio Lazzarato, 2016, *Guerres et Capital*, Editions Amsterdam, 169.

（36）Michel Foucault, 2013, *La Société punitive: Cours au Collège de France 1972-1973*, Gallimard/Seuil, 243（八幡恵一訳『処罰社会――コレージュ・ド・フランス講義１９７２－１９７３年度』筑摩書房、二〇一

七年、三二三)。

(37) Michel Foucault, 2015, *Penal Theories and Institutions: Cours au Collège de France 1971-1972*, Gallimard/Seuil.

(38)「この問題［道徳の強制のシステムが国家装置に引き受けられ、さらには刑罰のシステムに接続されて、近代的な刑罰や刑務所の統一したシステムが形成されること］この統一されたシステムへと最終的にいきつくことになったのか、というものです。この問題は、とてもかんたんに解決できそうにみえて、じつはいささかこみいっています。かんたんにというのは、わたし自身しばらくのあいだ、この問題はつぎのようにあっさり解決できるとおもっていたからです。すなわち、十八世紀のおわり、資本制生産様式が発展、定着して、いくつかの政治的な問題がおこるようになる時期に、プロレタリア化せんと狙われた民衆 un plèbe が政治的に監視され、それがあらたな抑圧装置を確立させる。要するに、資本主義の発展に応じて、民衆によるさまざまな反乱の運動がおこり、ブルジョワジーの権力があたらしい司法と刑務所のシステムをつくってそれに対処しようとしたのではないか、こう考えたわけです。しかしわたしには、このように「反乱する民衆（la plèbe séditieuse）という観点を用いることがはたして本当に正しかったのか、実は定かではありません。というのも、この処罰システムを形成した仕組みは、たんに反乱する民衆を管理するための仕組みよりも、ある意味でもっと深くて広いものとおもわれるからです。抑えつけなければならなかったもの、ブルジョワジーが刑務所システムをつかって国家装置に管理を要求したもの、それは、反乱がその特殊なケースにすぎず、それよりも深くて恒常的な現象、すなわち、**民衆の違法行為**なのです」(Michel Foucault, *La Société punitive: Cours au Collège de France 1972-1973*, Gallimard/Seuil, 2013, 144（八幡恵一訳『処罰社会――コレージュ・ド・フランス講義1972-1973年度』、筑摩書房、二〇一七年、一九四)。

(39) Bernard E. Harcourt, 2013, Situation du cours, in Foucault, *La Société punitive: Cours au Collège de France 1972-1973*, Gallimard/Seuil,「フーコーが講義で展開する「民衆の違法行為」という重要な概念が、なに

よりトムスンやイギリスのマルクス主義歴史家に対する、批判であり応答であるものとして読める」（三六六）。

（40）Douglas Hay, Peter Linebaugh, John G. Rule, E. P. Thompson, and Cal Winslow, 2011 [←1975], *Albion's Fatal Tree: Crime and Society in Eighteenth-Century England*, Verso.

（41）E. P. Thompson, 1975, *Whigs and Hunters: The Origin of the Black Act*, Pantheon Books.

（42）Peter Linebaugh, 2006 [←1992], *The London Hanged: Crime and Civil Society in The Eighteenth Century*, Verso.

（43）E. P. Thompson, 1978, Eighteenth-Century English Society: Class Struggle without Class? Author(s), in *Social History*, Vol. 3, No. 2.

（44）Guy Debord, G. 1992 [←1962], *La société du spectacle*, Gallimard（木下誠訳『スペクタクルの社会』、平凡社、一九九三年）; 1992 [←1988], *Commentaires sur la société du spectacle*, Gallimard（木下誠訳『スペクタクルの社会についての注解』、現代思潮新社、二〇〇〇年）

（45）たとえば、Rune Møller Stahl, 2016, The Fallacy of Post-Truth（https://jacobinmag.com/2016/12/post-truth-fake-news-trump-clinton-election-russia/）をみよ。

（46）矢部史郎『原子力都市』、以文社、二〇一〇年。

単行本あとがき

以上におさめた諸テキストの初出は以下の通り。

はじめに　書き下ろし
序章「〈運動〉以降」『現代思想』二五巻五号　一九九七年
第一章「リベラリズム批判のために——リベラリズムの回帰と〝市民社会の衰退〟」『現代思想』二七巻五号　一九九九年
第二章「生に折り畳まれる死——フーコーの権力論を再考する」『現代思想』二六巻一一号　一九九八年
第三章「敵対の転位：社会体の解体と近代」『現代思想』二四巻一五号　一九九六年+「フーコーと精神分析」『情況』一〇巻六号　一九九九年
第四章「〈セキュリティ〉の上昇——現代都市における〈隔離〉の諸相」『現代思想』二七巻一一号　一九九九年
第五章「A Scanner Darkly——統合されたスペクタクルと〈秘密〉の支配」『現代思想』二八巻六号　二〇〇〇年

最終章 「〈法と秩序〉に抗して――法・権力・公共性」『思想』九二五号＋書き下ろし 二〇〇一年

全体に加筆修正をおこなっている。とくに序章、第二章、第三章、第五章は、議論の骨格はなにも変わらないが、大きく加筆をおこなっている。なお、文中引用文について、太字部分は引用者による強調であり、傍点を付した部分は原著者による強調である。

本書のタイトルが大仰なわりには内容は羊頭狗肉だ、とおもわれた方もおられるかもしれない。おまえはJ・S・ミルかバーリンにでもなったつもりでいるのか、と正当きわまりない怒りをおぼえる方もおられるかもしれない。わたしも本書で提示した諸テーマについては、探りを入れてみたいという段階なのである。マイケル・ハートがイタリアのマルクス主義者たちのスタイルについて注釈したように「シナジー」効果が必要だろう。日本でもおそらく今後は、概念を発明したり活用したりしながらみんなで使いまわしていく過程で、より有益なものにすべくなにかを付け加えたり、意味を変えたりしあって分析装置として磨き上げていかなければならないとおもう。本書がその過程のひとつの触媒になってくれたら幸いである。おそらくわたしたちは、知らないうちに外堀をほぼ埋められてしまっていたのだろう。ともかく日本では一〇年前ですらとうてい考えられなかった驚くべき事態が、ほとんど沈黙によって、ときには積極的に支持されながら承認されながら次々とまかり通っているのだ。

「人権侵害」という言葉では伝えきれないような「人間性」の剥奪の露骨さと、それにたいする沈黙、あるいは称賛の落差という現実に、わたしは得体の知れなさと大きな恐怖をしばしばおぼえてしまう。たとえば自由化という名のもとに教育の改革を推し進めるエリートたちは、これが「能力」による階級格差を促進するものであることや、そのために優生学的手段を活用する可能性すらあらわにしている（斎藤貴男『機会不平等』文藝春秋をみよ）。公式見解の裏に隠された意図がある、というわけではない。その意図は隠されていないのだ。学校の機能のひとつに警察的要素を数え上げた総理大臣の諮問機関による報告書も数年前発表された。しかしそれらがスキャンダルになるということも、抗議運動の高揚を刺激するということもない。意図はあきらかなのに、である。おそらくなにか許しがたいものに驚く、という感覚を、シニシズムはいまのところ摩耗させることにかなり成功しているのだろう。事態は逼迫している。わたしたちはまた、ひとつひとつ武器をつくりなおさなければならない。

というような話をしているとまた長くなってしまうし、もうさんざん字を使ってきた気がして字はうんざりという感もあるので、あとがきは最小限にとどめたい。

本書が形成される過程には多くの人との対話や出会いがあった。最終章であげた映画『ゴースト・ドッグ』のサウンド・トラックを担当しているのはウータン・クランというヒップホップ・クルーのRZAであるが、わたしはそうした無数の出会いや声を、その固有性を尊重しながら、つまり人物名や土地の名を具体的に折り畳みながら作品にとどめようとするヒップホップのスタイルを愛している——ついでに本書の文が、RZAをはじめとする九〇年代の米国東海岸のトラック・メイカーたちの、鬱な音色と変革を予感させるパルスを重ねることでまさに現在の力線の布置を反復してみせる「低強度」のグルーヴにほんの少しでも見合っていればとてもうれしい。ウータンの巨大なポッセとは性格は異なれど、この本にも多くの人びとの話とか発想が響いていることはたしかだ。ヒップホップのアルバムのインナースリーヴなどに延々と掲げられた謝辞にならって、いちいち名まえをあげるのが礼儀だろうが、もうそんな余裕もない。たぶん多くの人にたいして礼を逸してしまうことになるだろうが、いまおもいつくかぎり最小限にとどめさせてもらう失礼を許してもらいたい。

まず『現代思想』の池上善彦氏にはどんなに感謝してもたりない。怠惰ゆえにどんなアカデミズムの人脈にもほとんど密接なつながりがあるわけではなく、ただただ途方にくれさまよっていたわたしに声をかけてくれた。なにを書くか得体の知れないわたしに書かせてくれたのは池上さんだし、池上さんぐらいしかいなかっただろう。しかもネオリベラリズムだとかポストフォーディズムだとか国家だとか公安警察だとか、少なくとも日本ではまったくはやっていないテーマばかりをしゃべるわたしが、なにをやりたいのかを理解してもらえたことは幸運だったとしかいいようがない。さらに池上さんには会話のなかでさまざまにアイデアを与えてもらっている。いちいちあげなかったが、じつはこの本のなかでも池上さんとの会話でおもいついたアイデアがあちこちに埋め込まれているのだ。

　また大学院で同学年だった渋谷望は、自信がなくおずおずとテーマを追っていたわたしをその都度励ましながら、発想だけが先走りがちなわたしにたいして、具体的な事例や文献をさまざまに紹介してくれた。またふだんからの会話のなかでアイデアもずいぶん共有している。これも本のなかでいちいちふれられなかったが、たとえば第五章でひとつのよりどころにしたP・K・ディックの『暗闇のスキャナー』（創元SF文庫）は、ディック作品をなんらかのかたちで使いたいとあさりながらも、これはというものをみつけられなかったわたしにこれが「アンダーカヴァー」についての作品であることを教えてくれた。それにかぎらず、教えてもらったことは数知れない。

　また田崎英明さんと笹沼弘志さん。怠惰ゆえに研究者の集まりなどに行く習慣のあまりないわたしが、田崎さんに出会って学んだものは大きい。その文献の集め方（？？）、読み方、使い方や、知に取り組むひとつのあり方にふれたことは貴重な経験であった。笹沼さんは現在、憲法学の領域で活躍されているが、「地下［部室］の主」然としていた学部時代から、そのあやしい「地下」でいわゆる「ポストモダン」思想の、巷での読み方とは異なる読みを展開しておられて、多くを教えられた。そもそもフーコーの法思想の領域での展開が面白いことを教えてくれたのも笹沼さんである。

　指導教授の佐藤慶幸先生にも感謝しなければならない。不肖の弟子の勝手な数々の振る舞いもなかばあきれながら許容していただいた。

いくら苦痛でも書くことのメリットを感じるひとつのことは、それで人とのつながりが生まれることである。長原豊、上野俊哉、東琢磨、平井玄、水嶋一憲、三宅芳夫各氏らとのふだんからの会話は、作業をすすめていく上で大きな刺激になった。なかにはグチとかをきかせて迷惑をおかけしている人もいる。長原さんとか上野さんとか東さんとか。とくに長原さんは、しばしば批判的な助言もくれたし、わたしの無礼な振る舞いにも鷹揚に応対してくれた。また岩崎稔氏にもあたたかい言葉をいただいた。そして松本徹臣、大内裕和、山根伸洋各氏らの、書いた文章を読んでは的確なコメントをくれた友人たちの励ましにはなによりも感謝しなければならない。彼らからはアイデアも多くいただいている。それはわたしがこの作業をすすめるための力になった。

だが自分の作業の土台を形成したものは、ここ一〇年ぐらいずっと付き合ってくれて、カウントしたら気の遠くなるほどの時間になるだろう対話というか無駄話というか、そんなやりとりを費やした友人・知人（その多くが研究者外の）たちである。その会話のなかで、現実感覚というべきものが形成され、焦点のおきどころも教えられてきた。まず塚原活と鹿島康政。彼らはなにをやればいいのか迷いに迷っていたわたしに考える方向性を与えてくれた。そして畏友としかいいようがない道場親信。長い付き合いのなかで、その驚くべき該博な知識によって文献やさまざまな知識についての教示をもらっている。それに名まえをあげはじめるときりがないが、神山進、菊池しのぶ、森幸久、この三人には大いに迷惑をかけた。さらに長年にわたって付き合ってくれている石川歩、小野信也、三浦仁士、竹内一晴、泉孝樹、神長恒一。また矢部史郎、山の手緑。とくに矢部氏は書けばいちいち反応をくれる酔狂な友人であり、励まされたことは数知れない。萱野三平、澤里岳史氏には文献の入手の面などでも助けてもらった。この場を借りてお礼をいいたい。河出書房新社の阿部晴政さん、引きこもりがちなわたしを引っ張りだして、いろいろな分野の人に会ってインタビューするという貴重な経験を与えてくれた。また、最終章のもとになった論文を掲載していただいた『思想』編集部ならびに清水愛理さんに、この場を借りて感謝したい。

編集者……という前に元・青土社ということになった橋元博樹氏にも感謝せねばならない。橋元氏はこの本の担当編集者である阿部俊一さんとともに、わたしの作業をこのようなかたちでまとめるきっかけを作ってくれた。そして青土社の阿部さんには、頭をたれるしかない。ぐずぐずする筆者のさまざまなわがままにいちいち付き合ってもらった。とくに最後あたりはぎりぎりにさしせまるタイム・リミットの恐怖のもと、多くの労働を押しつけてしまった。

そして最後にいつも心配ばかりかけている父と母に。

二〇〇一年　五月

酒井隆史

文庫版あとがき

本文庫は『自由論　現在性の系譜学』（青土社、二〇〇一年）に、それ以降に書かれ本論の補強となるとおもわれたテキスト、そして本文庫用に書き下ろしたテキストを補論として附したものである。初出は以下のようになる。

「韓国語版の序文」（二〇〇一年）
「鋳造と転調」『現代思想』三三巻一三号　二〇〇五年
「しがみつくもののために」『思想としての3・11』（河出書房新社、二〇一一年）
「統治、内戦、真理」（書き下ろし）

すでに韓国語版の序文や文庫版自註でいろいろぐだぐだといってるので、かんたんにすませたい。

こうした未熟な著作を、いまさら文庫化していただくことになって、河出書房新社には本当に感謝している。

いまだったら絶対にこのような書き方はしないだろう。読み直していてあちこちで叫び出したくなったのだが、さすがに目に余る表現、あきらかに誤訳であったところ、より適切な訳語とおもわれるものがあったところなどのほか、手直しは最少にとどめた。

文庫化の声のかかった当初は、その後の各領域の研究の進展をふまえ、本文にそれを反映させてみようとも空想したりもしていたのだが、本書の「未熟」にこそ、つまり、理解の不足や勘違い、未消化にこそ意味があるかもしれないとおもい直し（あるいはそういいきかせ）、いま付け足したいことはおおよそ「統治、内戦、真理」に括りだした。だが、それでも再論したかったノルムとセキュリティにかんして、時間の都合もあり涙を呑んだ。

それにしても、この時代に『現代思想』（しかしこの時代は『現代思想』誌にこんな文章がのっていたのである）の編集長池上善彦さんに遭遇したのは、陳腐きわまりなくなったこの語を使うしかないのだが、「奇蹟」としかいいようがない。いまも変わらないといわれるだろうが、本当に当時は、池上さんだけでなく周囲もみな、新鮮な情熱にあふれていたとおもう。読み返していて、あの時代の東京の空気がよみがえってきた。文庫化に許諾をいただいた、青土社もありがとうございました。

声をかけていただいた、阿部晴政さん、岩本太一さんに、さらに文字起こしをしていただき、おもわず長くなってしまった増補部分に協力をいただいた岩本太一さんには感謝の念にたえない。解説を書いていただいた、隣国の尊敬するイ・ジンギョンさん、そして翻訳者の影本剛さんにも玄界灘の荒波を越えてお礼を述べたい。

歩みと論争──（1）（2）完」『沖縄法学』16号、17号
山根伸洋　1999 「臨教審以降の大学再編過程が示すもの」『現代思想』27巻7号
米谷園江　1996 「ミシェル・フーコーの統治性研究」『思想』870号
良知　力　1993 『向こう岸からの世界史』筑摩書房
良知力（編） 1979 『[共同研究] 1948年革命』大月書店
渡辺　治　1980 「現代警察とそのイデオロギー」、金原左門他編『講座現代資本主義国家　第2巻　現代日本の国家構造』大月書店

渋谷　望　1999a 「参加への封じ込め——ネオリベラルの主体化する権力」『現代思想』27巻5号
——1999b 「ポスト規律社会と予防テクノロジー」『現代思想』27巻11号
渋谷望、酒井隆史　2000 「ポストフォーディズムにおける〈人間の条件〉——エートス政治と「第三の道」」『現代思想』28巻9号
杉原泰雄　1971 『国民主権の研究』岩波書店
鈴木桂樹　1989 「イタリア「福祉国家」の危機と変容」、田口富久治編『ケインズ主義的福祉国家——先進六カ国の危機と再編』青木書店
瀧井宏臣　1999 「しのびよる情報社会」『世界　緊急増刊　ストップ！自自公暴走』岩波書店『世界』編集部編、岩波書店
中　義勝　1984 「刑法における人間像」『現代刑罰法大系　第1巻　現代社会における刑罰の理論』日本評論社
西村春夫　1999 「環境犯罪学——原因理解から状況理解への思考転換」『刑法雑誌』218巻3号
野崎六助　1995 『アメリカン・ミステリの時代——終末の世界像を読む』日本放送出版協会
浜島　望　1998 『電子検問システムを暴く』技術と人間
樋口陽一　1994 『近代憲法学にとっての論理と価値』日本評論社
福田静夫　1994 『危機のイタリア　1993—94——「社会国家」と右派政権の成立』文理閣
藤岡　惇　2000 「アメリカ経済覇権と「情報の傘」」『経済』5月号
藤本哲也　1988 『犯罪学要論』勁草書房
——1996 『諸外国の刑事政策』中央大学出版部
藤本哲也（編）1991 『現代アメリカ犯罪学事典』勁草書房
舟場正富　1998 『ブレアのイギリス——福祉のニューディールと新産業主義』PHP新書
真柄秀子　1990 「ユーロレフトの新しい模索」『経済評論』10月号
松葉祥一　1999 「安全は国家のものか——予防対抗暴力と抵抗権」『現代思想』27巻11号
水嶋一憲　1997 「かくも脆いこのとき——フーコーと暴力のアクチュアリテ」『現代思想』25巻3号
——1999 「市民のミスエデュケーション」『現代思想』27巻5号
道場親信　1999 「〝可視〟の人口・〝不可視〟の人種——M・フーコー、A・L・ストーラーの人種主義論」『社会学年誌』39号
——2000 「人種主義と植民地主義の総合的理解のために——最近の植民地研究の動向から」『社会学年誌』41号
三宅孝之　1988、1989 「犯罪者の危険性論序説——イギリスにおける

上野治男　1981『米国の警察』良書普及会
大内裕和　2001「象徴資本としての「個性」」『現代思想』29巻2号
大塚　桂　1995『フランスの社会連帯主義』成文堂
——1997『ラスキとホッブハウス——イギリス自由主義の一断面』勁草書房
奥平康弘　1966「警察権の限界」、田中二郎他編『行政法講座　第6巻 行政作用』有斐閣
——1979「『公共の安全性と秩序』論」『同時代への発言　上』東京大学出版会
重田（米谷）園江　1997「19世紀の社会統制における〈社会防衛〉と〈リスク〉」『現代思想』25巻3号
海渡雄一　1997「組織的犯罪対策法要綱骨子を批判する」『インパクション』104号
戒能通孝　1960『警察権』岩波書店
金森　修　1994『フランス科学認識論の系譜——カンギレム、ダゴニェ、フーコー』勁草書房
金子　勝　1997『市場と制度の政治経済学』東京大学出版会
古賀勝次郎　1983『ハイエクと新自由主義——ハイエクの政治経済学研究』行人社
——1985『ハイエク経済学の周辺』行人社
小西由浩　1991「防犯空間」、藤本哲也編『現代アメリカ犯罪学事典』勁草書房
小林道雄　1998『日本警察の現在』岩波書店
斉藤日出治、岩永真治　1996『都市の美学』平凡社
酒井隆史　1994「権力・ノルム・社会学」第66回日本社会学会大会報告（大会報告要旨集）
——1997「〈万国の犬諸君、団結せよ〉——ポスト・モダン都市におけるポリーシングとブラック公共圏の転換」『現代思想』25巻11号
——1998「内なる敵——ポスト・コロニアル期における人種・ネーション・ピープル」『現代思想』26巻4号
——2000「『ホワイト・ジャズ』——腐敗の栄光」『ユリイカ』32巻16号
佐藤直樹　1989『幻想としての刑法』白順社
澤登佳人　1990「フランス革命と近代刑事法の理念」、澤登佳人ほか編『近代刑事法の理念と現実——フランス革命二百年を機に』立花書房
芝田英昭　2001「社会福祉法成立がもたらすもの——福祉の市場化と公的責任の放棄」、芝田英明編『福祉国家崩壊から再生への道』あけび書房

Weir, M. 1993 From equal opportunity to the new social contract: race and the politics of the American underclass, in M. Cross et al. (eds.) *Racism, the City and the State*, Routledge
Wieviorka, M. 1993 *The Making of Terrorism*, The University of Chicago Press
Wilson, J. Q. 1985 *Thinking about Crime* [revised edition], Vintage
Wilson, J. Q. and Kelling, G. 1982 "Broken windows", in *Atlantic Monthly*, March
Wilson, J. W. 1996 *When Work Disappears: The World of the New Urban Poor*, Alfred A. Knopf（=1999　川島正樹、竹本友子訳『アメリカ大都市の貧困と差別——仕事がなくなるとき』明石書店）
Yappe, A. 1999 *Guy Debord*, University of California Press
Young, J. 1999 *Exclusive Society*, Sage
Zarka, Y. C. 2000 Foucault et le concept non juridique du pouvoir, in *Cités* 1
Žižek, S. 1991 *For They Know Not What They Do: Enjoyment as a Political Factor*, Verso
——1992 *Enjoy Your Symptom!: Jacques Lacan in Hollywood and Out*, Routledge
——1994a *The Metastases of Enjoymenet: Six Essays on Woman and Causality*, Verso
——1994b Introduction, in S. Žižek (ed.) *Mapping Ideology*, Verso
——1996 *The Indivisible Remainder: An Essay on Schelling and Related Matters*, Verso
浅井春夫　2000　『新自由主義と非福祉国家への道』あけび書房
足立昌勝　2000　『近代刑法の実像』白順社
足立昌勝、宮本弘典、楠本孝　1998　『警察監視国家と市民生活——組織犯罪対策法をぶっつぶせ!!』白順社
市野川容孝　1997　「安全性の装置——権力論のための一考察」『現代思想』25巻3号
市野川容孝／村上陽一郎（対談）　1999　「安全性をめぐって」『現代思想』27巻11号
井戸正伸　1998　『経済危機の比較政治学——日本とイタリアの制度と戦略』新評論
伊藤公雄　1993　「光の帝国／迷宮の革命——鏡のなかのイタリア」青弓社
伊藤周平　1994　『社会保障史　恩恵から権利へ——イギリスと日本の比較研究』青木書店

Sorkin, M. (ed.) 1992 *Variations on a Theme Park: The New American City and the End of Public Space*, Hill and Wang
Stenson, K. 2000 Some day our prince will come: Zero-tolerance policing and liberal government, in T. Hope and R. Sparkd (eds.) *Crime, Risk and Insecurity*, Routledge
Stoler, A. L. 1995 *Race and the Education of Desire: Foucault's History of Sexuality and the Colonial Order of Things*, Duke University Press
Strange, S. 1996 *The Retreat of the State: The Diffusion of Power in the World Economy*, Cambridge University Press（=1998　櫻井公人訳『国家の退場——グローバル経済の新しい主役たち』岩波書店）
Tronti, M. 1977 *Ouvriers et capital*, Christian Bourgeios
Vercellone, C. 1996 The anomaly and exemplariness of the Italian Welfare state, in P. Virno and M. Hardt (eds.) *Radical Thought in Italy: A Potential Politics*, University of Minnesota Press
Vidocq, F. E. 1966 *Les mèmoires*, 1828-29（=1988　三宅一郎訳『ウィドック回想録』作品社）
Virilio, P. 1978 *Défense populaire et luttes écologiques*, Galilée
——1998 *La Bomb informatique*, Galilée（=1999　丸岡高弘訳『情報化爆弾』産業図書）
——1999 *Stratégie de la déception*, Galilée（=2000　河村一郎訳『幻滅への戦略』青土社）
Virilio, P. and Lotringer, S. 1997 *Pure War* [Revised Edition], Semio Text(e)
Virno, P. 1991 *Opportunisme, cynisme et peur: ambivalence du désenchantement suivi de les labyrinthes de la langue*, L'éclat
——1994 *Miracle, virtuosité et « déjà vu »: trois essais sur l'idée de « monde »*, L'éclat
——1996a Do you remember counter revolution?, in P. Virno and M. Hardt (eds.) *Radical Thought in Italy: A Potential Politics*, University of Minnesota Press
——1996b Note on the "General Intellect", in S. Macdisi et al. (eds.) *Marxism beyond Marxism*, Routledge
Virno, P. and Hardt, M. (eds.) 1996 *Radical Thought in Italy: A Potential Politics*, University of Minnesota Press
Wacquant, L. J. D. 1995 The comparative structure and experience of urban exclusion: "race" class, and space in Chicago and Paris, in K. McFat, (ed.) *Poverty, Inequality and the Future of Social Policy*, Russell Sage Foundation.
——1997 The new urban color line: the state and the fate of ghetto in postfordist America, in J. Agnew (ed.) *Political Geography*, Arnold

Minnesota Press

Ro, R. 1998 *Have Gun Will Travel: The Spectacular Rise and Violent Fall of Death Row Records*, Doubleday

Rosanvalon, P. 1981 *La crise de l'État-providence*, Editions du Seuil

——1989 *Le libéralisme économique, Histoire de l'idée de marché*, Editions du Seuil（＝1990　長谷俊雄訳『ユートピア的資本主義——市場思想から見た近代』国文社）

Rose, J. 1986 *Sexuality in the Field of Vision*, Verso

Rose, N. 1996a The death of the social?: Re-figuring the territory of government, in *Economy and Society* vol. 25

——1996b Governing "advance" liberal democracies, in A. Barry, et al.（eds.）*Foucault and Political Reason: Liberalism, Neo-liberalism and Rationalities of Government*, The University of Chicago Press

——1999 *Powers of Freedom*, Cambridge University Press

Rothfeder, J. 1992 *Privacy for Sale*, Simon and Schuster（＝1993　大貫昇訳『狙われる個人情報——コンピュータ社会の罠』ジャパン・タイムズ）

Salecl, R. 1994 *The Spoils of Freedom: Psychoanalysis and Feminism after the Fall of Socialism*, Routledge

Sassen, S. 1996 *Losing Control?: Sovereignty in an Age of Globalization*, Columbia University Press（＝1999　伊豫谷登士翁訳『グローバリゼーションの時代——国家主権のゆくえ』平凡社）

Schmitt, C. 1922 *Politische Theologie: vier Kapitel zur Lehre von der Souveranitat*（＝1973　長尾龍一訳「政治神学」『危機の政治理論』ダイヤモンド社）

——1964 *Die Diktatur*（Dritte Auflage）（＝1991　田中浩、原田武雄訳『独裁——近代主権論の起源からプロレタリア階級闘争まで』未來社）

Seale, B. 1997 *Seize the Time: The Story of the Black Panther Party and Huey P. Newton*, Black Classic Press

Semmel, B. 1960 *Inperialism and Social Reform: English Social-Imperial Thought, 1895-1914*（＝1982　野口建彦、野口照子訳『社会帝国主義史』みすず書房）

Silverman, K. 1992 *Male Subjectivity at the Margins*, Routledge

Simon, J. 1987 The emergence of a risk society: Insurance, law and the state, *Socialist Review* 95

Singh, N. P. 1998 The Black Panthers and the "Underdeveloped Country" of the Left, in C. E. Jones（ed.）*The Black Panther Party Reconsidered*, Black Classic Press

Soja, 2000 *Postmetropolis: Critical Studys of Cities and Ligions*, Baclwell.

Policy: Insecurity, Reflexivity and Risk in the Restructuring of Contemporary Brithish Health and Housing Policies, in J. Carter (ed.) *Postmodernity and the Fragmentation of Welfare*, Routledge

Newman, O. 1972 *Defensible Space: Crime Prevention Through Urban Design*, Macmillan（＝1977　湯川利和他訳『まもりやすい住空間——都市設計による犯罪防止』鹿島出版会）

O'Malley, P. 1992 Risk, power and crime prevention, in *Economy and Society* vol. 21 no. 3

——1999 Introduction, in P. O'Malley (ed.) *Crime and the Risk Society*, Ashgate

Parenti, C. 1999 *Lockdown America*, Verso

Pashukanis, E. B. 1967　稲子恒夫訳『法の一般理論とマルクス主義』日本評論社

Pasquino, P. 1986 Michel Foucault (1926-84): The Will to Knowledge, in *Economy and Society* vol. 15 no. 1

——1991 Criminology: The birth of a special knowledge, in G. Burchell et al. (eds.) *The Foucault Effect: Studies in Governmental Rationality*, Harvester Wheatsheaf

——1993 Political theory of war and peace: Foucault and the history of modem political theory, in *Economy and Society* vol. 22 no. 1

Piore, M. and Sabel, F. 1984 *The Second Industrial Divide: Possibilities for Prosperity*, Basic Books Inc.（＝1993　山之内靖、永易浩一、石田あつみ訳『第二の産業分水嶺』筑摩書房）

Polanyi, K. 1957 *The Great Transformation: The Political and Economic Origins of Our Time*, Beacon Press（＝1975　吉沢英成他訳『大転換』東洋経済新報社）

Poulantzas, N. 1978 *L'État, le pouvoir, le socialisme*, P.U.F.（＝1984　柳内隆訳『国家・権力・社会主義』ユニテ）

Poyner, B. 1983 *Design against Crime: Beyond Defensible Space*（＝1991　小出治、清水賢二、佐々木真郎、高杉文子訳『デザインは犯罪を防ぐ——犯罪防止のための環境設計』都市防犯研究センター）

Reich, R. B. 1991 *The Work of Nations: Preparing Ourselves for 21th-century Capitalism*, Alfred A. Knopf（＝1991　中谷巌訳『ザ・ワーク・オブ・ネーションズ——二一世紀資本主義のイメージ』ダイアモンド社）

Revelli, M. 1996a *Le due destre*（＝1996　石堂清倫訳「「ポスト・フォーディズム」についての八つの仮説」『情況』一、二月号）

——1996b Worker identity in the factory desert, in P. Virno and M. Hardt (eds.) 1996 *Radical Thought in Italy: A Potential Politics*, University of

in Race, Political Economy and Society, South End Press
Marazzi, C. 1994 *La place des chaussettes: le tournant linguistique de l'économie et ses conséquences politiques*, L'éclat
Marx, G. 1988 *Undercover: Police Surveillance in America*, University of California Press
Marx, K. 1981=1993　資本論草稿集翻訳委員会編『マルクス　資本論草稿集②――一八五七―五八年の経済学草稿　第二分冊』大月書店
――1962 *Das Kapital: Karl Marx/Friedrich Engels Werke/Band 23*（＝1972　岡崎次郎訳『資本論（３）』大月書店）
McLaughlin, E. and Muncie, J. 1999 Walled cities: surveillance, regulation and segregation, in S. Pile et al.（eds.）*Unruly Cities?　Order/Disorder*, Routledge.
Melucci, A. 1996 *Challenging Codes: Collective Action in the Information Age*, Cambridge University Press
Mercer, K. 1994 *Welcome to the Jungle: New Positions in Black Cultural Studies*, Routledge（＝1997　渋谷望訳「一九六八年――政治とアイデンティティを時期区分する」『現代思想』二五巻五号）
Miller, J. A. 1989 Michel Foucault et la psychanalyse, in *Michel Foucault philosophe: Rencontre internationale Paris, 9, 10, 11 Janvier 1988*, Editions du Seuil
Miller, J. 1993 *The Passion of Michel Foucault*, Simon & Schuster（＝1998　田村俶、雲和子、西山けい子、浅井千晶訳『ミッシェル・フーコー――情熱と受容』筑摩書房）
Multhus, T. R. 1798 *An Essay on the Principle of Population*（＝1969　永井義雄訳『人口論』［『世界の名著　34』］中央公論社）
Murray, C. 1990 *Charles Murray: The Emerging British Underclass*, IEA Health and Welfare Unit
――1997 *What It Means to Be a Libertarian: A Personal Interpretation*, Broadway Books
Negri, A. 1989 *The Politics of Subversion: A Manifesto for the Twenty-First Century*, Polity Press（＝2000　小倉利丸訳『転覆の政治学――二一世紀へ向けての宣言』現代企画室）
――1992 *Le pouvoir constituant: Essai sur les alternatives de la modernité*, P.U.F
Negri, A and Hardt, M. 1994 *Labor of Dionysus: A Critique of the State-Form*, The University of Minnesota Press
――2000 *Empire*, Harvard University Press
Nettleton, S. and Burrows, R. 1998 Individualisation Processes and Social

Imbert, J. 1993 *La peine de mort*, P.U.F（＝1997　吉原達也、波多野敏訳『死刑制度の歴史』白水社）

Irwin, J. 1985 *The Jail: Managing the Underclass in American Society*, University of California Press

Jackson, G. 1990 *Blood In My Eye*, Black Classic Press

――1994 *Soledad Brother: The Prison Letter of George Jackson*, Lawrence Hill Books

James, J. 1996 *Resisting State Violence: Radicalism, Gender and Race in U.S. Culture*, University of Minnesota Press

Jay, M. 1993 *Downcast Eyes: The Denigration of Vision in Twentieth- Century French Thought*, University of California Press

Jessop, B. 1985 *Nicos Poulantzas: Marxist Theory and Political Strategy*（＝1987　田口富久治監訳、岩本美砂子、後房雄、小野耕二、加藤哲郎、中谷義和訳『プーランザスを読む――マルクス主義と政治倫理』合同出版）

Kelley, R. 2000 Slangin' Rock... Palestinian Style, in J. Nelson（ed.）*Police Brutality*, Norton

Lacan, J. 1973 *Le Séminaire Livre XI: Les quatre concepts fondamentaux de la psychanalyse*, Editions du Seuil

Lazzarato, M. 1996 Immaterial Labor, in P. Virno and M. Hardt（eds.）*Radical Thought in Italy: A Potential Politics*, University of Minnesota Press

――2000 Du biopouvoir à la biopolitique, in *Multitudes* numéro 1

――2001 Le gouvernement par l'individualisation, in *Multitudes* numéro 4

Logue, W. 1983 *From Philosophy to Sociology: The Evolution of French Liberalism, 1870-1914*, Northen Illinois University Press（＝1998　南充彦他訳『フランス自由主義の展開1870―1914――哲学から社会学へ』ミネルヴァ書房）

Lumley, R. 1990 *States of Emergency*, Verso

Lusane, C. 1991 *Pipe Dream Blues: Racism and the War on Drugs*, South End Press

Lyon, D. 1994 *The Electronic Eye: The Rise of Surveillance Society*, University of Minnesota Press

――2001 *Surveillance Society*, Open University Press

Madanipour, A., Cars, G. and Allen, J.（eds.）1998 *Social Exclusion in European Cities*, Jessica Kingsley

Mollenkopf, J. and Castells, M.（eds.）1991 *Dual City: Restructuring New York*, Russell Sage Foundation

Marable, M. 1983 *How Capitalism Underdeveloped Black America: Problems*

『おとり捜査』河出書房新社）
Hacking, I. 1990 *The Taming of Chance*, Cambridge
Hall, S. et al. 1978 *Policing the Crisis: Mugging, the State, and Law and Order*, Macmillan
Halperin, D. M. 1995 *Saint Foucault: Toward a Gay Hagiography*（=1997　村山敏勝訳『聖フーコー――ゲイの聖人伝に向けて』太田出版）
Hanssen, B. 2000 *Critique of Violence*, Routledge
Hardt, M. 1993 *Gilles Deleuze: An Apprenticeship in Philosophy*（=1996　田代真、井上摂、浅野俊哉、暮沢剛巳訳『ドゥルーズの哲学』法政大学出版局）
――1996 The withering of civil society, in *Social Text* vol. 14 no. 14
――1998 La société mondiale de contrôle, in E. Alliez (dir.) *Gilles Deleuze, une vie philosophique de Collectif*, E. Alliez (dir.) Broch
Harris, R. 1989 *Murders and Madness: Medicine, Law, and Society in the fin de siècle*, Oxford University Press（=1997　中谷陽二訳『殺人と狂気――世紀末の医学・法・社会』みすず書房）
Hayek, F. A. 1944 *The Road to Serfdom*, Routledge（=1992　一谷藤一郎、一谷映理子訳『隷従への道』東京創元社）
――1960 *The Constitution of Liberty Part II: Freedom and the Law*, Routledge & Kegan Paul（=1987　気賀健三、古賀勝次郎訳『自由と法――自由の条件Ⅱ』春秋社）
――1978 Liberalism, in *New Studies in Philosophy, Politicss and Economics and the History of Ideas*（=1986　田中真晴、田中秀夫編訳『市場・知識・自由――自由主義の経済思想』ミネルヴァ書房）
Hirsch, J. 1995 *Der Nationale Wettbewerbsstaat*（=1998　木原滋哉他訳『国民的競争国家』ミネルヴァ書房）
Hirschman, A. O. 1977 *The Passions and the Interests. Political Arguments for Capitalism before Its Triumph*, Princeton University Press（=1985　佐々木毅、旦祐介訳『情念の政治経済学』法政大学出版）
――1991 *The Rhetoric of Reaction: Perversity, Futility, Jeopardy*, Belknap Press（=1997　岩崎稔訳『反動のレトリック』法政大学出版）
Hobbes, T. 1651 *Leviathan, or the matter, forme, & power of a common-wealth ecclesiasticall and civill*（=1966　水田洋、田中浩訳『リヴァイアサン〈国家論〉』河出書房）
Hobsbawm, E. J. 1975 *The Age of Capital 1848-1875*, Weidenfeld and Nicolson（=1982　松尾太郎、山崎清訳『資本の時代　2』みすず書房）
Hunt. A. and Wickham, G. 1994 *Foucault and Law: Towards a Sociology of Law as Governance*, Pluto Press

――1991a The Mobilization of Society（＝1994　米谷園江訳「社会の動員」『現代思想』四月号）
――（dir.）1991b *Face à l'exclusion*, Editions Esprit
Dumm, T. L. 1994 *united states*, Cornell University Press
――1996 *Michel Foucault and the Politics of Freedom*, Sage
Ewald, F. 1986 *L'Etat providence*, Grasset
――1992 Michel Foucault et la norme, in *Michel Foucault: Lire l'œuver*, Jérôme Millon
Fanon, F. 1961 *Les damnés de la terre*（＝1969　鈴木道彦、浦野衣子訳『地に呪われたる者』みすず書房）
Feeley, M. M. and Simon, M. 1992 The new penology: notes on the emerging strategy of corrections and its implications, in *Criminology* vol. 30 no. 4
Floud, J. and Young, W. 1981 *Dangerousness and Criminal Justice*, Barnes & Noble（＝1991　井上祐司訳『危険性と刑事司法』九州大学出版会）
Friedman. M. and Friedman, R. 1980 *Free to Choose: A Personal Statement*, Harcourt Brace Jovanovich（＝1980　西山千明訳『選択の自由――自立社会への挑戦』日本経済新聞社）
Gamble. A. 1988 *The Free Economy and the Strong Stage: The Politics of Thatcherism*, Macmillan Education（＝1990　小笠原欣幸訳『自由経済と強い国家――サッチャリズムの政治学』みすず書房）
Gans, H. 1995 *The War against the Poor: The Underclass and Antipoverty Policy*, Basic Books
Gay. P. 1988 *Freud: A Life for Our Time*, Norton（＝1997　鈴木晶訳『フロイト　1』みすず書房）
George, S. 1999 *The Lugano Report: On Preserving Capitalism in the Twenty-first Century: With and Appendix and Afterword by Susan George*, Pluto Press（＝2000　毛利良一、幾島幸子訳『ルガノ秘密報告――グローバル市場経済生き残り戦略』朝日新聞社）
Gordon, C. 1987 The soul of the citizen: Max Weber and Michel Foucault on rationality and government, in S. Lash and S. Whimster（eds.）*Max Weber, Rationality and Modernity*, Allen & Unwin
――1991 Governmental rationality: An Introduction, in G. Burchell et al.（eds.）*Foucault Effect*, Harvester Wheatsheaf
Gordon D. R. 1995 *The Justice Juggernaut: Fighting Street Crime*, Controlling Citizens, Rutgers University Press
Gorz, A. 1991 *Capitalisme, Socialisme, Ecologien*, Galiée（＝1993　杉村裕史訳『資本主義・社会主義・エコロジー』新評論）
Greene, R. W. 1981 *The Sting Man: Inside Abscam*（＝1982　新庄哲夫訳

2001 村山敏勝、日比野啓訳『要塞都市 LA』青土社)
——1993a Who killed LA? A political Autopsy, in *New Left Review* no. 197
——1993b Who Killed Los Angeles? Part Two: The Verdict is Given, in *New Left Review* no. 199
——1993c An Interview with Mike Davis by CovertAction Information Bulletin, in Gooding-Williams (eds.) 1993 *Reading Rodney King/Reading Urban Uprising*, Routledge
——1994 *Beyond Blade Runner: Urban Control: the Ecology of Fear*, Open Magazine Pamphlet Series
——1998 *Ecology of Fear: Los Angeles and the Imagination of Disaster*, Metropolitan Books
Deacon, R. 1986 *The Truth Twisters* (=1988 古関哲哉訳『情報操作』時事通信社)
Dean, M. 1999 *Governmentality: Power and Rule in Modern Society*, Corwin Press
Debord, G. 1992 *La société du spectacle*, Gallimard (=1993 木下誠訳『スペクタクルの社会』平凡社)
——1992 *Commentaires sur la société du spectacle*, Gallimard (=2000 木下誠訳『スペクタクル社会についての注解』現代思潮新社)
Defert, D. 1994 Chronologie (=1998 石田英敬「年譜」『ミシェル・フーコー思考集成 I』筑摩書房)
Deleuze, G. 1979 'Introduction', to Jacque Donzelot *The Policing the Families: Welfare versus the State*, Hutchinson
——1990 *Pourparlers* (=1992 宮林寛訳『記号と事件』河出書房新社)
Derrida, J. 1992 ⟨Être juste avec Freud⟩: L'histoire de la folie a l'âge de la psychanalyse, in *Panser la folie: essais sur Michel Foucault* (=1994 石田英敬訳「フロイトに公正であること——精神分析の時代における狂気の歴史」『批評空間』II-1、2)
Dick, P. K. 1977 *A Scanner Darkly* (=1999 山形浩生訳『暗闇のスキャナー』創元 SF 文庫)
Didi-Huberman, G. 1982 *Invention de l'hysterie* (=1990 谷川多佳子他訳『アウラ・ヒステリカ』リブロポート)
Dillon, M. 1996 *Politics of Security: Towards a Political Philosophy of Continental Thought*, Routledge
Douglass, S. M. and Denton, N. A. 1993 *American Apartheid: Segregation and the Making of the Underclass*, Harvard University Press
Donzelot, J. 1997 *L'invention du social: essai sur le déclin des passions politiques*, Editions du Seuil (初版は1984年)

1996 Do you remember revolution?, in P. Virno and M. Hardt (eds.) *Radical Thought in Italy: A Potential Politics*, University of Minessota Press
Castells, M. 1996 *The Rise of the Network Society* (*The Information Age: Economy, Society and Culture vol. 1*), Blackwell
——1997 *The Power of Identity* (*The Information Age: Economy, Society and Culture vol. 2*), Blackwell
——1998 *End of Millennium* (*The Information Age: Economy, Society and Culture vol. 3*), Blackwell
Chevalier, L. 1958 *Classes laborieuses et classes dangerieuses à Paris, Pandant la premiére, moitiédu XIXe siècle*, Plon (=1993　喜安朗、木下賢一、相良匡俊訳『労働階級と危険な階級——一九世紀前半のパリ』みすず書房)
Cleaver, E. 1968 *Soul on Ice* (=1969　武藤一羊訳『氷の上の塊』合同出版)
Cohen, S. 1985 *Visions of Social Control: Crime, Punishment and Classification*, Polity Press
Copjec, J. 1994 *Read My Desire: Lacan against the Historicists*, MIT press
——1995 The Subject defined by suffrage, in *LACANIAN INK, No. 7* (=1995　村山敏勝訳「選挙権が定義する主体」『批評空間』Ⅱ-8)
Coriat, B. 1991 *Penser a l'envers*, Christian Bourgois Editeur (=1992　花田昌宜、斉藤悦則訳『逆転の思考——日本企業の労働と組織』藤原書店)
Crow, T. D. 1991 *Crime Prevention through Environmental Design* (=1994　猪狩達夫、高杉文子訳『環境設計による犯罪予防』都市防犯研究センター)
Crozier, M. Huntington, S. and Watanuki, J. 1975 *The Governability of Democracies*, The Trilateral Commission (=1976　日米欧委員会編/綿貫譲治訳『民主主義の統治能力(ガバナビリティ)——その危機の検討』サイマル出版会)
Daniels, R. 2000 The crisis of police brutality and the murder of black people: the causes and the cure, in J. Nelson (ed.) *Police Brutality*, Norton
Darmon, P. 1989 *Médecins et Assassins à la Belle Epoque: La médcalisation du crime*, Editions du Seuil (=1992　『医者と殺人者——ロンブローゾと生来性犯罪者』新評論)
Davey, J. D. 1995 *New Social Contract: America's Journey from Welfare State to Police State*, Praeger
Davis, A. Y. 1998 *The Angela Y. Davis Reader*, Blackwell (=1999　酒井隆史(抄)訳「アメリカ合州国における人種、階級、ジェンダーについての考察」『情況』五月号)
Davis, M. 1992 *City of Quartz: Excavating the Future in Los Angeles* (=

Bauman, Z. 1997 *Postmodernity and Its Discontents*, New York University Press

——1998 *Work, Consumerism and the New Poor*, Open University Press.

——2000 Social uses of Law and Order, in D. Garland and R. Sparks (eds.) *Criminology and Social Theory*, Oxford University Press

Beccaria, C. B. 1764=1938　風早八十二、風早二葉訳『犯罪と刑罰』岩波文庫

Becker, G. S. and Becker. G. N. 1997 *The Economics of Life*, McGraw-Hill (=1998　鞍谷雅敏、岡田滋行訳『ベッカー教授の経済学ではこう考える』東洋経済新報社)

Bifo 1980 Anatomy of Autonomy, in *Semiotext(e)* vol. III no. 3

Blakely, E. J. and Snyder, M. G. 1997 *Fortress America: Gated Communities in the United States*, Brookings Lincoln

Bologna, S. 1980 The Tribe of Moles, in *Semiotext(e)* vol. III no. 3

Bork, R. 1990 *The Tempting of America: The Political Seduction of the Law*, Free Press

Božovič, M. 1995 Introduction: "An utterly dark spot", in J. Bentham, *The Panopticon Writings*, Verso

Bracken, L, The spectacle of secrecy, http://www.ctheory.com/r-spectacle_of_secrecy.html

Bratton, W. and Knobler, P. 1998 *Turnaround: How America's Top Cop Reversed the Crime Epidemic*, Random House

Breitman, G. 1967 The Last Year of Malcolm X: The Evolution of a Revolutionary, Passfinder Press (=1993　西島栄訳『マルコムX　最後の1年』新評論)

Bunton, R. 1998 Post-Betty fordism and neo-liberal drug policies, in J. Carter (ed.) *Postmodernity and the Fragmentalion of Welfare*, Routledge

Burchell, G. 1996 Liberal government and techniques of the self, in A. Barry, et al. (eds.) *Foucault and Political Reason: Liberalism, Neo-liberalism and Rationalities of Government*, The University of Chicago Press

Butler, J. 1997 *Excitable Speech: A Politics of the Performative*, Routledge

Byrne, D. 1999 *Social Exclusion*, Open University Press

Cashmore, E. and McLaughlin, E. 1991 "Out of Order?", in E. Cashmore and E. McLaughlin (eds.) *Out of Order?: Policing Black People*, Routledge

Castel, R. 1991 From dangerousness to Risk, in G. Burchell et al. (eds.) *Foucault Effect*, Harvester Wheatsheaf

——1995 *Les métamorphoses de la question sociale*, Fayard

Castellano, L. Cortiana, G. Bravo, L. F. Negri, A. Tommei, F. Virno, P. et al.

1984h Qu'appelle-t-on punir?
1984i Interview met Michel Foucault（« Interview de Michel Foucault »）
1984j Le retour de la morale
1984k Michel Foucault. an Interview: Sex, Power and the Politics of Identity（« Michel Foucault, une interview: sexe, pouvoir et la politique de l'identité »）
1988a Truth, Power, Self（« Vérité, pouvoir et soi »）
1988b The political Technology of Individuals（« La technologie politique des individus »）

その他の著作

Agamben, G. 1995 *Homo Sacer*, Editions du Seuil
──1996 *Mezzi senza fine*（＝2000　高桑和巳訳『人権の彼方に──政治哲学ノート』以文社）
Ancel, M. 1966 *La défense, sociale nouvelle*, Editions Cujas（＝1968　吉川経夫訳『新社会防衛論』一粒社）
Arendt, H. 1951 *The Origins of Totalitarianism*, Harcourt Brace Jovanovich（＝1972　大島通義、大島かおり訳『全体主義の起源 2 全体主義』みすず書房）
──1958 *The Human Condition*, University of Chicago Press（＝1994　志水速雄訳『人間の条件』ちくま学芸文庫）
Balibar, E. 1992 *Les frontières de la démocratie*, Découvertes
──1993 La contradiction infinie（1997　安川慶治訳「無限の矛盾」『批評空間』Ⅱ-12）
──1994 *Masse, Classes, Ideas: Studies on Politics and Philosophy before and after Marx*, Routledge
1997 *La crainle des masses: politique el philosophie avant et après Marx*, Galilée（＝1999　水嶋一憲、安川慶治訳「政治の三概念──解放・変革・市民性（下）」『思想』九〇五号）
──1998 *Droit de cité: culture et politique en démocratie*, Editions de l'Aube（＝2000　松葉洋一訳『市民権の哲学』青土社）
Balibar, E. and Wallerstein, I. 1991 *Race, Nation, Class: Ambiguous Identities*, Routledge
Bamford, J. 1982 *The Puzzle Palace: A Report on America's Most Secret Agency*, Viking Press（＝1986　滝沢一郎訳『パズル・パレス──超スパイ機関NSAの全貌』早川書房）
Baudrillard, J. 1981 *Simuracres et simulation*, Galilée（＝1984　竹原あき子訳『シミュラークルとシミュレーション』法政大学出版）

1978c La société disciplinaire en crise（[記事]「危険に立つ規律社会」）
1978d Tetsugaku no butai（« La scène de la philosophie »）（「哲学の舞台」）
1978e Michel Foucault to zen: zendera taizai-ki（« Michel Foucault et le zen: un séjour dans un temple zen »）（佐藤清靖訳「M・フーコーと禅」）
1978f La « governamentalità »（« La “gouvernementalité” »）（石田英敬訳「統治性」）
1978g Le citron et le lait（高桑和巳訳「レモンとミルク」）
1978h I « reportages » di idee（« Les “reportages” d'idées »）（高桑和巳訳「理念のルポルタージュ」）
1978i Il mitico capo della rivolta dell'Iran（« Le chef mythique de la révolte de l'Iran »）（高桑和巳訳「反抗の神話的指導者」）
1978j Sécurité, territoire, population（小林康夫訳「治安・領土・人口」）
1979a L'esprit d'un monde sans esprit
1979b Inutile de se soulever?
1979c Naissance de la biopolitique
1980 Du gouvernement des vivants
1981a « Omnes et singulatim »: Towards a Criticism of Political Reason (« “Omnes et singulatim”: vers une critique de la raison politiquee »)
1981b De l'amitié comme mode de vie
1981c Michel Foucault: il faut tout repenser, la loi et la prison
1981d Punir est la chose la plus difficile qui soit
1981e Subjectivité et vérité
1982a The Subject and Power（« Le sujet et le pouvoir »）
1982b Space, knowledge and power（« Éspace, savoir et pouvoir »）
1982c Sexual Choice, Sexual Act（« Choix sexuel, acte sexuel »）
1983a Un système fini face à une demande infinie
1983b On the Geneology of Ethics: An Overview of Work in Progress（« À propos de la généalogie de l'éthique: un aperçu du travail an cours »）
1983c Structuralisme and Post-Structuralism（« Structuralisme et poststructuralisme »）
1984a What is Enlightenment?（« Qu'est- ce que les Lumières? »）
1984b On the Geneology of Ethics: An Overview of Work in Progress（« À propos de la généalogie de l'éthique: un aperçu du travail an cours »）
1984c Foucault
1984d Le souci de la vérité
1984e Qu'est-ce que les Lumières?
1984f Face aux gouvernements, les droits de l'homme
1984g L'éthique de souci de soi comme pratique de la liberté

一将訳「アッティカ刑務所について」)
1974c Table ronder sur l'expertise psychiatrique（高桑和巳訳「精神鑑定についての座談会」)
1975a La politique est la continuation de la guerre par d'autres moyens（高桑和巳訳「政治とは、別の方法による戦争の継続である」)
1975b Des supplices aux cellules（中澤信一訳「拷問から監房へ」)
1975c Il carcere visto da un filosofo francese（« La prison vue par un philosophe français »)（中澤信一訳「あるフランス人哲学者の見た監獄」)
1975d Entretien sur la prison: le livre et sa méthode（中澤信一訳「監獄についての対談——本とその方法」)
1975e Les anormaux（中澤信一訳「異常者——コレージュ・ド・フランス一九七四—一九七五年度講義要旨」)
1975f Préface, in Jackson (B.), *Leurs prisons. Autobiographies de prisonniers américains*（高桑和巳訳「序文——B・ジャクスン「彼らの監獄　アメリカの囚人たちによる自伝」)
1976a Hanzai tosite no chishiki（« Le savoir comme crime »)（「犯罪としての知識」)
1976b Il faut défendre la société（石田英敬訳「社会は防衛しなければならない」)
1977a Non au sexe roi（槙改康之訳「性の王権に抗して」)
1977b L'angoisse de juger（石田靖夫訳「裁くことの不安」)
1977c Le jeu de Michel Foucault (entretien sur *l'Histoire de la sexualité*)（増田一夫訳「ミシェル・フーコーのゲーム」)
1977d Enfermement, psychiatrie, prison（阿部崇訳「監禁、精神医学、監獄」)
1977e Va-t-on extrader Klaus Croissant?（石田靖夫訳「クラウス・クロワッサンは送還されるのだろうか？」)
1977f Michel Foucault: « Désormais la sécurité est au-dessus des lois »（石田靖夫訳「今後は法律よりも治安が優先する」)
1977g Michel Foucault: la sécurité et l'État（石田靖夫訳「治安と国家」)
1977h Die Folter, das ist die Vernunft（« La torture, c'est la raison »)（久保田淳訳「拷問、それは理性なのです」)
1977i Pouvoirs et stratégie（久保田淳訳「権力と戦略」)
1978a About the Concept of the « Dangerous Individual » in 19th Century Legal Psychiatry（« L'evolution de la nation d' "individu dangereux" dans la psychiatrie légale du XIXe siècle »)（上田和彦訳「一九世紀司法精神医学における「危険人物」という概念の進展」)
1978b Attention: danger（高塚浩由樹訳「危険、要注意」)

参考文献

M・フーコーの著作

Foucault, M. 1966 *Les Mots et les choses*, Gallimard（＝1974　渡辺一民他訳『言葉と物』新潮社）
――1972 *Histoire de la folie*, Gallimard（＝1975　田村俶訳『狂気の歴史』新潮社）
――1975 *Surveiller et Punir: Naissance de la prison*, Gallimard（＝1977　田村俶訳『監獄の誕生――監視と処罰』新潮社）
――1976 *L'Histoire de la sexualité 1: La volonté de savoir*, Gallimard（＝1986　渡辺守章訳『性の歴史Ⅰ――知への意志』新潮社）
――1984a *L'Histoire de la sexualité 2: L'usage des plaisire*, Gallimard（＝1986　田村俶訳『性の歴史Ⅱ――快楽の活用』新潮社）
――1984b *L'Histoire de la sexualité 3: Le souci de soi*, Gallimard（＝1987　田村俶訳『性の歴史Ⅲ――自己への配慮』新潮社）
――1992 Qu'est-ce que la critique? [critique et Aufklärung], in *Bulletin de la Société Française de Philosophie* 84. 2 (April June)
――1997 〈*Il faut défendre la société*〉 *Cours au Collège de France*（*1975-6*）, Gallimard et Seuil
1994 *Dits et écrits 1954-1988, 1-1V*, Gallimard［Ⅰ巻　1954-1969、Ⅱ巻　1970-1975、Ⅲ巻　1976-1979、Ⅳ巻　1980-1988］（蓮實重彥、渡辺守章監修、小林康夫、石田英敬、松浦寿輝編集『ミシェル・フーコー思考集成』筑摩書房［Ⅰ巻　1954-1963年、Ⅱ巻　1964-1967年、Ⅲ巻　1968-1970年、Ⅳ巻　1971-1973年、Ⅴ巻　1974-1975年、Ⅵ巻　1976-1977年、Ⅶ巻　1978年］）
1967 Nietzsche, Freud Marx（大西雅一郎訳「ニーチェ・フロイト・マルクス」）
1972a Die Grosse Einsperrung（« Le grand enfermememt »）（菅野賢治訳「大がかりな収監」）
1972b Table ronde（菅野賢治訳「円卓会議」）
1972c Sur la justice populaire, Débat avec les maos（菅野賢治訳「人民裁判について――マオイスト（毛沢東主義者）たちとの討論」）
1973 Gafängnisse und Gefängnisrevolte（« Prison et révoltes dans les prisons »）（石田久仁子訳「刑務所と刑務所のなかの反乱」）
1974a Human Nature: Justice versus Power（« La nature humaine: la justice contre le pouvoir »）（嘉戸一将訳「人間的本性について――正義対権力」）
1974b Michel Foucault on Attica（« À propos de la prison d'Attica »）（嘉戸

解説　人工知能資本主義時代の統治技術　酒井隆史『自由論』に寄せて

李珍景　影本剛・訳

ネオリベラリズムに対するフーコーの講義録が出版された時、ネオリベラリズムが本格的に展開される以前からそれを捉えた鋭い感覚と、それの要を描きだす卓越した理論的能力に驚かずにはいられなかった。しかしその頃、フーコーの講義録がひととおり出版される以前に、フーコーの講義録を予見するかのようにネオリベラリズム体制の統治技術の展開様相を見せてくれた本書の著者に対しても、似たような驚きがあった。もちろんフーコーの講義録の一部が本や雑誌に紹介されていたとはいえ、「かけら」というべきそれらを集め、ネオリベラリズムに対する総合的な像へと描きだしたのは、著者の思考とフーコーの思考の間に存在するなんらかの並行性を示すといえるだろう。もちろんここにはトロンティ、ヴィルノ、ネグリらイタリア自律主義者たち、そしてジョック・ヤング、マイク・デイヴィス、ギィ・ドゥボールらの研究が混じりあっているがゆえに、著者は自分なりのフーコー論であると述べているが、それを単にフーコーへの忠実性としてのみ見るならば、本書を過小評価することになるだろう。

本書は「ネオリベラリズム」と呼ばれるポストフォーディズム時代の統治性の展開過程に対する体系的かつ包括的な分析であると言わねばならない。それゆえそれ以降展開される新しい蓄積体制――レギュラシオン理論的な含みとは無関係な用語としての――と、それによる統治技術の様相についての重要な諸端緒を発見できるのであり、その端緒はつまるところ新しい研究へと連なるであろうと期待する。個人的な予想を付け加え、期待と願いを込めて言うならば、ポストフォーディズムと呼ばれる蓄積体制は、近年飛躍的に発展している人工知能を筆頭とする新しい蓄積体制へとつながると思われるが、これはいかなる統治技術へとつながるのかと問うてみたい。それは、労働と生産はもちろん、生き方全般を少なからず変えるであろうし、それによって大衆に対する新しい統治技術の展開を伴うであろうからだ。例えば著者がトロンティを引用して述べる「労働からの解放」に向かう資本家の欲望は、人工知能を通して「労働なき生産」という極限値に向かうもう一度の飛躍を達成したと思われる。若干別の脈絡になるが、ジェレミー・リフキンは技術発展の指数的成長を引いてきて限界費用がゼロへと収斂する未来社会を描いたことがある。しかし、限界費用ゼロ社会になる中で資本主義は残存物以上になりえないまま消滅して「共有社会」になるだろうというリフキンの展望は、利潤がゼロへと収斂することを阻止しようとする資本家の必死の努力を過小評価している。既に限界費用がゼロに近い情報財の諸商品に対して資本家は、知的財産権を拡張・強化するやり方で、「経済外的強制」を通した技術地代の壁を高めている。しばしば「共有経済」と名指される例である Uber Taxi や Airbnb は「共有経済」が資本の新しい搾取方式であることを示してくれる。YouTube の歴史は共有のための対価なき活動（コミューン的活動）を搾取することが資本主義的搾取の要であることを示している。

情報化とネットワーク活動の拡張は、産業革命以降に分割され始めた労働を、微分的大きさに分割することをもって、支払わなくてもいい微小量へ変換していっている。またインターネットバンキングやSNSが示すように、かつては雇用された労働者が行っていた活動を消費者自らが「自分の必要のために」行わせることをもって、支払い不要の活動へと変換していっている。さらにいえば、既に顕在的問題になっているプラットフォーム労働は、いまなお「労働」の形態を帯びる活動さえをも、消費者と労働者の間の関係へと置き換えつつ、資本家自らが労働の場から抜け出て「雇用なき労働」形態を取っている。このような傾向は以前の労働を雇用や支払いなき活動へと「非労働」化するものだ。

このような傾向はこの本でもカステルを引いて述べる大衆と消費者の分離、つまり「所得なき大衆」への変化を加速するだろう。「労働の個人化」からさらにすすみ、人格的統合体としての個人以下へと生は微視化され、労働の形式すらも消えゆくにしたがって、極端なニュアンスの「終末」というよりも微分化されて非労働化されて見えなくなる「消滅」の運動が、労働を待っていると言わねばならないだろう。人工知能はこの消滅の展望を極限値の形態で過剰‐表象させる。以前の技術革命と異なり、新技術によって消える職業以上に新しい職業が増えると言い難いのは、人工知能の汎用性ゆえだ。増える仕事も、多くの場合、人工知能がこなせるからだ。すでに「20対80の社会」などで言明されていた労働の消滅展望は人工知能の汎用性を通して以前と異なる速度で加速するだろう。

これは労働者の所得が消滅の道をすすむことを意味する。人工知能やロボット研究者であればおおよそは同意する展望だ。だが「展望」と言うならば、決してそこで終えてはならない。そのように労働者たちの所得が消滅するならば、いかなることが起こるだろうか？　直ちに推論できる結果は、既に行き過ぎた両極化がもたらした、行き過ぎた富を持つ極小数の資本家と、最低所得すら得ることのできない巨大な所得なき大衆であろう。所得なき大衆が大人しく飢え死にする道を選ぶという仮定ほど非現実なものはない。ならば、ここで直ちに導出されるのは、この二つの集団間の恒常的な内戦状態だ。「福祉国家や「社会的なもの」の形式から抜け出て私有化されはじめたセキュリティ」という統治術において既に予見されていた事態であろうか？　「ゲーティッド・コミュニティ」は、いまや単に出入りする者の取締のみならず、大衆から自身を保護するために武装せねばならないだろう。デイヴィスが言うよりも一層強化された意味における「要塞都市」にならねばならないのだろう。著者は既にLAやニューヨークなどで現実化されており、排除の心理学すらも動員する「ゼロトレランス」などの観念を通して充分に暗鬱とした未来を予想しているが、労働の消滅は、この程度の暗鬱さがいまだ何事でもなかったと言わんとするかのようだ。

このような展望は充分に現実的であると信じるが、このようにのみ見るのであれば資本主義の未来を余りにも「楽観的」に見ることになるだろう。なぜならそのように大衆の所得が消えるのであれば、資本が人工知能とロボットを利用して生産した莫大な量の商品を、誰が購買するのかを問わねばならないからだ。またそのように大衆の所得が消滅すれば、いまのGoogle、Facebook、YouTubeのようなネット先端企業の利潤が発生する広告は、一体誰を対象に、なぜなされるべきなのかをも問わねばならない。広告する理由がなくなれば、その先端企業も存続しがたいだろう。大衆を対象にするあらゆる事業は、極端な言い方をすればポルノ「事業」すら存続しがたいだろう。そこから抜けだす出口は、大衆の消費なく生産が持続する体制、つまり消費財生産を極小化し、「生産のための生産」へと突きすすむだろう。ここに非生産的消費である戦争経済が付け加われば、資本主義は存続できるのかもしれない。恒常的内戦状態の展望は、この出口の「希望」になってくれるだろう。すでに巨大な地下バンカーをニュージーランドに持ち込んで要塞をつくっているという米国の幹部らは、このような道が必然的であると予測しているのだろう。

しかし金融的資本主義から消費が義務になった社会へと発展してきた資本主義蓄積体制の歴史が、そして消費が生産の一部になった生産体制が、いきなり生産のための生産へと方向転換するとは、少なくとも「傾向」を通して未来を予測する方法によっては展望しがたい。もう一つ重要な問題は、大衆の所得が消滅すれば、国家はどこから税金を取って維持するのかということだ。大衆の所得税と消費税が消滅するだろうが、少数の資本家たちは国家維持費用を負担するだろうか？　むしろ金がかからない所へ移動しようとするのではないか？　もちろんネオリベラリズム式経済学を借りて「最小国家」を主張するだろうが、それは国家が存続しうる最小値以下になる可能性が高い。また大衆の抵抗はおそらく「内戦経済」以前に全面化するだろうというべきではないだろうか？　ネオリベラリズムの限界地点を露にした二〇〇八年の経済危機以降に頻発した世界的な蜂起は、ややもすればこのような未来に属するのではないか？　この新しい内戦経済において国家はいかなる役割を果たすだろうか？

これを真摯に考慮するならば「労働なき生産」と「雇用なき労働」が一般化した社会において「労働なき所得」が新しく出現する可能性を、簡単には無視できないだろう。ロボットや人工知能研究者のほとんどがベーシックインカム等の所得形態を支持するのを見れば、生産のための生産と内戦経済が結合した資本主義に負けず劣らず、労働なき所得によって維持される資本主義もまた、もう一つの有力な道になるであろうと思われる。そのように私たちには「二つの道」がひらかれているわけだ。もちろん経済的論理のみでは内戦経済の道が広くひらかれるであろうが、大衆がじっと飢え死にするわけがないという生物学的論理は、もう一つの道が単に理論的空想であると言えなくさせる。

この二つの道は相異なる統治技術を伴うだろう。人工知能時代の蓄積体制に相応する統治術はいかなるものになるだろうか？　ネオリベラリズム以前にその統治術を予感したフーコーであれば、あるいはその感覚と思考能力を分かち持つ本書の著者であれば、いかに答えるだろうか。

（イ・ジンギョン／哲学）

（かげもと・つよし／朝鮮文学）

本書は二〇〇一年に青土社より刊行された『自由論　現在性の系譜学』を文庫化したものです。文庫化にあたり加筆修正するとともに、補章を追加しました。

完全版《かんぜんばん》 自由論《じゆうろん》 現在性《げんざいせい》の系譜《けいふ》学《がく》

二〇一九年八月一〇日 初版印刷
二〇一九年八月二〇日 初版発行

著者 酒井《さかい》隆史《たかし》
発行者 小野寺優
発行所 株式会社河出書房新社
〒一五一-〇〇五一
東京都渋谷区千駄ヶ谷二-三二-二
電話〇三-三四〇四-八六一一（編集）
〇三-三四〇四-一二〇一（営業）
http://www.kawade.co.jp/

ロゴ・表紙デザイン 粟津潔
本文フォーマット 佐々木暁
本文組版 株式会社創都
印刷・製本 凸版印刷株式会社

Printed in Japan ISBN978-4-309-41704-2

暴力の哲学

酒井隆史　41431-7

人はなぜ暴力を憎みながらもそれに魅せられるのか。歴史的な暴力論を検証しながら、この時代の暴力、希望と危機を根底から考える、いまこそ必要な名著、改訂して復活。

後悔と自責の哲学

中島義道　40959-7

「あの時、なぜこうしなかったのだろう」「なぜ私ではなく、あの人が？」誰もが日々かみしめる苦い感情から、運命、偶然などの切実な主題、そして世界と人間のありかたを考えて、哲学の初心にせまる名著。

道徳は復讐である　ニーチェのルサンチマンの哲学

永井均　40992-4

ニーチェが「道徳上の奴隷一揆」と呼んだルサンチマンとは何か？　それは道徳的に「復讐」を行う装置である。人気哲学者が、通俗的ニーチェ解釈を覆し、その真の価値を明らかにする！

なぜ人を殺してはいけないのか?

永井均／小泉義之　40998-6

十四歳の中学生に「なぜ人を殺してはいけないの」と聞かれたら、何と答えますか？　日本を代表する二人の哲学者がこの難問に挑んで徹底討議。対話と論考で火花を散らす。文庫版のための書き下ろし原稿収録。

軋む社会　教育・仕事・若者の現在

本田由紀　41090-6

希望を持てないこの社会の重荷を、未来を支える若者が背負う必要などあるのか。この危機と失意を前にし、社会を進展させていく具体策とは何か。増補として「シューカツ」を問う論考を追加。

動きすぎてはいけない

千葉雅也　41562-8

全生活をインターネットが覆い、我々は窒息しかけている――接続過剰の世界に風穴を開ける「切断の哲学」。異例の哲学書ベストセラーを文庫化！　併録＊千葉＝ドゥルーズ思想読解の手引き

カネと暴力の系譜学

萱野稔人　41532-1

生きるためにはカネが必要だ。この明快な事実から国家と暴力と労働のシステムをとらえなおして社会への視点を一新させて思想家・萱野の登場を決定づけた歴史的な名著。

定本　夜戦と永遠　上

佐々木中　41087-6

『切りとれ、あの祈る手を』で思想・文学界を席巻した佐々木中の第一作にして主著。重厚な原点準拠に支えられ、強靭な論理が流麗な文体で舞う。恐れなき闘争の思想が、かくて蘇生を果たす。

定本　夜戦と永遠　下

佐々木中　41088-3

俊傑・佐々木中の第一作にして哲学的マニフェスト。厳密な理路が突き進められる下巻には、単行本未収録の新論考が付され、遂に定本となる。絶えざる「真理への勇気」の驚嘆すべき新生。

哲学の練習問題

西研　41184-2

哲学するとはどういうことか――。生きることを根っこから考えるためのＱ＆Ａ。難しい言葉を使わない、けれども本格的な哲学へ読者をいざなう。深く考えるヒントとなる哲学イラストも多数。

思想をつむぐ人たち　鶴見俊輔コレクション1

鶴見俊輔　黒川創〔編〕　41174-3

みずみずしい文章でつづられてきた数々の伝記作品から、鶴見の哲学の系譜を軸に選びあげたコレクション。オーウェルから花田清輝、ミヤコ蝶々、そしてホワイトヘッドまで。解題＝黒川創、解説＝坪内祐三

身ぶりとしての抵抗　鶴見俊輔コレクション2

鶴見俊輔　黒川創〔編〕　41180-4

戦争、ハンセン病の人びととの交流、べ平連、朝鮮人・韓国人との共生……。鶴見の社会行動・市民運動への参加を貫く思想を読み解くエッセイをまとめた初めての文庫オリジナルコレクション。

新教養主義宣言

山形浩生　40844-6

行き詰まった現実も、ちょっと見方を変えれば可能性に満ちている。文化、経済、情報、社会、あらゆる分野をまたにかけ、でかい態度にリリシズムをひそませた明晰な言葉で語られた、いま必要な〈教養〉書。

感じることば

黒川伊保子　41462-1

なぜあの「ことば」が私を癒すのか。どうしてあの「ことば」に傷ついたのか。日本語の音の表情に隠された「意味」ではまとめきれない「情緒」のかたち。その秘密を、科学で切り分け感性でひらくエッセイ。

心理学化する社会

斎藤環　40942-9

あらゆる社会現象が心理学・精神医学の言葉で説明される「社会の心理学化」。精神科臨床のみならず、大衆文化から事件報道に至るまで、同時多発的に生じたこの潮流の深層に潜む時代精神を鮮やかに分析。

おとなの進路教室。

山田ズーニー　41143-9

特効薬ではありません。でも、自分の考えを引き出すのによく効きます！自分らしい進路を切り拓くにはどうしたらいいか？「ほぼ日」人気コラム「おとなの小論文教室。」から生まれたリアルなコラム集。

「働きたくない」というあなたへ

山田ズーニー　41449-2

ネットの人気コラム「おとなの小論文教室。」で大反響を巻き起こした、大人の本気の仕事論。「働くってそういうことだったのか！」働きたくない人も、働きたい人も今一度、仕事を生き方を考えたくなる本。

理解という名の愛がほしい。

山田ズーニー　41597-0

孤独の哀しみをのりこえ、ひらき、出逢い、心で通じ合う人とつながるレッスン。「ほぼ日」連載「おとなの小論文教室。」からのベストコラム集。居場所がなくてもだいじょうぶ！　あなたには表現力がある。

メディアはマッサージである

マーシャル・マクルーハン／クエンティン・フィオーレ　門林岳史〔訳〕　46406-0

電子的ネットワークの時代をポップなヴィジュアルで予言的に描いたメディア論の名著が、気鋭の訳者による新訳で、デザインも新たに甦る。全ページを解説した充実の「副音声」を巻末に付す。

社会は情報化の夢を見る　［新世紀版］ノイマンの夢・近代の欲望

佐藤俊樹　41039-5

新しい情報技術が社会を変える！　──私たちはそう語り続けてきたが、本当に社会は変わったのか？　「情報化社会」の正体を、社会のしくみごと解明してみせる快著。大幅増補。

人間の測りまちがい　上・下　差別の科学史

S・J・グールド　鈴木善次／森脇靖子〔訳〕　46305-6　46306-3

人種、階級、性別などによる社会的差別を自然の反映とみなす「生物学的決定論」の論拠を、歴史的展望をふまえつつ全面的に批判したグールド渾身の力作。

服従の心理

スタンレー・ミルグラム　山形浩生〔訳〕　46369-8

権威が命令すれば、人は殺人さえ行うのか？　人間の隠された本性を科学的に実証し、世界を震撼させた通称〈アイヒマン実験〉──その衝撃の実験報告。心理学史上に輝く名著の新訳決定版。

服従

ミシェル・ウエルベック　大塚桃〔訳〕　46440-4

二〇二二年フランス大統領選で同時多発テロ発生。極右国民戦線のマリーヌ・ルペンと、穏健イスラーム政党党首が決選投票に挑む。世界の激動を予言したベストセラー。

ヌメロ・ゼロ

ウンベルト・エーコ　中山エツコ〔訳〕　46483-1

隠蔽された真実の告発を目的に、創刊準備号（ヌメロ・ゼロ）の編集に取り組む記者たち。嘘と陰謀と歪んだ報道にまみれた社会をミステリ・タッチで描く、現代への警鐘の書。

千のプラトー 上・中・下　資本主義と分裂症

G・ドゥルーズ／F・ガタリ　宇野邦一／小沢秋広／田中敏彦／豊崎光一／宮林寛／守中高明〔訳〕　46342-1 46343-8 46345-2

ドゥルーズ／ガタリの最大の挑戦にして、いまだ読み解かれることのない二十世紀最大の思想書、ついに文庫化。リゾーム、抽象機械、アレンジメントなど新たな概念によって宇宙と大地をつらぬきつつ生を解き放つ。

生きるための哲学

岡田尊司　41488-1

生きづらさを抱えるすべての人へ贈る、心の処方箋。学問としての哲学ではなく、現実の苦難を生き抜くための哲学を、著者自身の豊富な臨床経験を通して描き出した名著を文庫化。

人生に必要な知恵はすべて幼稚園の砂場で学んだ

ロバート・フルガム　池央耿〔訳〕　46421-3

生きるのに必要な知恵とユーモア。深い味わいの永遠のロングセラー。"フルガム現象"として全米の学校、企業、政界、マスコミで大ブームを起こした珠玉のエッセイ集、決定版！

哲学とは何か

G・ドゥルーズ／F・ガタリ　財津理〔訳〕　46375-9

ドゥルーズ＝ガタリ最後の共著。内在平面―概念的人物―哲学地理によって哲学を総括し、哲学―科学―芸術の連関を明らかにする。限りなき生成／創造へと思考を開く絶後の名著。

ドゥルーズ・コレクション I　哲学

ジル・ドゥルーズ　宇野邦一〔監修〕　46409-1

ドゥルーズ没後20年を期してその思考集成『無人島』『狂人の二つの体制』から重要テクストをテーマ別に編んだアンソロジー刊行開始。1には思考の軌跡と哲学をめぐる論考・エッセイを収録。

ドゥルーズ・コレクション II　権力／芸術

ジル・ドゥルーズ　宇野邦一〔監修〕　46410-7

『無人島』『狂人の二つの体制』からのテーマ別オリジナル・アンソロジー。フーコー、シャトレ論、政治的テクスト、芸術論などを集成。ドゥルーズを読み直すための一冊。

著訳者名の後の数字はISBNコードです。頭に「978-4-309」を付け、お近くの書店にてご注文下さい。